심리학, 신학,
그리고
영성이 하나 된 기독교 상담

마크 R. 맥민 · 채규만 지음

두란노

PSYCHOLOGY, THEOLOGY, AND SPIRITUALITY IN CHRISTIAN COUNSELING

By Mark R. McMinn

Copyright © 1996 by Mark R. McMinn
Published by Tyndale House Publishers, Inc.
Wheaton, Illinois, USA

Korean translation copyright © 2001 by Tyrannus Press
95 Seobinggo-Dong, Yongsan-Ku, Seoul, Korea

This Korean edition is published by arrangement with
Tyndale House Publishers, Inc. All rights reserved.

본 저작물의 한국어판 저작권은 Tyndale House Pub.와의 독점 계약으로
한국어 판권을 두란노가 소유합니다. 저작권법에 의하여 한국 내에서
보호를 받는 저작물이므로 무단 전재와 무단 복제를 금합니다.

심리학, 신학,
그리고
영성이 하나 된 기독교 상담

심리학, 신학, 영성이 하나 된 기독교 상담

지은이 | 마크 맥민 · 채규만
초판발행 | 2001. 9. 17.
20쇄 발행 | 2023. 3. 15.
등록번호 | 제3-203호
등록된 곳 | 서울시 용산구 서빙고동 95번지
발행처 | 사단법인 두란노서원
영업부 | 2078-3333
출판부 | 2078-3465-9
인쇄처 | 오산프린팅

■ 책값은 뒤표지에 있습니다.
ISBN 89-531-0094-1 03230

■ 독자의 의견을 기다립니다.
tpress@tyrannus.co.kr http://www.Durano.com

상담 20

> 두란노서원은 바울 사도가 3차 전도 여행 때 에베소에서 성령 받은 제자들을 따로 세워 하나님의 말씀으로 양육하던 장소입니다. 사도행전19장 8-20절의 정신에 따라 첫째 목회자를 돕는 사역과 평신도를 훈련시키는 사역, 둘째 세계선교(TIM)와 문서선교(단행본 · 잡지)사역, 셋째 예수문화 및 경배와 찬양 사역, 그리고 가정 · 상담 사역 등을 감당하고 있습니다. 1980년 12월 22일에 창립된 두란노서원은 주님 오실 때까지 이 사역들을 계속할 것입니다.

차례

6 | 추천의 글 | **정동섭**

10 | 머리말

14 | 감사의 글

16 | 서문

19 | 1장 상담에서의 종교
　　　제임스 C. 월호이트와 공동 집필

47 | 2장 심리적, 영적 건강을 위한 첫걸음

81 | 3장 기도

115 | 4장 성경

149 | 5장 죄

191 | 6장 고백

237 | 7장 용서
　　　캐더린 로드스 미크와 공동 집필

273 | 8장 구속

307 | 9장 기독교 심리 상담의 기법

361 | 10장 상담 사례

389 | 각주

418 | 참고 문헌

| 추천의 글 |

상담에서 신학, 심리학, 영성이 만날 때

인간은 어떤 존재인가? 인간의 문제는 무엇인가? 그리고 문제의 해답은 무엇인가? 우리는 어떻게 사람을 변화시킬 수 있는가? 사람들이 가지고 있는 근본적인 질문에 답하기 위하여 심리학자들은 지금까지 갖가지 상담이론을 제시해 왔다.

이미 잘 알려져 있는 대로, 인본주의 심리학자들은 심리학을 포함하는 사회과학적 인간 이해만으로 인간을 이해하고 변화시킬 수 있다고 주장해 왔다. 반대로 일부 근본주의적인 입장을 취하는 상담자들 중에는 성경만으로 사람을 이해하고 변화시킬 수 있다고 주장하는 학자들도 있었다. 그러나 대부분의 복음주의적인 그리스도인 심리학자들은 사람을 이해하고 성숙하도록 도와줄 때 심리학의 일반계시와 성경의 특별계시가 모두 필요하다는 데 의견을 같이했다. 기독교 상담 또는 목회 상담에는 심리학적인 통찰과 성경의 계시적 진리가 모두 필요하다는 것이 통합주의적 상담이론이다. 폴 투르니에, 게리 콜린스, 래리 크랩, 아치볼드 하트와 같은 상담학자들에 의해 대표되는 이론이라고 하겠다.

기독교와 심리학은 적대적인 관계인가, 상호보완적인 친구 관계인가? 이 책은 '심리학에서 발견된 진리와 성경에 계시된 진리, 즉 모든 진리는 하나님의 진리'라는 인식론을 받아들이는 기독교 상담자들을 위하여 쓰여진 책이다. 그러나 이 책은 지금까지 나왔던 다른 어떤 책과도 그 성격을 달리한다. 게리 콜린스의「크리스천 심리학」(요단)을 비롯해 기독교와 심리학의 관계를 다루는 책들은 우리 나라에도 여러 권이 소개된바 있다. 그리고 미국에서는 Journal of Psychology and Theology와 Journal of Psychology and Christianity, 그리고 Christian Counseling Today와 같은 잡지가 심리학과 신학의 통합적 노력을 계속하고 있다.

저자 맥민 박사가 이 책에서 설명하고 있는 것처럼, 기독교 상담을 위한 틀로서 심리학과 신학을 조화시키려는 통합운동은 지금까지 세 단계를 거치며 발전하여 왔다고 할 수 있다. 첫 번째 단계는 1950년대에서 1975년까지의 시기로, 그리스도인 심리학자들은 심리학에 대하여 우호적 관심을 기울이면서 기독교와 심리학의 관계에 대하여 기초적인 개념을 소개하는 글들을 쓰기 시작했다. 둘째 단계는 1975년에서 1982년까지의 시기로, 심리학과 신학이 어떻게 통합될 수 있는지를 보여 주는 각종 모델이 우후죽순처럼 소개되면서 기독교심리학이 뿌리내리기 시작하였다. 1982년 이후 통합운동은 점진적으로 실제적인 성격을 띠기 시작했다. 우리는 상담이론을 기독교적 가치관에 의해서 수정하고 강화하는 방안을 고려하기 시작하였고 우리의 주장을 뒷받침할 수 있는 과학적인 근거를 제시하기 시작하였다. 실로 기독교 상담 운동은 지난 20년 간 '학문간의 통합'(interdisciplinary integration)이라는 분야에서 장족의 발전을 하였다고 평가할 수 있을 것이다.

그러나 심리학과 신학의 통합이라는 이론적 통합이 실제 상담 상황에서 효과적인 상담으로 이어졌는가? 기독교 상담자가 내담자를 치료하는 데 그의 신앙적 가치와 믿음을 효과적으로 반영하였는가? 상담기술과 방법 면에서도 진전이 있었는가? 다시 말해서, 상담과 심리치료라는 학문 안에서의 '학문 내적인 통합'(intradisciplinary integration)에서도 괄목할 만한 진전이 있었는가 하는 것이다. 이 책은 이와 같이 인격적인 통합(personal integration), 즉 학문 내적인 통합이라는 새로운 개척 분야를 검토하기 원하는 이들을 위해 쓰여졌다.

카메라의 삼각 받침대 중 한 개가 빠진 상태에서 사진기의 균형을 잡으려고 노력하는 자신을 상상해 보라. 그중에 하나만 없어도 받침대를 세우는 것은 아주 어려운 일이 된다. 마찬가지로 좋은 기독교 상담에는 심리학적인 통찰과 신학적인 인간 이해, 그리고 몸에 밴 영성이라는 세 개의 튼튼한 다리가 필요하다. 지금까지 기독교 상담학을 다루는 책들이 앞의 두 다리를 주로 거론하였다면, 이 책은 영성(spirituality)이라는 세 번째의 중요한 다리가 상담 상황에서 어떻게 접목되어야 하는가를 다루고 있다.

우리를 통해 내담자에게 그리스도의 형상을 반사하기 위해 우리는 어떻게 자신의 영적 생활을 강화시킬 수 있는가? 우리는 어떻게 내담자의 영적, 심리적 건강을 증진시킬 수 있는가? 상담실 안에서 우리의 신학과 심리학, 그리고 영성은 서로 상호작용을 하는가? 이러한 질문을 하는 가운데 저자 맥민 박사는 기도와 성경, 죄, 고백, 용서, 그리고 구속이라는 영성과 관계된 주제를 차례로 다루고 있다.

마크 맥민 박사는 기독교 세계관에 입각한 상담학과 심리치료의 보급에 앞장서고 있는 휘튼 대학 대학원에서 심리학을 가르치는 임상심리학자로서, 미국기독교상담자협회(AACC)에서 주도적인 역할을 하고 있다. 책 전편에 방대한 독서량에 기초한 해박한 지식과 예리한 영적 통찰, 그리고 풍부한 임상 경험이 녹아 있다. 마크 맥민은 두란노에서 나온 기독교상담시리즈 27권 「기독교상담과 인지요법」(정동섭 역)을 통하여 이미 우리에게 소개되어 있는 학자로서, 특히 인지 행동적 상담이론을 기독교적으로 접목시키는 데 앞장서고 있는 기독교 상담학자이다.

그의 학문적 업적을 우리 말로 직접 읽을 수 있도록 사랑의 수고를 아끼지 않으신 채규만 교수님께 독자들을 대신하여 감사를 드린다. 성신여대에서 심리학을 강의하시는 채 교수님은 저자와 같은 분야에서 사역하시는 임상 심리학자로서 미국 시카고와 한국에서 다년 간의 임상경험을 쌓으신 기독교 심리치료사이다.

책 후반에 수록되어 있는 내용은 상담 방법론을 다루는 본서의 결론으로 적합한 내용이라 생각한다. 특히 9장과 10장의 '기독교 심리 상담의 기법'과 '상담 사례'는 채 교수님의 여러 해에 걸친 임상경험이 낳은 열매로서 기독교 상담의 실제를 갈급해 하고 있는 기독교 상담학과 학생들, 가정사역이나 상담을 전공하고 있는 대학원생들, 목회 상담을 연구하고 있는 신학대학원생들, 그리고 목회자들에게 귀한 선물이 되리라 확신한다.

본인은 한국기독교상담 심리치료학회(KACCP : Korean Association of Christian Counselors and Psychotherapists)에서 함께 동역하면서 한국의 상담치유사역에 헌신하고 있는 상담학자로서 이와 같이 무게 있는 책이 출간되게 된 것을 기뻐하며 이 책을 추천하여 마지않는다.

정동섭 교수(Ph. D.) / 침례신학대학교 기독교 상담학 과장

| 머리말 |

한국 상황에 맞는
기독교 상담 지침서

제가 1999년도에 한국을 방문했을 때 서울은 전통과 에너지, 기술, 그리고 친절로 가득 찬 감동의 도시였음을 확인할 수 있었습니다. 저는 한국기독상담심리치료학회의 창립 총회에서 강연할 수 있는 특권도 경험했습니다. 저는 그곳에서 유능한 심리학자, 정신과 의사들과 기독교 정신건강 전문가로서 예수님을 섬기려는 젊은 상담자들을 만날 수 있었습니다.

한국에서 기독상담과 심리치료가 성장해 가는 것을 것을 보니 감동적이었습니다. 특히 한국문화에 타당하고, 과학적인 근거를 바탕으로 영적인 면을 충분히 고려한 자원을 확보하는 것은 정말 중요하다고 생각합니다. 제가 기도하기는 채규만 박사와 공저로 펴내는 이 책이 한국 상황에 맞을 뿐 아니라 한국의 기독상담에 중요한 자원이 되었으면 합니다.

이 책은 본래 미국에서 1996년도에 출판되었는데, 제가 하나님을 더 깊이 알고자 하는 영적인 삶의 여정에서 하나님에 대한 지식과 상담 및 심리치료를 통합하려는 시도로 썼습니다. 채 박사가 이 책을 한국말로 번역하겠다고 제안했을 때, 단순히 번역하지 말고 한국 실정에 맞게 공동 저서로 할 것을 그에게 제안했습니다.

그래서 채 박사는 한국 상황에 맞다고 생각하는 부분을 첨가했고, 기독 상담에 관한 장을 새로 추가했습니다. 채 박사와 저는 지난 2년 동안 여러 기회를 통해서 강연이나 연구 프로젝트를 같이 하고 있습니다. 저는 그가 이 책에 기여한 부분에 대해서 자신 있게 말씀드릴 수 있습니다.

이 책은 세 가지의 요소를 탐구하는 데 초점을 두었습니다. 심리학, 신학, 영성입니다. 이 책을 쓰게 된 것은 하나님의 축복이었습니다. 채 박사와 제가 쓴 이 책을 읽으시는 여러분에게도 하나님의 축복이 임하시길 기도합니다.

마크 R. 맥민

| 머리말 |

내담자가 하나님과
친밀하도록 돕는 책

그동안 우리 나라의 목회자들과 신학생들, 그리고 임상 목회 대학원에서 강의할 때마다 항상 저의 마음에는 신학과 영성과 심리학을 어떻게 조화를 이루어야 하는가에 갈등이 있었습니다. 그때마다 이에 대한 해답을 찾고자 필자 나름대로 노력하다가 하나님의 인도하심을 따라 맥민 박사를 휘튼 대학에서 만나게 되었습니다. 그의 책은 그 동안 제가 고민해 왔던 문제를 제 입장과 너무나 일치되게 잘 정리해 주어서, '그렇지, 그렇지' 하는 심정으로 책을 읽은 기억이 납니다.

그리고 이 기쁨을 우리 나라의 기독 상담자들과 나누어 갖고자 번역하겠다고 제안했을 때 맥민 박사는 미국 독자를 위해서 쓰여진 자신의 책을 그대로 번역한다는 것은 별로 의미가 없고, 한국의 실정에 맞은 책을 같이 공동으로 저술하자고 제안해 왔습니다.

그래서 필자는 번역하는 과정에서 한국 실정에 맞지 않는 것은 수정하고, 그 동안 본인이 상담한 사례를 중심으로 우리 문화권에 맞게 수정했습니다. 그리고 9장은 기독 상담 기법을 중심으로, 10장은 실제 상담 사례를 중심으로 필자가 첨가하였습니다. 이러한 과정에서 이 책을 우리 나라 상황에 맞게 내려고 최대한 노력하였음을 밝힙니다.

우리는 기독인으로서 도전 받고 있는 시대에 살고 있습니다. 인간이 겪는 심리적인 고통이나 어려움을 기독교의 관점에서 보면 결국 하나님을 바라보게 만들고, 하나님과의 관계를 더 깊게 해줄 수 있는 통로의 역할을 한다고 볼 수 있습니다. 그런데 현대인들은 교회 밖에서 인간의 마음을 다스리고 도와주는 다양한 기술과 방법으로 인간적인 도움을 받고 하나님 앞으로 나아가지 않고 있습니다.

또한 기독교인들도 자신의 심리적인 문제를 교회 안에서 도움받지 못하니까, 교회 밖에서 도움을 받고 교회로 돌아가지 않으려는 현상이 일어나고 있습니다. 하나님 편에서 보면 인간의 고통을 통해서 그분께 돌아갈 수 있는 통로가 차단될 수도 있습니다. 우리가 유능한 상담자로서 내담자를 효과적으로 도와주었다고 해도 하나님과 친밀한 관계를 맺도록 도와주는 데 실패했다면 그를 완전하게 도와주었다고 할 수 없습니다.

그러나 기독 상담자로서 성경의 지식이나 신앙만 가지고 내담자를 도와주는 것도 내담자를 전인적으로 도와주지 못하고 일부분만 도와주게 됩니다. 우리는 맥민 박사가 위에서 지적한 대로 심리학, 신학 영성을 통합한 전인적인 접근이 필요합니다.

이 책은 이러한 근본적인 입장에서 쓰여진 책입니다. 이 책을 통해서 기독 상담자들은 내담자들과 하나님이 친밀한 관계를 맺도록 하는 데 도움을 주었으면 합니다. 그리고 이 책이 나오기까지 항상 기도로 도와준 사랑하는 아내 채명자와 아끼는 제자 지형기에게 심심한 감사를 드립니다.

채규만

| 감사의 글 |

내가 이 책을 쓰겠다고 결심한 계기는 조지폭스 대학(George Fox College)에서 심리치료를 강의할 때 종교 문제에 관한 자료를 찾기가 쉽지 않아서였다. 그 수업에 참가한 학생들은 이 책을 내는 데 많은 아이디어를 창안하고 세분화하는 데 도움을 주었다. 마찬가지로 휘튼 대학(Wheaton College)의 학생들도 상담실에서 직면하는 통합 작업에 관하여 주의 깊게 생각하도록 나에게 도움을 주었다.

나는 특히 두 대학원 조교인 존 D. 스캐니쉬(John D. Scanish)와 캐더린 로드스 미크(Katheryn Roads Meek)의 도움에 감사한다. 그들은 많은 시간을 들여 이 책의 자료를 수집하면서 나를 도와주었다. 배경 조사의 도움 외에도, 7장의 개념적이고 학문적 기여는 특별히 내게 도움이 되었다.[1)]

그 밖에 여러분들이 나의 최근 관심사인 영적 형성에 도움을 주었다. 1993년에 휘튼 대학에서 내 인생의 전환점이 되었던 영성에 관한 강의를 한 짐 윌호이트(Jim Wilhoit)박사는 1장에 중요한 기여를 하였다. 나의 아내 리사 맥민(Lisa McMinn) 박사는 영적 훈련에 있어서 자신의 경험을 통해 나를 격려해 주었다. 많은 동시대의 저자들, 특히 리처드 포스터(Richard Foster)와 달라스 윌라드(Dallas Willard)는 통찰력 있는 그들의 책으로서 나를 영적 여행의 길로 인도해 주었다.

미국기독교상담자협회(American Association of Christian) 회장 게리 콜린스(Gary Collins) 박사는 최근 여러 해 동안 내가 글을 쓰는 데 많은 격려를 해주었다. 더욱 중요한 것은 그가 다른 사람의 인정이나 명예에 연연하지 않고 말없이 봉사하면서 기독교인의 좋은 모델이 되어 주었다는 것이다. 나의 저작권 대리인인 조이스 파렐(Joyce Farrell)은 다년 간 출판 경험에서 나온 그녀의 전문성과 격려의 선물을 나누어 주었다. 끝으로 린 반델잘름(Lynn Vanderzalm)과 틴데일 출판사(Tyndale House Publishers) 편집부 원들은 기술적으로 탁월할 뿐 아니라 섬기는 자세로 이 일에 참여해 주어 감사드린다.

| 서문 |

이 책은 상담자의 인생에서 두 개의 은밀한 영역에 관한 것이다. 첫째, 이것은 상담실의 닫힌 문 뒤에서 일어나는 일들에 관한 책이다. 20세기 초 반종교적인 심리학자들과 반심리학적인 종교지도자들이 분열된 후에 지난 몇십 년 간에 걸쳐 기독교 심리학자들과 상담자들은 신학훈련과 심리학을 통합하는 데 커다란 진보를 이루었다.

그러나 이 진보를 구체적인 상담전략으로 바꾸기에는 어려움이 많다. 통합에 관한 최고의 학문과 논문들이 흥미를 유발하는 개념과 모델로 가득 차 있으나, 실제로 상담실에서 그것을 어떻게 통합해야 하는지에 대해서는 설명하고 있지 않다. 비록 내가 일련의 장들의 전후 관계를 갖추기 위하여 약간의 이론적 고찰과 모델을 구축하고 있기는 하나, 가장 주안점을 둔 것은 내담자들과 일 대 일 상담을 할 때 직면하게 되는 문제를 다룬 3장부터 8장까지이다. 어떤 상황에서 상담의 일부분으로 성경 암송을 사용해야 하는가? 치료 과정에서 고백의 적절한 역할은 무엇인가? 어떤 상황에서 용서가 최선의 목표인가? 이것들이 내가 이 책을 전개하면서 숙고했던 실제적인 문제들이다.

둘째, 이것은 기독교 상담자들의 비밀스런 영적 생활에 관한 책이다. 나는 수년 간 전문적 작업을 통하여 상담기법의 가치는 기술훈련이나 이론적인 것보다 사람의 인격에서 더 중요한 것이 발견된다는 것을 점차 확신하게 되었다. 우선 우리 대부분이 인격적인 결함과 싸우고 있고, 그 인격 문제를 우리 자신들이 어떻게 훈련해야 할지 확실히 모르기 때문에 때로는 실망스럽게 보일지도 모른다.

그러나 우리가 영적인 삶으로 더욱더 깊이 들어갈수록 다른 사람들과의 상호 작용하는 것이 단순히 결함 있는 인격이 아니라, 우리를 통하여 계시되는 신적인 인격이라는 것을 인식하게 된다. 더 나아가 우리는 그리스도 안에서 점차 우리를 변화시키고, 겸손과 용서, 그리고 구속의 능력을 받아들이는 영적 훈련과 그 훈련 방법들을 배운다.

나는 또한 이 책을 시작하면서 한 가지 포기할 것을 제안한다. 이 책의 방법론은 철저한 고찰이 아니라 통합이다. 내가 신학이나 영성에 관한 포괄적인 책을 쓸 자격이 된다 할지라도 나는 신학과 영성에 대한 질문들을 남겨두고 싶다. 이 책은 심리학과 신학뿐만 아니라 영성을 기독교 상담실에 어떻게 적용할 것인지 통합의 과제를 다루고 있다. 그래서 이 책의 각 장들은 개혁파 전통에서 볼 때 비교적 적은 양의 신학과 영성을 다루고 있고, 심리학은 다소 광범위하게 조망하고 있다. 각 장의 목적은 기독교 상담자들을 위해 이 세 분야를 함께 통합하는 것이다.

나는 여러분이 이 책을 통해 진정한 가치를 발견하고 여러분의 생각과 응답을 나에게 전달해 주는 시간을 가지기 바란다. 통합은 세계 도처에 있는 기독교 상담자들에게 함께 일할 것을 부르는 공동체적 과정이다.

마크 R. 맥민

제임스 C. 월호이트와 공동 집필

상담에서의 종교

상담에서의 종교

아침마다 대개 그렇듯이 수잔은 눈은 떴지만 일어나지 않은 채 침대에 몇 시간이고 누워 있었다. 그러다가 피곤한 몸을 이끌고 아래층으로 내려가 커피메이커의 스위치를 켜고는 전화번호부를 집어 부엌 선반 위에 '탁' 소리가 나게 내려놓았다. 그 다음에는 손가락으로 열심히 상담자들의 전화번호를 찾았다. 수잔은 죄의식과 우울증에 빠져 있으며 누군가의 도움을 절실히 필요로 하고 있었다. 그러나 과연 좋은 상담자를 찾을 수 있을지 염려스럽다. 어떤 상담자를 선택하느냐가 자신의 영적인 생활과 깊은 관계가 있음을 인식하고 있기 때문이다.

상담자 A는 수잔이 종교에 대한 어리석은 생각 때문에 우울증이 더 악화된다고 말할지도 모르겠다. 이 상담자에 의하면 그에게 정말 필요한 것은 올바르고 합리적인 사고를 할 것과 완벽주의를 추구하는 지나친 긴장을 완화하는 것, 그리고 인생을 즐기는 방법을 찾기 시작하는 것이다. 상담자 A는 그가 자신의 종교적 신념을 극복하기만 하면 나아질 것이라고 말한다.

상담자 B는 수잔에게 어떻게 하라고 말하기보다는 그의 말을 듣는 데 더 관심이 있다. 종교적 가치관은 수잔에게 중요하기 때문에, 상담자 B는 수잔의 말에 귀를 기울이고 공감하면서 이렇게 반응한다.

"종교가 당신에게 매우 중요한 것 같군요. 옳은 일을 하길 원하지만 무엇이 옳은 일인지 확신하지 못하는 것처럼 들립니다. 내가 듣기에 당신은 하나님께서 인생의 이 어려운 시기에 당신을 도와주시기를 간절히 소망한다고 말하는 것 같군요."

상담자 B는 수잔이 다른 사람들과 관계를 맺는 새로운 방법을 배울 수 있도록 도와줄 좋은 친구나, 변화시켜 줄 수 있는 어떤 것이 필요하다고 생각한다. 치료하는 데 종교가 언급될 수는 있지만, 변화의 힘은 치료하는 사람과의 관계에서 발견되는 것이다.

상담자 C는 수잔에게 우울증은 개인의 죄에서 비롯되었다고 말한다. 수잔이 죄의식을 느끼는 것은 우리가 하나님께 더욱 의지하도록 하기 위해 우리에게 죄의식을 선물로 주셨기 때문이라는 것이다. 상담자는 성경을 주의 깊게 살펴보면서 수잔이 자신의 삶에서 죄를 발견하고 인정하며 하나님께 용서를 구하도록 돕는다.

이것은 수잔이 도움을 받을 수 있는 상담 접근 방법들 가운데 두세 가지에 불과하다. 그는 도움이 될 만한 올바른 상담자를 선택할 수 있을까? 그는 자신의 정서적, 영적 건강에 도움을 줄 적합한 상담자를 발견하게 될까?

비단 수잔만이 영적인 면을 고려하는 상담자를 찾는 데 어려움을 겪는 것은 아니다. 미국의 경우 플로리다주 거주자들을 대상으로 한 조사에 따르면, 많은 수의 응답자들이 심리학자나 사회 운동가나 정신과 의사나 집단 정신 건강 센터보다 목사에게서 도움 받기를 선호한다고 한다.[1]

이와 유사하게 중년의 성인들을 대상으로 한 연구에 따르면 무신론이나 불가지론을 가진 상담자보다 종교적인 면을 고려하는 상담자를 더 신뢰하며 상담 받고 싶은 대상이라고 보고하였다.[2]

상담자들 역시 혼란스러워한다

종교와 종교적 가치들은 최근 많은 상담자들에게 종종 논쟁의 대상이 되어 왔다. 대부분의 상담자들은 내담자들이 자신에게 적합한 치료자를 선택할 때 겪게 되는 혼란스러운 점들에 관해서 심각하게 고려하고 있다.[3] 상담실에서 종교적 가치들에 대해 논하는 일이 발생할 때 내담자들만 혼란스러워하는 것이 아니고 상담자들 역시 혼란스러워한다.

상담자 A는 종교적인 가치관을 자신 있게 거부하는 것처럼 보이지만, 그러한 견해를 증명해 줄 만한 증거를 찾는 데는 문제가 있다. 앨버트 엘리스(Albert Ellis)는 무신론자로서 오랫동안 종교가 인간의 심리적인 병을 유발한다고 주장해 왔다.[4]

그러나 그러한 주장은 조사 증거에 의해 모순이 있는 것으로 반박되었고, 그들은 상담시 종교를 부인하는 데 있어 더욱 신중한 자세를 취하게 되었다.[5] 예를 들면, 엘리스는 문제를 일으키는 것은 종교 자체가 아니라 광신적이거나 완고한 종교적 신념이라고 자신의 주장을 약간 수정했다. 그는 1993년 한 논문에서 성경은 자아에 도움을 주는 유용한 책이라고 말했다.

"유대-기독교의 성경은 지금까지의 모든 전문적인 치료자들을 합친 것보다 더 폭넓고 철저하게 인간의 성격과 행동의 변화를 가능하게 했고 자력으로 유용한 도움을 받게 해준 책이라 할 수 있다."[6]

상담자 B는 항상 마음을 열고 있었고 어떤 종교적 신념도 정신 건강의 중요한 한 측면으로 기꺼이 받아들여 왔다. 그러나 최근 포스트모더니즘에 대한 몇몇 비판들은 상담자 B에 대해 의문을 제기한다. 만약 우리가 어떤 믿음이라도 타당하다고 수용한다면, 어떤 믿음이든 나름대로의 장점이 있지 않을까? 만약 모든 진리가 한 사람의 가치와 믿음에 의해 형성된다면, 똑같은 논리로 진리는 개인적인 가치와 주관적인 경험에 의해서 믿음의 근거를 잃을 수 있지 않을까? 그래서 궁극적으로는 진리가 존재하지 않는 것이 아닐까?[7] 상담자 B는 인간 중심적으로 접근하는 상담자인 것이다.

상담자 C는 모든 세속적인 상담 이론을 거부하고 성경만을 모든 지식의 근원으로 사용하기를 좋아하는 성경적인 상담자이다. 그러나 때로 상담자 C는 심리학과 신학을 통합하려는 움직임에 관한 책을 읽으면서 개인적으로 어떤 심리학적 기술이 정서적인 문제를 도울 것인지 궁금해 하였다.

심호흡 훈련을 포함한 12회 정도의 인지치료를 가지고 공황장애를 가진 내담자를 효과적으로 다룰 수 있을까?[8] 또는 미국의 임상심리학회에서 검증을 거쳐 경험적으로 효과가 있다고 주장하는 치료 항목들에 대해서는 어떻게 할 것인가? 각각의 치료 항목들은 적어도 두 개의 이중 구속으로 통제된 결과, 연구들에 의해서 효과적이라고 입증된 후 미국의 임상심리학회 리스트에 올라간다.[9] 성경적인 상담자는 대조적으로 많은 증거가 있음에도 불구하고, 심리치료나 상담이 효과가 없다고 말할 수 있을까?

우리에게 내담자들과 상담자들이 직면하는 혼란을 해결하기 위해 준비하면서 많은 시간을 보낸 종교적 상담 전문가들이 있다는 것은 좋은 일이다. 이 전문가들은 신학과 심리학적 기술을 통합하고, 내담자들이 영적, 정서적인 성장에 도움을 받도록 해준다. 그들은 상담 과정에서 성경에 나타난 진리에 근거를 두고, 기독교인의 가치관이 충분히 반영되도록 적극적으로 노력한다. 그들은 사람들의 정서적인 고통을 이해하고 변화하도록 도우면서 기독교적 가치관을 존중한다. 그들은 수잔과 같은 사람들을 돕는다. 그러나 그들은 수잔과 같은 사람들이 도움을 청할 때 혼란스러워하지 않을까?

사실 기독교 상담에 관련된 상담자들이라 할지라도 상담실 내에서는 종종 혼란을 느낀다. 상담실은 기독교인의 믿음과 심리치료적 통합이 가장 실제적으로 이루어지는 곳이기 때문이다. 우리는 상담실에서 다음과 같은 질문들에 대해 가장 많이 당황해한다.

상담자는 언제 내담자와 기도해야 하는가? 성적 학대를 한 가해자를 용서하는 것이 합리적인가? 우리는 죄를 곧바로 지적해야 하는가? 아니면 내담자 스스로 죄를 깨닫고 고백할 때까지 기다려야 하는가? 화해가 항상 바람직한 목표인가? 이혼이 받아들여져야 할 때는 언제인가? 종교적인 배경을 가진 상담 접근 방법이 효과적이라는 어떤 증거를 가지고 있는가? 영성 훈련이 정서적 치유의 필수적인 부분인가? 기독교가 다른 것보다 적합하다는 상담에 대한 이론적 접근이 있는가? 성경구절을 암기하는 것이 건강치 못한 방어나 거절에 도움이 되는가? 긍정적인 자기와의 대화와 스스로의 평가는 성경에 모순되는가?

최근의 과학 잡지나 전문 서적에서 분명히 밝히고 있는 것도 상담실에서는 애매 모호한 경우가 있다. 비록 우리가 붙들고 있는 권위 있는 성경적 원리라 할지라도, 때때로 내담자들과 같이 상담하면서 적용하기에는 어렵게 보일 때가 있다.

이 책은 상담 과정과 기술에 관한 책이다. 필자가 수많은 조사와 과학적 연구, 성경구절, 이론적인 모델들을 검토하였음에도 불구하고, 이 책의 주된 목적은 우리가 상담실 내에서 경험하게 되는 문제들에 초점이 맞추어져 있다. 필자들은 이 모든 해답들을 다 알지 못하고, 또 이 책을 읽는다고 해서 상담자들이 상담실에서 야기되는 종교적인 문제에 관해서 결코 혼란을 느끼지 않을 것이라고 보장하지도 못한다.

그럼에도 이 책은 기독교 상담자들이나 연구자들에게 매우 중요한 질문들과 시각을 제공하고 의견의 일치를 보는 데 도움을 줄 것이다. 그래서 우리의 중재는 더욱 적절하고 효과적이 될 것이다.

통합의 새 지평

수잔이 마침내 한 기독교 상담자를 찾았다. 그는 약속을 정하고 상담자를 만나면 무엇을 말할 것인가를 미리 연습해 보았다. 그리고 그는 첫 번째 만나기로 한 약속에 10분 일찍 나타났다. 그의 상담자인 N.T. 그래이션 박사는 그를 사무실로 안내하고 이야기를 주의 깊게 들었다. 수잔은 자신이 하나님을 비롯하여 모든 사람들과 얼마나 거리감을 느끼고 있는지에 관해서 얘기하기 시작했다. 그의 나이는 30대 초반이었다. 수잔은 은행원이라는 자신의 직업이 만족스럽지 못하다고 말했다. 또한 아무리 여러 번 데이트를 해도 안정적이고 지속적인 관계를 유지하지 못한다고 했다.

그는 첫 번째 상담자가 지적한 대로 부모님과의 대화를 중단해 오고 있는 상태였다. 수잔은 자신의 부모는 감정 표현을 하지 않았고, 어린 시절에 큰오빠가 5년 동안 성적학대를 해온 것을 알면서도 자신을 이해하려고 전혀 노력하지 않았다고 말했다. 수잔은 머리로는 하나님께서 자신을 사랑하신다고 믿지만, 감정적으로는 세상에서 버림받았고 잔인한 이 세상에 혼자 내버려졌다고 절규하고 있었다.

다행히도 그래이션 박사는 기독교와 심리학을 통합할 수 있는 전문가였다. 그는 기독교기관에서 심리학 박사 과정을 졸업했고 이러한 통합에 대해 수백 권의 책과 논문을 읽어 왔다. 그리고 두세 번 이것에 관해 논문을 쓴 적도 있다. 수잔이 그래이션 박사를 만나기로 한 것은 참으로 훌륭한 선택이었다.

그러나 그래이션 박사는 자신이 읽었던 책들이 내담자가 직면하고 있는 문제들에 효과적으로 도움을 줄 수 있을지 항상 확신하는 것은 아니다. 수잔이 부모님으로부터 자신을 드립시키는 것은 현명한 일인가? 부모나 오빠를 용서하는 것이 수잔에게 타당한가? 어떤 상담적 접근이 하나님과 수잔이 더 가까워지도록 도울 수 있을 것인가? 그래이션 박사는 지역 대학 도서관에 가서 자신이 읽었던 옛날 책들을 다시 들여다볼 수도 있겠지만, 아마도 이 문제들에 관해서는 해답을 찾을 수 없을 것이다.

그래이션 박사의 딜레마는 심리학과 기독교의 통합 움직임의 느린 전개를 보여 준다. 이 혁명은 1994년 에버렛 워링톤 2세(Everett Worthing-ton, Jr)가 "심리학과 신학 저널"에서 정리한 논문에서 그 윤곽이 드러났다.[10] 그는 기독교 상담에 대한 기본구조에서 심리학과 신학을 혼합하는 다학문간 통합의 세 단계를 기술한다.

첫 번째 단계는 1975년 이전으로, 논문들은 대부분 상호 관련이 없는 초보적인 개념들을 소개하였다. 두 번째 단계는 1975년과 1982년 사이로, 통합 모델들이 번창하였다. 통합에 관한 잡지들은 기독교와 심리학이 어떻게 연관될 수 있을까에 대한 개략적인 그림을 제시하는 많은 논문들을 주로 다루었다. 이러한 모델이 난무하던 시기를 지나 1982년 이후 통합 운동은 점차 서로 관련되어 왔다. 우리는 통합 과정에서 상담 이론이 기독교적 가치에 의해 어떻게 발전되고 조정되어야 하는지 고려해 왔고, 이러한 질문을 하기 위한 과학적 기초를 세우는 데 도움이 되는 경험적 연구들을 보고하기 시작했다.

그래서 우리는 워링톤이 다학문 통합이라 부른 것에서 훌륭한 진보를 이루어가고 있다. 그러나 수잔에 관련된 그래이션 박사의 의문들은 어떤가? 이것들은 상담과 심리치료에서 일어나는 다학문간의 통합과 좀더 관련이 있다. 다시 말해 이 내담자를 치료하는 데 있어서 나는 어떻게 종교적 가치와 믿음들을 적용할 것인가? 이것에 관해 기존의 전문 서적과 잡지들은 별 도움이 되지 않았다. 1983년 게리 콜린스(Gary Collins)는 "심리학과 신학 저널"에서 다음과 같이 말했다.

> "심리학과 신학 저널"은 실제적인 논문들을 출판하고 있다. 그리고 '출판 원칙'은 분명히 응용적인 논문을 환영하고 있다고 밝히고 있다. 그럼에도 불구하고 저널에서의 주요한 강조점은 이론적인 것이다. 나는 대부분의 목사나 직업 전문 상담자들이 그들의 상담에 실제적 도움이 되는 논문들을 거의 발견할 수 없을 것이라고 생각한다. 앞으로 응용된 내용들을 좀더 많이 출판하게 된다면 유용하리라 생각한다. 우리는 앞서 언급된 통합의 방법론에 더 많은 주의를 기울여야 한다. 우리는 이것을 어떻게 통합할 것인가? 어떤 기술들과 방법들이 연관될 수 있을까?[11]

워링톤은 실제적 통합 방법에 대한 콜린스의 요구가 이제껏 많은 변화를 가져오지는 않았다고 결론짓고 있다. 필자 역시 이 점에 동의한다. "기존의 논문들 가운데는 실습을 강조하면서 동시에 훈련에 중점을 둔 논문들이 거의 없었다."[12]

그러다가 여러 가지 변화가 일어나기 시작했다. 1988년과 1992년에 기독교 상담에 관한 국제 회의들이 열림으로써 세계의 기독교 상담자들이 모여 상담기술들과 방법들에 관해 토론할 수 있었다. 미국기독교상담학회(AACC : American Association of Christian Counselors)는 많은 실제적인 상담 제안들이 포함된 *Christain Counseling Today*(오늘의 기독교 상담)이라는 정기 간행물을 발간하였다. 통합적 상담 방법은 기독교 상담자들과 연구자들이 개척해야 할 미래의 영역이 될지도 모른다. 이 책은 다학문간 통합의 미개척 분야를 탐구하려는 요구를 위한 것이다.

필자가 보기에 우리 나라에서는 아직 기독상담이 전문화되지 못하고 있는 실정에 있으나 최근에 한국기독상담학회나 기독임상목회대학원, 신학교에서 가르치는 목회상담학을 통해서 기독교와 신학을 통합하려는 움직임이 있음은 다행한 일이다. 그러나 신학적인 배경을 가진 사람은 심리학적인 훈련이 부족한 실정이고, 심리학적인 배경을 가진 사람은 신학의 훈련이 부족한 실정이어서 우리 나라의 기독 상담은 초보단계에 있다고 볼 수 있다.

개척자의 삶

우리가 다학문간 통합이라는 새로운 영역에 직면하게 될 때 기독교 상담자들은 개인적이고도 전문적인 여러 가지 도전과 맞닥뜨리게 된다.

도전1 : 두 개의 능력 영역에서 세 개의 영역으로 이동
그래이션 박사는 신학 석사 학위와 심리학 박사 학위를 가지고 있다. 그는 다학문간의 통합을 위해 잘 준비되어 있다. 그러나 그는 수잔이 상담실로 가져온 실제적인 질문들에 답하기 위해서는 아직 많은 것들이 준비되지 않았다고 느낀다. 그에게 더 필요한 것은 무엇인가?

다학문간의 상호 통합을 시도하는 기독교 상담자들이 갖추어야 할 필요충분 조건으로서, 두 가지 능력은 심리학과 신학이다. 신학적인 훈련이 결여된 심리학자들이 이러한 융합을 시도하려고 할 때 그들은 중종 교리의 중요성을 최소화하거나 기독교의 믿음을 단순히 심리적인 기저로 설명하려 하고, 오늘날 심리학의 역사적 사회적 정황을 간과하기 일쑤다. 보수적 성향인 정통 기독교 신학은 상담자가 새로운 이론이나 일시적 유행, 남에게 인기를 끄는 행동에 의해 동요되지 않도록 방파제 역할을 해준다. 그리고 심리학적인 훈련이 결여된 신학자들이 융합을 시도하려 할 때는 심리학의 뉘앙스를 제대로 표현하지 못하며, 임상 적용의 복잡성을 잘못 이해한다.

그러므로 가장 좋은 다학문간 상호 통합 작업은 심리학과 신학 양쪽에서 정규적 또는 비정규적인 훈련을 받은 사람들에게서 온다. 심리학과 신학을 통합하기 위해서 발행하고 있는 통합 저널의 제목조차 이러한 두 가지 필수적인 요소를 잘 예시해 준다. "심리학과 신학 저널"(Journal of Psychology and Theology), "심리학과 기독교 저널"(Journal of Psychology and Christianity).

다학문간 상호 통합에는 영성이라는 세 번째 영역이 필요하다. 만약 우리가 학문적인 논문에서 종교적 이슈를 기독교 상담실로 가져오려 한다면 영성과 영적 형성의 과정을 반드시 이해해야만 한다. 가톨릭 교회에서는 정서적 치료에서 영성의 중요성이 여러 세기 동안 널리 인정되어 왔고 특별히 수도원의 생활과 영적인 훈련에서 그러했다.

그러나 현대의 개신교 상담자들은 영적인 훈련을 간과해 왔다. 신학교에서 상담학으로 학위를 받고자 강의를 듣는 사람들도 심리학 이론과 기술, 신학 이론과 기술 훈련만을 받고 있지 영적인 훈련은 제대로 받지 못하고 있는 실정이다.

영적 형성의 기술은 무엇인가? 어떻게 영적인 열정과 헌신을 배울 수 있을까? 이러한 질문은 가장 좋은 기독교 상담 훈련 프로그램에서조차도 종종 간과되고 있는 실정이다. 훈련의 세 가지 요소 즉 심리학, 신학, 영성에서 앞의 두 가지 요소만 강조되고 있다. 다리가 하나 부족한 삼각대가 설 수 없는 것처럼, 기독교 상담자들은 영성에 대한 이해 없이는 상담실에서 종교적 문제들을 다루기에는 적합하지 않다.

| 사례 |
영혼의 어두운 밤을 지날 때

내담자인 짐은 두 손으로 머리를 감싸 안으며 깊이 한숨을 쉬고 있다. 그리고는 그가 요즘 느끼는 영적인 어둠에 관해 설명하기 시작했다. 오랫동안 기독교인이었던 짐은 자신의 영적인 삶을 순례자의 인생에 비유했다. 그는 하나님의 자비로운 임재와 선하심에 대한 강한 감동을 여러 번 느꼈다. 그러나 하나님으로부터 멀리 떨어져 있다고 느낀 적도 있었다. 그는 '영혼의 어두운 밤'이라고 불리는 성 요한의 십자가를 이해한다. 그러나 이번에는 그 밤이 지금까지 그랬던 것보다 더 어둡고 더 깊어 보인다. 그는 혼자라고 느낀다. 슬프고 혼란스럽고 공허하다. 그가 기독교 상담자인 당신에게 도움을 청하려 왔다.

다음은 선다형의 질문이다. 당신은 어떤 것을 택하겠는가?
1. 짐이 우울증에 걸렸다고 진단한다. 처방된 항우울제를 준비하고 우울에 대한 인지치료를 시작한다.
2. 감정이 그의 믿음을 결정하지 않는다는 것을 상기시키면서 짐을 격려한다. 하나님께서 멀리 계신 것 같을지라도 아무것도 예수님을 통해 보여 주신 하나님의 사랑과 그를 분리시킬 수 없다고 말한다 (롬 8:35-39).
3. 짐의 내면의 영적인 갈망 상태를 잘 살펴본다. 그리고 하나님과의 거리감에 대하여 슬픔을 표현하도록 허용해 준다.
4. 위의 가능성 모두를 고려한다.

첫 번째 선택은 종교적 훈련이나 경험이 없는 많은 심리학자들이 취할 수 있는 접근 방법이다. 두 번째 선택은 신학적 이해가 있는 상담자들이 선택할 수 있는 방법이다. 세 번째는 영적 형성에 대한 이해가 필요하다. 하나님을 소망하고 영적인 삶을 심각하게 생각하는 사람들은 항상 영적인 어둠과 외로움을 경험한다. 그것은 기독교인들에게 소중한 영적인 질문이다. 단지 심리적인 증상과 신학적 원리와 영적인 형성을 알고 있는 상담자만이 짐을 위한 가장 좋은 치료를 할 수 있을 것이다.

심리학과 신학에서 자격 능력과는 달리 영성을 이해하는 것으로 자격증을 습득하는 것이 아니다. 「훈련의 영성」(The spirit of the disciplines)에서 달라스 윌라드(Dallas Willard)는 "영적인 삶은 사람들이 하나님의 인격과 행위에서 유래한 영적 질서와 협동적으로 상호 작용하는 활동영역으로 구성된다"고 말했다.[13] 영적인 훈련은 체험적이고 종종 개인적이다. 그것은 수업 시간이나 학위를 통해서 습득되는 것이 아니고 개인적인 기도와 깊은 묵상 또는 예배를 드리는 교회에서나 금식, 혼자만의 조용한 훈련 속에서 얻어질 수 있다.

  영적인 능력이 교과 과정에 의한 자격증으로 얻어질 수 없는 또 다른 이유가 있다. 영적으로 풍부한 삶을 누리고 있는 사람들은 영적인 능력이라는 말이 어떤 의미에서는 모순되는 표현이라는 것을 알고 있다. 우리가 하나님을 좀더 완전하게 체험하기 위하여 자신을 훈련할 때, 영적인 훈련에서는 어느 정도 자신감을 얻을 수 있겠지만 영적으로 결코 완벽하게 되지는 못한다. 기독교 교리는 우리가 영적으로 무능력하므로 구원자가 필요하다고 한다. 기독교인의 영적인 삶은 완벽성이라는 착각에서 벗어나서, 자신의 무능력함을 직면하고 은혜로우신 하나님을 의지하는 것이다. 우리가 우리의 연약함을 인식할 때 그리스도의 힘이 우리를 통해 역사하신다(고후 12:10).

  신학과 심리학, 영적 형성의 균형은 혼란스런 메시지와 많은 갈등이 우리를 당황하게 하고 모순에 빠지게 할 때 중요한 역할을 한다. 만일 우리가 기독교 신학에서 멀어지게 되면 영적으로는 낯선 세계에 처하게 된다.[14] 많은 저자들은 그것이 탐욕스러운 인간적 호기심에서 나온 세상에 대한 질문이라고 말한다. 그 질문들은 대체로 매우 자기 만족적이고 자기 중심적이며 이기적이다. 그것들은 개인의 기복, 복지, 번영과 자기 만족에 목적과 초점을 맞춘 것들이다.

  또 어떤 저자들은 가족과 다른 인간관계에 대한 책임을 외면하고서라도 자신만의 삶의 의미를 추구하는 것은 당연하다고 한다. 그러나 기독교의 영성이란 단지 자신을 깨달아 아는 것만 추구하지 않는다. 그것은 우리 내면에서 무엇인가 깊이 잘못되었다는 것을 인식하는 데서 출발한다. 이런 깨달음은 복음의 가치를 위해 새롭게 헌신하도록 우리를 이끈다.

  만일 기독교 상담자의 영적 생활이 다학문 간의 통합에 중요하다면, 기독교 상담자들의 직업적인 삶과 개인적인 삶 사이의 구별이 어렵게 된다. 왜냐하면 기독교 상담자의 경건성과 개인적 실천은 상담 과정과 그 결과에 많은 영향을 미치기 때문이다.

도전 2 : 개인적-직업적 경계의 모호한 구분

상담자의 직업 윤리 규정에 의하면 상담자 개인적인 생활과 직업적인 생활 사이의 구별을 분명히 하는 것이 관례이지만, 영적으로 민감한 기독교 상담자에게는 이러한 구별이 모호해진다. 만일 기독교 상담자가 아침에 일찍 일어나 내담자를 위해 기도한다면 이것은 상담자 개인의 삶인가, 직업에 관련된 행동인가? 만일 상담자가 화가 나는 상황에서도 친절하고 침착함을 유지하기 위해서 영적인 훈련을 통해 자신을 훈련시키고, 그러한 기술들을 내담자들에게 적용할 때 그것은 개인적인가, 직업적인가? 상담의 전문화는 내담자가 관찰하는 모든 것들, 즉 상담자의 행동이나 애정 어린 반응, 공감의 표현 같은 것이라고 알려져 왔다.

그러나 필자들은 개인적으로 이러한 점에 동의하지 않는다. 치료를 촉진하는 관계들은 잘 선택한 기술에서 형성되는 것이 아니고, 상담자의 내적 삶에서 자라는 것이다.[15] 이런 의미에서 상담은 직업적이며 또한 개인적이다.

우리는 상담자의 개인적인 삶과 직업적인 삶 사이에 명확하게 정의된 구분을 정당화하기 위해서 상담자란 치료 기술을 실행하는 자라고 규정해야 한다. 즉 내담자의 기분을 더 좋게 하기 위해서 특별한 기술을 가지고 특정한 증상을 치료하는 사람이다. 특정한 상담기술이 다른 것보다 특정한 내담자의 문제에 효과가 있다는 연구 결과를 볼 때, 이러한 주장은 어느 정도까지는 사실이다. 그러나 이상적으로 기독교 상담자는 한 사람의 치료 대행자로서 내담자들을 포함하여 모든 사람과의 상호작용 안에서 영적인 삶이 흘러 넘쳐야 한다.

상담이 효과가 있다는 것은 분명하다.[16] 그러나 상담의 효과가 단지 상담자가 사용하는 상담기술로만 이루어지는 것은 분명 아니다. '평범한 요소'라고 불리는 수많은 다른 요소들이 상담의 결과에 영향을 끼친다.[17] 그중 가장 중요한 평범한 요소는 '상담관계'인 것으로 나타났다. 1993년의 상담 문학 비평에 따르면 심리학자 수잔 휘스톤(Susan Whiston)과 토마스 섹스톤(Thomas Sexton)은 심리치료에 있어 가장 중요한 성공 요인은 밀접한 치료의 관계에 있다고 보고했다.[18]

상담을 원하는 대부분의 사람들은 상담자들의 특정한 기술을 원하는 것이 아니라 자신들이 존중하고 소중하게 여기는 사람들과의 관계를 추구하기 위해서 찾아오는 것이다.[19] 그들은 타락한 세상 속에 살면서 필연적으로 겪는 삶으로 인해 슬픔에 빠지고 상처도 받기 때문에 이 관계를 원한다. 기독교 상담관계에서 그들은 종종 상처와 슬픔에서 희망을 얻고 회복하게 된다.

이러한 치료관계는 개인적인가 또는 직업적인가? 그것은 모두 다이다. 어떤 상담관계는 많은 면에서 직업적이다. 즉, 그것은 특별한 장소에서 정해진 시간에 일어난다. 또한 종종 적절한 대금이 청구된다. 대개 내담자는 상담자보다 더 많은 것을 털어놓는다. 그리고 그 관계는 특별한 시간에 끝나게 된다.

기독교인의 상담관계는 또한 개인적이다. 즉, 상담자와 내담자 모두가 관계에서 에너지와 감정을 투자한다. 둘 다 개인적인 삶의 이야기와 세상을 바라보는 자신의 방법에서 오는 단어들을 사용한다. 둘 다 상담 시간 외에도 그 관계가 내담자를 잘 도울 수 있도록 기도한다. 그리고 그들은 그리스도 안에서 모두 형제요, 자매이다.

이렇듯 개인적이면서 직업적인 혼합 요소는 가치들과 심리치료에 증가하고 있는 관심에서 발견될 수 있다.[20] 가치 중립적 상담의 신화는 깨어졌고 이제 연구자들과 임상실험자들은 상담에서 가치들의 위치를 이해하기 위하여 노력하고 있다. 두 심리학자들은 "이제 심리치료는 상담자의 가치가 가미된 사업이라는 것을 기정 사실로 받아들이고 있다. …가치들은 상담 과정에 복잡하게 상호 연결이 되어 있다"고 최근 학술지의 논문에서 밝혔다.[21] 만약 이것이 사실이라면, 어떻게 상담을 직업적인 행동이라고만 단순하게 말할 수 있겠는가? 직업적인 행동도 중요하지만, 상담자의 질적인 삶과 관점들이 상담을 통해서 표현되는 과정도 중요시해야 한다.

그러므로 사람들을 돕기 위하여 최고로 준비된 기독교 상담자들은 상담이론과 기술 및 신학적인 면에서 최고로 훈련되어야 함과 동시에, 상담실 안과 밖에서 그리스도인으로서의 인격이 표현되도록 개인적으로 훈련된 사람들이다. 이러한 인격은 학위에 의해 수여될 수 있는 것도 아니며 교실에서 습득될 수 있는 것이 아니다. 그것은 기도, 성경공부, 고독, 금식, 공동의 예배 같은 영적 규율 안에서 수년 간의 믿음의 훈련에서 비롯된다.[22] 이러한 새로운 다학문간의 통합이라는 개척적 관점에서 보면 상담자의 개인적인 삶이 생산적인 전군적 작업을 위해서 필수적인 요소인 셈이다.

도전 3 : 훈련에 대한 확장된 정의

다학문간의 통합을 이루기 위해서 신학과 심리학 외에도 영성에 대한 깨달음이 필요하다면 우리는 다학문간의 통합을 위해 어떤 준비를 해야 하는가? 이 질문에 답변하기 위해서는 직업인으로서 전문적인 훈련과 개인적인 훈련 모두를 살펴보아야 한다.

문(Moon), 메일리(Mailey), 콴스니(Kwansny)와 윌리스(Willis)는 미국의 종교적인 87개의 대학원 훈련 프로그램들이 기독교 영성 훈련을 실시하고 있는지에 관한 설문조사를 하였다.[23] 그런데 20개 기관의 훈련 감독자만 분석이 가능한 자료를 제공해 주었다. 묵상, 기도, 고백, 예비, 용서, 금식, 검소한 삶 등 다양한 형태의 많은 훈련들이 영적 도움과 심리치료 효과가 있다고 밝혀졌는데도 불구하고, 그것들은 대학원 훈련 프로그램들에서 강조되지 못했다.

연구자들은 "연구 결과 기독교 상담자들의 영성 훈련은 거의 없다는 가설이 입증되었다"는 결론을 내렸다.[24] 연구자들은 이러한 훈련 프로그램에서 영성 훈련의 비율이 비록 적을지라도 정신 건강 전문가들은 문제를 해결하는 데 종교를 점차 수용하고 있다고 주장했다.

그들은 "기독교인 상담은 기독교의 전통적인 가치관에서 유래하며 명확한 기독교적 상담기술들을 더 자신 있게 사용해도 좋다"고 결론을 내렸다.[25] 따라서 영적 지도기술에 대한 전문적 훈련이 심지어 기독교적 훈련 프로그램에서도 결핍되어 있다는 것을 알 수 있다.

만약 영적으로 민감한 기독교인 상담자들에게 개인적인 삶과 직업인으로서 삶 사이의 경계가 모호하다면 훈련에 대한 이런 토론을 직업적인 수준에만 맡겨서는 안 된다. 아담스(Adams)는 미국기독상담학회(CAPS Christian

Association for Psychological Studies) 회원 450명을 상대로 이 분야에 관해 설문조사를 한 결과, 340명에게서 완성된 답변지를 받았다. 이에 따르면 전문적인 상담활동에서 영적인 지도기술을 사용하는 최고의 예측 요인들은 개인적인 요인들이라는 것을 발견했다.[26] 세 개의 가장 강한 예측 요인들 중의 두 개는 상담자의 영적인 건강과 개인 경건의 훈련이었다. 상담자의 개인적인 삶이 자신의 전문적인 일에서 드러나고 있다고 나타난 것이다.

유능한 상담자가 되기 위해서 전문적인 훈련이 필수적이듯이, 개인적 훈련은 영적인 삶이 효과적인 기독교 상담의 필수적인 요소라고 보는 사람들에게 중요하다. 달라스 윌라드(Dallas Willard)는 「영성 훈련」(The Spirit of Disciplines)이라는 책에서 피아노를 치든지 수술을 하든지 최고의 결과를 생산하는 것은 훈련된 준비 상태에서이지, 일을 수행하는 순간의 의지적인 노력이 아니라고 주장했다.

상담자가 상담 중에 기도나 성경, 또는 다른 종교적인 매체들을 사용한다 해도, 상담실에서 숙련된 상담자처럼 행동할 수는 없다. 영적으로 민감한 상담의 본질은 기술 이상의 깊은 경지를 의미한다. 즉 돌봄과 훈련된 목표, 신뢰성, 공감하는 능력, 지혜, 그리고 통찰력들은 상담자의 내부로부터 오는 것이다.

영성 훈련은 단순한 의지력이 결코 가져올 수 없는 깊은 내적 변화에 대한 길을 제공한다. 그 훈련은 우리가 인간의 노력을 통해서는 결코 할 수 없는 것을 할 수 있도록 우리를 가능케 하시는 하나님의 섭리이다. 영적인 삶에 민감한 기독교 상담자들은 거룩함을 향한 개인적 훈련의 중요성을 인식하고 있다. 그것들은 유진 피터슨(Eugene Peterson)이 니체의 말을 인용해서 말한 것처럼 '한 방향으로의 오랜 순종의 결과' 이다.[27]

이것은 영적인 훈련 자체가 영적이라는 것을 의미하는 것은 아니다. 우리가 개인적인 경건의 시간을 갖는 것을 영성이라고 가정할 때 훈련의 요점을 놓치게 되고, 예수님을 죽이기 위하여 계획을 세웠던 위선적인 종교지도자들에게서 보이는 거짓된 의와 유사한 외식화된 믿음의 위험에 빠지게 된다. 훈련 그 자체가 영적이지는 않지만 그것은 하나님을 경험할 수 있는 기회를 제공한다. 훈련은 하나님의 은혜를 직접 체험하도록 우리를 안내하는 영적인 도구이다. 하나님께서는 우리가 영적인 훈련을 하면서 기꺼이 변화를 원할 때 우리를 변화시켜 주신다.

도전 4 : 정신 건강에 관한 지배적인 견해에 대한 도전

기독교 상담의 구체적인 방법에 대한 논의는 종종 기술과 구체적인 개입 방법에 그 초점이 맞춰진다. 이 책을 통해서 구체적이고도 실제적인 여러 기술들이 고려될 것이다. 그렇지만 영적으로 민감한 상담은 단순히 일련의 기술을 상담실에서 적용하는 것이 아니다.

모든 기술의 밑바닥에는 상담 이론이 있고 그 이론의 밑바닥에는 세계관이 있다. 때때로 우리는 심리학적인 기술들을 기독교 상담에 받아들이는 데 너무 열심이어서 그 이론의 문제점들과 우리가 사용하는 기술에 내포된 세계관에 대해 간과하는 경우가 있다. 기독교 상담자들이 다학문간의 통합이라는 이 새로운 영역에 직면하고 있으므로 우리는 이론과 기술의 배후에 깔려 있는 세계관의 가설들을 신중히 검토해 보아야 한다.[28]

최근 기독교 상담의 형태들은 주류를 이루고 있는 주요한 흐름의 상담 기법들을 종교적으로 채용한 것들이다. 예를 들면, 많은 기독교 상담의 저자들과 치료자들은 앨버트 엘리스의 '합리적-정서적 치료'(Rational-Emotive Therapy: RET) 기술을 기독교 상담에 채용하고 있다.[29] 비록 엘리스는 공공연한 무신론자이지만, 많은 기독교인들은 그의 방법들을 합법적인 것으로 수용했다. 그중의 어떤 상담자는 합리적 정서치료는 "아마 현재의 모든 주요 심리치료 체계 중에서 가장 성경의 가르침에 적합할 것이다"라고 말하였다.[30]

그러나 우리는 그 이론의 근저에 깔려 있는 쾌락주의적이고 상대적인 세계관을 비판적으로 평가해 보지 않고 그의 '합리적-정서적 치료'를 받아들일 수 있을까?[31] 우리가 현존하는 상담기술을 따르기 위하여 기독교의 전제조건들을 양보할 수 있다. 그러나 어느 시점에서 믿음의 체계는 꺾이고, 우리는 단지 정신 건강에 관해서 무신론적 정의들에 의해 흠뻑 적셔진 유신론적 파편들과 함께 남게 될 것이다. 다학문간의 통합 즉 기독교 믿음을 상담실에 가져오는 것은 우리에게 치료의 목표를 주의 깊게 평가할 것과, 정신 건강 분야에서 우리 주변에 있는 치료에 대한 견해에 도전할 것을 요구하고 있다.

| 사례 |
상담의 이론을 현장에 적용할 때
크리스는 똑똑하고 자발적 동기를 갖고 있는 기독교인이며, 예수님과 다른 사람에게 봉사하는 일을 하고 싶어한다. 그는 임상심리학 대학원에 지원해서 최고의 프로그램에 입학 허가를 받았다. 그는 캠퍼스에 가서 새 지도 교수를 만나고, 등록금을 내고, 수업을 듣기 시작했다. 크리스는 해야 할 밀린 과제 때문에 정신이 없었다. 그는 심리평가, 심리통계, 상담이론, 상담기법, 상담학에 대한 기초 교양 과목, 직업윤리 등을 수강했다. .

5년 후에 크리스는 대학원의 박사 과정을 마치고, 기독교 심리학자로서 일할 준비를 했다. 그는 그 동안 배워 온 많은 치료의 개념들과 기술들(체계적 둔감화, 점진적 이완법, 인지의 재구성, 저항의 분석, 투사적 동일시, 무조건적인 긍정적 관심, 자동적 사고에 대한 일상적 기록 등)로 무장되어 있었다. 그런데 아이러니한 것은 그가 왜 이러한 기술들을 사용해야 하는지에 관해서 결코 배워본 적이 없고, 또 이 기술들을 왜 사용해야 하는지에 대한 질문을 멈춰본 적이 없었다는 것이다. 치료의 목표는 무엇인가? 우리는 치료를 어떻게 정의할 것인가?

기독교 상담자가 직면하고 있는 세계관의 도전 가운데 한 가지 예를 들면 정신 건강은 우리가 누구인가에 대해 긍정적으로 느끼고 있어야 한다는 널리 알려진 가설에서 나타난다. 1967년에 토마스 해리스(Thomas Harris) 박사가 "나도 괜찮고, 당신도 괜찮아"!(I'm OK-you're OK)라는 문화를 주장하려고 시도했을 때, 그는 아마 그의 말들이 가지게 될 파장을 깨닫지 못했을 것이다.32) 사람들이 어떤 상담자나 목사나 친구에게 상담 받고자 할 때, 대부분은 자신의 문제에 대해서 이미 개인적인 견해를 가지고 있다.

그것은 대체로 다음과 같다. "나는 일생 동안 그들을 기쁘게 해주기 위해서 시간을 보냈으나 사람들은 나에게 상처를 주어 왔다. 나는 이제 다른 사람들에 의해서 상처받는 것에 지쳤다. 그래서 나는 이제 자신을 돌보려고 한다. 그러므로 내가 나를 돌볼 수 있는 법을 배울 수 있도록 나를 도와달라."

다시 말하면 "내 자신을 돌볼 수 있도록 나를 도와주고, 나라는 존재에 관해서 기분 좋게 느낄 수 있도록 해주어서 내가 행복할 수 있도록 도와달라"는 것이다. 우리는 매일 비슷한 메시지들을 귀가 따갑도록 듣고 있다.

"당신 자신을 돌보아라. 그렇지 않으면 아무도 당신을 돌보지 않을 것이다."

"무엇이 옳고 그른지 아무도 당신에게 말할 수 없다."

"당신은 좋은 사람이다. 당신은 당신 자신을 믿어야 할 필요가 있다."

"당신 자신의 권리를 주장하라."

"당신의 의도를 말하라."

많은 상담자들은 정신 건강에 대한 이러한 정의들을 종종 무비판적으로 받아들여서 이 견해에 따라 임상 작업의 틀을 형성한다. 이러한 정신 건강에 관한 메시지들이 다 잘못된 것은 아니다. 사람들은 실제로 다른 사람들에 의해 상처를 받고, 그 상처자국들은 그들을 황폐하게 할 수 있다. 어떤 정서적 문제들은 전적으로 과거의 상처의 결과이며, 선천적이거나 자신에 대한 잘못된 이미지에서 기인한 것이다. 그것들은 상담기술로는 효과적으로 치료될 수 있다.

비록 현대의 정신 건강에 관한 메시지가 다 틀린 것은 아니지만, 그렇다고 해서 그것들이 다 옳은 것도 아니다. 그들은 우리가 병든 것이 아니고, 유전 인자와 생활 환경, 신경 화학 물질의 희생자라고 말한다. 결국 우리는 아무런 문제가 없다는 것이다. 그래서 현대의 대중적인 심리학자들은 자신들의 필요에 충실하고, 희생이나 용서 같은 어리석은 행동은 버리고, 만족스럽지 못한 인간관계는 청산하라고 가르친다.

그들은 행복하기 위해선 불편함과 희생, 고통을 회피하면 된다고 말한다. 심리학자 앨버트 엘리스는 "정서적으로 건강한 개인은 첫째로 자신에게 충실하고, 다른 사람들을 위해서 자신을 가학적으로 희생하지 않는다"고 썼다.[33] 이러한 형태의 쾌락주의적이고 개인적인 윤리는 기독교 영성과는 일치하지 않는다. 성경에서는 우리에게 다른 사람의 이익을 구하고(빌 2:4), 서로 존경하라(롬 12:10)고 가르치고 있다. 쾌락주의와 얄팍한 독립주의를 상담의 목적으로 보는 이들은 영적인 삶과 인간의 타락성이 치료에 미치는 역할을 부정한다.

기독교 교리는 우리 스스로를 죄 없는 희생자들이라기보다는 죄에 가담한 자로 보고, 병이란 우리 본질의 한 부분이며 우리의 영적 상태를 인식하는 것이 치료를 위한 하나의 전제 조건이라고 가르친다. 모든 그리스도인은 깨어진 사람이다. 하나님 나라에 들어가려면 우리가 갈망하는 내적인 평화는 우리 자신의 노력으로는 결코 오지 않으며, 단지 우리의 이기적 성향을 극복하기에 무능력하다는 것을 시인하고, 그리스도에게 우리의 삶의 주권을 드림에 의해서만 가능하다는 것을 인식해야 한다. 죄로 물든 우리의 마음은 실패한 행동을 통해서 나타난다. 우리가 깨어진 이유는 우리가 희생자이기 때문만이 아니고, 우리가 반항하는 마음과 완고한 독립심을 가지고 있기 때문이다.

기독교의 복음은 깨어진 사람들에게 희망을 주지만, 단 그 희망은 그들이 파괴된 존재라는 사실을 인식한 후에야 가능하다. 아브라함, 모세, 다윗, 엘리야, 바울 같은 성경의 영웅들은 깨어짐을 경험한 사람들이다. 우리 사회는 각자 자신을 돌봄으로써 깨어짐을 회피할 수 있다고 말할지 모르지만, 사는 것이 무엇인지 진정으로 알았던 믿음의 영웅들은 모두가 깨어진 사람들이었다.

기독교 세계관을 가진 내담자는 어떤 문제를 두고 다음과 같이 말할 수 있다. "나에게는 문제가 있다. 나는 내 일생을 다른 사람을 기쁘게 하기 위한 삶을 살아왔다고 믿고 싶지만, 사실은 나의 실수들이나 내가 좋아하지 않는 어떤 부분들을 감추기 위하여 그렇게 해왔다고 생각한다. 나는 내가 다른 사람들을 기쁘게 해주었다고 말하지만, 실제로 나 자신을 기쁘게 하기 위하여 노력해 왔다. 그래서 나는 절망하고 있다. 나에게 엄청나게 잘못된 어떤 것이 있다고 느끼고 있다(그리고 모든 사람에게도 역시). 나는 스스로 그것을 고칠 수 없다."

우리는 아픔과 고통을 통해 더 나은 깨달음과 의미 있는 관계를 모색하게 된다. 질병은 우리를 하나님께로 인도한다. 하나님께서는 그분의 목적을 위하여 우리의 깨어진 육체를 사용하시고 회복시키실 수 있다. 다윗은 이렇게 썼다.

> 내가 여호와를 기다리고 기다렸더니
> 귀를 기울이사 나의 부르짖음을 들으셨도다.
> 나를 기가 막힐 웅덩이와
> 수렁에서 끌어올리시고
> 내 발을 반석 위에 두사
> 내 걸음을 견고케 하셨도다.
> 새 노래 곧 우리 하나님께 올릴 찬송을
> 내 입에 두셨으니
> 많은 사람이 보고 두려워하여
> 여호와를 의지하리로다
> (시편 40:1-3)

기독교의 복음은 하나님이 깨어진 우리를 건져내셔서 하나님과의 관계 속으로 이끌어 가시는 것이다. 기독교인의 메시지는 희망의 메시지이다. 우리는 그리스도의 사역을 통하여 하나님과 회복되었다.

그렇다면 자신에 대해서 깊은 절망감과 부족함을 느끼며 울고 있는 내담자를 상담할 때 기독교 상담자는 무엇을 할 수 있을까? 지금까지 세상을 잘못 해석해온 그들이 실제로는 훌륭한 사람이라고 확신하게 하는 것이 최고의 치료인가? 또는 깨어진 것의 의미를 반추하는 것과 자신에 대해 절망하고 부족함을 느끼는 것이 회복의 전제 조건이라고 인식하게 하는 것이 합리적인가?

치료의 한 부분으로서 인간의 깨어짐을 생각하는 사람들에 의해 상담이 행해질 때, 상담은 인간의 구원에 대한 반영이 된다. 고통의 한가운데서 치료받고 있는 사람들은 그들의 깨어진 삶을 수용하고, 이를 통해 희망과 의미를 찾으며 회복되는 상담관계를 경험한다. 이러한 의미에서 상담은 복음을 모방한다. 즉 깨어진 사람들은 치료하는 관계의 상황에서 회복된다.

도전 5 : 과학적인 근거의 확립

물론 우리는 양면에서 오류를 범할 수 있다. '세속적'인 세계관을 피하려는 의도가 너무 강하면 심리학이나 상담이 인간에게 제공하는 모든 것을 거절하게 될 수 있다. 때로는 기독교 상담에 대한 우리의 열심은 지나친 자신감이나 심지어 자만심처럼 보이기도 한다. 그리고 우리의 방법이 마치 과학적으로 타당한 것처럼 행동하기도 하고, 우리가 진리에 이르는 직접적인 통로를 발견했기 때문에 그것들은 과학적으로 입증될 필요가 없는 것처럼 행동하기도 한다. 이러한 태도는 때때로 다양한 정신 건강 분야에 있는 동료들로부터 우리를 고립시키는 위험한 견해들이다.

우리는 또한 과학적인 도전에 직면하게 된다. 기독교 상담자들과 정신 건강 전문인들 사이에서 정확하게 교류하기를 원하는 기독교 상담자들은 이 전문인들 사이에서 쓰는 공통된 과학적 언어를 사용해야 한다. 이러한 면은 특히 대학이나 연구 기관에 있는 기독교 상담자들이 상담실에서 기독교 상담자들만이 사용하는 특유한 기법들이 얼마나 효과가 있는지를 과학적으로 증명해야 할 도전을 준다.

기독교 상담자들은 상담에서 기독교 훈련방법을 사용하는 것에 대해서도 다양한 배경과 시각을 가진 그룹이 있다는 것을 기억하는 것이 중요하다. 워링톤(Worthington), 듀퐁(Dupont), 던컨(Duncan)은 7명의 기독교 상담자들이 상담을 실시한 92 상담 회기를 분석했다.[34] 종교적 과제, 성경구절

인용, 신앙에 대한 논의, 기도가 가장 많이 사용된 기법들이었다. 이 모든 기법들은 전체 상담 회기 중에서 절반도 못 되는 회기 중에 사용되었고, 기독교 상담자들이 영적인 지도방법을 사용하는 것도 아주 다양하였다. 예상대로 상담자들은 신앙심이 낮은 내담자들보다는 높은 내담자들에게 기독교적인 기법들을 더 많이 사용했다. 그러나 사용된 종교적 지도기술이 기독교인들에게조차 상담 효과를 잘 예측하는 요인이 되지 못했다. 따라서 연구자들은 다음과 같이 결론을 내렸다. "기독교 상담자들이 영적인 지도방법을 얼마나 많이 사용했느냐가 상담의 효과에 중요한 것이 아니고, 어떤 기법을 언제 사용했느냐가 더 중요하다."[35]

볼(Ball)과 굿이어(Goodyear)가 미국의 기독교상담학회 회원들을 상대로 설문조사한 바에 의하면, 응답자의 약 4분의 1이 영적인 개입 방법으로 기도를 제일 많이 사용하고 있다고 보고하였다.[36] 설문조사 때는 성경이나 종교적인 개념들을 자주 사용한다고 보고했지만, 동일한 응답자들을 상대로 실제로 인터뷰하면서 기독교 내담자들을 치료할 때 가장 중요한 것 다섯 가지만 설명해 달라고 요구했더니, 기독교적인 개입 방법을 자주 사용하지 않았다고 보고하였다. 설문지에는 종교적인 배경이 없는 기법을 더 적게 사용한다고 보고했지만, 인터뷰 결과에 의하면 실제로는 그러한 기법들을 더 많이 사용하고 있다고 보고하였다. 그러므로 기독교 상담자들이 상담시에 선호하는 기법과 실제로 사용하는 기법과는 차이가 있는 것으로 보인다.

이러한 연구 결과를 통해서 우리는 어떤 결론을 내릴 수 있는가? 가장 명백한 것은 상담에서 영적인 지도기법에 대한 연구가 너무나 빈약하므로 기독교 상담 운동을 위해서는 먼저 이 분야의 연구에 중점을 두어야 한다는 것이다. 기독교 상담자들이 상담 중에 사용하는 기법들은 기도, 종교에 관련된 과제, 성경, 믿음과 연관되는 토론 등인데, 아마 자신들이 원하는 만큼 이러한 기법들을 자주 사용하지는 않았을 것이다.

종교 지향적인 심리치료가 상담에서 얼마나 효과적일까? 심리학자 브래드 존슨(W. Brad Johnson)은 이에 대한 해답을 얻고자 치료 효과에 대한 다섯 편의 연구 결과 논문을 분석했다.[37] 이 중에서 세 편의 논문은 방법론적인 면에서 매우 부적절함을 드러냈다. 더 놀라운 사실은 수많은 치료 결과에 관한 논문들이 있지만, 단 다섯 편의 논문만이 종교적인 상담치료를 조사하였다는 것이다. 이 중에서 세 편의 논문의 결과는 우울증 환자를 상대로 종교적 상담과 비종교적인 상담을 실시한 결과, 그 효과 면에서 차이가 없었다고 한다.[38] 다른 두 편의 논문은 종교적으로 우울한 내담자에게 종교적인 상담이 더 효과가 있었다고 밝혔다.[39] 그렇지만 레베카 프로스트(Rebecca Prost)와 그의 동료들의 가장 포괄적인 연구 자료에 의하면, 어떤 종교적인 인지치료는 비종교적인 치료자들에 의해 수행되어도 대부분 효과적이었다고 보고되고 있다.[40] 이러한 기이한 현상을 이해하기 위해서는 좀 더 연구가 필요하다.

종교적인 기법에 대한 연구에서 나온 중요한 것은 우울증에 관해 잘 확립된 인지적인 상담기법에서 종교적인 것과 비종교적인 이론을 비교했다는 점이다. 우리는 다른 세계관을 가진 기법과 기독교 상담기법의 효과에 대해서 단지 추측만 해볼 수 있다. 기독교 상담자들이 학문간 통합을 시도하려고 한다면 이에 관해 더 많은 연구를 해야 한다.

도전 6 : 연관성 있는 윤리적 기준들의 확립

다학문간의 통합에 대한 새로운 영역은 새로운 윤리적인 도전들을 소개하고 있다. 미국의 심리학회에서는 적당한 통제 그룹과 함께 한두 가지 다른 이중구속 연구들에 의해서 효과가 검증되었을 경우 경험적으로 타당성 있는 심리치료 과정으로서 미국의 심리학회 치료 리스트에 포함된다. 가까운 미래에 보험회사들은 아마 허용된 치료 계약서에 따라 행해진 상담을 요구할지도 모른다. 왜냐하면 비종교적인 기법들은 두 가지 독립된 이중구속 연구들 안에서 평가되어 왔기 때문이다.

이것은 이미 논의된 것처럼 과학적, 윤리적인 도전이다. 만약 그들의 기법이 제3의 지불자들에 의해 승인되지 않는다면 기독교 상담자들은 이것을 계속 사용할 수 있을 것인가? 이 같은 딜레마에 어떤 윤리적 원칙들이 뒤따라야 하는가?

| 사례 |
최고의 상담기법은?
당신은 갈등을 안고 있는 부부인 윌과 패티의 상담을 시작하기로 했다. 윌은 당신을 쳐다보면서 이렇게 말한다. "우리는 인터넷에서 최고의 상담기법에 관해서 조사하고 있습니다. 우리는 이것이 시간과 경비를 절약할 것이라고 생각합니다. 우리들은 가장 효과적인 도움을 받을 거라고 확신하고 싶습니다."
패티는 재빠르게 덧붙인다. "기독교 상담이 다른 상담과 어떻게 다른가요? 우리의 관계가 지금보다 좋아진다고 어떻게 신뢰할 수 있나요?"

윌과 패티의 질문 중심에는 동의서의 윤리적 원칙이 있다. 사람들이 도움을 구하고자 상담자를 찾아올 때, 그들은 철저하게 준비되어야 한다. 상담자가 사용하는 상담기법과 그 과정에 대한 정확하고 완벽한 정보를 제공받고, 대안적인 치료기법에 대해서 알려주며, 인쇄된 동의서 양식에 서명을 해야 한다.[41]
우리는 각 내담자들과 함께 스스로에게 몇 가지 질문을 해보아야 한다. 내담자에게 상담 과정과 선택 가능한 상담기법에 대해 완전히 이해한 뒤 상담에 임하도록 하는 자유로운 선택이 주어졌는가? 상담 서비스의 본질과 성공률에 관해서도 알고 있는가? 기독교 상담자들은 다양한 그룹들이고 그들이 접근하는 상담기법도 다양하기에 이런 질문들에 대한 표준적 대답이 불가능할지 모른다. 또한 이 문제는 우리가 서로 다른 상담기술이나 기법을 사용하기 때문만은 아니고, 무엇을 기독교 상담으로 정의하는지에 대하여 서로 의견이 일치하지 않기 때문이기도 하다.
워링톤은 종교적인 상담에 관한 연구를 하면서 세 가지 형태의 가정들을 발견했다.[42] 첫째, 어떤 사람들은 기독교 상담이란 종교적인 사람에 의해서 실시되는 어떤 형태의 상담도 다 포함한다고 주장한다. 이러한 견해는 상담자가 기독교적인 기법을 사용하지 않아도, 상담자가 하나님의 은혜의 대리

자로서 상담하고 있는 자체가 내담자에게 치료 효과를 가져온다는 것이다. 이런 관점은 기독교 상담의 기법들에 대한 토론에서 그 핵심을 놓치는 것이다.

왜냐하면 상담기술보다는 상담의 관계적 측면이 더 높게 평가되기 때문이다. 이 견해는 부분적으로는 옳다. 왜냐하면 치료의 관계적인 측면이 치료의 좋은 효과를 위해서 중요하다고 많은 연구 결과들이 지적하고 있기 때문이다.[43] 그러나 상담에 있어서 무엇이 기독교적인지가 분명하지 않다. 프로스트와 동료들은 기독교인 상담자가 우울증을 치료하기 위해 비종교적인 상담기법을 사용했을 때 아무런 이점도 발견하지 못했다.[44]

이 그룹에서 기독교 상담자들을 위한 치료 동의서는 그들의 상담 업무가 비종교적 상담과 크게 다르지 않기 때문에 어렵지 않다. 이 상담자들은 표준 양식처럼 보이는 동의서 양식을 개발할 수 있다. 비록 한 가지 문제가 있기는 하지만 말이다. 관계적인 심리치료는 미국의 심리학회에 경험적으로 타당성 있는 치료의 목록에는 잘 나타나 있지 않다. 따라서 선택적인 심리치료를 나타낼 경우에는, 치료 동의서에 치료 기간이 되도록 단기간이면서 경비가 적게 드는 대안적 치료의 접근 방법에 대해서 기록해야 한다.

둘째, 어떤 사람들은 기독교 상담이란 인정된 공식적인 종교 훈련과 함께 상담기법들을 적용하는 것이라고 믿는다. 주요 기법으로서 영적인 지도기법을 사용하고 있는 성경적인 상담자와, 기독교 상담자들이 이러한 상담기법을 사용하고 있다. 비록 이 상담자들이 종종 너무 종교적이라는 비난을 받기도 하지만 프로스트가 연구한 바에 의하면 목회 상담을 받은 내담자는 기독교적인 인지치료를 받은 내담자와 같은 치료 효과를 보였고, 2년 후 추적한 결과 그 효과를 잘 유지하고 있었다.[45]

종종 이런 범주에 있는 기독교 상담자는 정신 건강 치료를 하는 공인된 공동체와는 달리 교회의 부설 기관이나 선교 단체 등에서 상담을 실시하고 있다. 그들은 대개 그 일에 대한 보험 배상을 요구하지 않으며, 치료 동의서를 고려하지 않는다. 그럼에도 불구하고 치료동의서는 모든 상담자들에게 중요한 의미가 되고 있다. 왜냐하면 치료를 원하는 사람들은 종종 선택 가능한 치료들에 대해 잘 모르기 때문이다. 치료 동의서 절차는 현재 발전되고 있는 미국 기독심리학회의 윤리 강령에 중요한 부분이 될 것이다.

셋째, 어떤 사람들은 기독교 상담을 잘 확립된 상담 모델에 종교적 요소를 가미한 '피상적인 세속 상담'이라고 본다. 프로스트는 종교적 이미지와 비합리적인 신념을 논박하기 위한 종교적 주장을 가미한 표준적인 인지 상담이 일반적인 인지 상담보다도 우울증을 완화하는 데 더 효과가 우수한 것을 발견했다.[46] 그렇지만 이런 시각은 이미 언급된 문제를 영속화할 수 있다. 즉, 기독교화된 치료 형태는 오류의 가능성과 내담자를 오도할 수 있는 가능성이 있고, 세계관들에 손상을 끼칠 위험성이 있다.

이러한 시각을 가지고 일하는 상담자들은 때로 표준화된 치료 동의서를 사용하면서 이 치료 동의서에 종교적인 개입을 부가적인 치료라고 덧붙이는 경우가 있다. 이것은 아마 지혜롭지 않을 것이다. 왜냐하면 프로스트는 두 편의 연구 논문을 통해서 종교적인 요소들이 치료의 효과에 영향을 준다고 보고했기 때문이다.[47] 그러므로 세 번째 시각을 가진 기독교 상담자들은 그들의 치료 모델과 그 모델의 종교적 채용 모두를 치료 동의서에 기술하도록 시도해야 한다.

많은 기독교 상담자들에게는 세 가지 접근 방법들 중 그 어느 것도 만족스럽지 않은 것 같다. 아마도 우리에게는 네 번째 선택, 즉 인격, 정신 건강, 그리고 심리치료에 대한 경험적으로도 타당하다고 증명된 기독교 상담 모델이 필요한 것이다. 그러려면 많은 질문들에 대한 대답이 필요할 것이다.

인간의 인격이란 무엇인가? 무엇이 사람들에게 동기를 주는가? 무엇이 정신 건강 문제를 일으키도록 잘못되게 하는가? 유능한 상담자는 내담자에게 정신적, 영적 건강을 회복하기 위하여 상담실에서 무엇을 해야 하는가? 네 번째 모델을 개발하기 위해서는, 과학적으로 인정되고 신학적으로 건전한 기독교 상담 모델을 만들기 위하여 철학자들, 신학자들, 연구가들, 임상 심리 전문가들이 협력해야 할 것이다. 아마도 이러한 과업을 이루기 위해서는 앞으로 몇십 년 간의 작업을 해야 할 것이다. 우리가 미숙하게 기독교 상담 모델을 세우려 한다면, 심지어 기독교 상담 운동을 하는 사람들에 의해서도 그것은 진지하게 받아들이지 않을 것이다.

  윤리적 도전들에 대한 토론은 치료 동의서에만 국한되었지만, 여러 학문을 종합하는 과정에서 더욱 많은 윤리적인 문제들이 발생할 수 있다. 이것들은 책의 나머지 장들에서 다루어질 것이다.

기독교 상담이 지평을 넓히려면

다학문간의 통합은 최근 기독교 상담자들에게 나타난 새로운 영역이다. 문제는 '우리가 심리학과 신학과의 관계를 어떻게 이해하느냐'가 아니고, '상담 과정에서 기독교 믿음을 어떻게 구체적으로 실천에 옮기느냐'에 있다. 기독교 상담자가 상담실에 종교를 도입하려고 할 때 그들은 몇 가지 중요한 도전들에 직면하게 된다. 기독교 상담 방법들은 우리에게 직업적 훈련뿐만 아니라 개인의 영적 훈련에 우선권을 두는 것과 현재 성행하고 있는 정신건강의 모델들에 도전할 것을 요구한다. 또한 더욱 과학적 근거를 연구하며, 윤리적 문제들을 민감하게 인식해야 할 것을 촉구하고 있다.

2

심리적,
영적 건강을 위한
첫걸음

심리적, 영적 건강을 위한 첫걸음

존슨 가족들은 미니 밴에 짐을 가득 싣고 차 지붕에 단단하게 짐들을 묶은 다음 개는 개집에 안전하게 넣은 뒤 집안 문을 잠그고 여름 휴가를 가기 위해서 막 아파트의 주차장을 빠져 나오고 있었다. 웬달 존슨이 콧노래를 부르며 운전하고 있을 때 여섯 살 된 아들 브라이언이 물었다.

"아빠, 이제 거의 다 왔나요?"

웬달은 아들을 향해 빙그레 웃으면서 말했다.

"글쎄."

열두 살짜리 모니카가 브라이언에게 약간 못마땅한 표정을 하고는 그 질문을 되풀이했다.

"아빠, 얼마를 더 가야 우리가 가려는 목적지에 도착해요?"

그러자 브라이언이 다시 끼어들면서 물었다.

"거의 다 오지 않았나요?"

웬달은 콧노래를 멈추고 이렇게 대답했다.

"나도 정확히 잘 모르겠어. 어쩌면 긴 여행이 될 수도 있고 짧은 여행이 될 수도 있을 거야. 그것을 말하기에는 너무 이르구나."

운전석 옆에 앉아 있던 론다 존슨이 갑자기 소리쳤다.

"여보, 우리가 지도 갖고 오는 걸 잊었어요. 어떡하죠?"

그러자 아이들은 두려워하며 새로운 질문을 퍼붓기 시작했다.

"진정해요, 론다! 얘들아, 너무 걱정하지 마라. 전에도 휴가를 많이 가봤기 때문에 나는 무엇을 해야 할지 알고 있단다. 모든 일이 다 잘될 거야."

그러나 존슨 가족은 안심할 수 없었다.

상담자가 내담자들에게 상담 과정을 설명할 때 내담자들 중 많은 사람들이 이러한 느낌을 받는다. 때때로 나는 처음 상담하는 내담자의 불안을 그려 보려고 애쓴다. 내담자는 상담을 받지 않은 상태에서 수주 또는 몇 달 동안 자신의 문제를 해결해 보려고 노력한 끝에 마침내 상담자와 약속 시간을 정하고 첫 인터뷰를 하게 된다.

상담자는 어떤 유형의 사람일까? 이런 문제들을 가졌던 다른 사람들과 함께 일해 본 적이 있을까? 비슷한 사람의 문제를 다룬 경험은 있을까? 시간이 얼마나 오래 걸릴까? 내 문제의 원인은 무엇이었을까?

이것들은 웬달 존슨의 가족들이 그에게 묻고 있는 것과 같은 질문들이다. 당신은 우리가 가고 있는 곳에 어떻게 가야 하는지 알고 있는가? 얼마나 오래 걸릴 것인가? 때때로 우리의 대답들은 웬달 존슨의 것만큼 실망스러운 것 같다. 우리는 불안한 내담자들에게 공감하는 것처럼 말한다.

"이곳에 오려는 결정을 하기까지 매우 어려우셨지요. 또한 이 상담이 얼마나 오랫동안 진행될지 불안하기도 하시지요?" 어쩌면 상담이란 복잡한 것이며 그것이 얼마나 오래 걸릴지 말하기가 불가능하다고 할 수도 있다. 우리는 상담 방향에 관해 걱정하지 말자고 스스로에게 말하기도 한다.

한편 내담자는 상담 과정을 믿는 것이 현명하다. 상담자와의 신뢰할 만한 관계는 사람들의 상태가 더 좋아지도록 돕는다.[1] 상담 과정을 통해 대부분의 사람들은 실질적으로 회복되어간다. 과정 안내지도는 그 과정을 효과적으로 만든다. 만약 존슨이 지리학에 대해 기본적인 지식을 갖고 있다면 그들은 지도 없이도 시행착오를 거쳐서 종국에는 그들의 목적지에 도달할 것이다.

그러나 브라이언이나 모니카, 론다가 원하는 것은 그것이 아니다. 그들은 가능한 한 빨리 거기에 도착하기를 원한다. 이와 비슷하게 내담자들은 가능한 한 빨리 자신들의 목적지에 도달하기 원하며, 목적지에 도달할 수 있도록 도울 수 있는 방법을 아는 상담자를 원한다.

상담에 대한 나의 이론적 지도는 인지치료이다.[2] 나는 지도를 갖고 있는 것을 좋아한다. 그것은 내담자들의 질문에 직접적인 답을 주는 데 도움이 된다. 몇 회기 상담한 후에 나는 대체로 상담이 얼마나 걸리게 될지, 그리고 우리가 각 회기에서 무엇을 해야 할지 예견할 수 있다. 강한 치료적 관계와 상담 과정에 대한 신뢰가 효과적인 상담의 본질적인 구성 요소이지만 아울러 이론적 지도 역시 도움이 된다.

때때로 나는 나의 이론적 안내지도에 대해 불만스럽기도 하다. 예를 들면 나는 내담자에게 긍정적인 자기와의 대화를 가르치고 있는지 의문을 느끼면서 진부하고 피상적인 감정을 느끼기도 한다. 그럴 때는 마치 내가 큰 상처가 난 곳에 반창고를 바르려고 애쓰는 것 같다. 인지치료가 효과적인 이유 중의 하나로서 유능한 인지치료자도 훌륭한 정신역동적 치료자가 사용하는 상담관계, 감정적인 민감성 등을 치료 기간 동안 잘 사용하기 때문이라고 하는 최근 연구를 어떻게 해석할 것인가?[3] 그리고 표준화된 인지치료가 많은 내담자들에게 효과가 없다는 것을 어떻게 이해해야 하는가?

만성적인 성격 장애자들을 도와주기 위해서는 인지치료적 접근을 상당 부분 변화시켜서 내담자들을 도와주어야 한다.[4] 또한 인지치료에 대한 가장 큰 문제는 대부분의 인지치료 형태들은 영적인 삶에 대해 침묵하고 있으며, 인지치료에 대해 기독교적인 관점을 가지고 있는 극소수의 사람들조차 단순하고 초보단계에 있다는 것이다. 마치 인지치료적 세계관을 의심의 여지없이 수용해서 몇 가지의 전략적인 성경구절과 종교적 심상 훈련을 하고 나서 기독교 인지치료라고 주장하고 있는 것 같다.

이것은 상담자와 심리학자들이 이론 연구와 발전에 많은 시간을 소비한 이론적인 지도들을 포기해야 한다는 것이 아니다. 우리가 심리학으로부터 빌려온 지도들은 도움이 되었고, 여러 학문적 통합의 새로운 영역까지 우리를 인도해 왔다. 하지만 그것이 여기서 더 나아가도록 우리를 이끌어 줄 수 있을까? 새로운 개척을 위해 우리는 더 나은 지도가 필요하다.

영적, 심리학적 건강을 위한 지도 만들기

기독상담은 우리의 목적 자체가 복합적이기 때문에 여타의 상담 형태보다 더 복잡하다. 행동주의자들이 증상의 제거에, 정신분석학자들이 자아강도에 관심을 기울일 수 있는 반면, 기독교 상담자들은 정신 건강뿐만 아니라 영적인 성장에 관심을 가진다. 하지만 치료를 위해 우리가 사용하는 대부분의 지도들은 단지 정신 건강에 기초되어 있으며, 대부분의 기독교 상담자들이 인정하지 않지만 정신 건강이 영적인 삶과 분리될 수 있다는 가설과 함께 발전되어 왔다.

우리는 영적인 성장을 위한 안내지도가 필요하다. 이 지도는 성경에 충실해야 하며, 신학적으로 건전하고 우리가 보는 다양한 정신 건강 문제들과 완전하게 관련되어 있어야 한다. 더 나아가 그것은 실제적인 지도여야 하며, 철학자들이나 신학자들에 의해서만 이해될 수 있는 복잡한 모양이거나 상담실에서만 제한적으로 사용되는 것이어서도 안 된다. 그것은 우리가 상담의 표준적인 이론지도에 다양하게 적용할 수 있는 지도여야 한다.

우리들 대부분은 행동치료, 인지치료, 정신역동치료, 가족형태치료, 그리고 다른 형태의 치료에 대해 이론적 원칙을 버리기 원하지 않는다. 그러나 우리와 내담자들은 상담관계들을 좀더 정확하게 보기 위하여 영적인 삶과 영적인 지혜에 대해 더욱 깊이 있는 지도를 원한다. 마지막으로 영성과 정신 건강 사이에 상대적 관계가 있다고 가정하지 않고 그렇다고 그 둘 사이의 완전한 분리를 가정하지도 않는 그런 지도여야 한다.

내가 시작하려고 하는 지도는 놀랍도록 단순하지만, 이 책에서 계속 논의될 종교적인 주제와 개입, 토론을 위한 중요한 출발점을 제공한다.

치료의 유형

인간의 역사에 관한 연구를 통하여 만들어진 치료의 동기는 치료와 건강에 대한 공통된 유형을 보여 준다. 우리는 이러한 유형을 훌륭한 문학 작품, 성경, 교회사, 다른 사람의 삶 속에서 볼 수 있다. 그림 1은 그 모형을 도식적으로 보여 준다.

〈그림 1〉

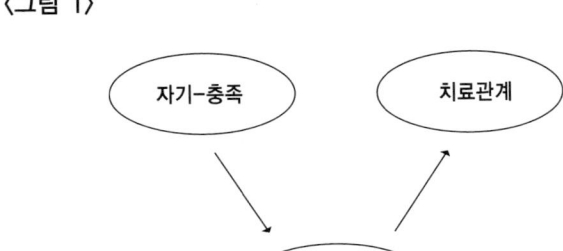

이 유형은 선한 것을 악한 것으로 왜곡시키는 것에서 시작한다. 하나님께서는 자발성, 자기를 위한 능력과 자유의지를 가진 인간들을 창조하셨다. 자아를 위한 이러한 능력은 선하다. 때문에 그것은 우리가 사랑을 받고 하나님과 다른 사람들과의 의미 있는 관계에 들어가도록 하며, 우리의 일과 놀이에서 창조적 에너지를 사용하고, 목적을 가지고 그것을 향해서 전진하도록 한다. 그러나 우리는 아담과 이브처럼, 자유를 너무 지나치게 주장한 나머지 결과를 생각하지도 못한 채 우리의 자유와 자족을 주장하기에 이르렀다.

그 제한 없는 독립의 결과는 상처와 깨어짐과 고통이었다. 어린이를 학대함으로 의지의 독립을 주장하는 성인은 많은 사람들에게 큰 고통을 가져다 준다. 복잡한 쇼핑 몰에서 혼자 물건을 살 수 있다고 자신의 능력을 과대평가한 어린아이는 길을 잃거나 혼자가 되어 끝내는 사랑하는 부모를 찾느라고 울부짖게 된다. 희생적인 사랑과 서로에 대한 성숙함보다는 자유와 독립에 더 관심을 가지고 있는 부부는 결국에 큰 고통에 부딪치게 된다. 그리고 우리가 구약성경을 통해서 볼 수 있는 것처럼 하나님에게서 떠난 나라는 고통과 절망에 직면한다. 때때로 고통은 하나님에 대한 개인적인 반항 때문에 야기되고, 하나님에 대한 반역과 죄로 인해 깊은 상처를 입기도 한다.

우리는 종종 깨어짐과 궁핍이 나쁜 것이라고 생각하지만 고통이라는 선물은 하나님과 다른 사람들과 함께하는 공동체로 우리를 이끌어 준다. 아동기에 학대를 당했던 성인은 깊은 고통과 절망 가운데서 도움을 받기 위해 상담자를 찾게 된다. 시장에서 길을 잃어버린 어린이는 본능적으로 엄마나 아빠가 달려올 때까지 울게 된다. 위기에 처한 부부는 상대방에게 귀기울이는 것을 배우며, 희생적인 사랑이 의미하는 바가 무엇인지 깨닫게 된다. 구약시대의 이스라엘은 비록 반복적으로 하나님에 대항하여 반역했지만, 그때마다 회개했고 하나님의 풍성하신 축복들을 경험하였다.

기독교인의 참된 영성은 하나님과의 회복된 관계이다. "긍휼에 풍성하신 하나님이 우리를 사랑하신 그 큰사랑을 인하여 허물로 죽은 우리를 그리스도와 함께 살리셨고"(엡 2:4-5)라고 말씀하셨을 때, 우리는 파괴되었으며 죄의 삶에서 죽어 있었다. 깨어짐은 하나님의 은혜를 이해하기 위한 전제이지만, 기독교의 복음은 깨어진 절망의 상태에 우리를 내버려두지 않는다. 사순절이 지나면 부활절이 온다.

사도 바울은 소경이 되었기에 참된 시력을 받을 수 있었다. 요나, 에스더, 엘리야, 모세, 베드로, 엘리사벳, 다윗, 요셉, 안나, 그리고 그 밖의 모든 성경의 위인들은 역경의 상황과 고통의 시간들을 인내했기 때문에 하나님의 은혜의 기쁨을 알 수 있었다. 구속은 타락한 인간들에게 소망과 의미를 준다. "저녁에는 울음이 기숙할지라도 아침에는 기쁨이 오리로다"(시 30:5 하).

이런 단순한 형태는 우리들 주변에서 쉽게 볼 수 있다. 인간의 발달, 영적성장, 그리고 심리적인 변화의 세 가지 영역에서 이러한 예들을 고려해 보자.

예1 : 인간의 발달

인간 발달의 관점에서 보면, 우리는 아이들이 세상에서 자신들을 구별하기를 배울 때 나타나는 이 유형을 본다. 그들은 탐색하고, 자율적이 되고, 종종 고집이 세게 자란다.[5] 부모들은 공포의 두 살이라고 불평하지만, 만약 두 살 짜리 아이가 하루종일 허공을 응시하면서 수동적으로 앉아 있다면 그것은 더욱 끔찍한 일이다. 활기차고, 탐구적이며, 꿈이 있는 두 살짜리 아이는 모험과 앎에 대한 인간 욕구를 예시해 준다. 비록 이러한 자율에 대한 욕구가 인간 발달에 있어서 근본적으로는 선한 것임에도 불구하고 거기에는 자율에 대한 본연의 제한이 있으며, 그 한계는 고통에 의해 명확하게 구분된다. 아이들이 배고픔, 상처, 또는 외로움의 시련에 직면하게 될 때, 그들은 자연스럽게 도움과 위로를 위해 돌보는 자에게 돌아온다.

예2 : 영적 성장

이와 동일한 유형이 영적 삶에서도 발견된다. 하나님께 더 가까이 다가가고 그분의 은혜와 사랑을 깨닫기 위해서 우리는 또한 하나님에 대한 우리의 욕구를 이해해야 한다. 야고보는 "하나님이 교만한 자를 물리치시고 겸손한 자에게 은혜를 주신다 하였느니라 그러므로 하나님께 네 자신을 복종하라 주 앞에서 낮추라 그리하면 주께서 너희를 높이시리라"(약 4:6, 10)고 하였다.

사도 바울은 로마서 7장에서 자신의 타락과 지나친 독립성과의 싸움을 기술할 때 이 유형에 대해서 말하고 있고, 다음 장에서 하나님의 무한하신 은혜에 대해서 말하고 있다. 그는 자신의 깨어짐과 부족한 상태를 인식하기 전까지는 치료하시는 하나님의 사랑을 발견할 수 없었던 것이다.

기독교의 관점에서 영적인 변화는 1995년 휘튼 대학에서 보여 주었던 것처럼 언제나 부족함을 자각할 때 비로소 가능하다. 학생들은 캠퍼스에서 부흥을 위한 성령의 감동을 느꼈으며, 수백 명의 학생들이 함께 모여 자신들의 힘으로는 대학생활의 스트레스와 유혹들을 극복할 수 있는 능력에 한계가 있음을 고백하였다. 한 주간 동안, 밤마다 모인 수천 명의 학생들의 기도와 고백이 새벽까지 이어졌다. 그 합동 고백의 주간 후에 소수의 책임 있는 그룹들이 형성되었다. 학생들은 계속해서 함께 모여 자신들의 죄를 고백하고 영적이고 감정적인 회복을 간구하였다. 이러한 영적 부흥은 이 치료에 대한 단순한 형태의 아름다운 반영이었다.

에릭슨에 의하면, 대학생들이 가족에게서 떠나 독립을 추구하며 자신의 고유한 정체성을 발달시키는 것은 초기 성인시기의 위기라고 한다.[6] 하지만 대학생들은 우리 성인들과 마찬가지로 때때로 지나치게 방종하거나, 과도하게 독립성을 주장하기도 한다. 캠퍼스가 영적으로 부흥되는 한 복판에서 학생들은 그들의 깨어짐과 부족함을 깨닫게 되었다. 때로는 자신들의 잘못을 대중 앞에서 마이크를 통해 고백하기 위해서 몇 시간씩 남녀 학생들이 줄을 서기도 했다. 그들은 지나친 독립성의 상징들이었던 CD들, 잡지들, 그리고 영적으로 그들에게 걸림이 되는 책들을 가져와서 폐기하도록 자발적으로 넘겨주었다.

아마도 부흥이 진행되는 동안 가장 감동적이었던 부분은 사람들이 운집한 대강당에서 죄를 고백하는 학생을 지켜보는 것이 아니라 그 다음에 일어난 일이었다. 매번 누군가 마이크를 놓고 내려가면 그는 즉시 주위에 있는 학생들, 직원들, 그리고 교수들의 무리들로 둘러싸여졌다. 그들은 바닥에 무릎을 꿇은 채 서로를 위해 기도하였다. 하나님과 다른 사람들과의 치료 관계는 깨어짐과 부족함이 공개적으로 인식될 때 형성되었다.[7]

예3 : 심리적 변화

이러한 치료 유형의 세 번째 예는 종종 심리적인 성장에서 나타난다. 회복 운동은 그들이 자신의 무력함과 깨어진 상태를 인정해야 한다는 전제 위에 기초되어 있다. 12단계 모임에 자주 참여함으로써, 중독자들은 반복적으로 그들의 깨어짐을 시인하고 다른 사람들과 함께 치유의 공동체를 만든다. 이러한 동일한 과정이 때때로 상담실에서 일어나기도 한다.

| 사례 |
상처와 배신의 벽을 넘어
카렌과 빌이 첫 번째 상담 회기를 위해 도착했을 때, 그들은 화가 잔뜩 나 있었다. 빌은 최근 카렌의 외도로 인해 받은 상처와 배신의 감정을 설명하였다. 카렌은 빌의 정서적 거리감과 사랑의 부족을 탓하면서 자신이 정당하다고 느꼈다. 몇 주가 지나면서 각자는 서로에게 더 책임감을 느끼기 시작했다. 결국 그들은 모두 자신의 이기심과 죄성을 직면하고 서로 미안해하며 후회하는 마음을 표현하게 되었다. 시간이 지남에 따라 그들의 관계는 회복되고, 그들은 서로 전보다 더 가까워졌다.

카렌과 빌은 자기 입장이 정당하다고 생각하면서 상담을 받기 시작했다. 이들 각자는 다른 사람보다 자신을 더 옳다고 평가하고 서로를 정죄하면서 책임을 회피했다. 그러나 시간이 흐르면서 그들은 타락하고 부족하며 깨어진 자신의 상태를 받아들였다. 깨어짐에 대한 관점에서 그들은 서로를 이해하게 되었고 치료적인 결속이 형성되었다.

이러한 모든 예들은 치료에 대한 단순한 유형을 명백하게 보여 준다. 즉 우리의 독립성은 너무 지나치다. 자신의 깨어짐과 부족을 인식하면 우리는 하나님이나 또는 다른 사람들과의 사랑하는 관계로 받아들여지게 된다.

그러나 삶이란 위의 예들이 암시하고 있는 것만큼 항상 멋지게 작용하지는 않는다. 어떤 어린이들은 성장하면서 계속 과도한 독립성을 주장하고 다른 사람들과의 관계에서 자신의 부족함을 인식하는 것이 불가능한 것처럼 보인다. 때때로 영적 깨어짐은 만성적인 무기력과 절망으로 변한다.

어떤 부부들은 상담하는 동안 그들의 책임을 전혀 인식하지 못한 채 더 쓰라린 고통을 맛보고 이혼하는 것으로 끝난다. 회복 중에 있는 많은 사람들이 중독의 형태로 다시 가라앉으면서 끝난다. 이 치료에 대한 단순한 형태는 영적 건강과 심리학적 복잡성을 이해하기 위한 지도로서 적합한 것은 아니다.

지도의 문제점

지도들은 단지 현실을 나타내며, 많은 지도들은 현실을 쉽게 이해하도록 하기 위하여 복잡한 표현을 생략하고 있다. 만약 존슨 가족이 가족 휴가에 대한 간단한 안내지도를 구입한다면 그들은 목적지 부근까지 갈 수 있는 고속도로를 찾을 수 있다. 그러나 산장에 이르는 오솔길은 생략되어 있다. 단순한 지도가 잘못된 것이 아니다. 그것은 단지 세부적인 것들을 생략하고 있는 것이다.

지금까지 논의되었던 치료 유형은 영적이고 심리적인 건강에 대하여 많은 부분들의 윤곽을 그리고 단순화하는 데는 도움이 되었지만, 세밀한 부분들을 생략하였다. 이 단순한 모델에 대해 다음과 같은 몇 가지 타당한 비판들이 있다.

문제 1

첫째, 이러한 치료 유형은 직선적인 방향으로 나타나게 되는데, 그것은 모든 상황에서 적용되는 진리는 아니다. 때때로 우리는 자신의 완고한 독립성 때문이 아니라, 다른 사람들의 죄악으로 인해 상처받고 깨어짐의 상태에 이르게 된다. 우리는 치료적 관계를 경험한 후에야 비로소 깨어진 자신을 보기도 한다. 때로는 치료적 관계가 자아에 대한 건강한 느낌을 증진시키기도 한다. 또는 깨어짐이 다른 효과를 가지고 있어서 건강한 관계들을 추구하기보다는 그것으로부터 멀어지게 하기도 한다.

문제 2

둘째, 건강에 대한 이 모델은 이러한 통찰과 자각이 모든 사람에게 옳지는 않다는 가정을 하고 있다. 인간은 자신의 의지를 주장하는 능력이 있다고 가정하지만, 많은 사람들은 수동적이고 삶에서 무기력하게 되도록 교육받고 있다. 깨어짐을 통해 가치를 크는 능력도 있지만, 많은 사람들은 희생자의 자리로 후퇴하거나 고통 속에서 부정적으로 방어한다는 것이다. 사람들이 건강한 인간관계를 형성할 수 있는 사회적 기술들을 가지고 있다고 가정하지만, 이 가정은 모든 사람들에게 동일하게 적용할 수 없다. 상담자들이 내담자가 통찰력이 있고 자기 지각을 가지고 있다고 가정할 때, 그들은 복잡하고 어려운 심리적인 문제들을 지나치게 단순화할 위험에 빠지게 된다.

| 사례 |
경계선적 인격장애, 어떻게 대할까?

질은 첫 번째 상담 회기를 시작하면서 직장에서 사람들이 자기를 못 살게 굴며 애정관계 또한 잘 풀리지 않고, 다른 사람들과의 관계가 얼마나 어려운지를 불평했다. 그는 흥분하면서 분노와 사랑, 기쁨, 그리고 공포 등 자신의 감정들을 강렬하게 표현했다.

첫 회기가 끝날 무렵, 그는 당신을 매우 좋아하며 다음 만남을 기대한다고 했다. 그런데 몇 주가 지나면서 예측할 수 없는 어려운 상황이 발생했다. 그는 자주 당신에게 전화를 걸어 당신도 기억하지 못하는 것들을 말하면서 당신을 비난했다.

당신은 그가 치료자나 그 밖의 다른 사람들과 치료적인 관계를 발견하기 전에 자신의 죄악과 깨어짐을 이해해야 할 필요가 있다고 생각한다. 그래서 당신은 질이 특정한 성경구절들을 암송하고, 하나님과 다른 사람들에 대한 죄들을 고백할 것을 제안한다.

그러나 당신이 그의 문제들에 접근하기 전에 그는 부정적으로 반응했다. 그는 집에서 동맥을 끊어 자살을 시도했고, 당신에게 한밤중에 전화로 자살 계획을 말했으며, 약속하지 않은 시간에 상담소에 나타나 만나줄 것을 요구했다. 질의 상태는 전보다 더욱더 악화되고 있다.

질의 행동 유형은 경계선적 인격장애로 알려진 증상과 일치하는데, 이러한(또는 여타의 다른) 건강 모델을 적용하기 전에 여러 가지 점들을 고려해야 한다. 그는 아직까지 자신을 이해하고 자신에 대한 가치를 적당하게 평가하는 능력을 배우지 못했기 때문에, 깨어짐에 대한 자신의 느낌을 감당하지 못한다. 심리학적인 의미에서 질은 자신이 생각하고 느끼는 것을 다른 사람들이 이해해야만 한다고 기대하고, 자신의 경험을 타당하지 않다고 여긴다.[8) 따라서 그의 연약한 감정적 상태와 자기 보호의 구조 때문에 자신의 깨어짐을 통찰하지 못하게 된다.

만약 상담자가 개인적인 죄를 고백하도록 그를 몰아세우면 그는 악하게 대응할 것이다. 질에게도 희망은 있고, 마침내 자신을 더 분명하게 볼 수 있을 만큼 강하게 될 수도 있다. 그러나 치료적 관계가 안전하고 충분한 일관성을 가진 후에야 그는 자신의 경험을 다른 사람들과는 구별되는 독특한 것으로 이해하며, 자신의 경험을 가치 있게 여기기 시작한다.

문제 3

이러한 단순한 건강 모델의 세 번째 문제는 깨어짐의 상태를 적절하게 이해하지 못하는 어려움이다. 이것은 줄타기를 하는 것과 같다. 만약 한쪽 방향으로 너무 기울게 되면 – 상담자가 전형적으로 배워온 방향 – 우리는 모든 인간의 고통을 문제로 보고, 내담자를 건전한 슬픔에서 빠져나오도록 지나치게 빨리 간구하려고 한다.

불편함은 종종 통찰력을 가지도록 내담자에게 동기를 준다. 또한 우리가 내담자의 삶으로부터 미리 불행을 지우려는 임상적 기법들을 사용할 때, 정서적이고 영적 성장의 기회를 박탈해 버린다. 성경과 기독교 교회사를 통해 볼 때 하나님은 백성들을 성숙하도록 하기 위해 고난을 사용해 오셨다. 만일 욥이 인지치료를 받고 자신에게 서로 다른 방식으로 말하기를 배웠다면 어떻게 되었을까?

"내 가족들이 죽은 것은 그리 대단한 일이 아니야. 나는 언제나 또 다른 가족을 이룰 수 있어."

"내 친구들은 나에게 좀 심하게 말하지만, 그들이 어떻게 생각하든 나와는 상관없어."

또는 만일 다윗이 나단을 통해 자신이 저지른 간음과 살인죄를 직면한 후에 자신과 '건전하게' 대화하는 법을 배웠더라면 어떻게 되었을까?

"이것은 해서는 안 될 나쁜 짓이었어. 하지만 다른 사람들도 역시 언제나 나쁜 짓을 하는데, 이 일들에 대해 내 스스로 고민해서는 안 돼."

"나는 실수하면서 배웠어. 그러니 나 자신을 비난하거나 나쁜 사람으로 간주할 필요는 하나도 없어."

그러나 하나님께서는 욥과 다윗의 인격을 만들기 위해 고통을 사용하셨다. 욥과 다윗은 다음과 같이 말하였다:

"내가 주께 대하여 귀로 듣기만 하였삽더니 이제는 눈으로 주를 뵈옵나이다 그러므로 내가 스스로 한하고 티끌과 재 가운데서 회개하나이다"(욥 42:5-6).

"대저 나는 내 죄과를 아오니 내 죄가 항상 내 앞에 있나이다 내가 주께만 범죄하여 주의 목전에 악을 행하였사오니 주께서 말씀하실 때에 의로우시다 하고 판단하실 때에 순전하시다 하리이다 내가 죄악 중에 출생하였음이여 모친이 죄 중에 나를 잉태하였나이다"(시 51:3-5).

우리가 조심스럽게 내담자로 하여금 고통과 깨어짐을 느끼도록 할 때, 그들은 자신들과 타인들, 그리고 하나님을 더욱 정확하게 볼 수 있게 된다.

우리는 줄타기에서 다른 방향으로 지나치게 기울어지게 되면 고통을 이상화하는 위험에 직면하게 된다. 고통의 어떤 형태들은 언제나 거의 파괴적이며, 통찰로 가는 관문으로 보여져서는 안 된다. 무기력과 임상적인 우울증처럼 인간의 타락에 대한 건강한 자각을 건강하지 못한 경험으로 혼동하게 될 때 우리는 도움을 구하는 그들에게 상처를 입힐 수 있는 위험성이 있다. 임상적 우울증 속에서 사람들은 단순히 인간의 상태 때문에 슬퍼하는 것이 아니다. 그들은 무가치함과 절망의 비현실적인 느낌에 의해 사로잡혀 있는 것이다.

인간의 타락에 대한 건강한 자각은 우리 자신과 하나님의 전능하신 성품을 향해 우리의 눈을 돌림으로써, 하나님과 우리의 관계를 증진시켜 준다.

임상적인 우울증은 영적이고 심리적인 통찰을 약화시키고 자기 몰입의 궤도 안에서 사람들을 함정에 빠지게 만드는 정반대의 결과를 낳는다.

문제 4

넷째, 이 단순한 지도가 담고 있는 의미는, 건강은 마치 밀접한 관계와도 같다는 것이다. 그러나 이 말은 하나님과 우리의 관계에서만 옳다. 다른 관계들은 종종 우리에게 실망과 황폐함을 가져다 주며, 건강과는 정반대의 방식으로 자기 만족과 죄를 불러온다. 많은 밀접한 관계들은 유익하기보다는 더 많은 해를 입을 수도 있다.

상담관계가 효과적인 치료의 주요한 부분이라고 할지라도 심지어 이기적인 왜곡, 조작, 악용하는 관계로 변질되어가는 경우도 있다.⁹⁾ 상담관계가 잘 진행되어갈 때는 기독교인들이 예수 그리스도를 통해서 경험하는 구속의 관계를 모방하기 때문이다. 불행하게도 우리 상담자들은 때때로 우리가 할 수 있는 최선이 단지 하나님의 구속의 본질을 모방하는 것이라는 사실을 망각하고 마치 자신을 능력 있는 구원자로 간주하기 시작한다는 것이다.

"친할수록 좋다"란 표현은 하나님과 우리의 관계를 대변하는 데는 좋은 표어이지만, 왜곡되고 이기적인 인간의 특성 때문에 상담관계에서는 좋은 표어가 아니다. 효과적인 상담은 지나친 의존성과 감시에 대한 징후들과 전이와 역전이의 감정들을 이해하며, 항상 내담자의 행복을 우선순위로 삼으면서 상담관계를 모색할 것을 우리에게 요구한다. 밀접함 그 자체는 건강한 상태를 만들어 내지 못하지만, 인류에 대한 그리스도의 구속적인 관계를 조심스럽게 모델로 삼은 상담관계는 사람들을 영적, 심리적으로 더 건강하게 이끌어 갈 수 있다.

문제 5

다섯째, 이 단순한 치료 모델은 인간이 자의식을 갖게 되면 인간을 반역과 자기 만족으로 이끌기 때문에 좋지 않다는 의미를 지니고 있다. 그러나 이 말 역시 부분적으로만 옳다. 좀더 정확히 표현하자면, 우리는 하나님의 뜻이라는 울타리 안에서 독립성과 자유의지를 지키기 위해 일생 동안 투쟁하고 있다.

세례 요한은 "그(예수)는 흥하여야 하겠고 나는 쇠하여야 하리라"(요 3:30)고 말했다. 오늘날 우리에게도 동일한 과제가 부여되어 있다. 즉 자신의 결정과 독립성을 가치 있게 여기는 문화의 중심에 서서 세상을 향해 도전하는 것이다.

그러나 지난 세기를 통해 심리학자들에 의해 정의된 것처럼 자아는 전적으로 나쁜 것은 아니다. 임상학자와 성격 이론가들이 자아에 대해 말할 때, 그들은 방종의 자아를 말하는 것이 아니고 환경 속에서 타인과 자신의 고유한 정체성을 구별하는 능력을 의미하고 있다.[10] 우리가 사랑하는 사람과 헤어질 때도 자기 중심을 잃지 않고, 취사선택하며, 목표를 설정하고, 자신의 느낌을 논의하기 위해서는 자아에 대한 명확한 자각이 필요하다.

따라서 여기에 기술된 치료의 단순한 모델은 많은 상황에서 영적이고 심리적인 건강을 개념화하는 데 도움이 될 수 있을지는 모르나, 상담관계에 부적절하게 적용하게 될 경우에는 위험하다. 우리는 상담을 통하여 우리를 이끌어 줄 정교한 지도가 필요하다.

아주 상세한 지도

심리적이고 영적인 건강에 대한 포괄적인 관점은 그림 2에서처럼 선형적인 것보다는 상호 작용하는 것으로서 자아, 깨어짐, 그리고 치료관계를 고려할 것을 우리에게 요구한다.

삼각형의 세 가지 부분들은 건강에 기여하고 있다. 자아에 대한 정확한 개념을 통해 우리는 하나님, 타인 및 자신에 대한 책임을 인식한다. 깨어짐에 대한 건강한 자각을 통해 우리는 겸손하게 되고 자기 중심을 향한 우리의 자연적인 성향과 대항해 싸우도록 도움을 받는다. 그리고 치료관계를 통해 삶의 시련 중에도 은혜와 소망을 경험하게 된다.

<그림 2>

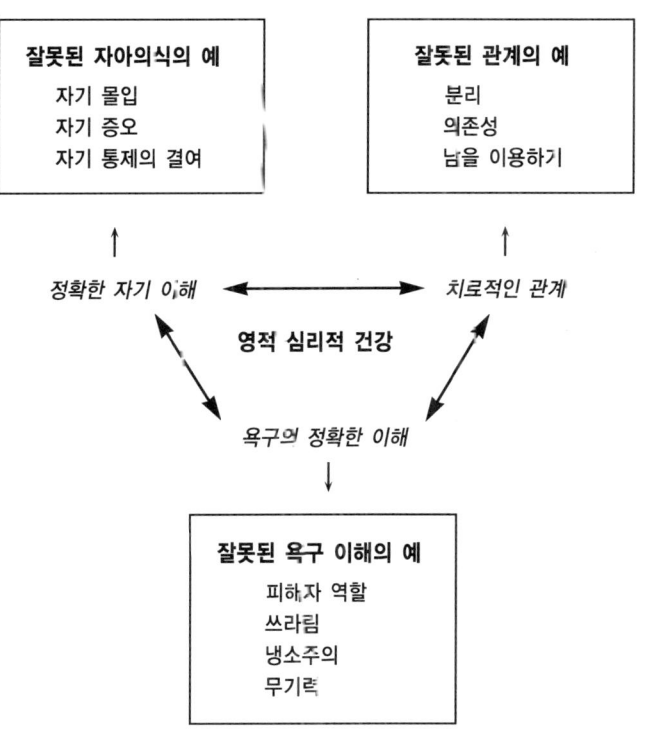

치료의 어떤 형태들은 다른 형태들과 비교할 때 한 가지 요소에 더 많은 초점을 둔다. 예를 들어, 행동주의적 치료는 이전의 부적응적인 학습을 보상할 수 있는 새로운 기술들을 가르친다. 행동주의자들은 내담자들에게 이전보다 건강하고 자신감 있는 자아를 갖도록 가르친다. 알버트 반듀라(Albert Bandura)는 이를 '자기 효능'이라고 부른다.[11] 전통적으로 인지적 치료자들은 정확한 자아의식에 초점을 두었지만, 최근의 형태들은 관계의 중요성을 고려하고 있다.[12] 심리역동적 치료자들은 치료적 관계에 초점을 맞추지만, 반면에 내담자의 자아의식의 성장을 관찰한다.[13] 성경적 상담자들은 깨어짐의 상태에 주로 초점을 두고 어느 정도는 치료적인 관계에 초점

을 맞춘다.[14] 비록 서로 다른 접근법들이 이 모델의 다른 부분들을 강조하지만, 세 가지 구성 요소 모두 영적이고 심리적인 건강에 중요하다.

영적이고 심리적인 건강 상태에서 세 가지 구성요소들은 상호작용하고 다른 요소에 영향을 준다. 우리는 밀접한 관계에서 안전함을 느낄 때 기꺼이 우리의 깨어짐을 토론하게 되고, 정직하게 우리의 실수들을 인정할 때 관계가 더 가까워질 것이다. 자아에 대한 정확한 이해를 통해서 우리는 우리의 부족함을 인정하도록 도움을 받고, 의미 있는 관계를 맺을 수 있는 좋은 파트너가 될 수 있다. 그리고 우리의 부족함을 깨달을 때 우리의 자각을 더 높일 수 있다. 우리 자신이 겸손해질 때 하나님과 가까워질 수 있으며, 우리가 하나님과 가까워질 때 참으로 겸손해질 수 있다.

조화로운 자아의식, 깨어짐, 그리고 하나님과 다른 사람들과의 밀접한 관계는 우리를 더욱 성숙하고 건강하게 만든다. 그러나 반대 현상이 일어날 수도 있다. 즉 어떤 부분에 대한 오해나 결핍이 발생하면 건강에서 멀어지기도 한다.

정확한 자아의식

자기 자신에 대한 정확한 이해와 수용성을 가진 사람들은 정서적 또는 영적인 건강을 경험하는 것에 자유롭다. 이 말은 우리가 우리 자신들을 더 사랑해야 한다는 말이 아니다.[15] 우리가 건강하기 위해서는 자신을 정확하게 이해하고 자아에 대한 선입견을 초월해야 할 필요가 있다.

심리학자 아브라함 매슬로우는 수년 동안 자아 개념에 대해 연구하고 글을 썼다. 매슬로우는 기독교인의 신앙이 인간의 정서적인 건강을 돕는다는 데는 동의하지 않는다. 그러나 자아에 대한 선입관을 초월하여 살아온 건강한 사람들(그는 그들을 자기실현자들이라 불렀다)의 욕망과 특징들에 관한 그의 보고들은 갈라디아서 5:22-23에서 사도 바울이 기술하고 있는 성령의 열매들과 현저하게 유사하다.[16]

〈바울과 매슬로우〉

성령의 열매	자아실현자들의 특징	자아실현자들의 욕구
사랑	깊은 관계	연합과 아름다움
기쁨	자발성	생동감, 즐거움
	극치의 경험	
	감사에 대한 계속적인	
	새로움	
평화	인간들과의 친밀성	단순함
	자기와 타인의 수용	
인내		개성, 풍성함
친절	비적대적인 유머	정의감
양선	현실에 대한 효과적인 지각	선, 가치관, 진실
충성		완성
자비		균형, 조화
절제	자율성, 과제에 집중함	

바울이 서술한 성령의 열매는 매슬로우가 지적한 정서적 건강의 특성들과 완벽하게 일치하지 않는다. 그리고 정서적인 건강은 정확하게 영적인 행복과 동일하지는 않다. 그렇지만 우리는 본질적으로 겹치는 것을 본다. 따

라서 우리가 자신을 더 정확하게 이해하면 정서적이고 영적인 건강을 위하여 더 많은 자유를 누릴 수 있다.

잘못된 자아의식

건강한 자아의식이 형성되지 않았을 때, 사람들은 심리적이고 영적인 다양한 문제들에 쉽게 빠져들게 된다.

| 사례 |
포르노 문화에 중독된 제프

제프는 기독교에 헌신적인 부모와 함께 살고 있는 26세의 미혼 남성이다. 어렸을 때 그는 선악에 대한 분명한 개념을 교육받았고, 부모님을 기쁘시게 해드리기 위해 노력하였다. 그의 집은 애정이 결핍되어 있었기 때문에, 제프는 자신이 외적으로 경건한 생활을 하는 데서 그의 정체성을 찾으려고 했다. 기독교 대학을 다니는 동안 고독감과 고립감을 느끼면서, 제프는 포르노 잡지와 비디오에 강박적으로 사로잡히게 되었다.

졸업 후 그는 선교사가 되었다. 선교사로 일하면서도 그는 자주 그리고 은밀하게 포르노를 보는 것을 계속했다. 부끄러움과 혼란 속에서 제프는 더욱 침체되었고 고립되었다. 마침내 순간의 정신 착란 증세를 보였고 그 결과 선교사의 위치를 잃게 되었다. 고향으로 돌아온 후, 그는 자신의 종교적인 신앙을 포기하였다. 지금 제프는 패스트푸드 레스토랑에서 일하고 있고, 과음하며, 거의 매일 자살에 관하여 생각한다.

제프의 상황은 건강한 자아의식을 가지고 있지 못할 때 어떤 일이 일어나는지를 보여 준다. 어린 시절, 제프는 자신이 무슨 일이나 과제를 잘 수행해야만 가치가 있다고 믿었다. 그가 부모에게 따뜻한 포옹을 원했을 때, 그는 그의 개인 경건 시간에 대해서 질문을 받았다. 다른 아이들이 아버지와 함께 야구장에 가는 동안에도, 제프는 C.C.C.의 사영리로 이웃 아이들을 전도해서 아버지를 기쁘게 하려고 노력하였다. 다른 아이들이 엄마의 무릎 위에서 잠들려고 기어오를 때 그는 방안에서 가족 예배를 드리는 동안 즐음과 싸우면서 앉아 있었다.

제프의 부모는 최고의 계획을 가졌고, 그들의 영적 열정은 칭찬받을 만했다. 그러나 제프는 건전한 자아의식을 가지지 못한 채 성장하였다. 그는 부모님의 뒤를 이어 하나님의 나라를 위해 일할 일벌로 자신을 보았을 뿐, 하나님의 형상으로 지음받은 창조적이고, 자율적이며 선택하는 존재로 생각하지 못했다.

그 결과 제프는 황폐화되고 있었다. 그의 건강치 못한 자아의식은 자기몰입(그는 자신과 자신의 무가치함에 대해 생각하는 데 몇 시간씩 보낸다)과 자기증오(그는 죽고 싶어하고 심지어 자살할 계획까지 세운다), 그리고 자기절제의 결핍(프로노물 시청과 알코올 사용에서 볼 수 있는 것처럼)을 낳았다. 심리역동적 용어로 말하자면 그는 책임 있는 결정의 어려움, 지나친 수치감, 충동적인 선택에서 보여지는 것처럼, 빈약한 자아강도의 문제들을 가지고 있었다.

제프에게는 한 어린이로서 그가 갈망했던 따뜻함에 대한 윤곽을 알고 적절한 치료관계의 한계 내에서 그를 도울 상담자가 필요하다. 제프는 하나님의 형상으로 창조된 한 사람으로서 그 자신에 대한 정확한 이해 안에서 성장하는 것이 필요하다.

정확한 필요의식

정확한 자아의식이 건강을 주고, 의곡된 자아의식이 건강을 방해하는 것처럼, 인간의 타락에 대한 정확한 관점은 영적인 건강을 촉진하지만, 잘못된 관점은 부정과 왜곡을 낳는다. 리처드 포스터(Richard Foster)는 우리에게 다음과 같은 것을 기억나게 한다. "하나님의 마음에 우리가 가까이 다가갈수록 우리는 우리의 필요를 더욱더 잘 볼 수 있으며, 그리스도게 순종하고자 하는 욕망이 더 강해진다."[17]

'인간은 부족한 존재'라고 인정하는 생각은 오늘날 서구 사회나 우리 사회에서 인기가 없다. 우리는 그것을 나약함과 취약성의 표시로 보기 때문이다. 어떤 이들은 정서적인 건강이 자율성과 개별성에서 온다고 설득력 있는 주장을 한다. 하지만 영적인 건강에 이르는 길은 단 하나이며, 그것은 우리가 하나님이 필요하다는 것을 깨닫는 것이다.

전체 역사를 통틀어 영적 지도자들은 하나님을 향한 자신들의 궁핍과 부족함에 대해서 써왔다. 6세기에 누르시아의 베네딕트(Benedict of Nursia)는 하나님에 대한 우리의 부족함을 인식하도록 돕는 12단계의 겸손의 사다리를 묘사하였다. 하나님을 경외함, 하나님의 뜻을 행함, 다른 사람들에게 순종, 고난을 참고 견딤, 자백, 만족, 자기 부인, 공동 규율을 지킴, 침묵, 진지함, 말을 적게 함, 겸비한 모습 등.[18] 비록 현대의 개신교인들은 이것들 중 몇몇 단계에 대해서는 이의를 제기할지도 모른다. 그러나 그것들은 각각 영적 성장의 메카니즘으로서 욕구의 필요성을 인정하는 경향이 있다.

욕구에 대한 잘못된 의식

불행하게도 많은 사람들은 상담을 복잡하게 하는 건강하지 못한 욕구의식을 갖고 있다. 그리고 어떤 경우에는 상담자가 피해의식과 욕구를 혼동함으로 내담자에게 건강하지 못한 의식을 조장하기도 한다.

| 사례 |
어린 시절의 고통을 드러내는 것은

제프의 치료자인 우라 빅템(Dr. Ura Vicktem) 박사는 즉시 갈등을 회피하려고 감정들을 억압하는 제프의 고통과 성향을 인식했다. 그는 어린 시절의 고통을 드러내고, 빈 의자를 향해 마치 그의 아버지가 그곳에 앉아 있는 것처럼 말하도록 제프를 격려해 주었다. 이를 통해 제프는 조금씩 더 강하지고, 건강한 자아의식을 개발하기 시작했다. 빅템 박사는 제프가 어린 시절의 고통을 표현하고, 어린 시절의 고통에서 완전히 회복될 때까지 부모님과 접촉하지 않을 것을 요구한다.

여기서 긍정적인 면은 빅팀 박사가 제프의 자기의식을 향상시켰다는 것이다. 심리학적 의미에서, 제프는 처음 치료를 시작했을 때보다 건강해졌다. 반면에 부정적인 면은 빅팀 박사가 친밀 관계를 만들기 위해 제프의 자기 연민을 도구로 사용해 심리치료를 실행과정에 빠지게 함으로써 문제를 영속화시킨 것이다. 즉 제프는 자아의 깨어짐을 통해 개인적인 취약성을 자각할 수 있는 기회로 삼기보다는 오히려 과거의 희생자가 되었다. 빅팀 박사의 도움으로 제프가 자기의식은 건강해졌지만, 어떻게 사랑을 표현해야 할지 알지 못했던 부모님에 대해 오히려 그는 더 잔인하고 냉소적이 되었다.

효과적인 상담은 종종 사람들에게 그들의 과거의 고통을 파악하도록 돕고, 때때로 부모와 과거의 학대자, 그리고 그 밖의 다른 사람들을 직면할 것을 요구한다. 하지만 고통과 분노, 직면이 삶의 방법이 되면 상담은 더 이상 효과적이지 않게 된다. 영적인 측면에서 보면, 제프는 치료하기 전보다 더욱 나빠졌으며, 하나님에 대한 그의 개인적 필요를 이해하는 것에서 더 멀어지게 된 것이다.

상담자가 직면하는 여러 상황에서 제프를 다루기 위해서는 직면과 후원의 주의 깊은 균형이 요구된다. 빅팀 박사와 함께 제프는 높은 후원과 낮은 직면을 경험했다. 높은 직면과 낮은 후원 사이에서 제프는 다른 위험들을 발견하게 될 것이다.

| 사례 |
죄를 직면한 뒤 회개한 제프
제프의 치료자 신녀(U.R. Cinner)씨는 제프의 고통은 개인적 반항과 하나님에게서 자신을 멀리한 데서 시작되었다고 믿는다. 그의 부모는 완벽하지는 않았지만 그에게 무엇이 옳고 그른가를 가르쳤으며, 기독교의 교리에 대한 근본적 이해를 제공하였다.

신너 씨는 제프에게 그의 죄악을 직면하게 한다. 그는 포르노물을 본 것과 술 마시는 것을 자제하지 못한 것, 자신의 종교적 믿음을 점차 등한시함으로써 하나님과 다른 사람들에게 반항하였던 것을…. 제프는 죄를 회개하고 지역 교회에 출석함으로써 기독교 공동체로 돌아가야 할 필요가 있다.

여기서 긍정적인 면은 신너 씨는 빅템 박사가 한 것처럼, 제프의 상황에서 개인적인 죄를 간과하지 않았다는 것이다. 반면 부정적인 면은 신너 씨가 개인적인 죄와 깨어짐에 대한 강조를 함으로써 제프의 자아의식에 더 많은 손상을 준 것이다. 상담자는 제프를 위하여 자기 보호에 대한 대담한 행동으로 이끌어 왔지만, 반대로 그는 그가 수년 동안 들어왔던 정죄하는 충고를 받았다. 제프는 그의 다음 상담 약속을 취소할 것이며 무기력감에 더 깊이 빠지게 될 것이다.

이러한 양극단 사이에서 기독교 상담자는 내담자들이 그들의 죄를 논의하고 인정할 수 있도록 돕고, 안전한 관계를 만들 필요가 있다.[19] 이러한 안식처에서 사람은 인간의 타락에 대해 자유롭게 이야기할 수 있다. 제프도 타락한 인간이며, 죄의 영향에서 살고 있다. 그의 부모, 형제, 어린 시절의 친구, 직장 동료들, 그리고 상담자 모두 마찬가지이다. 이런 안식처에서 제프는 평안하게 그의 슬픔과 비애, 과거와 현재의 관계들에 대한 분노를 표출할 수 있다. 그는 또한 그 자신의 깨어짐, 부족한 상태, 자신의 부모와 자신에게 상처를 입힌 사람들의 입장을 공감하는 자신을 발견하고 표현할 수 있다. 제프는 상처를 받기도 했지만 마찬가지로 다른 사람들에게 상처를 입혀 왔다. 그가 깨어짐을 진실로 인식하게 될 때, 그는 하나님과 다른 사람들과 밀접한 관계를 가지는 것이 가능하다.

기독교 상담자가 이러한 조화를 유지하기는 쉽지 않다. 우리가 한 방향으로 너무 치우치게 될 때 그들의 고통의 책임을 다른 사람에게 돌리도록 교화시킬 위험이 있다. 또한 그들의 연약한 정체의식에 종종 손상을 주어서 우리의 내담자들에게 상처를 줄 위험이 있다.

이 어려운 균형은 선다형 질문과 함께 예시될 수 있다. 상담 회기 중간에 제프가 이렇게 말한다. "나는 마치 내가 나쁜 사람인 것처럼 느낍니다. 그러나 나는 나쁜 사람이 아니에요. 그렇죠? 내가 나쁜 사람이라는 생각이 들 때는 자살을 생각하기도 합니다."

상담자는 어떻게 반응해야 할까? 세 가지 가능한 대답을 살펴보자.
제1안 : "당신은 나쁜 사람이 아닙니다, 제프."
제2안 : "자, 당신이 나쁜 사람이라고 느끼는 것들에 관해 몇 가지를 생각해 봅시다."
제3안 : "당신 스스로를 나쁜 사람으로 생각하지 않는 것이 중요한 것 같습니다."

비록 이 모든 대답들이 상황에 따라서 적절할 수 있지만, 나는 제3안을 선호한다. 제1안은 개인의 책임을 무시하고, 상담관계에서 과도한 의존성을 형성하며, 깨어짐에 대한 그의 내적 의식을 다루고 그의 감정을 표출하는 것으로 제프를 방해할 수 있는 경향이 있다.

제2안은 제프의 죄성을 표현하도록 하지만, 그가 표현하고 있는 중요한 정서들에서 벗어나게 한다. 또한 제프는 자신의 가치를 표현하는 것보다 "나는 나쁜 사람이 아닙니다. 그렇지요?"라는 도발적인 질문에 상담자가 어떻게 대답할 것인지에 더 관심을 갖게 된다.

제3안은 제프에게 부적절한 감정을 표출하게 할 뿐만 아니라, 그의 죄까지도 알게 해준다. 더 나아가 제프가 치료자의 용납에 과도하게 의존하게 되는 것을 막아 준다. 이러한 예는 기독교 상담자들이 개인적인 실수와 인간의 타락을 정직하게 논의하게 만들면서도 반면 내담자의 연약한 정체성을 보호해야 하는 민감한 조화를 보여 준다. 그것은 또한 상담관계를 어떤 관점에서 주의 깊게 관찰해야 하는지 보여 준다.

치료관계에 대한 정확한 이해

　기독교적 관점에서 영적 건강은 한 개인이 예수 그리스도와 어떤 관계를 맺고 있느냐에 달려 있다. 심리학적 건강은 친밀한 관계들을 위한 능력을 요구한다. 따라서 심리적, 영적으로 온전하게 건강한 기독교인은 그리스도와 이웃과도 친밀한 관계를 갖고 있다. 이것은 관계가 곧 건강과 동의어라는 말이 아니다. 상담하고 있는 많은 내담자들은 이미 관계들을 맺기 위한 훌륭한 능력을 지니고 있지만, 잘못 배운 유형들과 힘든 삶의 환경과 싸우고 있는 사람들이다. 그러나 그들의 자기 능력감이 개선되고, 학습 유형이 변화할 때 그들은 종종 더 의미 있는 관계들을 맺을 수 있고 더 큰 자유를 경험한다.

　몇몇 상담 형태에서 치료적 관계는 건강한 관계의 원형을 보여 준다. 어떤 내담자들은 상담하러 올 때까지 신뢰할 만하고, 친밀한 관계를 거의 경험해 보지 못한다. 그들은 상담자와 관계를 맺어 나감에 따라 신뢰와 존경, 보살핌, 그리고 공감을 배운다. 이러한 의미에서 훌륭한 상담자는 심지어 은혜로운 하나님에 대해서 아무것도 아는 것이 없는 사람들에게도 하나님의 은혜를 맛보게 할 수 있다.

　심리치료연구자인 한스 스트럽(Hans Strupp) 박사는 비록 그가 기독교적인 관점을 갖고 있지 않다고 하더라도, "치료자들의 기법이 실질적으로 치료의 결과에 공헌하며, 특별한 기술보다는 이러한 기법이 심리치료의 본질인 복잡한 인간관계를 다룰 수 있는 능력으로 훨씬 더 정확하게 묘사된다"[20]고 확신하였다. 상담은 종종 특정한 문제에 특정한 기술을 적용하는 것을 포함하지만, 좋은 상담에서는 치료적인 관계가 더 중요한 변수가 될 수도 있다.

치료관계에 대한 잘못된 이해

　때때로 상담관계의 힘은 잘못 이해되거나 잘못 사용되기도 하며, 건강한 치료관계를 무미건조하게 만들거나 관계를 손상하게 하기도 한다. 이러한 상담관계에서는 무엇이 잘못된 것일까? 상담자는 때때로 치료관계의 힘을 너무 많이 즐기다가 많은 문제들을 일으킨다.

| 사례 |
좋은 상담자란

제프는 치료자 I. M. 세비어(I. M. Savyer)를 발견하고 금방 그를 좋아하게 되었다. 세비어 씨는 주의 깊은 관심을 가지고 있고 존경할 만하며, 공감할 수 있는 사람이다. 사실 세비어 씨는 지금까지 만난 사람들 중에서 가장 좋은 사람이다. 제프는 그의 부모가 엄격해서 그의 행복보다는 가족의 평판에 대해서 더 민감한, 사랑 없는 사람들이었다고 결론 지으면서 자신의 어린 시절의 고통을 표출했다. 그의 부모는 애정 표현에 어려움을 가진 분이었다고 결론을 내렸다. 매회기 후에 제프는 호전되었다. 세비어 씨와 함께 있다는 것이 그의 기분을 좋게 만들어서 그는 좋은 상담자를 발견한 것에 감사했다.

세비어 씨는 제프의 분리적인 사고의 경향을 보게 되었다. 즉 내담자들이 어떤 사람들은 전적으로 좋은 사람이고, 그 나머지는 모두 전적으로 나쁜 사람이라고 보는 현상이다. 이 경우에 상담자는 전적으로 좋은 사람으로 보이지만, 세상의 나머지 사람들은 전적으로 나쁘다.

그런데 문제는 제프가 그의 상담자에게 과도하게 의존적이 될 것이다. 의존적인 느낌은 사실상 모든 내담자들에 의해 상담자들에게 전이되지만, 그 의존성이 지나치면 내담자들은 종종 오랜 상담관계에 익숙해져 그 상담관계가 끝나게 될 때 큰 고통을 겪어 상처를 받게 된다.

어떤 극단적인 경우 상담자는 자신의 필요를 위해서 치료관계의 힘을 이용하기도 한다. 상담자가 상담관계를 자신의 목적을 달성하기 위한 수단으로 인식하기 시작할 때, 종종 착취하는 관계를 낳게 된다.[21] 상담자는 곧 내담자에게 개인적 문제들을 공개하기 시작한다. 때때로 성적인 친밀감이 일어나며, 그 관계는 정서적으로 또는 성적으로 내담자에게 해를 입히게 된다.

내담자들처럼 상담자도 타락한 인간들이다. 따라서 우리가 하는 일에 겸손할 필요가 있다. 우리는 단지 내담자들과 함께 건강한 관계를 만들어가고 있음을 기억할 필요가 있다. 우리가 그들을 구원하고 있는 것이 아니라 건강한 세상의 관계들을 그들에게 제시해 주고 있을 뿐이다.

상담자들은 세 가지 역할을 동시에 수행한다. 첫째, 우리는 상담 회기에서 일어나는 사람 사이의 상호작용에 충실한 참여자이다. 둘째, 상담자들은 관계의 내용을 주시하고, 관계 속에서 무엇이 잘되고 무엇이 잘 안 되어가는지 비판적으로 평가하는 관찰자이다. 셋째, 내담자가 소외감과 고립감을 느낄 때 더 열정적이 되고 이해하게 되며, 내담자가 너무 의존적이 될 때에는 경계하고 거리를 유지하도록 한다. 그리고 그들은 상담관계 전체를 통하여 적절한 경계들을 유지하면서 관계를 조절하는 기술자들이다. 우리가 내담자들과 확립해야 하는 관계는 치료과정의 중요한 부분이다.

속도 제한 평가단계

화학자가 연쇄 반응 비율을 계산할 때, 그들은 속도-제한 단계로 가장 느린 연쇄반응을 언급한다. 전체 과정은 속도-제한 단계보다 빠르지 않게 진행될 수 있다. 4차선이 2차선으로 줄어드는 고속도로 병목구역의 교통체증에 의해 교외 통근자들의 통근 시간이 제한되는 것처럼, 러시아워에 출퇴근하는 사람들도 같은 교통체증을 경험한다.

상담에서 좋은 평가는 비율제한 단계와 유사하다. 상담의 효과는 상담자가 지속적으로 내리는 평가의 정확성에 달려 있다. 본 장에서 제시되었던 것과 같은 이론적인 지도는 우리가 내담자들의 욕구와 과정을 평가할 수 있는 기준을 제공함에 따라 상응하는 평가를 도와준다.

필자는 최근에 성경적 상담을 주제로 한 TV 쇼에 출연하였다. 그런데 거기서 휘튼 대학의 박사 과정에 있는 학생들을 포함해 심리학을 전공하고 있는 학생들이 내담자들과 함께 기도하지 않도록 교육받고 있다고 언급되었다. 필자는 그 대화에 즉각적으로 개입해서 그 주장이 사실이 아니라고 부인하였다. 사실 휘튼 대학을 포함해 기독교 심리학 프로그램에 참여하고 있는 많은 학생들이 내담자와 함께 기도하도록 교육을 받았다.

그렇지만 기도와 다른 기독교적인 기법을 포함한 어떤 상담기법들을 사용하기 전에 가능한 효과를 예상하는 것이 현명하다. 때로는 어떤 회기에 내담자들과 기도하지 않는 것이 최선이며, 다른 때에는 그것이 기독교 상담의 가치 있는 부분이 될 수도 있다.

상담자가 내담자에게 성경구절을 암송하도록 해야 하는가? 상담하는 도중에 내담자와 기도하는 것이 현명한 처사인가? 상담자는 내담자의 삶에서 죄를 직면하도록 해야 하는가? 내담자들은 자신에게 상처를 입힌 사람들을 용서하도록 격려받아야 하는가?

이 책의 나머지 부분에서 이 질문들에 관해 세부적으로 고찰하게 되겠지만, 이러한 질문들에 대한 대답은 내담자와 처한 상황에 따라 다양할 것이다. 마치 유능한 농구 감독이 한 번에 여러 명의 선수들을 관찰하고, 바로 그 순간 가장 적절한 선수를 기용하는 것처럼, 효과적인 상담자는 심리적이고 영적인 건강의 세 가지 구성요소 - 건강한 자아의식, 개인적인 깨어짐에 대한 자각, 신뢰할 만한 관계- 를 관찰하며 그에 따라 적절한 치료를 한다.

효과적인 상담은 상담자 자신에 대한 정확한 평가뿐만 아니라, 치료 목표와 내담자에 대해서도 지속적인 평가를 요구한다.

목표들에 대한 지속적인 평가

매기는 반복되는 스트레스와 연관된 긴장성 두통 때문에 상담을 받으러 왔다. 크리스틴은 여러 달 동안 자살하고 싶을 정도의 우울증으로 인해 상담을 받으러 왔다. 매기는 행복한 결혼과, 성공적인 직장 생활을 영위했으며 영적으로 활기찬 삶을 영위하고 있다. 크리스틴은 혼자 살고 있으며, 이 일 저 일로 떠돌고 있고, 하나님이 그를 결코 사랑하지 않는다고 믿고 있다. 분명히 매기와 크리스틴을 치료하는 목표들은 다를 것이다.

최근 상담의 표준들은 상담자들이 치료관계의 초기에 내담자를 위한 상담의 본질과 목표를 명확히 해야 한다고 제안한다.[22)] 이러한 목표를 매회기나 두 번째 회기마다 확인함으로써, 그 상담이 효과적으로 되도록 하는 것이 현명하다. 매기와 그의 상담자는 두 가지 목표를 세웠는데, 두통의 빈도를 일주일에 두 번 이하로 줄이는 것과 그의 직업에서 지금보다 더 큰 만족을 얻는 것이었다.

크리스틴과 그의 상담자는 네 가지의 목표들을 설정하였다. 우울의 수준을 감소시키는 것, 적어도 한 사람과 의미 있는 관계를 발견하고 유지하는 것, 안정된 직장을 구하는 것, 그리고 하나님의 사랑에 대한 그의 이해를 깊이 있게 하는 것이다.

이러한 목표들은 치료 전반에 걸쳐 반복적으로 확인될 필요가 있다. 어떠한 종교적인 기법들이 선택될지는 이 목표들의 빛 안에서 평가될 수 있다.

내담자에 대한 계속적인 평가

첫눈에 크리스틴은 매기보다 많은 종교적인 개입이 필요한 것처럼 보인다. 결국 매기는 그의 두통에 약간의 안정이 필요하고 크리스틴은 근본적인 인생의 전환이 필요하다. 하지만 자세히 살펴보면 다른 내용이 있다.

매기는 비교적 건강한 상태로 상담을 받으러 온다. 그는 자신에 대한 정확한 자각을 하고 있었다. 곧 직장에서 일할 때 별로 중요치 않은 일들에 대해 너무나 걱정하는 경향을 포함해 자신의 장점들과 기술들을 잘 알고 있었다. 그는 도움이 필요하다는 사실을 인식하고 있는데, 그 이유는 인간의 타락성과 부족함에 대해 자각하고 있기 때문이다. 그는 자신의 삶에 건강한 관계를 유지하고 있다. 그는 능력 있는 위치에 있기 때문에 아마도 자기 혐오의 상태에 빠져들거나, 자신을 무기력한 희생자로 간주하거나, 상담자에게 과도하게 의존하지는 않는다.

그의 상담자는 확신을 가지고 영적인 기법들을 사용할 수 있다. 실제로 어떤 연구에 따르면 긴장된 근육을 효과적으로 이완시키기 위해서는 신앙적 묵상에 대한 기독교의 형식이 효과가 있다고 한다.[23] 이러한 영적 개입 방법이 매기에게는 이상적일지 모른다.

영적인 중재는 또한 크리스틴에게도 시행될 수 있지만, 상담자는 이 중재를 행하기 앞서 가능한 관련성들을 신중하게 고려해야 한다. 그들은 회기가 끝날 때마다 함께 기도하는 것이 도움이 되지만, 상담자는 기도가 친밀한 행위이며, 크리스틴이 쉽게 상담자에게 지나치게 의존적이 될 수 있다는 것을 기억해야 한다. 기도가 필요하다면 상담자는 상담 회기 외에 개인적으로 크리스틴을 위해서 기도할 수 있다. 유사하게 크리스틴과 상담자는 과거에 학대한 사람을 용서하는 것도 치료 전략으로 고려할 수 있다. 그러나 상담자는 크리스틴의 약한 자기 정체의식을 인식하는 것이 중요하다.

그가 참으로 그의 가해자에게 입은 삶의 상처들을 정확히 이해하기 전에 용서의 의미를 이해할 수 있겠는가? 하나님께서 그를 용서해 주셨다는 사실을 잘 이해하기 전에 용서의 행위를 이해할 수 있는가? 이러한 것들은 종교적인 개입들을 사용하기 전에 그의 상담자가 고려해야 할 중요한 질문들이다.

상담자에 대한 계속적인 평가

크리스틴과 매기를 치료하는 방법은 그들의 서로 다른 개성과 치료목표에 의해서 결정된다. 그러나 상담자들 또한 상담 과정에 자신의 성향과 개성을 주입할 때 그것은 더 도전적인 것이 된다. 어떤 상담자들은 본래 직설적이어서 내담자들이 신속하게 죄를 깨닫고 현명한 결정을 하도록 한다. 다른 상담자들은 본래 우호적이고, 다양한 감정들을 표출하는 안전한 장소에서 치료를 한다. 어떤 사람은 심리학 분야에서, 어떤 사람은 신학 분야에서, 어떤 사람은 상담학 분야에서, 어떤 사람은 목회적 상담에서 훈련을 받았다.

어떤 이들은 개혁파, 어떤 이들은 오순절, 어떤 사람들은 재세례파, 어떤 이들은 다른 교단들이다. 어떤 이들은 심오한 영적 삶을 체험하고, 다른 사람들은 영적인 훈련과 개인적인 경건생활에 어려움을 겪기도 한다. 어떤 이들은 전문적으로 훈련을 받았지만 어떤 이들은 자원봉사 훈련을 받은 수준에 있다. 어떤 이들은 정신 역동적이고, 어떤 이들은 인본주의적이며, 어떤 이들은 행동주의적이다. 또 어떤 사람들은 인지주의적이고 어떤 사람들은 여타의 이론적인 관점에서 훈련받았다. 이러한 모든 차이점들이 영적인 기법들을 사용하려는 우리의 선택에 영향을 미친다.

본성적으로 직설적인 상담자는 내담자가 기도, 성경구절 암송, 개인적인 고백 등에서 도움을 받을 만큼 충분히 강하게 성장하도록 기다릴 수 있는 여분의 인내심을 개발할 필요가 있다. 심리 역동적 치료자는 기독교 겸손의 아름다움을 인식하기 위해 열심히 노력해야 하고, 그것을 자학이나 과대 망상에 대한 방어기제로 혼돈해서는 안 된다.

기질적으로 후원적인 상담자는 과도한 의존성을 예방하기 위해 거리를 유지하는 기술과 함께, 내담자로 하여금 만성적인 희생자의 역할에서 벗어나도록 도와주는 직면기법을 발달시킬 필요가 있다. 행동주의 치료자는 치료적인 관계를 평가하기 위해 특별한 노력을 기울일 필요가 있다. 전문적으로 훈련받은 상담자는 강의실에서는 거의 배울 수 없는 그리스도로 인한 변화의 힘을 기억할 필요가 있다.

적절한 평가, 그리고 훌륭한 상담은 단순한 소크라테스식 권고에서 시작하고 끝난다. "상담자, 네 자신을 알라." 우리는 여기에 또한 다음의 내용을 첨가해야 한다. "너의 내담자를 알아라, 너의 상담 목표를 알아라, 그리고 너의 이론적 지도를 알아라."

효과적인 기독교 상담을 하려면

성경과 역사를 통해서 우리는 인간들에게 그들의 자족함에 대한 한계를 인식하라고 요구하며, 부족한 상태에서 은혜로운 하나님에 이르게 하는 치료의 한 유형을 본다. 이와 동일한 유형이 정서적 건강을 이해하는 데 도움이 되지만, 그러한 단순한 모델을 우연하고 피상적인 방식으로 적용하지 않도록 주의해야 한다. 좀더 자세하게 살펴보면, 영적이고 심리적인 건강은 과장되지 않으면서 확신에 찬 자아의식, 인간의 부족함과 한계에 대한 자각, 그리고 하나님과 다른 사람들과의 믿을 만한 상호관계를 요구한다.

효과적인 기독교 상담은 이러한 세 가지 영역 모두를 강화해 준다. 불행하게도 상담 과정에 많은 어려움들이 존재하며, 자아개념, 깨어짐, 또는 상담관계에 대한 잘못된 이해들은 내담자들의 걱정이나 문제들을 더하게 할 수 있다. 우리는 이런 이론적인 지도를 통해 상담에서 기독교적 개입들을 사용하는 데 대한 잠재적인 가치와 위험들을 고려할 수 있다.

이 책의 나머지 부분은 기도, 성경 사용, 용서 등과 같은 종교적 기법들의 다양성을 고려하는 형태로서 1장과 2장에서 세워진 목차를 사용할 것이다. 각 장은 그림 3에서 예시된 것처럼 주요한 세 부분으로 나누어진다.

〈그림 3〉

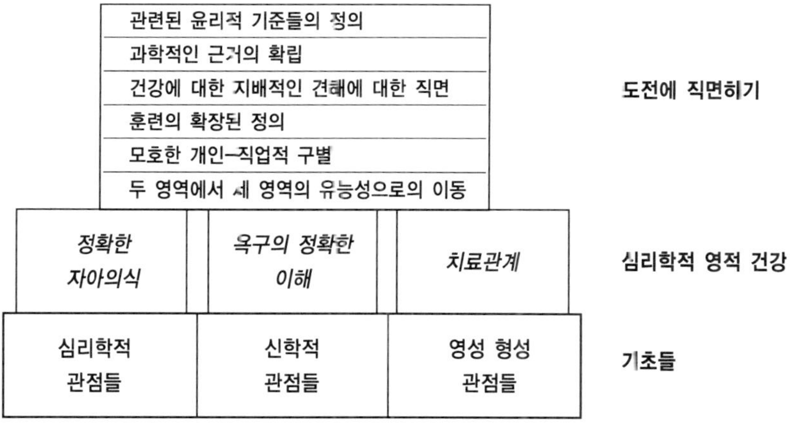

관련된 윤리적 기준들의 정의	
과학적인 근거의 확립	
건강에 대한 지배적인 견해에 대한 직면	도전에 직면하기
훈련의 확장된 정의	
모호한 개인-직업적 구별	
두 영역에서 세 영역의 유능성으로의 이동	

정확한 자아의식	욕구의 정확한 이해	치료관계	심리학적 영적 건강
심리학적 관점들	신학적 관점들	영성 형성 관점들	기초들

첫째, 각 장은 기독교적인 개입에 대한 정확한 이해를 형성하는 기초를 제공하기 위하여 심리학, 기독교 신학, 영성에 관한 기존 문헌을 비롯해 관련된 몇몇 제목들을 고려하게 될 것이다. 이 책의 내용들은 이 세 가지 관점에서 기술될 것이다. 즉 필자는 심리학과 신학, 그리고 영적 형성의 관점에서 이 책의 주제들을 철저하게 개괄할 만한 능력과 시간을 가질 만큼 대단하지 않다. 오히려 남은 각장을 통해 필자의 목표는 이 세 가지 기초적 관점들에서 하나 또는 그 이상의 주제들을 강조할 것이며, 기독교 상담과 그것의 관련을 논의할 것이다.

둘째, 각 장의 종교적인 개입방법은 이 장에 기술된 심리학적, 영적 건강 모델에 따라 평가할 것이다. 각 장은 세 가지 질문들에 의해 그 개입들을 평가할 것이다. 이것은 건강한 자아의식을 형성하도록 도울 것인가? 부족에 대한 건강한 의식을 형성하도록 도울 것인가? 건강한 관계를 형성하도록 도울 것인가?

셋째, 1장에서 설명한 것처럼 각 장은 다학문간의 통합을 위한 여섯 가지 도전들을 논의할 것이다.

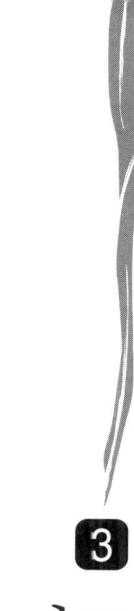

③
기도

기도

"**오**늘 상담을 마치기 전에 우리 함께 기도해도 될까요?" 이 질문에 대한 기독교인의 대답은 다양할 것이다. 어떤 사람은 기도는 모든 기독교인에게 핵심적인 부분이므로 기독교 상담에 당연히 포함되어야 한다고 주장하면서 '예'라고 대답할 수 있을 것이다. 또 어떤 사람은 상담은 영적인 가르침이나 목회적인 개입과는 구별되어야 한다고 주장하면서 '아니오'라고 할 수도 있다. 이 두 가지 답변 모두 상담자가 직면하는 복잡성을 지나치게 단순화한 것에 불과하다.

| 사례 |
외도하는 남편으로 고민하는 헨리 부인
헨리 부인은 당신이 두 달째 상담을 하고 있는 내담자이다. 의학적이고 신체적인 통증을 과도하게 보이기 때문에 주치의가 의뢰해서 상담을 받게 되었다. 그는 상담 중에 심인성 증상들을 보였다. 그녀는 모든 고통스러운 감정들을 회피하거나 억누르면서 결과적으로는 신체적인 증상들 즉 예를 들면 위통, 갑작스러운 설사, 두통 등을 보이고 있었다.

오늘 당신은 상담자로서 헨리 부인이 외도하는 남편에 대한 자신의 감정을 좀더 잘 이해하도록 시도했다. 그는 남편의 혼외정사에 분노를 느끼지 않고 용서하는 것이 기독교인의 의무이기 때문에 기꺼이 남편을 용서할 준비가 되어 있고 집에서 남편의 성적인 요구에 좀더 충실하도록 해야겠다고 말했다.

상담하는 동안 그녀는 눈물도 흘리지 않았고 고통스런 감정을 표현하지도 않았다. 다만 남편이 네 번째 외도를 저질렀지만 이것을 기독교적인 신앙 안에서 잘 극복할 수 있게 되었다고 자신의 신앙에 관해서 말했다. 상담이 끝날 무렵, 그녀가 당신을 바라보면서 이렇게 말했다. "오늘 상담을 마치기 전에 선생님하고 같이 기도해도 될까요?"

책임 있는 기독교 상담자라면 헨리 부인의 기도 요청에 어떻게 반응해야 할까? 이 질문에 답을 내리기 전에 또 다른 상황을 고려해 보자.

| 사례 |
우울증에 빠진 토마스 양

토마스 양은 우울증과 버림받음에 대한 공포로 인해 6개월 동안 상담을 받고 있다. 그의 상태는 눈에 띌 만큼 나아졌으며 이전의 어느 때보다 하나님과 가까워졌다고 느꼈다. 그런데 어제 그의 어머니가 심장마비로 갑작스럽게 사망했다.

오늘 토마스 양은 상담하는 동안 울면서 가장 가까웠던 사람들에 의해 버림받았던 공포들을 떠올렸다. 그녀는 상담이 끝날 무렵 울음을 멈추고 손수건을 가방에 집어넣으면서 자리에서 일어났다. 당신은 그녀를 잠깐 멈추게 하고는 "오늘 상담을 마치기 전에 우리 함께 기도해도 괜찮을까요?"라고 물었다.

헨리 부인과 토마스 양의 상황은 다르며 헨리 부인과 함께 기도하는 효과와 토마스 양과 드리는 기도의 효과는 다를 것이다. 두 가지 경우 단순히 '예' 또는 '아니오'라고 할 수 없다. 한편 헨리 부인과 기도하기로 동의하는 것은 진실에 이르기보다는 현실을 부정하기 위한 수단으로 자신의 신앙을 계속 이용하도록 유도하는 길이 될 것이다.

다른 한편 기도하는 것에 대한 그의 요구를 거절하면 치료관계에 손상을 입힐 것이므로 이 경우 기도는 내담자가 자신의 감정을 탐색하는 것을 시작할 수 있는 하나의 수단이 될 수 있다.

토마스 양과 함께 기도하는 것은 절망감에 빠져 있는 그에게 위로와 소망을 줄 것이다. 그렇지만 상담관계를 종결해야 하는 시기가 임박했는데 같이 기도하게 되면 상담자에게 의존감을 갖도록 해줄 수도 있다. 그와 같이 기도하는 것은 내담자에게 위로와 평화를 가져오도록 도와줄 수도 있으나 상담관계가 끝났을 그에게 더 큰 거절감을 일으킬 수도 있다.

필자가 1980년대 초 대학원에 다니고 있었던 시절 흔한 질문 중 하나는 "과연 심리치료가 효과가 있는가?"였다. 반더빌트(Vanderbilt) 대학의 저명한 심리학 교수였던 한스 스트럽(Hans Strupp) 교수가 그 질문에 대한 명쾌한 답변을 한 강의를 기억하고 있다. 그는 "어떤 상황에 있는 어떤 내담자에게 어떤 유형의 심리치료가 더 효과적인가?"라고 했다. 이와 비슷한 맥락에서 "상담자는 내담자와 함께 기도해야 하는가?"란 질문은 잘못된 질문이다. 대신에 우리는 "어떤 상황에 있는 어떤 내담자에게 어떤 유형의 기도를 해야 하는가?"라고 물어야 정확한 질문이다.

만일 상담 회기 중에 내담자와 함께 기도하는 것을 너무 강조하게 되면, 기도에 대한 다른 중요한 질문들을 간과하게 될 것이다. 예를 들어 상담 중 우리는 얼마나 자주 묵상기도로 내담자를 위해 기도해야 하는가? 내담자를 위해 상담실 밖에서 얼마나 자주 기도해야 하는가? 이완과 불안을 대처하기 위해 영적이고 심리적인 수단으로 신앙적 명상을 사용하는 것은 어떤가?

1장과 2장에서 확립된 구조를 살펴봄으로써 우리는 그 질문들에 관한 주어진 결정에 이를 수 있다.

기도의 근거들

심리학

비록 기도에 관한 포괄적인 문헌을 개괄하는 것은 이 책의 범위를 넘어가지만, 심리학 문헌에서 중요한 주제들은 조사할 것이다. 기도에 관한 문헌은 대략 두 가지 범주로 구분될 수 있다. 기도의 효과와 상담에서 기도를 사용하는 문제가 그것이다.

기도의 효과

기도는 인간의 공통적인 경험이다. 연구 결과 미국인의 90퍼센트가 기도하는 것으로 나타났다.[1] 그렇지만 기도의 효과에 대한 연구는 심리학의 문헌에서 희박하며, 보고된 연구들은 중대한 연구 방법론적 문제들로 비판을 받고 있다. 마이클 맥클로우 박사(Dr. Michael McCullough)는 이전 연구들의 문제점에 대한 유익한 토론과 미래의 연구를 위한 의견이 포함되어 있는 기도의 심리학적 효과들에 관한 개관을 출판했다.[2]

맥클로우 박사는 기도의 심리적 효과에 관련된 몇 가지 주제들을 제시하였다. 첫째, 기도는 삶의 만족감에 대한 주관적인 경험과 관련되어 있다. 자주 기도하는 사람들은 기도하지 않거나 거의 하지 않는 사람들에 비해 결혼과 종교에서 더 큰 만족감을 누리고, 일반적인 삶에도 더 큰 만족감을 갖는 경향이 있다. 기도하는 동안 하나님의 임재에 대한 주관적인 경험의 정도가 크면 클수록 더 큰 평안을 경험한다. 기도에서 신비함을 경험하는 사람들은 다른 사람들보다 더 큰 행복감을 갖는다. 우리는 이 결과를 해석할 때 주의를 기울여야 한다. 왜냐하면 소개된 대부분의 연구들이 사실상 상관관계가 있는 연구였기 때문이다. 기도가 행복감과 상관이 있다는 것이 연구에서 밝혀졌다. 그러나 두 변수들이 상관관계가 있다고 해서 필연적으로 하나가 다른 하나의 원인이 된다는 것을 의미하지는 않는다. 기도하는 사람들은 기도하지 않는 사람보다 더 행복할 수 있고, 행복한 사람들이 더 자주 기도할 수도 있다. 기도와 행복감이 왜 서로 상관관계를 가지는지 설명할 수 있는 제3의 변수가 있을 수 있다. 예를 들어, 매우 종교적인 사람들은 더 행복하다. 따라서 그들은 어느 정도 비종교적인 사람들보다 더 자주 기도하는 경향이 있을 수도 있다.[3]

둘째, 맥클로우는 신체적 고통과 의학적 문제를 극복하는 하나의 도움으로 기도를 사용하는 것에 관한 문헌을 개괄한다. 많은 연구들은 기도가 다양한 의학적 문제들을 극복하도록 하는 유익한 자원임을 밝히고 있다. 다른 연구들은 기도가 심한 신체적, 정서적 불편을 경험하는 사람들에 의해 종종 사용되는 것을 보여 준다.

셋째, 몇몇 연구들은 심리학적 징후들과 기도간의 관계를 고찰하였다. 몇 개의 연구들은 방법론적으로 문제가 있다고 보고되고 있으므로 조심스럽게 해석되어야 하겠지만, 기도는 알코올 중독 치료에서 금주하는 것과 긍정적인 관계가 있고, 죽음의 공포에 대해서는 부정적으로 관계되는 것으로 나타났다.

넷째, 제대로 실험설계가 된 연구에서는 중보기도의 효과가 입증되었다. 관상동맥 치료 센터에 있는 환자들이 실험집단과 통제집단에 우선 할당되었으며, 실험집단에 속한 환자들에게는 정기적으로 병원 밖에서 만났던 한 그룹에 의해 중보기도를 받았다. 결과를 평가했던 연구자들이나 환자들 누구도 어느 환자에게 어떤 실험조건이 할당되었는지 알지 못했다. 일부 결과에서, 중보기도를 받은 실험 집단에 있던 환자들이 중보기도를 받지 않은 통제 집단에 있던 환자들보다 퇴원할 때 더 건강했다. 두 집단 사이에서 관찰된 차이가 우연히 일치할 확률은 1/1000 미만이었다.

이 결과는 성경을 권위 있는 것으로 받아들이는 사람들에게는 그리 놀랄 일이 아닐 것이다. 그럼에도 불구하고 그 결과는 정신 건강 분야에서 받아들일 수 있는 과학적인 언어로 기도의 효과를 기록했기 때문에 중요하다. 물론 이 연구가 구체적으로 이 책의 초점을 설명하지는 않는다. 과연 상담에서 기도를 사용할 수 있는 것일까?

상담과 기도

조사 자료에 따르면 기도는 기독교 상담과 심리치료에서 자주 나타나지만, 고정적인 것은 아닌 것으로 나타났다.[4] 상담 중에 기도를 사용하지만 상담자의 이론적 특성과 내담자에게 내려진 진단에 달려 있으며, 모든 내담자들에게 일괄적으로 사용되는 것은 아니다.[5] 기도가 상담의 아주 중요한 부분이라고 보는 사람들도 기도를 사용하는 방법들은 매우 다양하다.

어떤 연구들은 치료 회기 동안 내담자와 함께 소리내서 기도하는 것을 옹호하고 있다. 미국기독상담학회(Christian Asociation for Psychological Studies : CAPS)의 박사 과정에 있는 한 회원은 최근 조사에서 상담자가 내담자와 함께 기도하는 비율이 약 30퍼센트로 나타났다.[6] 상담 회기 중에 기도를 하는 이유는 여러 가지 복합적인 동기들이 있다. 어떤 상담자들은 기도가 내담자의 영적인 삶을 증진시켜 주고 그들의 관점을 명확히 해주기 때문에 상담 중에 기도를 한다. 크래이기와 탄(Caraigie and Tan)은 인지-행동적 관점에서, "사실 내담자들과 함께 기도하는 것은 그들이 반항적인 신념에서 자유로워지며, 진리를 행할 수 있는 힘을 얻으며, 진리와 더 깊은 관계에 이르도록 해주어 내담자들에게 종종 가장 강력한 경험이 될 수 있다"고 기술하고 있다.[7]

다른 이들은 기도가 건강한 인간관계에서 의사소통의 모델이 되기 때문에 기도를 사용한다고 말한다. 크락커(Crocker)는 부부 치료에서 부부와 함께 기도하는 것을 권장하는데, 이는 기도가 효과적인 의사소통의 모델이 되기 때문이라고 한다. "나는 기독교 목회자들이 부부와 개인들이 어떻게 의사소통을 해야 하는지를 가르치기 위해 전통적인 기도의 형태를 지침으로 사용할 수 있으며, 동시에 기독교적 삶을 더 깊이 이해할 수 있도록 도와줄 수 있다고 믿는다."[8] 여전히 다른 상담자들은 내담자가 상담관계의 한 부분으로 기도를 원하고, 기도가 치료의 관계 형성을 증진시키기 때문에 기도한다.[9]

기도를 상담에 사용하는 문제는 위에서 언급한 이유로 인해서 기도의 영적인 능력을 훼손하거나 무시할 아무 이유가 없다는 것을 주목하는 것이 중요하다. 기도가 인간의 상호작용에 영향을 미치지만, 더 중요한 것은 하나님과의 의사소통의 방법이다. "특별히 기도와 심상에 있어서 치료하시는 분은 성령님이신 것이 강조되어야 한다. 지금까지 기술되어 왔던 심상과 기도는 일차적으로 심리적인 기법이나 절차로 여겨서는 안 된다. 오히려 포스터(Foster)의 표현을 빌리자면 그것들은 내담자를 '하나님을 향한 길'로 인도하는 방법이 되어야 한다.[10] 많은 상담자들은 아주 다양한 이유로 상담 회기 중에 내담자와 기도하기를 택한다.

그러나 우리는 기도가 심상 훈련의 과정이라고 간주해서는 안 된다. 기도는 하나님과의 영적인 대화로서, 기도할 때 하나님이 우리에게 영적으로 중재하실 수 있는 기회를 드리는 것을 잊지 말아야 한다. 지금까지 상담에서 소리내어 기도하는 효과에 대한 경험적인 연구들은 보고되지 않고 있다.

그밖에 다른 이들은 상담에서 명상, 묵상기도, 또는 심상, 초보적인 연구 결과를 얻을 수 있는 기법을 사용하기를 권한다.[11] 칼슨(Carlson), 바카세타(Bacaseta), 시만토나(Simantona)는 말씀을 묵상하고 경배할 때 기도가 점진적 이완 훈련이나 어떤 치료도 받지 않은 사람들보다 효과적으로 분노와 불안을 감소시키는 데 도움이 된다는 것을 증명하였다.[12] 이와 유사한 실험에서 프롭스트(Propst)는 어려운 상황에서 예수님이 함께 하시는 장면을 마음속에 생생하게 그려보도록 하는 종교적 심상화가, 종교를 가지고 있는 내담자의 우울증을 감소시키는 데 도움이 된다는 것을 발견하였다.[13]

비록 심리학적 문헌에서 상담 회기 중에 사용하는 기도와 명상이 가장 많은 주의를 받았지만, 기도는 상담에서 다른 방식들로 통합될 수 있다. 어떤 상담자들은 상담 기간 동안 내담자들에게 드러내지 않고 기도한다. 대화를 잠깐 멈추는 동안 기도하는 것은 상담에서 영적 초점을 유지하는 방법일 뿐만 아니라 불필요한 말로 그 침묵을 채우는 것을 방지해 주는 방법이다.

| 사례 |
상담하는 중에 침묵이 흐를 때
테레사(Theresa)는 성폭력 피해자들을 대상으로 개인적으로 또는 그룹으로 치료하는 곳에서 일하는 자원봉사 상담자다. 그는 2년 동안 자원봉사 상담자였고, 자신의 상담기술들에 대하여 만족하고 있으나, 한편 그는 괴로운 문제를 가지고 있다. 그는 상담하는 중에 침묵이 흐를 때 불편함을 느끼고 대화의 주제를 바꿔 버린다. 내담자들이 고통스러운 감정들을 탐색하기 시작해 많은 시간들을 침묵하게 되면 주제를 바꾸는 것이다.

이럴 때 만일 테레사가 새로운 습관을 개발한다면 어떻게 될까? 침묵이 흐르는 동안 그는 맞은 편에 앉아 있는 내담자를 위해 조용히 기도하는 훈련을 받게 된다면 말이다. "주님, 이제 그가 고통을 당할 때 당신의 사랑으로 그를 끌어안아 주십시오. 지난 세월 동안 그가 악한 어두운 구름에 휩싸여 있었다고 할지라도 하나님 당신을 바로 알게 해주십시오." 테리사가 이 새로운 기술을 개발할 때, 기도의 힘을 상담 작업에 도입하면서 동시에 나쁜 습관을 버리게 될 것이다.

상담 중의 침묵기도는 스트레스와 긴장이 많은 일에서 상담자를 지탱해 주기 위해 사용될 수 있다. 쉬나이더(Schneider)와 카스텐바움(Kastenbaum)은 호스피스를 대상으로 한 조사에서, 기도가 그들의 일상생활에서 겪는 대인관계의 어려움을 극복하는 데 도움이 된다고 보고하였다.[14] 대부분의 호스피스들은 자주 묵상기도를 하고, 개인적으로 자발적인 기도를 드리지만, 환자들과는 거의 함께 기도하지 않았다.

상담 회기가 아닌 시간에 기도하도록 내담자들을 격려해 주는 것도 치료의 한 부분으로, 기도를 상담 과정에 도입하는 방법의 하나이다. 피니(Finney)와 말로니(Malony)는 내담자가 상담실 외의 장소에서 묵상기도를 드릴 때 심리치료에 도움이 된다는 것을 발견하였다.[15] 그 연구에 참가한 9명의 성인들은 6주의 심리치료 후에 묵상기도 훈련을 받았으며, 나머지 치료 기간 동안 하루에 묵상기도를 얼마나 하는지 기록하도록 하였다. 연구자는 심리치료만을 실시한 경우와 심리치료와 함께 묵상기도를 사용한 경우 치료 효과를 보기 위해 시간표 계획을 사용하였다. 그 참가자들은 기도와 심리치료를 병행한 결과 주관적인 불안감에서 놀라운 감소를 보여 주었지만,

개인의 영적 측정에 사용된 크기에는 거의 변화가 없었다. 총체적인 효과가 심리치료 또는 기도의 효과인지, 이 두 가지의 조합 때문이었는지 구분하기는 어렵다. 많은 연구들이 보고될 때까지, 우리는 단지 상담 기간들 외에 기도 사용이 치료 효과를 가져다 준다는 것을 추측할 수 있을 뿐이다.

마지막으로 치료자들은 상담 회기 외에 내담자들을 위해 기도함으로써 기도와 상담을 결합할 수 있다. 평균적으로 박사과정의 미국기독상담학회 회원들의 64퍼센트가 내담자를 위해 기도하고 있으며, 내담자를 위한 기도를 임상 활동의 중요한 부분으로 간주하고 있다.[16] 상담실 밖에서 내담자를 위한 기도의 효과를 이중-속박적(double-blind)으로 연구해서 검증하기는 불가능하다. 왜냐하면 상담자가 내담자를 위해 기도하기 위해서는 항상 내담자를 기억해야 하는데, 이것은 상담과정을 변화시키게 될 수 있기 때문이다. 과학적 증거가 없어도 상담 회기 외에 내담자들을 위하여 기도하는 것은 상담자들을 도울 뿐더러 영적, 감정적 치유에서 상담하는 내담자들을 돕는다. "의인의 기도는 역사하는 힘이 있고 효과적이다"(약 5:16).

기독교 신학

신학자 램버트(J. C. Lambert)는 기도가 성경적으로 두 가지 의미를 지니고 있다고 말한다. 좁은 의미에서 기도는 무언가를 위해 하나님께 요구하는 청원이다. 넓은 의미에서 기도는 하나님의 인격에 대해 생각하는 경배이다.[17]

직접 청원하는 기도

다급한 사람들은 필요에서 종종 직접 청원하는 기도를 드린다. 하나님이 주권적이시며 이미 미래를 알고 계시는데 우리가 기도하는 것이 무슨 차이를 만들 것인가? 또 다른 한편으로 만약 기도가 미래를 바꿀 수 있다면, 하나님은 정말로 주권적이신가? 이것은 수세기의 논쟁을 통해서도 해결되지 않는 하나의 주제로서 신학적 예정론 대 자유의지 사이의 커다란 논쟁을 야기시키고 있다.

우리는 예정론과 자유의지 사이의 논쟁을 철저하게 해결하기보다는 역설과 신비에 호소해야 하지만, 밀라드 에릭슨(Millard Erickson)은 기도를 통한 우리와 하나님과의 동역관계를 토론함으로써 도움을 주고 있다.[18]

우리는 기도할 때 하나님의 뜻을 알아내고 실행함에 있어 동역자가 된다. 이 겸손의 위치에서, 우리는 하나님의 뜻을 더 분명하게 볼 수 있게 되며, 하나님은 우리의 마음속 깊이 그분을 갈망할 수 있게 해주신다. 예를 들어, 오직 베드로만 간청했기 때문에 물 위를 걸었다(마 14:22-33). 우리는 기도를 통해서 하나님의 뜻과 함께 하는 동역자 관계에 우리의 의지를 맡긴다.

"능력이 당신에게 임하기를!"이라는 기도는 간구하는 기도를 제대로 이해하지 못한 예이다. 우리가 힘을 통제하여 사용하는 것이 아니며, 단순히 미래에 좋은 것이 올 것이라고 기대하는 긍정적인 태도를 창조하고 있는 것도 아니다. 오히려 간구하는 기도는 우리 안에서 하나님의 뜻에 대한 갈망을 창조하는 것이다. "기도는 하나님의 뜻이 우리 안에서 이루어지는 것이 중요하지, 우리의 뜻을 하나님을 통해서 이루려고 하는 것이 중요한 것이 아니다."[19] 많은 기도들은 우리가 원하는 대로 응답되지 않지만, 우리는 하나님을 향하여 마음을 모으고 기도 안에서 하나님의 뜻에 우리의 의지를 계속 드릴 때 결과적으로 우리는 변한다. "진정한 기도는 하나님의 생각을 따르기 시작하는 것이다. 즉 그분이 원하시는 것을 원하며, 그분이 사랑하는 것을 사랑하고, 그분이 뜻하시는 것을 우리가 뜻하게 되기 시작하는 것이다."[20]

성경에서 "쉬지 말고 기도하라'고 했는데, 지속적인 기도는 강박적인 긴급한 상황에서 나오기 때문이다(눅 11:8-10). 기도는 산타클로스를 만나기 위해서 크리스마스에 받을 선물 목록을 작성하는 것이 아니다. 기도는 우리 마음의 열정의 연장이다. 쉬지 않고 계속해서 기도함으로써, 우리의 가장 깊은 소원들을 말씀드리는 동시에 하나님을 추구하는 것을 우리 자신에게 상기시키는 것이다.

상담에서 간구의 기도를 사용하는 것은 효과적인 기도의 본질적 모델을 보여 주는 데 도움이 될 수 있다. 그렇지만 그것은 또한 문제를 일으킬 수도 있다.

| 사례 |
상담자의 기도는 어떤 영향을 줄까?

발드윈(Mr. Baldwin) 씨는 매번 상담 끝에 내담자인 제인(Gene)과 같이 기도하고 있다. 제인은 상담자가 그를 위해 기도하는 것을 알기에 안심이 되고 큰 위로가 된다. 제인은 그의 상담자를 통해 기도에 관해 배웠다. 그는 수년 동안 정기적인 기도생활을 하지 못해 왔지만, 상담자의 기도를 통해 이제는 하나님이 자신의 필요를 듣고 계신다는 것을 알고 안도감을 느끼고 있다.

이 사례를 통해 볼 때 긍정적인 면은 제인이 기도에 관해서 배우고 있는 것과 상담자가 그를 위해 기도한다는 것이다. 반면에 부정적인 면도 있다. 첫째, 제인이 상담자의 중보기도를 믿고 하나님께 직접적으로 간구할 자신의 의무를 버릴 수도 있다. 만일 기도가 하나님과 동역하는 것이라면, 직접적인 개인의 간구는 효과적인 기도의 중요한 요소이다. 둘째, 만일 기도가 이루어질 하나님의 뜻에 대한 개인의 소원을 명백히 하는 것이라면, 그것은 다른 사람에게 정기적으로 위임되어서는 안 될 중요한 개인 훈련이다. 제인이 그를 위하여 기도하는 상담자에게 의존하여 자신의 인격을 형성할 기회를 잃고 있는 것이다. 셋째, 효과적인 기도의 지속이 상담 회기들의 자연적 한계들에 의해 조절될 수도 있다.

기도의 좋은 점은 우리가 하나님께 언제든지 다가갈 수 있는 것이다. 즉 내담자들과 상담자들은 그들이 원하는 만큼 자주 상담실 밖에서도 기도할 수 있다. 발드윈 씨는 상담실의 내부와 외부에서 직접적으로 하나님께 간구하도록 제인을 가르치는 것이 현명할 것이다.

경배로서의 기도

기독교인의 기도는 우리의 필요를 하나님께 간구하는 것 이상이다. 기도하면서 우리는 죄의 본성을 고백하며(시 51:3-5), 하나님의 섭리에 대해 감사를 드리고(시 136), 우리 개인의 삶에서(삼상 2:1-10), 그분께 경배한다

(롬 11:33-36). 기도에 대한 이러한 광범위한 이해를 통해 많은 신비주의자들과 종교 지도자들은 영적이고 감정적인 치료에 대하여 글을 써왔다.[21]

간구하는 기도처럼 여기에도 좋은 점과 나쁜 점이 있다. 좋은 점은 묵상 기도와 경배를 드릴 때 우리의 영적인 눈을 열 수 있다는 것이다. 이것은 이기주의와 자기 집착의 습관들에서 우리를 벗어나도록 한다. 자기 용서를 경험한 사람들은 기도를 통한 경배를 이해한다. 리처드 포스터는 기도란 "진정한 마음의 안식처를 발견하는 것"이라고 쓰고 있다.[22] 또한 기독교인의 명상은 불안과 분노를 현저하게 감소시키는 데 중요한 유익을 주는 것으로 나타나고 있다.[23] 나쁜 점은 기도와 명상에 대한 신학적 한계들을 확립하지 않았던 사람들은 이단으로 빠질 수 있다는 것이다.[24] 그래서 경건한 명상과 기도를 치료에 사용하는 상담자들은 심리학적 관점뿐만 아니라 신학적인 관점에서 자신의 방법을 주의 깊게 평가해야 한다.

영성

기도를 통해 하나님을 경험하는 능력은 기독교 영성의 핵심이다. 리처드 포스터는 이 초대와 함께 기도에 대한 그의 책을 시작하고 있다.

> "하나님께서는 자비롭게도 나에게 그분의 마음을 조금이라도 알 수 있도록 허락해 주셨는데, 나는 내가 보았던 것을 당신과 나누기 원합니다. 오늘날 하나님의 마음은 열려 있는 사랑의 상처입니다. 그분은 우리의 거리감과 편견에 대하여 아파하십니다. 그분은 우리가 그분께 가까이 나아가지 않음을 슬퍼하십니다. 우리가 그분을 잊고 있음을 한탄하고 계십니다. 그분은 많이 소유하기를 원하는 우리의 강박증을 보며 울고 계십니다. 그분은 우리가 나아오기를 바라고 계십니다. 그분은 당신과 나를 초청하고 계십니다. 그분은 우리를 영접하기 위하여 두 팔을 넓게 벌리고 계십니다. 그의 마음은 우리를 껴안기 위해 넓어집니다.[25]

포스터의 말은 영원한 안식처이며 영적인 소생을 할 수 있는 장소로 들어

오도록 우리들을 초청하고 있다. 그의 책 나머지에서도 포스터는 기도가 그러한 곳으로 인도하는 문임을 보여 주고 있다. 그는 "모든 영적 수양 가운데서 기도가 가장 중심이 되는 이유는 우리를 아버지와의 영원한 교제로 인도하기 때문이다"라고 적고 있다.[26] 할레스비(Ole Hallesby) 역시 자신의 책 「기도」(The prayer)에서 위와 유사한 결론을 내리고 있다. "기도는 목마르고 시든 우리의 영혼에 그리스도를 받아들이는 영혼의 호흡입니다. …이는 마치 우리가 숨쉴 때 공기가 조용하게 들어와 폐 속에서 정상적인 활동을 하는 것처럼, 예수님도 조용히 우리의 마음에 들어오셔서 그분의 복된 사역을 행하시는 것입니다."[27]

이것은 물론 많은 기독교인들에게 복잡한 질문을 던진다. 만약 기도가 그토록 능력 있는 것이라서 우리를 하나님의 임재로 이끌어 간다면, 왜 우리는 우리의 삶을 기도로 가득 채움에도 불구하고 그토록 깊이 하나님을 경험하기가 어려운가? 많은 기독교인들이 식사 전에, 하루 종일, 또는 교회에서, 아침저녁으로 잠들기 전 아이들의 손을 잡고 기도하는데도 여전히 하나님에게서 거리감을 느낀다. 이것은 어찌된 일인가?

아마 우리가 삶에서 조화로운 기도와 함께 다른 영적인 훈련을 갖지 못하기 때문에 기도의 영적인 힘이 우리를 벗어날 수도 있다. 성경을 자세히 보면 기도는 두 가지 기능 - 우리의 부족함을 간구하는 것과 경배하는 것 - 을 수행하는 것이라고 강조하고 있다. 그런데 우리는 자주 우리가 원하는 것을 간구하는 기도는 지나치게 강조하면서도 경배는 소홀히 할 수 있다. "주님, 음식을 먹고 건강하게 하옵소서." "사랑하는 주님, 목적지까지 안전한 여행이 되게 하옵소서." "하늘에 계신 아버지, 육신의 건강을 회복시켜 주옵소서."

우리는 필요를 구하는 기도 목록을 작성하고는 응답된 기도의 날짜를 기록한다. 이렇게 구체적으로 기도하고, 기도 응답을 삶에서 확인하는 것들도 나쁘지는 않다. 간구는 우리의 신앙생활에서 아주 중요한 부분이기 때문이다. 그러나 우리는 기도가 경배의 한 행동이며, 하나님의 성품과 은혜로운 섭리를 찬양하는 방법임을 기억해야 한다. 경배는 시간이 소요된다.

윌라드(Dallas Willard)는 우리가 고독과 금식을 통한 영성 훈련을 하지 않는다면 영적으로 서롭게 하는 기도를 참되게 이해할 수 없다고 제안한다.[28] 시간에 쫓기면서 하는 기도는 의미 있는 경배로 들어갈 수 없다. 찌개가 차갑게 식거나 회중들이 결승전 경기가 시작하기 전에 집에 도착하고 싶어할 때 기도를 통해 하나님을 경배하기는 어렵다. 참된 경배는 우리의 부족함과 하나님의 섭리와 고요한 순간에 자연스레 오는 통찰들에 대한 깊은 숙고를 요구한다. 빌 하이벨스(Bill Hybels)는 그의 책 「아무리 바빠도 기도하지 못할 만큼 바쁘지 않다」(Too Busy Not to Pray)에서 우리의 일상 생활 가운데 하나님께 예배라고 기도를 통해서 하나님의 음성을 듣고, 천천히 사는 '엔진 속도 줄이기'의 중요성을 말하고 있다.[29]

우리는 의미 있는 기도를 드리기 위해서 하나님께 대한 깊은 갈망을 이해해야 한다. 할레스비(Hallesby)는 "들으라, 나의 친구여! 당신이 가장 무기력할 때 최고의 기도를 드릴 수 있다. 그것은 중언 부언 기도하는 것보다 큰 효력을 가지고, 당신의 마음을 떠나서 하나님의 마음으로 인도해 준다. 바로 그 순간 하나님은 당신이 무기력한 상태에 사로잡혀 있음을 알게 되고, 당신의 무기력한 기도에 응답하실 것이다"라고 쓰고 있다.[30]

우리는 삶이 너무나 바쁜 일로 꽉 차 있기에 하나님이 필요하다는 것을 망각하고 사는 경우가 많다. 바빠서 기도 못한다는 핑계를 떨치고 복잡한 일에서 벗어나, 혼자서 금식하거나 기도 시간을 정해놓고 정기적으로 기도하면서 자신을 돌아보면, 우리가 진정으로 하나님의 은혜를 갈망하는 부족한 사람인 것을 정확하게 깨달을 수 있다.

이러한 것들이 상담에 어떤 영향을 미칠까? 첫째, 상담을 시작할 때와 끝낼 때 기도하는 것만으로는 우리가 기도의 능력을 충분하게 체험할 수 없는 것이 분명한 것 같다. 영적으로 변화하는 기도는 시간과 훈련된 수련을 요구한다. 기도가 내담자의 삶에서 변화를 위한 능동적 대리자가 되기 위해서는 그것이 상담실의 외부에서 훈련된 영적 삶의 한 부분이 되어야 한다.

둘째, 영적으로 민감한 상담자들은 때때로 내담자에게 기도하는 방법을 가르치는 것이 필요하다. 상담자들은 다양한 이유로 과제를 주기도 한다.

기도의 과제는 많은 기독교인들에게 정당한 숙제로 고려될 수 있다. 하이벨은 매일 하나님의 음성을 듣기 위한 기도로서 일련의 행동 단계를 기술했다. 일기를 쓰는 것, 기도를 기록하는 것, 그리고 하나님의 음성을 듣는 것.[31] 이러한 동일한 단계를 여러 경우에 상담에서 적절하게 사용하면 도움이 되고, 특별히 경건한 명상은 불안과 관련된 문제를 가진 내담자들을 위한 중재로 사용될 때 유용하다. 영적 기법들을 사용하는 사람들, 특별히 구체화된 치료의식에 대하여 보험 배상을 받는 사람들에게는 중요한 윤리적 문제들이 있다. 이것은 이 과의 뒷부분과 이 책 전체를 통해서 논의될 것이다.

셋째, 상담을 통해서 사람들이 얻는 통찰력이 개인적인 기도생활에 도움이 된다는 것이 입증되었다. 효과적인 기독교 상담은 내담자들에게 건강한 자아의식과 깨어짐과 타락한 인간 상태에 대해 더 큰 자각을 하도록 해주고, 그러한 자각을 통해 하나님께 나아가도록 준비시킬 수 있다. 우리가 부족하다는 자각이 있으면 우리는 의미 있는 기도를 드릴 수 있다. 반대로 내담자들이 상담을 통해서 자신이 단순히 희생자라는 생각만 가지게 되면 기도 생활은 내담자들에게 방해가 된다. 내담자들이 성폭력이나 가정폭력 등의 피해를 당했을 때, 그들은 과거에 의해서 현재의 생활에 많은 영향을 받는다. 내담자들은 상담을 통해서 과거 사건의 희생자로서 상처를 받고, 과거의 고통, 분노, 상처에 대한 감정을 탐색하도록 도움을 받는다.

그러나 더 깊은 내적 치유를 하기 위해서는 내담자 자신이 과거의 피해자라는 생각에 머물러 있으면 안 된다. 상처받은 사람들은 하나님의 치유의 은혜를 완전히 알기 전에, 자신들의 개인적인 부족함과 다른 사람들에게 상처를 줄 수 있는 그들의 가능성을 인식해야 한다.

심리적, 영적 건강

앞의 논의를 통해 기도는 영적이고 심리적인 건강의 한 중요한 요소임이 분명해졌다. 기도를 통해 기독교인은 경건한 삶을 살고 하나님 앞에 겸손히 서서 그분께 경배하고 우리의 문제들을 직접 간구한다. 앞에서 살펴본 대로 예비적인 연구이긴 하지만, 과학적인 증거들은 기도가 건강을 증진시키는 데 효과가 있음을 보여 주고 있다.

그러나 우리는 기도가 전적으로 효과적이지는 않다는 점도 알아야 한다. 예를 들어 산상수훈 설교에서 예수님은 하나님보다 자신들의 사회적 영향력을 더 과시하려는 사람들이 드리는 공중기도에 대해 책망하셨다(마 6:5). 예수님께서는 "너는 기도할 때에 네 골방에 들어가 문을 닫고 은밀한 중에 계신 네 아버지께 기도하라 은밀한 중에 보시는 네 아버지께서 갚으시리라"고 가르치셨다(마 6:6). 또한 중언부언하는 기도와 교만한 기도를 책망하셨다(마 6:7; 눅 18:9-14).

기도는 선한 것이지만 쉽게 오용될 수도 있기 때문에, 상담에서 기도를 사용하는 것은 주의 깊은 성찰이 요구된다. 어떤 형태의 기도는 언제나 효과적인 상담의 중요한 부가요소이고, 다른 형태들은 쉽게 오용될 수 있으며, 때때로 기독교 상담의 목표에 반대로 작용할 수도 있다. 나는 그림 4에서 다양한 기도의 형태와 관계된 위험의 정도를 보여 주고자 한다.

〈그림 4〉

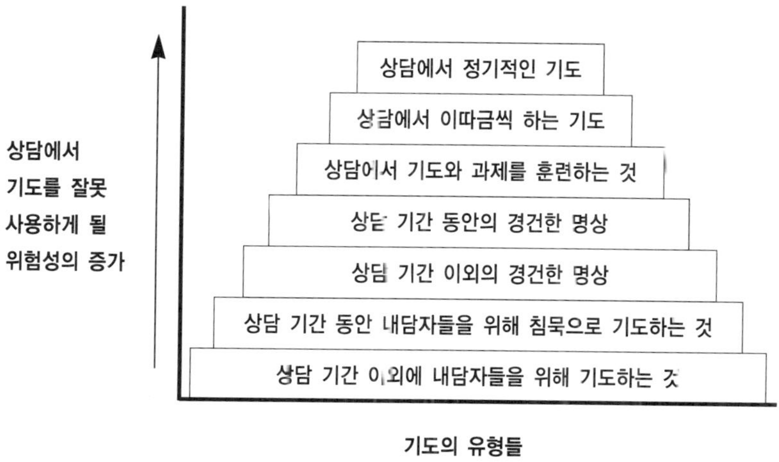

상담에서 기도를 잘못 사용하게 될 위험성의 증가 ↑	상담에서 정기적인 기도
	상담에서 이따금씩 하는 기도
	상담에서 기도와 과제를 훈련하는 것
	상담 기간 동안의 경건한 명상
	상담 기간 이외의 경건한 명상
	상담 기간 동안 내담자들을 위해 침묵으로 기도하는 것
	상담 기간 이외에 내담자들을 위해 기도하는 것

기도의 유형들

어떤 형태의 기도든지 거의 언제나 현명하며 생산적이다. 어떤 경우가 상담 회기 외에 내담자들을 위하여 기도하는 상담자들을 거스르게 만들 수 있는가? 기독교 상담자로서 우리가 내담자들의 건강을 맡고 있고, 기도의 힘을 믿고 있다면 우리가 돌보고 있는 그들을 위하여 신실하게 기도할 영적 의무를 가지고 있다. 이 간구의 기도들은 지속적이며 규칙적이며 영적으로 민감한 상담자에 의해 행해지는 훈련의 필수적 부분이다. 평균적으로 미국 기독상담학회 회원들이 대부분의 내담자들을 위해 상담 시간 외에 정기적으로 기도한다고 보고하고 있는 것은 장려할 만한 일이다.[32] 상담 시간 외에 기도하는 것은 내담자를 위해 영적인 자원을 제공하는 것이며, 반면에 겸손히 하나님의 지도를 바라는 것의 중요함을 상담자에게 상기시키는 것이다.

상담 도중 상담자가 잠시 멈추어 내담자를 위해 기도하는 것은, 우리가 사용하는 모든 말과 표현에 있어서 성령님의 인도를 추구하는 불완전한 사역자들이라는 것을 우리 자신에게 상기시키는 훌륭한 방법이다. 만일 우리가 상담 기간 동안에 너무 자주, 그리고 너무 적극적으로 침묵기도에 몰입하게 되면 듣는 데 지장이 있으므로 상담기도에서 침묵에 대한 개인적인 한계를 설정할 필요가 있다.

상담 회기 외에 경건한 명상 과제는 많은 내담자들에게 도움이 되고, 특별히 불안이나 믿음에 연관된 문제들을 다루고 있는 내담자들에게 유익하다. 경건한 명상은 적어도 불안과 분노를 줄이는 점진적인 이완 방법으로도 효과적이므로 기독교 상담자들을 위한 타당한 대안으로 생각된다.[33] 그렇지만 경건한 명상이 모든 상담 문제들에 똑같이 적절하지는 않다는 것을 인식하는 것이 중요하다. 또한 어떤 상담자들은 심상과 명상이 영적으로 위험스런 개입 방법이라고 우려하기도 한다.[34]

경건한 명상은 또한 상담 회기들의 한 부분으로 효과적으로 사용될 수 있다. 이것은 근육 긴장이 완화될 필요가 있을 때 행동적인 기법에 효과적이다. 또한 심상과 명상은 종교적인 내담자들 가운데 우울증의 징후를 완화하고 인지치료에서 잘못된 중요한 신념을 수정하는 데 사용될 수도 있다.[35]

그러나 상담 중의 명상이 초래할 수 있는 위험은, 어떤 상황에 대한 사회적 요구들이 경배의 경험을 상당히 변하게 할 수도 있다는 것이다.

내담자들은 상담자를 기쁘게 하기 위해 '영적으로 충만하게 되는 것'을 염려할 수도 있다. 특히 의존적인 내담자는 상담자의 눈치에 민감하면서 상담자의 기대에 자신을 맞추려는 노력을 할 수 있다. 대인관계에서 긴장을 느끼는 내담자에게 오랫동안 눈을 감도록 하면, 침묵하는 동안 상담자가 무엇을 하며 무슨 생각을 하고 있는지 의아해하면서 위협을 느낄 수도 있다. 경건한 명상에 대한 지시 사항을 녹음해서 따라하게 한다든지 자유로운 장소에서 경건한 명상을 하도록 하는 것도 효과적이다.

어떤 내담자들에게는 상담에서 기도를 훈련하는 것이 적절한 개입의 방법이 될 수 있다. 어떤 내담자들이 적절한 사회적 기술로 인해 도움을 받는 것처럼, 다른 내담자들은 영적인 훈련을 통해서도 유익을 얻는다. 내담자들은 상담 중에 여러 가지 다양한 기도의 유형과 기도 드리는 방법을 배울 수 있으며, 상담 후에 기도생활을 강화하도록 과제를 부여받기도 한다.

기도훈련은 잠재적 유익을 가지고 있지만, 몇 가지 이유로 인해 심각한 위험을 가져오기도 한다.

첫째, 모든 상담이 기술 지향적이 아니라는 점이다. 내담자 중심적이거나 심리 역동적 관점에서 일하는 사람들은 훈련 기술이 총체적 치료 과정과 맞지 않다는 것을 발견할 수도 있다.

둘째, 기도훈련은 주로 중재자 역할을 하는 보험 회사와 자신의 기술을 납득시켜야 하는 상담자에게 윤리적인 문제들을 초래할 수 있다

셋째, 위의 문제와도 연관되는 것으로서, 우리는 기도훈련의 효과에 대한 과학적 증거를 가지고 있지 않다. 비록 기독교인으로서 우리는 그런 증거에 대한 필요를 느끼지 않을 수도 있지만(왜냐하면 우리는 기도에 더하여 경험적이고 성경적인 증거를 갖고 있기 때문이다), 만일 우리의 방법이 신뢰성을 얻고자 한다면 우리는 정신 건강 전문인들의 과학적 언어로 대화할 필요가 있다.

어떤 경우에는, 상담 중에 가끔 기도하는 것이 내담자에게 도움이 될 수

도 있다. 평균적으로 미국기독상담학회 회원들의 거의 1/3이, 내담자들과 함께 상담 중에 기도한다.[36] 그렇지만 이 장 첫 부분의 경우처럼, 기도는 다양한 상황에서 더 유용할 수도 있고 덜 유용할 수도 있다. 심각한 스트레스와 슬픔에 직면하고 있는 사람들을 위한 기도는 상담에서 종종 도움이 되고, 감사기도는 상담에서 자발적인 경배의 행동이 될 수도 있다.

그러나 어떤 상황에서는 기도하는 것이 해가 될 수 있다. 예를 들어, 강한 정신분열증이나 조울증 환자와 함께 기도하는 것은 환자의 연약한 심리적 상태와 치료관계에 파괴적이며 해가 된다. 필자가 상담한 경우에, 자신이 예수라고 하는 환자가 있었다. 이 환자는 자신을 정신과 병동에서 빨리나가게 해달라고 필자에게 간곡하게 부탁했다. 이러한 정신분열증 환자와 함께 기도하게 되면, 환자의 잘못된 자아를 더 잘못되게 할 수도 있다.[37]

비록 어떤 유능한 기독교 상담자들은 나의 의견에 동의하지 않겠지만, 나는 상담 회기 중의 정기적인 기도는 상담관계에 중대한 위험과 최소한의 유익을 가져온다고 믿고 있다.

긍정적인 면에서 상담 중의 정기적 기도는 영성에 대한 헌신의 모델이 될 수 있고, 상담자와 내담자에게 하나님의 인도하심을 따르려는 소망을 일깨워줄 수 있다. 어떤 상담자들은 상담 중에 성령의 능력이 임하도록 기도하는 것을 옹호하고 있지만, 이런 기도는 소리내어 기도함으로 치료관계에 위험을 가져오지 않고 은밀하고 조용하게 행해질 수 있다.

부정적인 면에서 보면 고려해야 할 많은 사항들이 있다.

첫째, 내담자에게 효과적인 의사소통 기술을 가르친다고 하면서 기도의 유용성을 주장할 수 있다. 그러나 그러한 형태의 기도는 예수님께서 당시 종교적인 지도자에게 사회적인 효과나 과시를 위해서 하지 말라고 하신 바로 그러한 기도를 상담자가 내담자에게 조장하는 결과를 가져오게 된다.[38] 반면 주님은 하나님과 개인적이고 친밀한 관계를 맺기 위해서 기도하라고 가르치셨다(마 6:5-6).

둘째, 상담자들이 모든 내담자들과 함께 판에 박힌 듯이 기도하면, 의미 없는 말들로 반복되는 기도의 위험에 직면하게 된다. 기도는 매시간 하나님의 축복이 우리에게 임하게 하는 의식적인 말의 반복이 아니고, 공의로우시고 은혜로우신 하나님 앞에 우리를 겸손하게 하는 방법인 것이다. 우리가 기도의 본질을 포기하고 대신에 공허한 언어의 상징에 의존하게 될 때, 우리는 하나님을 슬프게 하고, 우리 자신을 속이게 된다.

셋째, 상담자들이 경우에 따라 내담자들의 기대를 만족시키기 위해서 기도를 드리는 경우도 있지만, 내담자들을 달래고 위로하기보다는 내담자들이 왜 그러한 기대들을 가지고 있는지 이해하도록 도와주고 잘못된 삶에 대한 기대를 수정해 주는 것이 더 중요하다. 종교적 의식은 이따금 통찰력과 자기이해를 가리는 보호막으로 이용될 수 있으며, 예수님은 바로 이런 점에 대해 많은 종교지도자들을 책망하셨다.

넷째, 상담자가 상담 중에 소리내어 기도하면 하나님 앞에서 내담자의 책임감을 약화시킬 수 있다. "상담자가 매주 나를 위해 기도한다'는 것은 쉬지 않고 기도하는 것과는 전혀 다른 경험이다(살전 5:17).

다섯째, 함께 기도하는 것이 관계의 친밀감을 가져오지만 이것이 모든 상담 상황에서 현명한 것은 아니다.

여섯째, 함께 기도하는 것은 어떤 이에게는 그가 가진 중요한 정보를 드러내지 못하도록 막기도 한다. 왜냐하면 내담자가 보기에 일상적인 기도는 상담자들을 영적 거인으로 끌어올릴 수도 있기 때문이다. 어떤 사람들은 비판적 반응을 두려워한 나머지 자신들이 죄와 싸우고 있다는 것을 토론하기를 주저할 것이다.

어떤 기도의 형태는(예컨대, 상담 회기 외에 내담자들을 위한 기도) 늘 도움이 된다. 그러나 다른 형태의 기도는(예컨대, 상담할 때마다 의례적으로 하는 기도) 때때로 도움이 되기도 하지만 위험한 점도 있다. 나의 목표는 기도의 좋은 형태와 나쁜 형태의 목록을 분류하는 것이 아니라 선두에서 이 장의 처음에 제시한 질문을 계속하는 것이다. "어떤 기도의 유형들이 어떤 내담자들과 어떤 상황들에서 사용되어야 하는가?"

각각의 특정한 상담 상황에서 이 질문에 대답할 때, 2장에서 설명된 심리적이고 영적인 건강 모델을 기억하는 것이 중요하다. 세 가지 구체적인 질문들은 다양한 임상에서 적절한 기도를 사용하는 문제를 평가하는 데 도움이 될 것이다.

기도가 건강한 자아의식을 갖는 데 어떤 도움이 될까?

어떤 의미에서 기도는 자기 중심적인 인간의 경향을 넘어 자기 망각의 상태로 가는 완벽한 예시일 수 있다. 깨지고 지친 이들은 그리스도의 임재 안에서 위로를 얻는다(마 11:28-30). 자기 안에 빠져 있는 사람들은 자기를 초월해 그리스도를 바라보아야 한다(눅 18:9-14). 상담자들은 내담자가 자신에 대한 바른 시각과 더 정확한 이해를 얻을 수 있도록 기도를 사용할 수 있다.

| 사례 |
자존감이 낮은 사브리나

사브리나는 자기 증오와 형편없는 자아상으로 인해 고통을 겪고 있다. 어렸을 때 성적으로 육체적으로 학대당했던 사브리나는 자신은 언제나 상처받고, 버림받고, 거절당할 것이라고 믿고 있다. 여러 달 동안 건강한 상담관계가 형성된 후에 기분이 많이 나아졌고 자신의 영적 삶을 성숙시키는 데 관심을 표현하기도 했다. 그의 상담자는 일주일에 세 번의 상담 외에 명상 과제를 내준다. 그는 그리스도 앞에 있는 자신을 그려본다. 자비로운 시선으로 그리스도가 그녀에게 말한다. "수고하고 무거운 짐 진 자들아 다 내게로 오라 내가 너희를 쉬게 하리라 나는 마음이 온유하고 겸손하니 그러면 나의 멍에를 메고 내게 배우라 네 영혼이 쉼을 얻으리니"(마 11:28-29). 시간이 지날수록 사브리나는 하나님을 생각할 때마다 감정적으로 따뜻함을 경험하기 시작한다. 치료과정에 있어 기도가 중요한 역할을 한다.

기도가 우리 자신에게서 벗어나 구주를 바라보도록 돕는 데 적합할지라도 우리는 건강한 자아의식에서 벗어나게 하는 왜곡된 기도에 길들여져 있다. 예들 들어 사브리나의 상담자가 상담 중에 동일한 심상훈련을 사용해서 기도하도록 했다면 어떻게 되었을까? 그리스도를 그려보기 위해 눈을 감았을 때, 그는 방해하는 다른 생각들로 압도당하게 될 것이다. '내가 눈을 감고 있는 동안 상담자는 무엇을 하고 있을까? 나는 충분히 긴장을 풀고 있는가? 나는 내 얼굴 표정을 바르게 짓고 있는가? 상담자가 내 몸을 훑어보고 있지는 않을까?' 이 상황에서 기도는 자기에게 더 많이 집중하게 하는 도구이며 잘못된 자기 이미지를 다시 강화해 준다.

또는 만약 사브리나의 상담자가 상담의 시작과 끝에 의례적으로 기도한다면 어떻게 될까? 사브리나는 하나님에게 분노를 느끼면서 상담을 시작하고 인자하신 하나님이 계시는지 속으로 의심할 것이다. 그는 "만약 하나님이 그토록 사랑이 많으신 분이라면 어떻게 이 끔찍한 일들이 과거에 나에게 일어날 수 있었을까?" 하고 자문한다. 상담에서 매번 기도할 때 내담자는 영적인 감동을 느끼지 못한 채 하나님에 대한 의심이나 분노를 상담자에게 숨기려고 할 것이다. 결과적으로 내담자는 상담을 통해 자신의 믿음에 대해 솔직하고 의미 있는 문제들을 자유롭게 탐색하는 데 실패할 것이다.

기도가 내담자로 하여금 건강하고 정확한 자아의식을 갖도록 도울 때, 치료의 유익한 부분이 될 수 있다. 그러나 그것이 무분별하게 사용되거나 또는 치료의 형식적인 부분이 될 때 그것은 영적으로 감정적으로 해롭게 될 수 있다.

이것이 건강한 욕구의식을 형성할 수 있을까?

기도는 욕구를 가정한다. "기도와 무기력은 분리될 수 없다."[39] 예수님께서는 누가복음 18장에 나오는 두 명의 비유에서 이것을 말씀하셨다. 한 사람은 종교 지도자로서 "하나님이여 나는 다른 사람들 곧 토색 불의 간음을 하는 자들과 같지 아니하고 이 세리와도 같지 아니함을 감사하나이다 나는 이레에 두 번씩 금식하고 또 소득의 십일조를 드리나이다"(눅 18:11-12) 하며 자기 충족함을 표명하였다.

다른 한 사람인 세리는 "하나님이여 불쌍히 여기옵소서, 나는 죄인이로소이다"(눅 18:13) 하고 단순한 기도를 드렸다. 세리는 종교지도자가 했던 것보다 기도에 대해서 더 잘 알고 있었다. 기도는 하나님 앞에서 우리의 부족에 대한 겸손한 자각을 요구한다.

정신 건강 전문인들은 깨어짐, 부족함보다 자율성과 자신감을 더 가치 있게 여긴다. 필자는 양자가 모두 중요하다고 믿는다. 건강한 자아의식은 자유를 누리게 하고 책임을 수용하며 훌륭한 결정을 내리게 한다. 부족함에 대한 건강한 의식은 우리의 인간성을 알게 하고 하나님께 소망을 두고 인도함을 구하도록 해준다.

예수님의 비유에서 세리는 자신감과 부족함의 표지들을 보여 주었다. 그는 비록 자신이 죄인임을 알았지만, 성전으로 올 자신감은 가지고 있었다. 그리고 자신의 가치가 없음을 알았지만 하나님께 자비를 구하는 자신감을 가지고 있었다. 자신의 부족을 시인하고 도움을 구하는 겸손함을 가지고 있었던 것이다. 상담 중에 효과적으로 사용되는 기도 또한 양자에 기초되어 있다. 즉 도움을 요구할 충분한 자신감과 인간의 부족에 대한 정확한 이해이다. 하나님은 수치심에서 몸부림치거나 인간의 잠재력에 대한 자신감에 의해 발견되는 것이 아니라 우리 자신을 겸손하게 하고 삶을 위한 초월적 창조자를 찾을 때 만나게 된다.

오늘날 예수님께서 말씀하셨던 그 비유는 다른 형태를 취할 수도 있다. 두 명의 상담자가 그들의 내담자들과 함께 기도했다. 상담자 A는 "사랑의 하나님, 사브리나가 당신의 형상으로 창조된 놀라운 사람임을 인식하도록 사브리나를 도우소서. 그는 창의적이고, 활달하며, 유머감각이 있으며 다정합니다. 자신의 가치를 보고 자신에 대해 그렇게 비판적이지 않도록 그를 도우소서"라고 기도하였다.

상담자 A는 하나님에게 말하고 있었던 것인가? 또는 사브리나에게 말하고 있었던 것인가? 이 기도는 사브리나의 자기 이미지와 자신감에 도움이 될 수 있을지 모르지만, 이 목표들을 성취할 수 있는 더 직접적인 방법들이 있다. 그리고 좀더 심각하게 생각해 보면 이 기도는 하나님께서 그를 사랑하시는 이유가 하나님의 은혜로운 성품 때문이라기보다는 그의 자질 때문이라는 것을 전달함으로써 그의 영적 문제에 있어서 사브리나에게 상처를 줄 수도 있다.

상담자 B는 사브리나에게 매일 10분씩 "나는 가난하고 궁핍하오나 주께서 나를 생각하시오니 주는 나의 도움이시요 건지시는 자시라 나의 하나님이여 지체하지 마소서"(시 40:17)라는 말씀을 묵상하도록 가르치고 있다.

상담자 B는 사브리나에게 하나님의 사랑은 그의 자격에 달린 것이 아니라는 것을 인식하도록 가르치고 있다. 가장 깊은 감정적 수준에서, 사브리나는 자기가 사랑 받을 만큼 충분히 선하기 때문에 사랑 받게 되는 것을 원하지 않는다. 그는 자신의 장점들과 약점들에 상관없이 사랑 받기를 원한다. 하나님은 그런 사랑을 주시고 상담자 B는 사브리나가 그것을 보도록 돕는다.

이러한 도움이 치료관계를 형성하게 할 것인가?

상담자는 자발적으로 상담관계를 관찰하고 참여하기 때문에 상담에서 다양한 형태의 기도에 따른 효과들을 예상하는 것이 중요하다. 상담은 친밀하고 신뢰할 수 있는 관계를 필요로 하며, 많은 경우 함께 기도하는 것은 두 사람을 더 가깝게 만든다. 이러한 의미에서 상담할 때 함께 기도하는 것의 유용한 효과로써 인간 상호 작용이 강화될 수 있다. 초기 치료의 유대가 형성된 후에 상담자는 경우에 따라 상담관계가 너무 밀접하게 되지 않도록 경계해야 한다. 상담자와 내담자는 임시적이고 과도적인 관계를 형성하는 것이기에 상담자가 적절한 수준의 상호 친밀감을 유지해야 하는 책임을 가지고 있다. 상담관계가 지나치게 친밀한 것처럼 보일 때 함께 기도하는 것은 일반적으로 좋은 생각이 아니다.

의존적인 경향이 있는 내담자들은 자연스럽게 상담자에게서 감정적이고 영적인 힘을 기대할 수 있다 상담이 진행되면서 상담자들은 내담자들에게 개인적인 영적 생활의 행복에 대하여 점진적으로 책임감을 주는 것이 중요하다.

가장 중요하고 효과적인 기독교 상담자들은 상담관계들이 종종 하나님에 대한 건강한 시각을 내담자들에게 강조하는 것임을 인식하고 있다. 상담관계가 하나님의 인격의 양상들을 펼쳐 보일 때 유익하다. 그러나 그것이 인간의 능력과 자기 과시 또는 자기 만족의 수단이 될 때 그 상담관계는 해를 끼친다. 기도 역시 하나님보다 상담자나 내담자에게 더 주의를 끈다면 그것은 목적을 상실하게 된다. 효과적인 기도의 아름다움과 변화의 힘은 우리 스스로가 겸손하고 하나님께 가까이 나아올 때 성취된다.

도전에 직면하기

1장에서 논의되었던, 관련학문간의 통합에 대한 모든 도전들은 기독교 상담의 이해와 기도의 사용에서도 볼 수 있다.

도전 1 : 두 가지 영역의 유능성에서 세 가지 영역으로 움직이는 것

많은 기독교 상담자들은 기도에 대해 신학적인 관점에서 훈련을 받고 있으며, 상담 중에 기도를 사용하는 것의 심리학적 의미에 대해 깊이 있는 사고를 해왔다. 상담자 요건의 제3의 영역인 영성 형성은 대부분의 기독교 상담자에게는 잘 알려져 있지 않다.

여기서 우리는 기본적인 능력과 발전된 능력과의 구분을 해야 한다. 처음으로 훈련받을 때 상담자들은 상담기법에서 기본적인 능력을 가지고 있다. 시간과 경험이 축적되면서 그들은 더 나은 상담자들이 되고, 종종 심리학적 이론과 기술에서 진보된 능력을 얻게 된다.

대부분의 상담자들은 신학과 영성 형성에서는 숙련된 능력을 얻지 못한다. 신학자들과 영적 지도자들은 그들 각자의 전문 영역에서 능력을 개발시키고 있다. 그럼에도 불구하고 상담자들은 신학자들과 영적 지도자들의 저술을 읽고 연구하며 그들의 제안들을 실습하면서 기본적인 능력을 얻으려고 노력하고 있다.

기본적 유능성과 진보된 유능성 사이의 구분이 필요한 것은 상담자들이 신학자들과 영적 지도자들의 역할과 다르다는 면을 혼동하지 않아야 하기 때문에 중요하다. 상담은 영적 지도와 동일하지 않고, 영적 지도를 대치해서도 안 된다.[40] 같은 방법으로 기독교 상담자들은 거의 다 훌륭한 성경 주석가가 아니다. 그럼에도 불구하고 책임 있는 기독교 상담은 신학에 대한 근본적인 이해와 영성 형성으로 나타난다.

영성 형성에서 기본적 능력을 갖춘 사람들은 기도가 하나님을 아는 본질적인 부분이라는 것을 이해하고 있다. 진보된 능력을 갖춘 사람들은 기도를 '그들의 삶의 주요한 일'로 본다.[41] 기도는 상담에서 사용하는 말이나 기도 잡지에 의해서 결코 파악될 수 없다. 기도는 지속적으로 하나님의 임재의 자각으로부터 오는 결과이며 하나님과 동행하면서 배운 사람들의 자연스런 내적 삶의 부분이다. 그래서 달라스 윌라드(Dallas Willard)는 내적 삶의 다른 훈련들을 이해하고 실천할 때까지 기도의 능력을 알 수 없다고 쓰고 있다.

게리 문 박사(Dr. Gary Moon)와 그의 동료들이 종교적 성향을 띤 상담학과 심리학의 대학원 프로그램을 조사한 결과 응답자들은 상담에서 기도가 성경적인 근거와 주관적인 가치를 가지고 있다고 보고하였다. 기도의 가치를 인정함에도 불구하고 응답자들은 교과 과정에 기도를 포함시키는 것에는 거의 관심이 없음을 보여 주었다.[42] 유사하게, 금식, 고독, 명상을 포함한 내적 삶의 다른 원리들에 대한 강조도 거의 없었다.

휘튼 대학의 심리학 박사과정에서 우리는 첫 학기 동안 영성 형성 과정을 이수하는 것이 학생들에게 유용한 것을 발견했다. 그것은 학생들에게 영성 훈련들에 대해 초점을 맞춘 연구를 위한 기회를 주는 것 외에도 그들에게 영적 발전을 강화하는 개인적 실천들을 할 수 있도록 한다.

도전 2 : 모호한 개인적-직업적 구분들

실질적으로 모든 정신 건강 전문가들은 효과적인 상담을 하기 위해서는 상담자의 정서적 건강이 중요하다는 것을 인식하고 있다. 정서적으로 곤란을 겪는 사람은 위험스러운 상담자이다.[43] 미국 결혼 및 가족치료자협회(American Association of Marriage and Family Therapist: AAMFT)의 윤리강령은 다음과 같이 개인의 정서적 어려움에 관해서 설명하고 있다. "결혼 및 가족 치료자는 치료자로서의 역할 수행이나 임상적 판단을 손상시킬 수 있는 개인적 문제나 갈등이 있을 경우에는 적절한 전문적 도움을 받아야 한다."44)

사회복지사협회(National Association of Social Worker) 역시 윤리강령에 유사한 진술을 갖고 있다. "사회복지사는 자신들의 사적인 문제들, 심리적인 고민, 약물 남용, 또는 정신 건강상의 문제들로 인해서, 전문적인 판단과 수행을 방해하거나 직업적인 책임을 가지고 돌봐야 할 사람들을 위험하게 해서는 안 된다."45)

미국심리학회(American Psychological Association : APA)의 윤리 강령에는 "심리학자들은 자신의 개인적 문제와 갈등이 효과적인 상담을 방해할 수 있다는 점을 인식해야 한다"고 명시되어 있다.46) 미국상담학회(American Counseling Association)는 "회원들이 만약 해로운 잠재성이 있으면 상담관계에 개인적 문제를 가져오는 것을 피한다"고 규정하고 있다.47)

이러한 지침들은 상담자의 삶과 개인적인 문제가 직업에 영향을 주는 범위를 제한하고 있다. 이와 마찬가지로 매일 사람들의 영혼을 다루게 되는 기독교 상담자의 기도생활은 개인적이지 않다. 이는 상담자의 영적인 삶이 내담자의 문제를 이해하고, 관계를 맺고, 치료적 전략을 세우는 데 영향을 주기 때문이다. 비록 기독교 상담자들이 개인적, 영적, 그리고 전문적 관심들 사이의 분명한 경계를 한정하고자 해도, 그런 경계는 존재하지 않는다.

기독교 상담자가 효과적인 치료에서 기도의 위치를 이해하는 능력은 상담자 개인의 영적 훈련들에 의해 한정된다. 상담에서 기도를 사용하기 원하는 상담자들에게 취할 첫 번째 단계는 그들의 개인적 기도 유형들을 평가하는 것이다.

도전 3 : 훈련의 확장된 정의들
상담 중의 효과적인 기도는 상담자의 내면의 삶에서 나오는 것이기 때문에 상담자의 영적 성숙도가 기도의 잠재적인 영향력을 결정하게 된다. 따라서 훈련은 극히 개인적인 것이다.

영성 형성과 영적 훈련에 관한 몇몇 훌륭한 책들은 유용하다. 리처드 포스터의 「영적 훈련과 성장」(Celebration of Disciplines)과 「기도」(Prayer)는 개인적 훈련을 위한 실천적 제안들을 담고 있다.[48] 윌라드(Dallas Willard)는 「영성 훈련」(The Spirit of the Discipline)에서 개인적 훈련과 영적 성숙에서의 훈련의 중요성을 설득력 있게 주장하고 있다.[49]

돈 포스테마(Don Postema)의 「하나님을 위한 공간」(Space for God)은 기도와 영성 성장을 위한 호소력 있고 실제적인 예들을 제공하고 있다.[50] 올레 할레스비(Ole Hallesby)의 「기도」(Prayer)는 성장하는 기독교인을 위한 기도의 본질적 역할을 열정적으로 주장하면서 쓴 고전이다.[51]

독서는 중요한 시발점이기도 하지만, 기도를 포함하여 내적인 훈련을 실천하는 것이 영성 형성의 본질적인 부분이다. 이 모든 저자들과 많은 다른 사람들은 기도생활을 풍성하게 하는 유익한 의견들을 말하고 있다. 이 의견들은 영성 형성의 과목들을 듣는 것, 영적 지도자의 도움을 얻는 것, 긴 고독과 기도의 시간을 위하여 떠나는 것, 주간 기도회 도임과 기도의 콘서트와 같은 특별 행사에 참가하는 것을 포함한다.

도전 4 : 정신 건강의 지배적인 견해에 맞서기

우리가 상담에서 종교적 가치가 차지할 공간을 남겨두는 고무적인 흐름 속에 있다 할지라도, 심리학과 상담은 일반적으로 자기 결정과 자아 목표에 대해 지나칠 정도로 관심을 기울여 왔다.[52] 반면 기도는 사람의 눈을 자신에게서 떠나서 하나님께로 향하게 한다. 이런 면에서 기독교와 대중적인 심리학은 종종 서로 다른 방향을 지시하고 있다.

어떤 심리학자들은 종교를 위해서 개인의 자유를 부인하는 사람들에게 동정의 눈길을 보내지만, 기독교인들은 영적 형성의 훈련된 삶에 자신을 몰두함으로 먼 영적 여행을 한 사람들을 불쌍히 여기지 않는다. 오히려 이러한 신자들은 하나님의 뜻 안에 머물며, 삶의 여러 가지 도전에서 자신들을 지탱해 주는 평화와 위로와 기쁨을 발견하게 된다. 예수님은 이렇게 말씀하셨다. "무릇 자기를 높이는 자는 낮아지고 자기를 낮추는 자는 높아지리라"(눅 18:14).

도전 5 : 과학적 기초 확립하기

심리학자들은 한때 종교적 개념과 예식이 정신 건강과 반대적 성향을 가지고 있다고 믿었지만 차츰 그렇지 않다는 증거들이 늘어나고 있다. 과학적 관점으로 보면 종교적 믿음에 헌신하는 사람들은 최소한 건강하며, 아마도 종교를 믿지 않는 사람들보다 더 건강한 것 같다.[53]

이와 같은 고무적인 결론들에도 불구하고 폭넓은 과학적 연구가 이루어져야 할 필요가 있다. 이 장의 서두에서 언급된 맥클로우(McCullough)에 의해 조사된 몇 개의 연구들은 기도에 관하여 많은 질문들을 남겨두었다. 보고되었던 연구들 대부분이 상담에서 기도를 사용하는 문제와 매우 거리감 있게 관련되어 있었다.

상담 중에 소리내어 하는 기도의 효과는 치료의 동맹관계, 개방의 깊이, 상담효과에 대하여 무슨 의미를 갖는가? 헌신적 명상 과제가 상담 치료의 한 부분으로 사용될 때 그것이 스트레스를 감소시키는 데 얼마나 효과적인가? 활발한 기도생활이 다양한 심리적 질병들의 발병이나 재발율을 낮추는가? 이러한 질문들과 기도의 감정적, 영적인 효과와 관련된 더 많은 질문들이 앞으로 과학적인 연구를 통해 고찰될 필요가 있다.

도전 6 : 관련된 윤리적 기준 정의하기

치료에서 기도를 사용하는 것은 윤리적인 측면에서 주의 깊게 고려되어야 할 몇몇 윤리적 문제들을 일으키고 있다. 첫째, 유능성의 원칙은 상담자들이 오직 훈련받은 기법들만을 사용할 것을 요구한다. 상담학으로 학위를 마친 사람들, 심지어 종교적 방향이 설정된 프로그램에서 학위를 받고 졸업한 사람들이라 할지라도 상담의 한 부분으로 기도를 사용하는 훈련을 조금 받고 있거나 아니면 전혀 받지 않고 있다.[54]

이것은 우리가 상담 과정에서 기도를 전혀 사용할 수 없음을 의미하는 것이 아니라, 기도를 잘못 사용함으로써 내담자에게 상처를 입히지 않도록 사전에 주의를 해야 한다는 것을 의미한다. 이 장의 서두에서 논의한 것처럼, 상담을 시작하기 전에 내담자와 함께 소리내어 기도하는 것이 어떤 내담자에게는 전혀 해롭지 않지만, 어떤 내담자들에게는 해로울 수 있다.

우리는 상담에서 사용되는 기법들, 특별히 상담이론과 실제의 부분으로 잘 정립되지 않은 기법들의 잠재적인 해로움에 대해서 깨닫고 있어야 한다. 예를 들어, 심리학자들은 다음과 같은 윤리강령을 교육받는다. "일반적으로 훈련을 위한 준비된 기준들이 아직 존재하지 않는 상황에서 심리학자들은 일의 전문성을 보증하고, 환자, 내담자, 학생, 연구 참가자, 그리고 다른 사람들을 해로움에서 보호하는 합리적인 단계들을 취해야 한다."[55]

이것은 기독교 상담자들이 상담에서 기도의 적절한 사용에 관한 자문을 위한 동료들과 모임을 갖는 것, 경험이 많은 기독교 상담자로부터 감독을 받는 것, 그리고 개인적 기도의 유형들을 발전시키기 위하여 부지런히 노력하는 것을 포함할 것이다.

관계된 두 번째 문제는 치료 동의서이다. 표준적인 상담기법이 사용될 것이라는 가정하에 상담에 동의한 내담자가 자신의 동의 없이 새로운 영적 기법들이 사용될 때는 놀라게 되고 상담자에 대해서 환멸을 느낄 수도 있다. 영적인 개입 자체가 필연적으로 비윤리적인 것은 아니지만, 하나의 치료 유형을 약속하고 다른 치료방법을 사용하는 것은 비윤리적이다. 이 문제에 대한 최고의 해결책은 치료를 시작하기 전에 어떤 형태로 상담할 것인지 기록된 상담동의서를 내담자가 읽게 하고 서명하게 하는 것이다. 동의서 형식은 각 내담자마다 다를 것이고 치료에서 사용될 영적 개입방법에 관한 논의가 포함되어야 한다.

한 가지 관련된 문제는 영적 개입방법들이 상담 비용을 지불하는 보험회사에 보고되어야 하는지의 여부에 관한 것이다. 많은 보험회사들은 상담에 들어가기 전에 특정 치료 계획서의 제출을 요구하고 있다. 만일 상담자가 상담의 일부분으로 기도를 사용하고자 한다면 기도가 치료의 계획에 포함되어야 하는가?

그 대답은 사용되는 기도기법들에 달려 있다. 표준적인 치료형태(예컨대, 일반화된 불안을 위한 인지치료, 단순 공포증을 위한 체계적 둔감화 방법, 우울증을 위한 대인간 치료)를 시행하는 동안 내담자를 위해 은밀하게 기도하는 상담자는 기도를 치료계획의 일부로 포함시켜야 할 필요성이 없다. 그러나 만일에 상담자가 경건한 명상이나 그 밖의 다른 기도의 형태를 중심적인 치료기법으로 사용하고자 한다면 그것의 사용에 대한 합리성을 따라 치료계획에 포함시켜야 할 것이다.

배타적으로 영적 개입들에만 기초된 어떤 상담 유형은 보험회사로부터 합법적인 상담 전략으로 인정되지 않을 수 있으며, 상담자들은 그들의 상담 전략이나 보험료 지불 방법에 대한 계획을 다시 고려할 필요가 있을 것이다.

마지막으로, 영적 기초에 의한 상담에 대하여 비용을 청구하는 것은 기독교 상담자들에게는 난처한 일이다. 영적인 지도자들이나 목회자들은 일반적으로 영적 지도에 대하여 비용을 청구하지 않기 때문이다. 만일 상담자들이 영적인 지도기법들을 상담의 한 부분으로 사용한다면, 그들의 일에 대하여 계속해서 비용을 청구해야 하는가? 일부 기독교 상담자들은 목회자들이며 개인적으로 이 문제에 직면하지 않는 비전문 상담자들이다.

하지만 생계를 상담 비용에 의존하는 나머지 기독교 상담자들에게 이것은 관련이 있는, 어려운 질문이다. 이런 비용 문제에 대해 책임 있게 논의할 수 있는 여러 가지 방법들이 있겠지만 가장 손쉬운 방법은 내담자에게 비슷한 대안적 서비스를 이용할 수 있다고 알려주는 것이다. 비용을 받지 않는 상담자가 영적인 개입방법만 사용하면서 무료로 해준다면, 상담자는 상담을 시작하기 전에 내담자에게 그러한 곳이 있음을 알려주는 것이다. 만약 상담자가 시간이 제한되어 있는 정신 역동적 치료와 같은 고급 훈련을 필요로 하는 상담 접근법에 추가적으로 기도를 사용한다면 그때 상담자는 여타의 가능한 전문적 치료 접근(예컨대, 인지치료)을 내담자에게 알려주어야 하지만, 다른 전문 상담자들이 사용하는 상담 접근 방법들에 관해서는 논의를 제한할 수 있다.

상담에서 기도를 사용할 때는

기도는 하나의 상담기법 그 이상이다. 그것은 영적 삶에 있어서 중요한 영적 성장의 수단이다. 기도를 상담의 중요한 부분으로 사용하기를 원하는 기독교 상담자는 기도, 고독, 금식을 포함한 내적인 삶의 영성 훈련에 전념해야 한다.

기도의 힘과 중요성에도 불구하고, 그것을 상담실에서 사용하는 것은 간단한 일이 아니다. 상담에서 기도를 사용하기 전, 상담자들은 다양한 기도 유형들의 잠재적인 효과를 고려해야 한다. 상담자들이 개인적으로 내담자를 위해 기도하는 것과 같은 기도의 어떤 형태들은 항상 유익하지만, 반면 의례적으로 상담 중에 소리내어 기도하는 것과 같은 다른 형태들의 기도는 내담자들에게 잠재적인 유익과 위험 모두를 가져온다.

경건한 명상과 종교적 심상에 관한 초기 연구들은 이러한 기도 유형들이 상담에서 유익하다고 제시하고 있지만, 대부분의 기도 형태들은 아직 연구되어 있지 않다. 연구과제에 덧붙여서, 기독교 상담자들은 상담에서 기도를 사용하는 것에 대한 윤리적 지침을 명확히 규정할 필요가 있다.

4
성경

성경

카알은 첫 번째 상담을 마치고 집으로 돌아와서 성경을 펴고 시편 1편을 읽기 시작했다. "복 있는 사람은 악인의 꾀를 좇지 아니하며 죄인의 길에 서지 아니하며 오만한 자리에 앉지 아니하고…."

카알은 성경을 그의 무릎 위에 놓고, 지난 상담 시간 90분에 대하여 묵상하였다. 그는 전에는 아무에게도 털어놓지 못했던 일들을 리스너(Dr. Listner) 박사에게 말했을 때 느낀 편안함에 대하여 생각했다. 그는 편안한 미소를 지으며 정말로 자신에게 관심을 보이고 있다고 생각했다. 그러나 카알은 의구심이 생겼다. 만일 리스너 박사가 말한 것처럼 자신이 기독교 상담자라면, 그는 하나님을 왜 언급하지 않았을까? 그의 책상에는 왜 성경이 없으며 책장의 눈에 띄는 곳에도 있지 않은가?

어쩌면 「기독교 반심리학」이라는 책에 관해서 카알이 읽는 내용들이 옳은지도 모른다. 혹시 리스너 박사는 경쟁적 종교의 사제는 아닐까? 혹시 그는 기독교인 상담자에게 간다고 하면서 '사악한 자의 조언'을 따르고 있지는 않는가? 아마도 그가 리스너 박사의 사무실 회전의자에서 움직일 때 '조소하는 사람들의 의자'에 앉아 있었던 것은 아닐까?

카알은 계속 말씀을 읽어 나갔다. "오직 여호와의 율법을 즐거워하여 그 율법을 주야로 묵상하는 자로다 저는 시냇가에 심은 나무가 시절을 좇아 과실을 맺으며 그 잎사귀가 마르지 아니함 같으니 그 행사가 형통하리로다."

카알은 성경을 다시 내려놓고, 일련의 새로운 질문을 던져보았다. "이 말씀은 내가 성경의 약속을 묵상하면 나의 우울증이 사라진다는 뜻인가? 내가 잘못된 곳에서 도움을 찾고 있지는 않은가? 어떻게 하면 하나님의 말씀 안에서 더 큰 기쁨을 배울 수 있을까? 다음 주에 있는 리스너 박사와의 약속을 취소해야 하는가?" 첫 번째 상담 약속을 카알이 돌이켜 보는 모습은 기독교인 내담자들이 도움을 구할 때 직면하는 몇 가지 질문들을 보여 주고 있다.

리스너 박사는 자신이 개인적으로 성경공부를 하거나 묵상할 때 하나님께로 더 가까이 다가가게 되고, 삶의 목적과 평안함을 경험한다. 그는 자주 암송하는 성경구절들이 있으며 스트레스를 느낄 때 그것들을 다시 생각한다. 그런데 그는 상담에서 왜 성경구절을 많이 사용하지 않을까?

리스너 박사가 카알 같은 내담자와 상담할 때 성경을 자주 사용하지 않는 몇 가지 이유가 있다.

첫째, 대부분의 기독교인 심리학자들과 같이 그는 상담 중에 성경을 사용하도록 훈련받지 않았다. 그는 자신이 성경구절을 오용하거나 근본적인 신학적 개념들을 잘못 적용할까 봐 기독교 내담자들에게 성경을 사용하는 것을 주저하고 있다.

둘째, 리스너 박사는 카알처럼 우울증에 걸린 내담자들을 많이 만나왔다. 카알이 다니는 교회의 몇몇 사람들은 만약 그가 좀더 신앙생활을 잘하면 우울증에 걸리지 않을 것이라고 그에게 말했다. 리스너 박사는 여기에 동의하지 않는다. 그는 우울증이란 인간관계적, 생화학적, 심리학적, 영적, 환경적인 요인 등 복합적인 요인에 기인한다고 보고 있다. 만일 그가 카알과 같은 내담자들에게 성경을 과도하게 사용하면, 그것이 단지 그의 내담자들을 더 우울하게 만들 수도 있을 것이다.

셋째, 그의 이론적인 배경은 카알을 위한 과도기적 대상으로 그의 역할을 두는 것이다. 만약 그가 성경을 사용하거나 인용하면서 앞으로의 일정을 소개한다면 그것은 새로운 치료자에게 과거의 감정적 갈등들을 투사함으로써 카알을 방해했을 것이다.

넷째, 리스너 박사가 과거의 상담에서 성경을 사용하려고 시도했을 때,

그것은 때때로 마치 성경이 내적 경험과 감정을 살피지 않으려는 어떤 구실을 주는 것 같아서 내담자들에게 저항을 불러일으켰다.

다섯째, 어떤 사람들은 성경을 아주 이기적인 목적으로 사용한다. 리스너 박사는 한 남자의 아내가 어떤 낯선 사람에게 강간당했음에도 불구하고 그의 남편은 고린도전서 7장을 근거로 언제든지 자신이 원할 때마다 성관계를 가져야 한다고 주장했던 때를 상기한다.

첫 번째 상담 경험에서 성경을 사용하지 않는 상담자의 태도에 대한 카알의 질문들은 타당한 것처럼 보인다. 상담에서 성경을 사용하는 것에 관한 리스너 박사의 여러 가지 염려들 또한 그렇다. 그렇다면 무엇이 옳은 답인가? 상담할 때 기독교인들은 성경을 사용해야 하는가, 아니면 사용하지 말아야 하는가? 3장 초반부에 기도에 관한 비슷한 질문에서 언급했던 것처럼 이 질문에 관한 대답은 너무 일반적이다.

더 좋은 질문은 이런 것이다. "상담할 때 성경은 어떤 상황에서, 어떤 내담자들에게, 어떤 방법으로 사용되어야 하는가?" 비록 기독교 상담자들은 이 질문에 대하여 전문적, 종교적, 그리고 개념적 가정들에 따라 다르게 대답하겠지만, 상담에서 성경을 사용하는 다양한 방법들은 신중한 고려와 비판적 평가가 요구된다.

성경을 적용하는 근거들

심리학

심리학에 관한 학술지들이나 책들은 성경에 대한 수많은 인용들을 담고 있으나, 기독교 상담에 직접 연관성을 가지고 있는 것들은 거의 없으며, 상담에서 성경을 사용하는 것과 직접 연관된 것은 더더욱 드물다. 앞장에서처럼 나의 목표는 종합적 문헌 개설을 제공하는 것이 아니라 기독교 상담자들에게 의미가 있는 책들이나 논문의 유형들을 골라내는 데 있다.

성경에 대한 심리학적 관점들

성경의 원리와 특징에 관한 깊은 심리학적인 비판과 평가를 하는 것은 가능하다. 1990년 1월에서 1995년 5월 사이에, 성경이란 단어는 심리학 문헌에서 심리학 학술지들의 전자 색인에 인용된 105개의 논문에 사용되었다. 이 논문들의 대부분은 성경의 개념이나 인물들에 관한 심리학적 평가에 속한다. 이것은 놀랄 일은 아니다. 설화심리학(narrative psychology)에 관한 관심이 증가하면서 문학비평의 도구들이 심리학 저널에도 더 광범위하게 사용되었다. 예를 들면 많은 저자들이 최근에 성경 인물들에 대한 정신 분석적인 비평들을 해왔다.

아마 우리는 현대 문학 이론이나 또는 사회과학 이론으로 성경의 진리를 희석하는 것을 두려워하기 때문에, 성경을 이해하기 위하여 심리학의 방법들을 적용하는 것은 기독교 저자들 가운데서는 상대적으로 드물게 나타난다. 그렇지만 몇몇 기독교 저자들은 성경 이야기와 인물을 이해하기 위하여 성경의 학문과 심리학을 이용하는 것을 조심스럽게 옹호한다. [1]

상담 모델에 대한 성경의 뒷받침

어떤 저자들은 전통적 심리치료 모델들과 공통된 모습들을 공유하는 책임 있는 상담 전략들과 기술들을 개발하기 위한 기반으로서 성경을 사용해 왔다. 예를 들면 많은 저자들은 심리학적 이론뿐만 아니라 성경을 추종하는 기독교 상담 모델을 옹호해 왔다. [2]

다른 사람들은 기존의 상담방법들이나 모델들을 지지하기 위해서 성경을 사용해 왔다. 예를 들면 다니엘 스위니(Daniel Sweeney)와 개리 랜드레쓰(Garry Landreth)는 어린이들을 치료하는 데 있어서 놀이치료를 사용하기 위한 성경적 근거를 설명하고 있다. [3] 많은 저자들은 인지치료의 다양한 형태들, 특별히 합리적, 정서적 치료를 지지하기 위해서 성경을 사용한다. [4]

한 저자는 "합리적, 정서적 치료란 한 사람의 생각이 중요하다는 성경적인 원칙에 철저하게 기초하고 있다"고 결론짓는다. [5] 심리치료의 기존형태들을 지지하기 위하여 성경을 사용하는 것은 많은 기독교인들 가운데 약간의 갈등과 우려를 일으켜 왔다. 어떤 기독교인 심리학 반대론자들은 심리학이 성경과 완전히 양립할 수 없는 것이라고 주장하면서 믿음에 맞서는 것이라고 본다.[6] 다른 사람들은 심리치료 기술을 수입하고 수정하며 그것을 기독교 상담이라 부르기 전에, 우리는 주의 깊게 세계관의 전제들을 평가해야 한다고 제안하면서 보다 계산된 비평을 제공해 왔다.[7]

상담할 때 성경 사용은 바람직한가?

어떤 상담자들은 치료 방법으로서 성경을 사용하는 것을 지지한다. 예를 들어 다양한 저자들이 교회에 근거를 둔 치료 모임에서 성경구절들을 사용하는 것, 외도 문제로 고민하는 부부들을 돕기 위하여 성경을 사용하는 것, 개별적인 어린이 치료에 성경 이야기를 사용하는 것, 합리적-정서적 치료에서 합리적인 신념들에 직면하도록 성경을 사용하는 것, 그리고 인지치료의 과제로서 성경암송과 묵상 등을 제안해 왔다.[8]

한 조사에서 심리학적 연구들을 위한 기독교연합(Christian Association for Psychological Studies : CAPS) 회원들의 거의 절반(43퍼센트)이 내담자들에게 성경의 개념들을 명백히 가르친다고 보고했다. 삼분의 이 이상은(71퍼센트) 상담 사역을 할 때 성경의 개념을 함축적으로 사용했다.[9] 이러한 설문조사는 결과적으로 상담에서 성경적 개념을 비교적 빈번하게 사용할 것을 제시하지만, 그들은 상담에서 성경을 실제로 직접 사용하라고 말하지는 않았다. 기독교상담학회(CAPS) 회원들의 또 다른 조사에서, 응답자들은 그들이 상담에서 사용했던 기독교 기법들을 설명하도록 질문을 받았다.[10] 보고된 기법들 중에 13퍼센트는 상담에서 성경의 직접 사용을 포함하고 있었다. 응답자들 중 그들이 사용했던 기법들과 상담에서 그들이 직면했던 중요한 사건들을 기술하도록 질문을 받았을 때 설명된 기법들의 3퍼센트만이 성경의 직접적인 사용을 포함하고 있었다. 그러므로 상담에서 성경의 직접적인 사용은 기독교 상담자들 가운데서도 상대적으로 드문 것으로 나타나고 있다.

스스로 돕는 책인 성경

　심리학에서 성경에 대한 또 다른 용도는 기독교 상담자들에게만 제한되지 않는다. 어떤 사람들은 종교적인 내담자들에게 스스로 돕는 책으로서 성경을 사용할 것을 제안해 왔다. 심지어 무신론자를 자칭하고, 신실한 종교적 신앙에 대해 공공연히 반대해 왔던 앨버트 엘리스(Albert Ellis)조차도 최근의 한 논문에서 성경에 관하여 이렇게 말했다. "나는 성경이 모든 전문 치료자들이 연합했던 것보다도 더 광범위하고 강력하게 사람들의 성격과 행동의 변화가 가능하도록 스스로 돕는 책임을 확신한다."[11].

　비록 기독교인들은 스스로 돕는 책으로 성경을 축소시키는 개념을 싫어할지 모르지만, 비기독교적인 치료자들이 기독교 내담자들의 가치 체계 안에서 작업할 필요성이 증가하고 있음을 인정하는 것은 고무할 만한 일이다.

　비록 성경이 스스로 돕는 것보다 훨씬 많은 것을 제공하고 있지만, 내담자들이 성경에서 쉽게 발견될 수 있는 대답을 찾는 경우도 있다. 예를 들면 인지치료를 사용하는 상담자들은 종종 빈약한 자아의식과 고통스러운 정서적 경험의 원인이 되는 잘못된 핵심 믿음을 수정하려는 내담자들을 상담할 때가 있다. 이때 성경을 묵상함으로써 이 신념을 바꾸도록 기독교 내담자들을 도울 수 있다.

　완전히 사랑받지 못하고 거절의 운명을 타고 났다고 믿는 사람들은 로마 기독교인들에게 보낸 바울의 말씀을 묵상할 수 있다. "우리가 아직 죄인 되었을 때에 그리스도께서 우리를 위하여 죽으심으로 하나님께서 우리에게 대한 자기의 사랑을 확증하셨느니라"(롬 5:8). 혼자이며, 고립되어 있고, 버림받았다고 믿는 사람들은 시편 기자의 선언을 기억할 수 있다. "하나님은 우리의 피난처시요, 힘이시니 환난 중에 만날 큰 도움이시라"(시 46:1). 생활에서 오는 부담과 하나님의 분명한 거리감에 압도되어 있다고 느끼는 사람들은 야고보의 말씀을 상기할 수 있다. "보라 인내하는 자를 우리가 복되다 하나니 너희가 욥의 인내를 들었고 주께서 주신 결말을 보았거니와 주는 가장 자비하시고 긍휼히 여기는 자시니라"(약 5:11).

미개발된 잠재력

여기에 보고된 견해와 연구들은 여러 저자들이 상담에서 성경을 사용했던 다양한 방법들이다. 그렇지만 아직 개발되지 않은 많은 부가적인 가능성들이 있을 수 있다. 에릭 존슨(Eric Johnson)박사는 성경은 심리학적인 과학에 속한다고 주장하면서 기독교 상담자들과 심리학자들이 성경에서 도움을 받을 수 있는 여덟 가지 방법들을 제안했다.[12]

첫째, 성경은 지혜와 개인의 성숙에 대한 풍부한 자원을 제공함으로써 우리의 삶에서 실험적인 역할을 하고 있다.

둘째, 성경은 우리의 기본적인 가설과 신념을 이해하기 위한 공통적인 출발점을 제공해 주는 근본적인 역할을 한다.

셋째, 성경은 인간의 본성, 삶의 의미와 목적을 이해하도록 돕는 배경적인 역할을 한다.

넷째, 성경은 삶의 기준이 무엇이 되어야 하는가를 제공하는 가치론적 역할을 한다.

다섯째, 성경은 인간의 죄와 신의 구속을 다룬 역사적인 이야기에 대한 깨달음을 제공하는 인류학적 역할을 한다.

여섯째, 성경은 진리에 대한 변함없는 표준을 제공해 주는 규범적인 역할을 한다.

일곱째, 성경은 심리학적 지식과 특별한 계시를 비교하고 논할 수 있는 풍부한 자원을 제공해 주는 대화의 역할을 한다.

여덟째, 성경은 단순히 심리학적인 세계관에서는 고려될 수 없는 개념과 생각들을 탐구하고 고려할 것을 우리에게 허락하는 창조적인 역할을 한다.

이와 같이 존슨이 요약한 성경의 여덟 가지 역할들은 기독교 상담자들이 이제 겨우 성경과 심리학을 통합하는 잠재력을 탐색하기 시작했다는 것을 제시해 준다.

기독교 신학

만일 신학자들이 신학에서 성경의 역할에 대한 의견이 일치했다 해도, 단지 몇 페이지 안에 그것을 요약한다는 것은 불가능할 것이다. 문제를 더욱 어렵게 만드는 것은 신학자들도 의견이 일치하지 않는다는 것이다. 전통적으로 성경은 기독교 신학의 핵심적인 토대로 간주되어 왔다.

데이빗 켈세이(David Kelsey)는 "실질적으로 칼 바르트(Karl Barth), 에밀 부룬너(Emil Brunner)의 신복음주의에서 앤더스 나이그렌(Anders Nygren), 루돌프 불트만(Rudolf Bultman), 폴 틸리히(Paul Tillich), 그리고 트리츠 뷰리(Tritz Buri)까지 전체적 관점을 따라 모든 현대의 개신교 신학자는 기독교란 이름의 어떤 가치 있는 기독교 신학이든지 '어떤 의미의 문구든지' 성경과 일치해야 한다는 것을 인식해 왔다고 암시하고 있다.[13]

그러나 켈세이는 신학은 과거 50년 동안 많이 변화되어 왔으며, 이제 많은 신학자들은 "성경은 신학에 대한 권위를 갖지 않으며, 사실 어떤 이들은 권위를 가질 수 없다"고 주장하는 것을 계속 지적하고 있다.[14] 수정론자의 신학은 포스트모더니즘과 함께 두드러지게 되었고, 성경은 때때로 하나님을 이해하기 위해 인간이 추구하는 문학적 구조물로 축소되고 있다.

내가 여기에서 언급하는 몇 가지들은 새로운 신학이 반드시 더 훌륭한 신학은 아니라는 나의 가설에 의해 제한되고 있다. 즉 나는 성경이란 하나님을 알기 위한 필수적 도구로서 수세기를 걸쳐 개혁파 신학자들에 의해 공유되어온 믿음과 함께 시작하려고 한다. 심지어 이러한 전제도 성경에 접근하려는 인간 이성의 역할에 대해서 심각한 논쟁이 있다. 주제는 거대하고 신학자들 사이의 일치가 부족하며 나의 제한된 신학적 훈련 때문에 나는 여기에서 기독교 신학과 관련해 성경의 역할을 탐구하려고 시도하지 않을 것이다. 오히려 나는 성경과 신학에 관한 한 가지 구체적인 문제점과 기독교 상담자들이 성경을 어떻게 이해해야 할 것인가에 대한 두 가지 의미들에 초점을 맞출 것이다.

닭이 먼저인가, 달걀이 먼저인가?

성경에 관한 신학적인 문제들은 '닭이 먼저인가, 달걀이 먼저인가?' 와 같은 문제로 오염되고 있다. 토마스 아퀴나스가 믿었던 것처럼 우리가 이성을 통하여 먼저 하나님을 아는가? 우리가 하나님을 이해하기 때문에 성경을 이해하는가? 아니면 성경을 먼저 알고 나서 하나님을 알게 되는가? 다른 말로 성경에 대한 우리의 지식은 하나님에 대한 우리의 선험적 지식에 의하여 형성되는가? 아니면 그 반대의 경우인가?

이들 각각의 관점은 명망 있는 학자들에 의해 주장되어 왔다. 신학자 밀라드 에릭슨(Millard Erickson)은 이러한 논쟁은 불필요하며, 하나님에 대한 지식과 성경에 대한 지식을 동시에 분리할 수 없는 것으로 전제한다고 제안한다.[15] 하나님은 성경에서 분리된 채 알려질 수 없고, 성경은 하나님을 알지 않고 적절히 이해될 수 없다. 즉 성경이 우리가 하나님을 알도록 돕는 것처럼, 하나님께서도 성경을 이해하도록 우리를 도우신다. 우리가 하나님을 알 때까지는 성경에 대한 견해와 이해는 우리의 불신앙으로 인해 불분명하다. 그러나 구원이란 개념이 이런 견해들을 분명하게 해줌으로써 완벽하지는 않지만 하나님의 말씀을 더 명확하게 이해하도록 가능하게 해준다.[16]

이와 동일한 방법으로, 우리가 하나님을 알기 위해서는 자신을 알아야만 한다. 칼빈(John Calvin)은 그의 「기독교 강요」 첫 권에서, 자신에 대한 지식과 하나님에 대한 지식을 분리할 수 없다고 주장했다.[17] 우리는 하나님의 성품인 공의와 사랑 없이는 우리 자신을 완전하게 알지 못하고, 우리의 죄성과 인간의 연약함, 그리고 어떤 초월자에 대한 우리의 깊은 열망을 포함한 자신에 대한 이해 없이는 하나님을 완전하게 알지 못한다.

우리 자신과 하나님, 성경에 관한 지식은 한데 얽혀 있다. 이것은 학자들이 '해석학의 순환'이라 부르는 것으로, 원본은 독자의 시각에서 분리될 수 없고, 독자의 시각은 원본에 의해 영향을 받는다는 것이다. 본문은 하나님과 자신에 대한 우리의 견해에 영향을 미친다. 즉, 우리는 성경에 계시된 대로 우리 자신을 이해함으로써 하나님에 대한 우리의 욕구를 알게 된다. 하나님은 본문을 이해할 수 있는 우리 능력에 영향을 줄 뿐더러 우리의 인간성에도 영향을 준다. 즉 우리의 눈은 타락한 인간 본성에 의해 영향을 받았지만, 하나님께서 자비롭게도 우리에게 볼 수 있는 눈을 주셨기 때문에 우리는 성경을 이해할 수 있다.

인간의 본성과 하나님의 성품, 성경의 상호 연관성은 상담에서 성경을 사용하는 문제에 관심을 가진 기독교 상담자들에게 최소한 두 가지 중요한 함축적 의미들을 주고 있다.

함축된 의미 1 : 존중

첫째, 우리는 성경을 깊이 공부하고, 계속해서 존경심을 가져야 한다. 성경은 하나님을 알기 위한 최우선의 길이다. 그것은 인류에게 주신 하나님의 권위 있는 계시이다. 우리는 그것을 '특별계시' 라고 부른다. 그렇다. 우리는 자연에서 하나님을 보지만, 특별계시 없는 자연숭배는 정령신앙이나 다른 이단에 이르게 된다.

우리는 기도와 묵상을 통해서 하나님을 알게 되지만, 뉴에이지 운동은 성경에 의해 통제되지 않는, 방향 없는 영적인 혼란을 나타내고 있다. 우리가 하나님을 이해하기 위해서는 성경이 필요하다. 칼빈은 "신성에 대한 개념을 혼돈시키는 다른 것과는 달리 우리 마음을 모아주는 성경은 어둠을 추방하고, 우리에게 참 하나님에 대한 분명한 관점을 부여한다"[18] 고 쓰고 있다.

"모든 진리는 하나님의 진리다" 라는 선포는 동시에 옳고, 그리고 틀리다. 과학, 문학, 철학, 신학, 상담을 통해 발견되거나 성경과 하나님으로부터 유래하는 진리는 모두 참이다. 그러나 과학, 문학, 철학, 신학, 상담은 하나님을 아는 직접적인 길들은 아니며, 하나님을 아는 모든 길은 진리를 이해하는 것에 대한 우리의 해석학적 방법들에 의해 제한된다. 성경은 하나님을 아는 가장 직접적인 길이다. 그러므로 성경은 그만큼 존중받을 만한 가치가 있다.

이것은 기독교 상담자들에게 무엇을 의미하는가? 우리는 진리의 궁극적 표준으로서 성경에 계시된 하나님을 경외하는 것을 주저해서는 안 된다. 포스트모더니즘은 개인적 '진리' 를 하나님의 초월적 진리와 동등하게 타당한 것으로서 수용하도록 정신 건강 훈련을 추진해 왔다. 기독교 상담자들은 그러한 흐름에 저항해야 한다. 우리가 진리를 추구할 때 우리는 자신의 내면이나 내담자의 내면을 살피지 않는다. 즉 우리는 먼저 하나님을 바라본다. 그러나 우리의 내담자들에게 지나친 복종이나 수치심을 유도하지 않고 성경에 대한 우리의 존경심을 전달하는 것은 해볼 만한 일이다.

| 사례 |
외로움에 빠진 프랭크

내담자인 프랭크는 긴장 이완과 명상 기술에 관한 책들을 읽고 있다. 그 책들은 이전 상담자가 추천해 주었으며, 내담자가 불안을 극복하는 데 도움이 되고 있는 것 같다. 오늘 상담 중에 프랭크는 전문직업을 가진 바쁜 두 사람에 의해 양육되면서 혼자뿐인 어린아이로서 느꼈던 외로움에 대해서 이야기하고 있다. 그는 눈물을 보이면서 손으로 얼굴을 가리다가 몇 분 동안 말없이 앉아 있었다. 드디어 그는 머리를 들고 상담자인 당신을 똑바로 쳐다보면서 말한다.

"나는 오랫동안 참 외롭다고 느꼈어요. 때때로 나는 기분 좋게 느낄 것이 아무것도 없는 것처럼 곤경에 빠진 느낌이 들어요. 그러나 나는 이것이 진실이 아님을 알고 있어요. 이것으로부터 빠져나갈 길이 있어요. 나는 나의 내면세계를 계속 살피는 것이 필요합니다. 나는 이 명상 훈련으로 많은 것을 배우고 있습니다. 만약 내가 나 자신의 내면을 살핀다면 마침내 진리를 발견하게 될 것을 압니다."

이럴 때 당신은 어떻게 반응하겠는가? 여기에 세 가지 가능성들이 있다.
선택 1 : "예, 다음에는 무엇을 할 것인가 알기 위해 당신의 가치관과 내면을 계속 살펴보는 것이 중요합니다. 그런데 왜 당신 내면에서 대답을 발견하는 것이 그렇게 중요한지 모르겠습니다."
선택 2 : "좋은 생각입니다. 진리를 계속해서 추구하는 것이 중요합니다."
선택 3 : "나는 당신이 진리를 위하여 당신 자신의 내면을 살피면 많은 행운을 갖게 될 것이라고 생각하지 않습니다. 성경은 우리가 예수를 통하여 진리를 발견한다고 가르치고 있습니다. 예수께서는

'나는 길이요, 진리요, 생명이라'고 말씀하셨습니다."

비록 어떤 상담 상황에서 위의 응답들 중의 어떤 것이든 좋은 예가 될 수 있겠지만, 필자는 선택 1을 선호한다. 그것은 대화 도중 귀에 거슬리는 갈을 하지 않고도 그가 자신의 내부에서 진리를 발견할 것이라는 프랭크의 가정에 부드럽게 도전을 가하고 있다. 선택 1은 프랭크의 삶에서 성경의 권위와 위치에 대한 의미 있는 대화로 이끌어 줄 것이다. 선택 2는 의도하지는 않지만 그가 자신의 내부에서 진리를 발견할 것이라는 프랭크의 생각을 강화하고 있다. 선택 3은 너두 뜻밖이어서, 프랭크가 더 탐구하려는 것을 멈추게 할 것이다. 그는 동의하지 않는다는 입장을 피하기 위하여 상담자에게 동의할지도 모른다.

함축된 의미 2 : 겸손

둘째, 우리는 성경의 권위를 존중해야 하는 반면에 성경에 대한 우리의 해석과 관련하여 겸손의 태도를 취해야 한다. 비록 성경이 특별계시이고, 하나님의 감동으로 쓰였지만, 그것은 항상 오류가 있는 인간들에 의해서 해석된다(딤후 3:16). 그렇다. 하나님을 아는 것이 우리를 이전보다 더 명확하게 성경을 이해하도록 돕지만, 우리는 여전히 인간성의 한계와 충돌하고 있다. 그래서 우리의 인간성과 성경을 해석하는 데 사용하는 해석학적 전략은 진리를 이해하는 우리의 능력을 제한한다.[19]

| 사례 |
평등한 결혼생활을 꿈꾸는 낸시

낸시와 탐 베이커 부부는 결혼 문제에 도움을 받기 위해 평신도 상담자인 로베르타를 만나러 간다. 베이커 씨 부부가 직면하고 있는 어려움 중의 하나는 가정 내의 역할에 대한 갈등이다. 낸시는 평등한 결혼생활을 원하지만, 탐은 전통적이고, 남성 우위의 결혼생활을 원한다. 로베르타는 낸시와 탐의 이야기를 주의 깊게 듣고, 서로에 대한 요구나 의견을 표현하도록 그들을 격려하고, 의식의 표면 아래에서 작용하고 있는 더 깊은 심리학적 신념들을 살펴보도록 돕는다.

탐은 강한 자는 살아남고, 이 세상에서 성공하기 위해서는 강인해야 한다는 가치관으로 일하고 있다. 그는 같은 방법으로 가정을 꾸려나가려고 시도한다. 낸시는 자신의 가치는 다른 사람들에게서 인정받는 것에 달려 있다고 생각한다. 평등한 결혼생활을 하고 있는 대부분의 친구나 친척들은 그들의 전통적인 결혼 생활을 보며 의아해하고 비판한다. 그가 관심을 갖고 있는 사람들이나 사회적 인정을 얻기 위하여 그의 결혼에 변화가 있기를 원하고 있다.

로베르타는 두 가지 가능한 반응들을 고려했다. 첫 번째 선택은 바람직한 결혼생활을 가르치기 위해 성경을 사용하는 것이다. 로베르타는 평등한 결혼생활을 꿈꾸고 있는데, 그의 견해는 최근에 읽은 여러 책들에 의해 확인되었을 뿐 아니라 성경에 뒷받침되고 있다. 그는 탐을 설득할 수 있다. 두 번째 선택은, 그들이 서로를 더 잘 이해하면서 바람직한 결혼생활을 해나가기 위하여 성경을 탐구하도록 탐과 낸시를 지도하는 것이다. 로베르타는 어떤 선택을 해야 하는가?

겸손의 해석학은 로베르타에게 두 번째 방법을 선택하도록 권한다. 비록 그가 성경이 결혼생활을 이루는 확실한 길을 가르친다고 확신하지만, 다른 사람들은 자신의 방법과는 다르게 성경을 해석하기에 상담자로서 그의 일은 자신이 생각하는 방법을 내담자에게 주입하는 것이 아니라는 것을 알고 있다.

나는 기독교 상담자들이 성경의 가르침에서 확고한 교리적 입장을 취하는 것을 피해야 한다고 제안하는 것이 아니다. 우리는 주의 깊은 해석학적 전략을 가지고 타락한 인간의 이성의 침해를 최소화할 수 있고, 종종 초월적인 진리를 등한시하는 포스트모던 사회에서 성경의 진리를 담대하게 변호할 수 있다. 그렇지만 우리가 논쟁의 여지가 있는 구절들을 해석할 때, 해석할 원형을 기억할 만큼 지혜로우며, 우리 인간의 편견과 죄가 하나님과 성경에 대한 우리의 이해력에 영향을 미치고 제한한다는 것을 겸손히 인식해야 한다.

영성

두 사람이 하나의 사과를 보고 있다. 한 사람은 분석적인 반응으로 그 사과를 검사하고서 "이것은 외부가 빨갛고, 내부는 아삭아삭하며, 달콤하고 상큼한 맛이 있다"고 달한다. 다른 사람은 과거 기억들을 되새기면서 "나의 할머니는 가장 맛있는 사과 파이를 만들곤 했다. 그는 표면에 계피 설탕을 뿌렸고, 적당히 구운 다음에, 아주 따뜻한 것을 주었다"고 말한다. 둘 다 같은 사과에 대해서 다른 반응을 하지만, 둘 다 옳다. 그러나 단지 그들은 현실의 다른 측면을 강조하고 있는 것이다.

성경도 마찬가지다. 한 사람, 즉 신학자는 하나님을 더 잘 이해하기 위하여 특별계시가 어떻게 정확하게 해석될 수 있는지 이해하려고 노력하면서 분석적으로 성경에 접근한다. 그런가 하면 다른 사람, 또는 어쩌면 동일한 사람이 다른 시간에 성경을 묵상하면서 하나님을 사색하고, 경험적으로 사려 깊게 성경에 접근한다. 비록 두 가지 접근이 신학과 기독교 영성 모두에게 중요하지만, 성경에 대한 사색적인 접근이 영성을 형성하는 데 중심이 된다. 리처드 포스터(Richard Foster) 또한 그것을 지지한다. "성경 연구는 주석에서 중심에 위치하는 반면, 성경에 대한 묵상은 그 구절을 내재화하고, 개인화하는 것이다. 기록된 말씀은 당신에게 선포되는 살아 있는 말씀이 된다."[20)]

짐 윌호이트(Jim Wilhoit) 박사는 휘튼 대학에서 영성 과정을 강의하고 있는데, 그와 캐롤이 약간 황달 끼가 있었던 신생아인 딸을 병원에서 데려왔던 때를 이야기하기 좋아한다. 그들은 갓난아이를 유아의자에 안전하게 앉히고, 햇빛이 딸의 황달병을 자연스럽게 치료하도록 창문 가에 놓았다. 우리의 삶에 하나님의 치유하시는 임재는 얼마나 아름다운 장면인가. 그러나 우리가 하나님의 치유를 경험하기 위해서는 우리 자신을 하나님의 빛 안에 갖다 놓아야 한다. 하나님의 말씀을 묵상하는 것은 병들고 연약한 우리 자신을 하나님의 치료하시는 따뜻한 임재 가운데 옮겨 놓는 것이다.

이것은 신학적인 작업이 아니다. 사실, 포스터는 성경말씀을 묵상하는 것은 "기술적인 연구나 분석도 아니고, 더구나 다른 사람들과 나누기 위해서 자료를 모으는 것도 아니다"라고 말했다.[21] 성경말씀 묵상은 하나님과 친밀해지기를 소망하고 감히 자신의 부족한 점을 인정하는 사람들에게 치료하는 광선과 영적인 자양분을 공급해 주는 철저하게 개인적 작업이다.

묵상하는 시간에 성경을 사용하는 데는 적어도 두 가지 목적이 있다. 첫째, 그것은 묵상을 위한 실물을 제공해 준다.[22] 시편 기자는 다음과 같이 경건한 자에 대해서 기록하고 있다. "오직 여호와의 율법을 즐거워하여 그 율법을 주야로 묵상하는 자로다"(시 1:2). 시편의 다른 곳에서 우리는 "내가 주의 법을 어찌 그리 사랑하는지요 내가 그것을 종일 묵상하나이다 주의 계명이 항상 나와 함께 하므로 그것이 나로 원수보다 지혜롭게 하나이다 내가 주의 증거를 묵상하므로 나의 명철함이 나의 모든 스승보다 승하며"(시 119:97-99)라는 말씀을 읽을 수 있다. 마음을 비우는 데 목표를 둔 동양 종교의 명상과는 달리 기독교인의 묵상목표는 우리의 마음을 하나님의 임재의식으로 가득 채우는 데 있다. 성경에는 우리의 생각을 채우고 우리의 길을 인도할 풍성한 말씀들로 가득하다.

| 사례 |
새로운 에너지의 재충전이 필요할 때

닐(Neal) 목사는 지쳐 있다. 그는 매주 15명의 사람들을 상담하고, 설교를 준비하며 교인들을 심방한다. 그러면서도 가능한 한 가족들과 많은 시간을 보내려고 노력한다. 최근에 자신이 돌보는 내담자들의 느린 변화 때문에 실망하고 있다.

닐 목사는 과중한 스트레스 신호들을 인식하고, 그에게는 변화가 필요하다고 생각했다. 그는 달력에 하루 휴일을 정해 놓고, 기도와 묵상을 위하여 혼자만의 시간을 갖고자 근처 기도원에 가는 계획을 세웠다. 닐 목사는 성경만 가지고 집을 떠났다. 그는 성경을 읽고 낮잠도 자고, 기도하고 묵상할 것이다. 그래서 새로운 에너지와 하나님의 본성에 대한 분명한 이미지를 가지고 돌아올 것이다.

둘째, 성경은 영적인 묵상에 대한 중요한 신학적 테두리를 제공해 준다. 리처드 포스터는 이와 관련해 "모든 경건한 자들은 성경 묵상이 모든 다른 형태의 묵상에 있어 중심적 평가 기준임을 터득하고 있기 때문이다"라고 기록하고 있다.[23] 우리가 현대 문화에서 보고 있듯이 성경의 경계가 없는 영적인 수련은 이단이나 자기 숭배로 쉽게 빠지게 된다.[24]

예를 들어 한 의사는 자신이 '영혼 작업'으로 내담자들을 돕는다고 했다. 그 의사는 내담자에게 "상상력을 통해서 자신이 거할 곳을 창조해 내고, 자신의 맥박수도 조정할 수 있다"고 말한다. 그가 하는 일은 무속적인 영혼 회복 작업과 과거의 삶을 치료하는 게 있다고 말하고 있다.[25] 비록 우리의 상상력은 하나님이 주신 선물이지만, 상상력에 대해서 신학적이고 역사적인 기준을 제공해 주는 성경이 필요하다. 그렇지 않으면 우리의 상상력은 여러 가지 위장된 형태의 일시적인 유행으로 흐르거나 이기적인 것이 되어 버린다.

성경은 영성 형성을 위한 필요한 도구이다. 그것은 영적으로 심사숙고할 수 있는 자원과 진리로부터 벗어나지 않게 해주는 경계선을 제공해 준다.

심리학적이고 영적인 건강

상담자는 언제 어떻게 성경을 이용해서 내담자가 심리적, 영적으로 더 건강한 삶을 누리도록 지도해 줄 것인가? 이 질문에 대하여 일반적인 경우와 구체적인 경우로 구분해서 살펴보자.

일반적으로 상담시간에 성경을 구체적으로 인용하는 것과 관련이 없지만, 상담전략과 이론을 선택하는 데 성경을 고려한다. 휘튼 대학 심리학교수 스탠튼 존스(Stanton Jones) 박사는 네 가지 상담 전략에 따라서 상담 중에 성경을 인용하는 방법을 고려하는 더 유용한 체계를 만들었다.[26]

첫째, 성경에서 직접 도출해 낸 것이 있다. 예를 들어 어떤 인지상담자들은 마치 바울이 빌립보에 있는 교인들에게 고상하고, 순수하고, 기쁘고, 칭찬할 만한 일들을 생각해 보라고 가르친 것처럼, 내담자들의 역기능적인 사고에 대처하기 위해서 성경구절을 사용하도록 가르친다.[27]

둘째, 성경에 의해서 의미상으로 지지를 받는 상담전략이 있다. 예를 들어 우울한 환자에게 종교적인 심상기법을 사용하는 것은 성경에 어긋나지 않는다. 물론 이러한 기법을 성경에서 구체적으로 가르치거나, 추천하고 있는 것은 아니다.

셋째, 어떤 상담전략은 성경에서 논의된 적도 없고 암시된 것도 아니지만, 성경과 일치하지 않는 것은 아니다. 예를 들어 불안에 대처하기 위해서 심호흡을 한다든지, 점진적인 이완기법을 사용하는 것은 성경에서 지지하거나 금지하지도 않는다.

넷째, 어떤 상담기법은 성경과 일치하지 않는다. 예를 들어 어떤 상담자가 중년 결혼 위기를 극복하기 위해서 이혼보다는 차라리 사창가에 가서 성욕을 발산하라고 제의한다면 이것은 성경의 원리와 모순되는 것이다.

우리는 이렇게 성경과 상담을 체계화하는 과정에서 여러 가지 이점들을 발견할 수 있다. 그 하나는 상담에서 성경을 사용하는 것은 단순히 성경구절을 암기하거나 인용하는 것이 아니다. 우리는 모든 상담기법을 선택하는 과정에서 뚜렷하게 종교적 연결성이 없다고 해도, 성경적인 견해를 고려해서 기법들을 선택해야 한다. 기독교 상담자들은 위에서 지적한 성경적인 원리와 어긋나는 네 번째 상담기법과 전략 선택은 분명히 피해야 한다.

그리고 이 분류는 비기독교인들에 의해서 개발되었다고 할지라도, 성경적인 원리와 일치하는 상담기술들을 인식하고, 자신 있게 사용하도록 가이드를 제공해 준다. 어떤 경우에 기독상담은 일반상담과 거의 구별되지 않지만, 여전히 효과적이다.

또한 그것은 우리가 선택하는 상담전략과 관점을 자세히 검토하도록 해 준다. 선지자들의 메시지를 평가하면서, 바울은 데살로니가에 있는 교인들에게 "범사에 헤아려 좋은 것을 취하고 악은 모든 모양이라도 버리라"(살전

5:21-22)고 훈계했다. 우리는 기독교 상담자로서 비슷한 의무를 가지고 있다. 우리가 성경과 함께 새로운 이론들과 기법들을 검토할 때, 성경의 원리에 반대되는 전략들은 피해야 하고, 성경의 원리와 일치하면 강하게 붙들 수 있다.

상담기법들이 성경적인 지지를 받고 있는가에 대해 일반적인 평가를 하는 것 외에도, 상담에 성경을 직접적으로 적용했을 때의 구체적인 효과를 고려해 보는 것도 중요하다. 내담자에게 언제 성경구절을 인용하는 것이 현명할까? 성경구절을 암송하는 것이 상담에 적절한가? 성경을 묵상하도록 내담자에게 과제를 주는 것이 적절한가? 어떤 성경구절을 어떤 경우에 인용하거나 암송하라고 할 것인가? 이 복잡한 질문들을 설명하기 위해서는 두 상담 장면에 적용된 것으로 2장에 소개된 모델에서 유도된 세 가지 질문을 고려하는 것이 도움이 될 것이다.

| 사례 |
혼외 정사, 우울증에 빠진 내담자

당신은 상담실에 도착해서 책상 앞에 앉아 쓴 커피를 조금씩 마시면서 하루 일정을 점검하고 있다. 당신은 오후 두시에 피트(Pete)와 케이트 발리스틱(Kate Balistic)을 만나고, 세시 삼십분에 리처드 야비스(Richard Yavis)와 약속이 있다. 각 회기의 상담은 다른 도전들을 제공해 줄 것이다.

발리스틱 부부는 지난 2개월 동안 상담을 해왔다. 어떤 때는 개인상담을 하고, 어떤 때는 부부가 함께 상담하고 있다. 피트가 케이트의 혼외 정사를 알아차렸을 때 피트의 요구로 그 부부는 당신을 만나기 시작했다. 케이트는 상담에 동의하고서 그 혼외 관계를 그만두었고, 자신의 삶을 변화시키기 위해서 노력해 왔다.

케이트는 자신의 결혼에 실망하고 있으며, 결혼관계를 지속하는 데 갈등이 있다. 피트는 당신이 케이트를 상담하는 것을 도우려고 노력한다. 그는 케이트가 그 사건에 대해 진실하게 회개하지 않았으며, 결혼서약을 따르기를 거절하고 있다는 증거를 가지고 왔다. 그가 가지고 온 목록의 맨 위에는 케이트가 부도덕한 죄인이고 형편 없는 배우자라는 주장을 뒷받침하기 위한 몇몇 성경구절이 적혀 있다. 흥미롭게도 이런 행동을 보면서도 케이트는 결코 저항하지 않는다. 케이트는 지금 자신이 타락한 죄인이라는 것을 인식하고 있고 혼외 정사에 대해 유감을 표현하고 있지만, 결혼생활에 전념할 것인지는 결심하지 못하고 있다.

세시 반에 약속한 리처드 야비스는 대기실에 비치된 스포츠 잡지를 훑어보고 있다. 당신이 그를 상담실로 안내하면 그는 미국 프로 농구 결승전 시리즈에 관해 몇 가지 언급하겠지만, 곧 상담에 임할 것이다. 리처드는 통찰력이 있고, 상담받겠다는 동기가 확실하며, 자신의 의견을 조리 있게 표현하는 이상적인 상담 고객이다. 그는 지난 3개월 동안 우울증으로 상담받고 있는데, 최근에 많이 호전되고 있다. 지난 몇 주간 동안 당신과 리처드는 그가 어린 시절에 경험했던 깊은 외로움을 털어 놓고 자신의 외로움을 극복하고 인정받기 위해서 얼마나 노력하고 있는지 탐색해 왔다. 피트처럼 리처드도 성경을 좋아한다.

이것이 건강한 자아의식을 형성하는 데 도움을 줄 것인가?

두 차례 상담 회기에는 세 사람이 관련이 되어 있고, 상담에서 성경을 사용하는 빈도는 아마도 이 세 사람에게 각각 다를 것이다. 피트는 자신만의 분명한 생각을 갖고 있지 않다. 케이트의 부정에 대한 분노와 슬픔을 인식하기보다는 케이트 쪽에 비난을 던지는 것으로 자신을 방어하고 있다. 왜냐하면 자신의 감정을 직면할 경우 너무 큰 상처를 받기 때문이다. 이 경우 피트가 자신을 정확히 알 수 있도록 돕기 위해 성경을 어떻게 이용해야 할 것인가?

상담자는 피트에게 그리스도가 교회를 사랑한 것처럼 케이트를 사랑해야 할 의무, 혹은 그리스도가 그를 용서했던 것처럼 케이트를 용서해야 하는 의무를 상기시키면서 피트가 자기 기만에 직면하도록 하기 위해 성경을 사용해야 하는가? 아마 이것은 아닐 것이다. 피트는 자신을 보호하기 위해서 성경을 사용하고 있다. 그는 과거 논리적 방어체제를 제거함으로써 자신의 감정을 드러낼 수 있고 위로에 대한 그의 갈망을 시인할 수 있다.

아마도 몇 회기 동안 피트와 개인적인 만남을 가지면서 공포와 슬픔, 분노에 대한 그의 감정을 정직하게 표출하도록 격려함으로써 관계에 초점을 맞추는 것이 의미가 있을 것이다. 성경은 상담하는 동안이나 상담이 끝난 뒤에도 사색적 도구로서 사용될 수 있을 것이다.

예를 들어 상담자는 케이트의 불성실함에 대한 피트의 감정적 반응에 주의를 기울이면서 호세아 마태복음 11:28-30에 있는 구절을 묵상하도록 그를 가르칠 수 있을 것이다 그가 자신의 깨어짐과 고통을 인식하고 다루기 시작하면 케이트를 비판하고 비참하게 만들 필요를 덜 느낄 것이다.

케이트는 또한 자신에 대한 부정확한 견해를 갖고 있지만, 그의 자기 인식은 깊은 열등감에 뿌리를 두고 있다. 케이트가 기억할 수 있는 가장 어린 시절에는 단지 주위 사람들이 자신을 인정할 때만 가치 있는 사람으로 생각했다.

그가 피트를 만났을 때 엄격하고 결단력 있는 스타일을 좋아했다. 결혼 초기에 그는 피트의 리더십에 따르는 것을 좋아했다. 피트는 케이트가 고마웠고 케이트는 행복했다. 그러나 시간이 흐르면서 그러한 요구는 계속되었으나 그는 더 이상 고마움을 표시하지 않았다. 케이트의 행복은 손가락들 사이로 빠져 나가기 시작했다. 다른 남자가 그에게 관심을 보여 주었을 때 그는 또 다른 사랑에 빠진 것이다. 케이트는 이제 그 누구의 관심도 받지 못하게 되었다. 그는 슬프고 외롭고 혼란스러웠다.

상담자는 피트 편에 서서 케이트의 배신을 드러내기 위하여 성경을 사용해야만 하는가? 아마도 아닐 것이다. 케이트는 성숙한 상담관계의 맥락에서만 오로지 정직하게 자신을 볼 수 있을 것이다. 만약 상담자가 피트의 편에 선다면, 그것은 그런 관계를 불가능하게 만들 것이다. 궁극적으로 케이트는 그의 죄를 시인하는 것이 필요하지만, 그가 끊임없이 자신을 방어한다면 가능하지 않을 것이다.

그는 상담자와 관계가 안전하다고 느낄 때 자신의 죄를 탐색하기 시작할 것이다. 성경은 케이트에게 효과적으로 사용될 수 있겠지만, 강요하지 않고 직접 대면하지 않는 방법으로 사용되어야 한다. 케이트는 피트가 수년 동안 해왔던 것처럼 그를 통제하기 위해서 성경이 사용되지 않는다면, 성경에서 엄청난 위로를 발견하게 될 것이다. 그 과정에서 케이트는 창조자의 자녀로서 하나님을 영화롭게 하며 풍성한 삶을 설계하도록 돕는 도덕적 한계들을 더 정확하게 보도록 배울 것이다.

리처드의 자아의식은 바뀌고 있다. 그는 완벽주의를 통하여 인정을 받으려는 자아 충족의 노력들을 확인해 왔고, 사랑과 존경과 욕구를 솔직하게 표현하는 데 기초를 둔 인간관계를 배우고 있다. 상담에서 성경을 사용하는 것이 리처드에게는 매우 도움이 될 수 있다.

예를 들어 그는 디도서 3:4-7을 암송할 수 있다. "우리 구주 하나님의 자비와 사람 사랑하심을 나타내실 때에 우리를 구원하시되 우리의 행한바 의로운 행위로 말미암지 아니하고, 오직 그의 긍휼하심을 좇아 중생의 씻음과 성령의 새롭게 하심으로 하셨나니 성령을 우리 구주 예수 그리스도로 말미암아 우리에게 풍성히 부어 주사 우리로 저의 은혜를 힘입어 의롭다 하심을 얻어 영생의 소망을 따라 후사가 되게 하려 하심이라."

성경은 하나님을 더 풍성히 체험하고, 그의 삶에서 하나님의 은혜로운 임재에 더 깊이 들어감으로써 자신에 대한 시각을 버리도록 리처드를 도울 수 있다.

이것이 건강한 필요의식을 형성하는 데 도움을 줄 것인가?

피트는 케이트의 욕구에 대해서는 분명히 알고 있었으나, 자신의 상처에 대해서는 잘 알지 못하고 있었다. 그래서 피트와 상담할 때 성경을 사용한다면 성경은 케이트의 욕구가 아니라 피트의 욕구와 관련된 말씀이어야 한다. 피트가 이미 상처를 받고 있다는 것을 인식하는 것이 중요하지만, 그는 자기-의(self-righteousness)라는 허울 아래 내적인 감정들을 감추어 왔다. 상담자는 아마도 피트를 대적할 필요는 없을 것이다. 즉, 안전한 관계를 조성하는 것이 자기 감정들을 탐색하기 시작한 피트를 위해서 충분할 것이다. 심지어 정면 대결하는 것이 피트에게 필수적이라건, 오직 안전한 상담관계가 형성된 후에 행해져야 한다.

비록 케이트는 자신의 부정에 대해서 후회를 많이 표현하지는 않았지만, 내적으로는 자신의 상처와 부족함 때문에 당황하고 있었다. 성경구절을 사용해서 케이트의 죄를 대면할 필요는 없으며, 아마 손상을 줄 수도 있다. 이 경우에는 간음하다 현장에서 잡힌 여인을 대면했던 예수님의 방식을 따르는 것이 현명하다. 먼저 예수님은 "나도 너를 정죄하지 않느니라"(요 8:11)고 말씀하신 뒤 "가서 다시는 죄를 범하지 말라"고 말씀하셨다. 케이트와의 상담에서 상담자는 먼저 수용과 이해를 한 다음에 결혼에 전념하도록 격려하는 작업을 해야 한다.

리처드는 자신의 완벽함을 통해서 인정을 받으려는 비현실적인 목표를 인식하고 있을 뿐만 아니라, 오랫동안 견디어 온 외로움을 탐색할 만큼 충분히 통찰력이 있다. 비록 성경이 다른 면에서 도움이 될 수 있겠지만, 리처드가 하나님과 다른 사람들에 대한 필요의식을 확립하기 위해서 성경을 사용하는 것은 불필요하다.

이것이 건강한 관계를 형성하는 데 도움을 줄 것인가?

피트, 케이트, 그리고 리처드는 다른 사람들이고, 각자는 상담 중에 성경을 인용하는 것에 대하여 구별된 반응을 나타낼 것이다. 상담 중에 성경을 인용하는 것이 어떤 때는 가까운 관계를 확립하는 데 도움이 되지만, 어떤 경우에는 건강한 치료관계를 방해하기도 한다. 예를 들어 만약 상담자가 성경을 사용하면 케이트는 부정적 반응을 할 것이다. 그리고 그의 사고들과 감정들을 탐색할 때 더 조심스러워할 것이다. 상담자들이 좋은 의도로 상담 시 성경을 사용한 것이 관계의 문제들을 일으킬 수 있다.[28]

문제점 1 : 나는 당신이 상담자라고 생각했다.
사람들이 종종 기독교 상담자들을 선택하는 이유는 일상의 종교적 경험

들이 자신의 문제 해결에 도움이 되지 않기 때문이다. 그들은 주일 아침 교회에서 발견하는 것과는 다른 어떤 것을 기대하고 있다. 만일 상담자들이 지혜롭지 않게 성경을 사용한다면, 그들은 상담에 대한 내담자들의 기대들을 배반하고, 관계형성 과정이 지연되게 될 것이다.

문제점 2 : 내가 말 좀 해도 될까요?

만일 상담자들이 내담자들을 위하여 준비한 성경 말씀이 너무 귀에 거슬리게 되면, 내담자가 들어야 할 단계에서 대화가 끝날 수 있다. 많은 상담의 형태들이 교훈적 요소들을 포함하고 있지만, 상담이 강의나 수업처럼 느껴지기 시작하면 내담자들은 종종 상담과정에서 거리감을 느낄 것이다.

문제점 3 : 안전지대

어떤 상담자들은 상담을 지적이고, 논리적 수준에서 유지하기 위해 성경을 사용할 수도 있다. 그런데 이것은 상담자들이 성경을 사용하는 것에 대한 열심만큼 자신의 불안한 감정들을 회피하려는 것일 수도 있다. 효과적인 상담은 감정의 상태에 깊이 도달하며, 지적인 바라봄 이상을 요구한다. 물론 성경은 감정적으로 민감한 상담에서 사용될 수 있지만, 이 비판은 상담에서 성경을 사용하는 모든 경우들에 적용되지 않는다.

문제점 4 : 과장된 자신감 현상

많은 사회 심리학 연구는 인간들은 끊임없이 지나친 자신감을 가지고 있는 것을 보여 주고 있다. 심지어 잘못된 의견들이 소중히 여겨지기도 하고, 집요하게 신임받고 있기도 하다. 우리가 성경에 접근할 때 같은 현상을 만날 우려가 있으며 해석학적 전략들에 대한 한계들을 계속 인식하지 못할 수도 있다. 그래서 성경을 사용하는 상담자들은 성경 해석에 있어서 교만하게 보이거나 교만하게 될 수 있는 취약점이 있다. 교만은 관계형성을 해친다!

문제점 5 : 과도한 의존 현상

마지막으로, 우리는 다른 상담전략들을 사용할 수 있을 때에도 지나치게 성경에 의존할 수도 있다. 인지치료 방법들은 공황증 환자(panic disorders)들에게 신속하고 효과적으로 사용될 수 있다. 행동주의 전략은 혐오스런 반응을 줄일 수 있다. 만약 우리가 지나치게 성경에만 의존하면, 다른 적절한 치료의 기회를 놓칠 수도 있다. 왜냐하면 관계적 치료는 상담자가 내담자의 문제를 다루는 최고의 방법을 안다는 가정을 기초로 세워지기 때문에 덜 직접적인 기술에 대한 과도한 의존은 관계치료를 해칠 수 있다.

이런 문제에 대한 하나의 접근은 "성경은 진리이며 나는 상담할 때 그것을 계속 사용할 것이다. 나는 진리를 보기 좋게 옷을 입히는 것은 거절한다"라고 말하는 것이다. 이런 식으로 반응할 성향이 있는 사람들은 진리란 거의 항상 구체화된 형태로 전달된다는 것을 기억하는 것이 중요하다.

우리가 은혜와 구원에 대해서 알고 있는 모든 것은, 예수님이 인간이 되셔서 살아 있는 신학을 통해서 우리에게 보여 주셨기 때문에 가능한 것이다. 우리가 하나님을 이해하는 정도는 우리 부모가 우리를 어떻게 양육했는가에 영향을 받는다. 우리가 영화나 어떤 소설의 내용을 수필보다 더 잘 기억하는 이유는, 구체화된 진리를 관찰하고 이해하는 것이 더 빠르기 때문이다. 이와 같이 진리는 상담자 자신이 무엇을 말하느냐 보다는 상담자가 어떤 사람인가에 의해서 잘 전달된다. 상담에서 성경의 생명력은 상담관계의 질에 의해 제한된다.

비록 하나님과 내담자와의 관계보다는 덜 중요하지만, 상담관계는 종종 하나님의 은혜를 상처받은 사람에게 소개하는 기제이다. 성경을 드러내 놓고 인용하든지 안 하든지, 건강한 기독교 상담관계를 촉진함으로써 우리는 내담자에게 하나님의 은혜의 일견을 제공할 수 있다.

도전에 직면하기

도전 1 : 두 영역의 유능성에서 세 영역으로 이동하는 것

상담에서 심리학적 능력은 중요하다. 최고의 상담자들은 심리학적인 의미와 치료관계에 대한 영향을 주의 깊게 고려한 후에 성경을 사용한다. 불행히도 다른 종교적 개입 방법들과 같이 성경 사용에 대한 것도 대학원 훈련 프로그램들, 심지어 종교적 적응지도 프로그램에서조차도 좀처럼 토론되고 있지 않는 실정이다.[29] 상담에서 성경을 사용하는 것이 기독교 상담자들에게 상대적으로 드문 것은 놀랄 일이 아니다.[30] 이것을 말하려는 것은 사건의 비참한 상태를 암시하려는 것이 아니다. 즉, 상담에서 성경을 사용할 때 신중한 것이 타당한 것처럼 보인다. 다양한 종교적 기법들의 의미를 주의 깊게 고려해 왔던 상담자들은 그들의 임상 작업에서 성경을 확실하고 적절하게 사용할 수 있도록 준비가 되어 있다.

신학적 기본 능력은 중요하다. 기독교인의 삶에서 성경의 권위와 위치를 이해하고 있는 상담자들은 상담실에서 발생하는 복잡한 문제를 다룰 수 있도록 잘 준비되어 있다. 최소한의 신학적 능력도 없는 상담자들은 상담실에서 목격되는 인간의 문제들에 기초된 신학을 만들어 낼 위험이 있고, 자신들이 알고 있는 신학적인 관념에 맞추기 위해서 성경을 왜곡할 수 있다.

영성 형성에서 성경의 역할을 이해하는 것 또한 기독교 상담자들에게는 중요하다. 우리는 신학적으로 적절하고 정확히 성경을 사용할 뿐만 아니라, 성경의 능력에 관해서도 관심을 가질 필요가 있다. 성경은 우리의 삶을 변화시키기 위해서 주어졌다. 성경은 의롭게 되도록 우리 자신들을 훈련하는 데 유용하다(히 4:12; 딤후 3:16). 유능한 기독교 상담을 하기 위해서 우리는 삶을 변화시키는 하나님의 능력과, 변화하는 과정에서 성경이 하는 역할에 대해서 잘 알고 있어야 한다. 이러한 훈련은 강의실 안에서는 거의 이루어질 수 없다. 그것은 우리가 영적으로 훈련받은 삶을 살고, 성경을 개인적으로 사랑할 때에 가능하다.

도전 2 : 모호한 개인적-직업적 구분들

어떤 면에서 볼 때 기독교 상담에서 성경을 사용하는 것은 전문적인 문제에만 국한될 수 있다. 예를 들어 어떤 성경구절들은 건강하지 못한 다양한 형태의 자기 대화를 논박하는 데 사용될 수 있다.[31] 이러한 성구들은 상담자 개인의 종교적인 가치관에 관계없이 동일하게 상담의 도구로 효과적으로 쓰일 수도 있다. 같은 방법으로 어떤 상담자는 능동적으로 관심 있게 듣고 있다는 것을 표현하기 위해서 얼굴 표정 사용하는 것을 배울 수도 있다.

그러나 다른 면에서 보면 성경 사용은 능동적으로 듣는 기술을 사용할 때처럼 상담자의 내적인 삶을 반영한다. 듣는 것처럼 보이는 모습이 듣고 있다는 것은 아니다. 성경을 사랑하는 척하는 것은 실제로 성경을 사랑하는 것이 아니다. 성경과 다른 수단을 통해 하나님이 우리 성격을 변화시킴으로써 형성된 우리의 내면세계는 상처받은 사람들을 돕는 우리의 가장 커다란 자원이다. 기독교인 정신과 의사는 기독교적인 맥락에서 영적 치료자로서 치료할 때 거짓 영에 대하여 끊임없이 경계해야 한다. 참된 영성은 실행자인에서 성령의 열매가 맺혀짐으로써 증명될 것이다(사랑, 희락, 화평, 오래 참음 등).[32]

상담에서 성경이 창조적이고 자발적이고, 자신 있게 사용되는 것은 상담자 자신이 하나님의 말씀에 가까워서 성경에 있는 개념들과 원리들이 내담자에게 전이되기 때문이다. 성경을 사랑하는 이런 상담자들의 목표는 상담 작업에서 통합될 수 있는 구절들을 주의 깊게 고르고 선택하는 것이 아니라, 하나님의 말씀으로 충만해져서 상담작업(그리고 삶의 모든 다른 부분)이 하나님의 임재에 의해 변화되고 새로워지는 것이다. 때때로 이러한 상담자들은 상담할 때 성경을 드러내 놓고 사용하고, 어떤 때는 성경을 사용하지 않는다. 그러나 그들은 평가하고 치료기법들을 계획하며 내담자들에게 관련되는 성경의 주제들을 일상적으로 고려한다.

도전 3 : 훈련의 확장된 정의들

내담자들의 영적 발전을 위해서 민감하게 성경을 사용하려면 우리는 자신을 어떻게 훈련해야 하는가? 우리의 개인적 영적 발전 안에서 성경을 사용하는 것을 먼저 배움으로써 훈련할 수 있다. 나는 두 가지 힌트를 제시하려고 한다.

첫째, 달라스 윌라드(Dallas Willard)와 리처드 포스터(Richrd Foster)는 영적인 삶의 주요 훈련의 하나로서 성경공부를 포함한 연구를 말한다. 윌라드는 하나님과 우리의 관계를 형성하는 하나의 중요한 기여로서 성경 연구를 말한다.[33] 여기서 주장하는 성경공부란 대학이나 대학원에서 배운 것을 시험을 치르는 식의 공부를 의미하지 않는다. 성경을 연구하기 위해서 책상 위에 주석과 성경에 관한 참고서, 사전들을 잔뜩 갖다 놓고서 하는 성경 연구가 아니다. 그것은 성경을 읽고 하나님의 뜻을 이해하도록 노력하는 데 전념하는 것을 의미한다. 포스터는 성경의 한 책을 선택하고, 그리고 그 책의 주제와 흐름을 알기 위해서 계속 통독하기를 제안한다.[34]

둘째, 영적 성장을 위해 성경을 사용하는 것은 묵상을 위한 시간을 요구한다. 우리가 학문적이고 전문적인 세계의 도전에서 살아남으려면 속독을 배워야 하겠지만, 성경을 볼 때 속독은 그리 효과적이지 않다. 하루에 한 장소에서 30분 정도 성경의 한 책을 읽은 후에 성경의 약속들을 묵상하면서 보내면 도움이 된다. 윌라드는 "우리는 읽고, 듣고, 질문할 뿐만 아니라, 우리 앞에 떠오르는 것을 묵상한다. 이런 방식으로 묵상하면 우리의 마음과 정신과 영혼의 깊은 곳에서 하나님이 역사하시는 대로 우리를 형성한다"[35]고 가르치고 있다. 묵상은 성경연구라는 영성 훈련의 필수적인 부분이다.

도전 4 : 정신 건강의 지배적인 견해들을 직면하는 것

정신 건강의 지배적인 모델들이 자신의 내면을 관찰하도록 내담자들을 격려하거나 행위의 표준과 윤리적인 원칙을 위하여 상담자에게 오도록 격려하는 한, 성경을 사용하는 것은 진리의 외적 자원을 제시함으로써 다른 방향에서 상담하는 것이다.

| 사례 |
부적절한 관계를 맺은 웬디

웬디(Wendy)는 그의 치료자인 티구이(R. E. Teeguy) 박사에게 부끄러운 감정을 말하면서 울먹이고 있다. 불행한 결혼생활을 하고 있는 웬디는 함께 일하는 사람과 출장을 가기로 했다. 그들은 함께 있었던 시간에 성관계를 가졌다. 웬디는 그 여행에서 돌아온 이후 죄책감과 수치심으로 혼란스러움을 느꼈다.

티구이 박사는 "나는 당신이 탐과 함께 잔 행동에 대하여 왜 그렇게 심하게 괴로워하는지 모르겠어요" 하고 말했다.

"저는 마이크(Mike)를 속였어요. 저는 그를 배신했기에 이제 그를 어떻게 대해야 할지 모르겠어요."

"이 문제 대해 당신이 혼란스러워하는 것을 이해할 수 있지만, 왜 그렇게 당황하고 있는지 모르겠군요. 당신이 몹시 잘못했다는 것을 나에게 논리적으로 입증할 수 있겠어요? 그것은 마치 당신이 탐과 잔 것 때문에 이제는 무가치한 사람이라고 말하고 있는 것처럼 들리는군요."

여기에서 우리는 티구이 박사의 입장을 알 수 있다. 그는 웬디가 독단적인 도덕 기준들 때문에 불필요하게 자신을 괴롭히고 있다고 믿고 있다. 옳고 그름에 대한 그의 '어리석은' 개념들을 버림으로써, 상담 후 웬디는 커다란 안도감을 느꼈을 것이다. 티구이 박사와 웬디는 그것을 성공적 상담이라고 생각한다.

비록 티구이 박사가 자신은 종교적인 가치관이 없다고 말할지 모르지만, 그는 실제로 자신의 옳고 그름에 대한 가치들이 웬디의 것들보다 더 낫고, 더 신중하고 합리적이라는 가정에 의해서 자신을 신격화해 왔다. 그는 웬디로 하여금 자신의 가치관을 수용하고 탐과 잤던 것에 대해 더 큰 평화를 느끼도록 격려하고 있다.

이것은 상담실에서 옳고 그름에 대한 도덕적인 가치관의 외적인 기준을 제거하는 문제들을 설명하기 위해 선택된 하나의 극단적인 예이다. 대부분의 상담자들은 자신의 종교적인 관점과는 관계없이 티구이 박사보다 종교적인 가치관들에 대해 더 예민하다. 그러나 심지어 종교적으로 민감한 상담자들도 때때로 옳고 그름에 대한 외적인 기준을 허물고, 자신의 내부를 살피도록 격려하는 죄를 범한다.

스탠리 그래함(Stanley Graham)박사는 미국심리학회의 심리치료 분과회의 기조 연설에서 "치료의 초기에 환자들은 좋다 나쁘다(흑백논리)와 같은 말을 많이 사용한다. 치료자로서 우리는 이러한 말의 강도를 줄이려고 시도한다. 왜냐하면 그러한 말들은 개인의 내부에서 현재 스트레스를 일으키는 가치체계와 관련이 있기 때문이다. 내 개인적인 견해로는 지난 30년의 심리치료는 좋다, 나쁘다는 현상을 감소하게 하는 데는 아주 훌륭한 일을 해왔지만, 개인이 자신을 수용하고 평안함을 얻을 수 있는 대체 개념들을 환자들에게 제공하는 데는 형편없이 저조했다"[36]고 말했다.

비록 그래함이 심리치료의 종교적 형태에 대해 드러내놓고 주장하고 있는 것은 아니지만, 기독교 상담자들은 가치와 도덕성의 외적 권위로서 성경을 존중함으로써 그의 염려를 해결할 수 있다. 성경에 대한 헌신에 뿌리를 둔 기독교 상담은 옳고 그름 같은 단어들을 계속 사용한다. 내담자들은 여전히 감정과 경험, 사고와 전제들을 위하여 스스로 내부를 탐색할 수 있지만, 그들은 자신의 내부에서 진리를 발견할 수 없다. 기독교 상담은 외적 권위를 위한 공간을 남겨두고 있다. 하나님은 언제나 동일하시다.

물론 인간의 타락과 불완전한 해석학적 방법에 의해 우리의 성경 해석들이 제한될 수 있으므로 상담에서 성경에 관한 우리의 주장이 너무 지나치지 않도록 주의해야 한다. 어떤 내담자들은 성경에 대한 왜곡된 이해로 자기를 변호하려고 하는 불건전한 믿음을 가지고 있다. 어떤 상담자들도 마찬가지이다. 우리는 겸손해야 하며 하나님의 인도에 자신을 복종시키고, 서로에게 배워야 한다.

도전 5 : 과학적 근거를 확립하는 것

유감스럽게도 상담에서 성경 사용에 관한 과학적인 연구는 거의 없는 실정이다. 과학적으로 증명되어야 할 명제를 시앙-양 탄(Siang-Yang Tan) 박사가 잘 요약했다. "상담에서 성경적인 접근을 시도하는 것은… 즉 기독교의 가치관과 관점과 개입 방법을(예를 들면 기도와 성경구절의 인용) 확실하게 사용하고, 적절한 영적인 은사들과 성령의 권능과 사역에 의존하는 것은 특별히 종교적, 기독교 내담자들에게 독특한 상담 효과를 가져다 주었다. 이러한 제안의 타당성을 검증하기 위해서 더 깊은 연구가 필요하다."[37]

1993년, 브래드 존슨(Brad Johnson) 박사는 종교적인 관점을 사용하는 심리치료의 효과에 관한 논문을 검토한 결과, 단지 다섯 개 논문에서 기독교 심리치료의 효과를 지지하는 논문을 발견했다.[38] 이 중에서 세 개만이 직접 개입하는 방법으로 성경을 사용하였다. 이 연구들 중 가장 잘 기획된 논문에서 존슨과 그의 동료들은 두 가지 다른 형태의 합리적 정서치료법을 사용하고 그 효과를 검증하였다.

그중의 한 방법은 기독교적인 합리적 정서치료인데, 진리의 원천적인 자원으로서 치료자 자신의 인간적인 합리성보다는 성경의 원리를 사용하였다. 내담자들은 성경구절과 함께 자신의 비합리적인 신념에 도전하는 것을 배웠다. 비록 그 치료는 우울증을 효과적으로 완화하였지만, 연구자들은 우울증에 걸린 기독교인 참가자들 가운데 일반적인 합리적 정서치료 방법과 기독교적인 합리적 정서치료 방법의 전체적인 효과성 사이에서 차이점들을 발견하지 못했다.[39] 비합리적인 신념과 싸우기 위한 도구로서 성경을 사용한 다른 두 논문들도 모두 다 비슷한 결과를 낳았다.[40] 흥미롭게도 존슨의 비평에서 두 연구들은 비종교적 중재보다 더 효과적인 종교적 중재들을 보여 주었지만, 이 연구들은 종교적 중재들을 위하여 성경보다는 기독교적 심상에 의존하였다.[41]

이 시기에 연구는 매우 제한되어 있으므로, 어떤 결론을 이끌어 내는 것은 시기상조이다. 전문적인 학자들과 임상학자들이 추가로 정보를 수집하고 결과를 보고할 때, 상담에서 효과적이고 민감하게 성경을 사용하기 위하여 더 잘 준비하게 될 것이다.

도전 6 : 적절한 윤리적 기준들을 정의하는 것

3장의 끝 부분에서 논의되었던 동일한 윤리적 문제들이 여기에서도 제기된다. 유능성의 원칙에 의하면, 상담자들은 훈련받은 것과 일치된 방법에 따라 성경을 사용해야 한다. 예를 들어 신학훈련을 받지 않은 심리학자는 상담에서 성경을 사용할 때 특별한 주의를 기울여야 한다. 상담에서 성경을 광범위하게 사용하는 상담자들은 상담을 시작할 때 내담자들에게 상담 동의 원칙을 말해야 한다. 상담자는 또한 다른 곳에서 가능한 치료의 모델들을 알려줄 내담자에게 대안을 알려주어야 한다. 영적으로 기본이 된 기법들에 대한 요금 부가와 보험 신청 요구는 3장에 이미 토론된 것처럼 긴장을 일으키고 있다.

상담에서 성경을 사용하는 것은 이전에 토의되지 않은 또 다른 위험을 가져온다. 그것은 치료자의 가치관을 내담자에 강요함으로 인해서 내담자의 자유를 상당히 제한할 위험이 있다. 종교적 심리치료는 일반적으로 내담자에게 원치 않는 가치관과 믿음을 강요할 위험이 있으며, 상담에서 성경을 구체적으로 사용하는 것은 이러한 위험을 빠르게 확대할 수 있다.[42]

| 사례 |
소아과 의사의 꿈을 접어야 할까?

영(Ms. Young)은 상담센터에서 상담자를 만나고 있다. 그는 미래의 교육에 대하여 어려운 결정을 내려야 한다. 영은 항상 소아과 의사가 되는 꿈을 꾸어 왔으나, 그의 부모와 약혼자는 그에게 2년제 간호원 훈련 프로그램에 입학 시험을 치르라고 권한다. 간호원 훈련을 하면 더 빨리 직장을 가질 수 있고, 아이들이 태어났을 때 그만두기가 쉬울 것이라고 한다. 영을 충고하는 다른 많은 사람들처럼 상담센터의 상담자 역시 디도서 2장 5절에 근거하여 아이들이 있을 때는 여자들이 집에 머무르라고 한다.

영은 혼란과 좌절을 느끼면서 상담을 마치고, 하나님이 원하시는 것을 하기 위해서 자신이 오랫동안 추구해온 목표를 포기하려고 한다.

이 상담자는 영이 간호원 양성 학교를 선택하도록 조언해 상담자 개인이 좋아하는 것을 전달했을 뿐만 아니라, 성경을 언급함으로써 하나님이 영에게 간호원 학교를 원하신다고 제안하고 있다. 그 같은 상황에서 영은 자유를 잃었다. 그는 마음속으로 단지 소아과 의사가 되는 것을 포기하든지, 아니면 하나님에게 반항할 것인지 선택할 수 있다. 상담에서 성경을 사용하는 것은 비윤리적인 강압이나 부적절한 가치를 강요할 위험을 확대시킨다. 이것은 우리가 상담에서 성경을 사용하는 일을 언제나 피해야 한다는 말이 아니라 위험 요소들을 고려하고 적절한 주의를 기울일 만큼 지혜로워야 한다는 것이다.

비록 상담에서 기독교적인 기술을 명백하게 사용하는 것이 윤리적인가 비윤리적인가에 대해 가장 큰 관심을 기울여 왔지만, 한 저자는 그 질문을 반대로 제기하였다. 기독교 상담자들이 상담에서 종교적인 개입방법을 사용하지 않는 것이 윤리적인가? 데이빗 홀링(David Holling)은 목회적 심리치료자는 전통적인 치료자가 하는 것과는 다르게 성경과 기도, 의식, 교리, 성찬을 사용함으로써 내담자들을 치료할 의무를 가지고 있다고 주장한다.43) 그의 요점은 고려할 가치가 있다. 만약 우리가 기독교 상담이 전문가라고 자칭한다면, 기독교인들을 상대로 상담할 때는, 일반 상담에 대한 이론적인 배경을 가지고 상담하는 사람들과는 달라야 할 것이다.

상담에서 성경을 사용할 경우

성경은 능력이 있으며, 변화에 취약한 전군성과 옳고 그름의 기준이 움직이는 한가운데서 시간을 초월한 진리에 초점을 맞추도록 우리를 지켜줄 수 있다. 어떤 기독교 상담자들은 상담 모델들을 지지하기 위하여, 또는 상담에서 특별한 개입 도구로 성경을 사용하지만, 개괄적 연구는 기독교 상담자들 가운데서 성경을 명백히 사용하는 경우가 드물다는 것을 암시하고 있다.

상담자들이 상담에서 성경을 사용하기로 선택할 때는 내담자의 욕구, 치료관계, 윤리적인 기준에 대한 주의 깊은 평가에 근거해서 그것이 내담자에게 미치는 구체적인 효과를 고려하는 것이 중요하다. 또한 성경의 모든 해석들은 우리의 불완전한 해석학적 방법들에 의해 제한되고 있다는 것을 인식하는 겸손과 함께 하나님의 특별계시로서 성경에 대한 균형을 잡는 것이 중요하다. 하나님과 자신, 그리고 성경에 대한 우리의 지식은 모두 상호 연관되어 있으며, 이 요소들 중의 어느 하나를 이해하는 우리의 능력은 다른 것들을 이해하는 능력에 덧붙여질 것이다.

　성경이 상담자들과 내담자들의 삶에 의미 있는 변화를 끼치기 위해서, 그것은 내재화되어야 하며 개인적인 것이 되어야 한다. 묵상과 성경에 근거한 기도들은 종종 영적 성장에 도움을 준다. 때로는 한두 구절들을 묵상하면서 보내는 것이 30분 간 성경을 읽으면서 보내는 것보다 낫다.

5
죄

죄

우리는 문장을 써내려 갈 때, 한 단어가 주는 의미가 많이 달라지는 것에 놀라게 된다. 뉴 헴프셔(New Hampshire)에 사는 영어 교사 리처드 레더러(Richard Lederer)는 「영어의 어려움」(Anguished English)이라는 작은 책에서 우리가 책을 쓰거나 연설할 때, 사용하는 단어에 따라서 의미가 어떻게 달라지는지 그 예들을 잘 보여 주고 있다. 그는 수년 간에 걸쳐 자녀들이 학교에 오지 않거나 늦을 경우에 학부형들이 쓰는 편지 중에서 재미있는 것을 모아서 하나의 장에 수록했다. 예를 들면, "제 아들은 의사가 돌보고 있으니 체육 시간에 참가하지 않도록 해주세요. 제발 제 아들을 처벌해주세요(execute him : 이 경우는 excuse〈용서〉를 잘못 쓴 것이다)."[1] 이처럼 전략적으로 사용된 하나의 단어나 또는 잘못 사용된 단어는 커다란 차이를 만든다.

유사하게 죄와 심리적 문제와의 관계도 두 상담자들이 정의하는 방식에 따라 그 의미는 큰 차이가 난다. 앨버트 엘리스(Albert Ellis)는 죄의 '개념'이 실질적으로 모든 정신병리학의 원인이라고 주장하였다.[2] 반면에 제이 아담스(Jay Adams)는 신체적 원인으로 인한 정신병을 제외한 모든 정신병은 죄가 원인이 된다고 주장하였다[3].

단순히 보기에는 두 입장이 거의 동일한 것처럼 보인다. 그러나 이 두 입장은 정반대이다. 엘리스가 말하는 죄의 '개념'은 우리가 옳고 그름에 대한 어리석은 생각들을 버리고 즐거움을 추구하는 것이 건강하게 산다는 것이다. 반면에 아담스는 죄 그 자체가 문제라는 것을 암시한다. 엘리스는 죄에 대한 우리의 민감성을 제거하라고 강조하고, 아담스는 죄에 대한 우리의 민감성을 강화해야 한다고 말한다.

비록 엘리스와 아담스가 많은 기독교 상담자들에게 오해받고, 또한 잘못 인용되고 있지만, 그럼에도 불구하고 그들은 죄와 정신병리와 관련한 개념에서 극단적인 의견을 대표하고 있다. 기독교 상담자들은 이러한 상황 가운데 어디에 서야 할 것인가? 우리가 그 위치를 안다면 내담자의 삶 속에서 죄에 관한 문제를 어느 정도로 직면하게 할 것인가?

죄를 조망하는 근거들

심리학

죄에 대한 심리학 문헌이 그리 많지 않다. 정신질환에서 죄의 역할에 대한 자료가 더러 있긴 하지만, 도서관에 있는 저널에 여기 저기 조금씩 언급되어 있는 수준에 지나지 않는다. 그나마 출판된 책들은 엘리스나 아담스와 비슷한 입장으로 축약될 수 있다.

정신 병리 원인으로서의 죄

첫째, 몇몇 저자들은 죄가 정서적인 문제의 중요한 원인이 된다고 주장하였다. 성경적인 상담자들은 꽃십 년 동안 이것을 말해 왔지만, 그들의 저작은 일반적인 심리학 문헌 가운데서는 보통 찾아보기 힘들다. 몇몇 심리학자들만이 죄가 정신 병리의 원인이 된다는 성경적인 상담자들의 의견에 동의한다.

30년 전, 오 호바르트 모우러(O. Hobart Mowrer)가 통합적인 집단 상담의 모델을 전개하면서 죄의 정신병리학적 영향에 대처하기 위해서 정직, 책임, 그리고 상호 관심을 강조했다.[4] 모우러는 다음과 같이 기술하고 있다.

몇십 년 동안 심리학자들은 죄와 도덕적 책임감에서 해방되는 것이 신기원을 이룩하는 것이라고 주장하였다. 마침내 우리는 죄라기보다는 질병의 원인으로부터의 자유를 발견했으나, 이것은 타락의 위험을 자초한 것이었다. 내가 보기에 이 위험은 우리가 현재 경험하고 있는 실존주의에 대한 커다란 관심에서 그 징후가 나타나고 있다. 부도덕적으로 변질되고, 윤리적으로 중립적인 입장을 취하고 '자유함'을 추구하는 과정에서 우리는 존재의 근원을 상실하고 있다. 즉 우리는 가장 깊은 자기다움의 의미와 정체성을 상실하고 신경증의 환자가 되어서, "나는 누구인가? 나의 운명은 무엇인가? 존재의 의미는 무엇인가?"를 묻고 있는 것이다.[5]

모우러는 도덕적인 책임감과 정신 건강이 상호 관계가 있다는 사실을 지지하는 경험과 일화의 증거를 보고했는데, 이 증거는 심리학자들에게 선별적으로 무시되었다고 주장하였다.[6]

1973년 메닝거 클리닉의 칼 메닝거(Karl Menninger)는 광범위하게 인용되는 책 「죄로부터 비롯된 모든 것?」(Whatever Become of Sin?)[7]을 출간했다. 그는 건강한 종교와 좋은 심리치료는 자기 중심성을 대면하게 하고, 그들의 교만을 넘어서 자신과 다른 사람들에 대해 이해하도록 사람들을 돕는다고 주장하였다. 최근에 몇 명의 목회 상담자들이 상담에서 죄를 고려하는 것이 중요하다고 주장하였다.[8]

모우러, 메닝거와 목회 상담 분야에서 저술하고 있는 사람들이 죄에 대한 이해와 강조로 심리학의 주류를 대표하는 것은 아니다. 죄에 관해서 기술하고 있는 대부분의 심리학자들은 죄를 이해하는 데 사용되는 인지적인 과정과 이러한 과정들의 효과에 관심을 가지고 있다. 그들은 죄 자체보다는 죄의 인간적 '개념'에 대해 더 관심이 있다.

죄의 개념과 정신병리학

우리는 죄인인가, 또는 병들었는가? 우리는 도덕적 문제를 가지고 있는가, 또는 심리학적 문제를 가지고 있는가? 이 문제에 대해서 어떻게 답변을 하느냐가 우리의 태도를 반영해 주며, 상담방식에 영향을 준다. 심리학에서 말하는 귀인양식이란 그들의 삶과 다른 사람들의 삶에서 일어나는 좋고 나쁜 사건들을 설명하는 방식을 의미한다.

| 사례 |
에이즈에 걸린 제프
제프(Jeff)는 HIV(Human Immunodeficient Virus: 인체 면역 결핍 바이러스(AIDS 바이러스)) 양성이며, 결국은 에이즈로 죽을 것이라고 생각하고 있다. 그는 자신의 정서적인 불안에 관해서 상담받기를 원하고 있다. 앨리슨(Alison)은 제프와 부부 사이로 남편의 에이즈에 대해서 다른 상담자에게 도움을 요청하고 있다. 이 경우에 제프와 앨리슨의 귀인 양식에 따라서 그들이 상담의 장면에서 겪는 정서적인 어려움이 다르다는 데 주목해야 한다.

귀인양식 1 : 제프는 자신이 죄인이라고 믿고 있으며, 에이즈도 자신이 죄인이기에 감염이 되었다고 생각한다. 제프는 "내가 동성애의 욕망을 자제할 수만 있었더라면, 다른 남성과 성관계를 하지 않았을 것이고 에이즈도 걸리지 않았을 것이다"라고 생각하고 있다. 앨리슨도 비슷한 귀인 양식을 가지고 있다. "제프가 바보처럼 행동했고, 그는 지금 그의 모든 가족에게 상처를 주면서 인생을 끝내고 있다"는 것이다. 때문에 제프는 상담에서 수치심과 죄의식을 느끼고 있다.

귀인 양식 2 : 제프는 에이즈를 치명적인 병으로 보고 있다. 자신은 치명적인 병의 피해자라고 보는 관점이다. 또한 부인도 비슷한 관점으로 남편이 시한부 인생을 살아가는 병에 걸렸고, 아직까지는 치료 방법이 없는 비극적 병이라고 생각하고 있다. 이런 병에 자신이 걸렸다는 것에 대한 좌절감도 가지고 있다. 상담에서는 죽음에 대한 공포감, 슬픔, 그리고 삶을 일찍 마쳐야 한다는 것에 대한 분노 등을 다룰 것이다.

위의 예들은 서로 다른 귀인 양식 때문에 다른 정서적인 어려움에 처하는 예를 보여 준다.[9] 우리가 인간을 죄인으로 볼 때 우리는 그들이 선택한 결과에 대해 책임이 있다는 것을 가정한다. "제프는 자신이 다른 남자와 성관계를 갖기로 선택했기에 에이즈 바이러스 양성반응인 것이다." 이것은 내적 귀인의 한 예이다. 내적 귀인에 대한 빈번한 반응은 죄인에 대해서 분노하게 되고 종종 그 죄인을 처벌하게 된다. 사람들이 병든 것으로 볼 때, 우리는 그들이 현재 상태를 통제하지 못한다고 가정한다. "에이즈는 사람의 귀천을 가리지 않고 엄습한다." 이것은 외적 귀인으로 불려진다. 외적 귀인에 대한 빈번한 반응은 피해자에 대해 연민을 느끼는 것이다.

많은 심리학자들은 우리의 귀인양식이 정신 건강에 많은 영향을 끼친다는 사실을 증거로 제공하였다. 예를 들어, 우울한 사람은 일이 잘못되면 자신의 내적인 결함이라고 귀인하고, 좋은 일은 우연적이고 운명의 영향이라고 귀인한다. 우울증에 효과적으로 대항하는 사람은 좋지 않은 사건들을 외적 요인들 또는 노력의 부족이나 불운 같은 불안한 요인들 때문에 생겼다고 보고, 좋은 사건들은 내적, 좋은 능력과 헌신된 노력 같은 안정적인 자질들 때문에 생긴다고 본다.[10]

이와 같은 귀인양식의 이론에 의하면, 나쁜 일을 자신의 개인적인 죄의 결과라고 귀인하는 사람들은 우울증에 더 빠지기 쉽고, 불행한 상황에서 병이 발생한 것이라고 귀인하는 사람보다는 자신에 대해 분노를 느끼기 쉽다. 정신 건강에 대해 심리학에서 가장 영향력 있는 귀인양식은 사람들이 내적인 귀인인 죄 때문이라기보다는 병이 들었다고 보는 것이다. 상담자는 내담자가 삶에 실패할 경우 내담자가 역기능적인 수치심을 줄이고 지나친 죄책감에서 벗어나도록 돕는 것이다.

예를 들어 약물 남용에 관한 연구는 중독을 병이라고 귀인하기보다는 죄라고 귀인하게 되면 오히려 치료에 해롭고 파괴적이라고 보고되어 있다. 오히려 자신이 통제하기 어려운 병에 걸렸으므로 전문가나 주위의 도움으로 이러한 어려움에서 벗어나겠다는 생각을 가지는 것이 도움이 된다.

기독교 상담자는 종종 서로 상반된 귀인양식 사이에서 어느 쪽을 선택해야 할지 갈등을 일으킬 수 있다. 기독교 영역에서 죄는 인간이 하나님에 대해서 의도적으로 반항한 사건이며 자신과 다른 사람들에게 해로운 영향을 끼치는 것이라고 본다. 상담 영역에서 정서적인 어려움은 인간이 통제할 수 없는 중독, 병, 잘못된 자녀교육, 불행한 사건 등에서 기인한다고 주장한다.

하나의 가설은 인간이 죄인이라고 지적하고, 다른 가설에서는 인간은 병이 들었다고 한다. 우리는 이 서로 상반되는 두 귀인의 한쪽을 포기하지 않고, 기독교에 충실하면서도 상담과 정신 건강에도 관심을 두는 조화를 이룰 수 있을까? 이 상반된 두 관점을 조화시키기 위해서는 기독교의 신학적 관점과 영적인 측면을 고려해야 한다.

기독교 신학

심리학 세계에서 죄와 병에 대한 구별은 단순한 이분법적인 의미에 불과하다. 그러나 기독교 신학 세계에서 죄와 병은 내적으로 분리될 수 없으므로 이분법적 사고가 자리잡을 곳이 없다. 밀라드 에릭슨(Millard Erickson)은 "죄란 하나님의 도덕적 의지에 대해서 적극적으로, 또는 수동적으로 순종하려는 의지의 결여이다. 이 상태는 행동, 사고, 또는 내적인 성향일 수 있다"고 정의하고 있다.[11] 이 정의에 따르면 죄와 병은 분리할 수 없이 상호 관련되어 있다. 신학자 에드윈 잭크리슨(Edwin Zackrison)은 "신학적으로 볼 때 죄는 단순히 개인적이고 사회적인 의미나 복잡한 관계를 포함한 모든 면에서 단순히 우리의 나쁜 행동을 의미하는 것만은 아니다. 성경적, 신학적인 관점에서 보면 죄는 우리의 존재 근원과 하나님과의 관계와 연결된 조건이다"라고 주장했다.[12] 기독교 신학의 관점에서 보면 죄는 개인적인 문제뿐만 아니라, 원죄의 개념을 포함하고 있다.[13] 대체로 비기독교적인 상담자는 죄의 개인적인 측면만 이해하기 때문에 그것의 기독교적 의미를 잘 반영할 수 없다.

| 사례 |
우울증 환자를 치료하는 베스트 박사

베스트(Best) 박사는 종교적 믿음을 가지고 있는 많은 우울증 환자들을 치료하고 있는 심리학자이다. 그는 환자들이 자신의 행동과 믿음이 일치하지 않기 때문에 죄의식을 느끼고 치료를 받으러 오는 것을 주목하고 있다. 베스트 박사는 이에 관한 문제는 종교라고 가정하고 종교의 정신병리학적 영향들에 관해 분노하는 논문과 책들을 쓰고 있다. 베스트 박사의 책들은 꽤 인기가 있고, 다른 심리학자들도 내담자들에게서 유사한 현상들을 주목하기 시작했다.

위의 예에서 베스트 박사는 죄의 개인적인 면만 보고 죄의 원죄성과 모든 인류에 관련된 것을 간과했다. 베스트 박사와 같이 많은 심리학자들은 죄에 관해 글을 쓰면서, 신앙심이 강한 기독교 신자들은 지나치게 죄에 대한 사고와 행동에 사로잡혀 있다고 가정하고서, 종교가 정신병리를 조장한다고 결론을 내린다. 에릭 프롬(Eric Fromm)은 기독교의 목표는 인간의 무력감과 복종이므로 인간에게 강한 슬픔과 죄책감을 일으키고 있다고 주장하였다.[14] 이러한 맥락에서 앨버트 엘리스도 자신의 환자들 중에서 동일한 죄책감을 관찰하고 죄라는 개념이 정신병리의 원인이라는 결론을 내리게 되었다.

프롬이나 엘리스의 견해가 전적으로 틀린 것은 아니다. 어떤 기독교 심리학자들도 죄는 개인적인 문제이고, 신앙이 강한 사람은 자신의 행동을 가장 잘 통제하는 사람이라고 정의하고 있다. 이것이 죄는 우리가 없애 버려야 할 일련의 습관적인 행동이라고 주장하는 펠라기우스 이단이다. 만일 우리가 죄라는 개념을 단순히 개인적인 사고나 행동적인 차원에만 제한하면, 우리는 죄를 관리해야 한다는 마음에 빠져서 율법주의, 금욕주의와 과도한 죄의 반응으로 빠져들 취약성이 있다.

사도 바울은 죄를 조절하는 기술을 통해서 자신의 죄를 통제하려고 하는 사람들에게 강한 경고를 하고 있다. "너희가 세상의 초등학문에서 그리스도와 함께 죽었거든 어찌하여 세상에 사는 것과 같이 의문에 순종하느냐 곧 붙잡지도 말고 맛보지도 말고 만지지도 말라 하는 것이니 이 모든 것은 쓰는 대로 부패에 돌아가리라 사람의 명과 가르침을 좇느냐 이런 것들은 자의적 숭배와 겸손과 몸을 괴롭게 하는데 지혜 있는 모양이나 오직 육체 좇는 것을 금하는 데는 유익이 조금도 없느니라"(골 2:20-23).

죄는 개인적인 차원에만 국한된 것이 아니기에 죄를 관리하는 것은 단순히 해야 할 행동 목록과 해서는 안 될 목록을 작성하는 것을 의미하지 않는다. 죄는 우리의 타고난 본성의 한 부분이고, 인간에 널리 퍼져 있는 조건이다. 죄는 인간의 병이며 에덴 동산에서 아담과 이브가 죄를 짓기로 결정한 인간의 타락까지 거슬러 올라간다. 원죄를 지은 우리 인간은 죄 문제로 항상 괴로워해 왔다. "이러므로 한 사람으로 말미암아 죄가 세상에 들어오고 죄로 말미암아 사망이 왔나니 이와 같이 모든 사람이 죄를 지었으므로 사망이 모든 사람에게 이르렀느니라"(롬 5:12).

죄가 편재한다는 생각에는 좋은 면과 나쁜 면이 있다. 죄의 편재라는 생각은 우리가 정말 병들어 있고, 우리의 삶에서 우리의 태도와 행동, 관계, 사고에 죄가 영향을 주고 있다는 부담을 가지고 살아가야 한다는 면에서 나쁘다. 인간의 동기는 항상 양면이 있어, 한편으로는 계속해서 하나님께 복종하려고 싸우며 죄에 대해서 벗어나려고 한다. 그러나 다른 한편으로 죄의 편재성은 일반 심리학자들이 말하는 대로 기독교인은 정서적으로 병적이 될 운명에 처해 있다고 하는 주장을 무력화시킬 수 있는 좋은 면을 가지고 있다.[15] 죄를 정확히 이해하고 있는 기독교인은 자신들이 누구나 죄인일 수밖에 없는 인간이라는 것을 알고 있다. 만일 죄가 모든 사람들에게 영향을 주고 우리가 가장 최선의 결정을 하는 데 방해하는 것이 병이라고 한다면, 우리는 죄 때문에 우리 자신이 내적인 귀인을 하거나 수치심을 지나치게 느낄 필요가 없게 된다.

인간은 죄라는 유혹과 공동의 짐을 지고 고통받고 있는 순례자이다. 죄를 가장 정확히 이해하고 있는 사람들은 자신이 가진 문제의 원인에 대해서 내적(개인적)귀인과 외적(전인류)귀인을 모두 적절히 할 수 있는 사람들이다.

| 사례 |
제프를 돕는 제3의 대안

제프는 앞에서 밝힌 대로 에이즈에 걸렸는데 앨리슨과 자신의 미래에 대해서 어떻게 대처할 것인가에 관해서 서로 대화를 나누고 있다. 이 경우에 두 가지의 가능한 귀인양식을 이미 밝힌 바 있다. 제프는 죄인이기 때문에 에이즈에 걸렸고 그가 하나님께 반역적인 행동을 했기에 그에 상응하는 벌을 받고 있다(내적인 귀인)고 생각할 수도 있다. 또한 그는 아주 치명적인 병에 걸렸다(외적인 귀인)고도 볼 수 있다.

그러나 이 두 가지 귀인 양식을 통합한 제3의 대안적인 귀인이 있을 수 있다. 제프는 죄인이고 우리 모두도 죄인이다. 죄는 우리 인간에게 여러 면에서 영향을 주고 있는 만연된 세력이다. 제프의 죄는 특별히 절망적인 결과를 초래하였다. 왜냐하면 에이즈를 포함한 병은 타락한 인간 사회에 만연하기 때문이다. 그러나 죄의 결과로 제프가 병에 걸렸다 해도 우리가 그를 정죄하고 심판해야 할 대상은 아니다.

우리 모두는 어느 정도 항상 죄의 결과로 고통을 당하고 있다. 이러한 귀인은 내적 및 외적 귀인양식을 포함하고 있다. 이것은 개인적이고 원죄적인 귀인을 포함하기에 실망, 슬픔, 분노뿐 아니라, 동정과 사랑을 가지고 제프의 문제를 다루도록 도와줄 수 있다.

죄의 속성에 관한 개인적인 차원과 원죄적인 측면을 이해하면 타락한 경험에서 오는 아픔을 잘 조절할 수 있다. 그리고 심리학자들이 흔히 종교와 관련시키는 과도한 자기-저주를 하지 않게 된다. 죄에 대한 최상의 대처 방법은 자신을 비하하지 않으면서 하나님과의 관계 회복의 필요성을 깨닫고 치유를 소망하는 것이다. 즉 죄에 대한 자신의 책임도 인정하지만, 자신을 정죄하지 않고 하나님과의 관계에서 자신을 치유의 대상으로 인정하는 것이다. 이러한 관점에서 보면 우리는 죄를 지었기에 저주의 대상이 아니고, 죄를 용서하고 해결해 주시는 하나님이 필요한 대상이다.

영성

영적인 삶으로 깊이 들어가기 위해서는 죄를 일시적으로 다루는 태도를 버리고 성령님의 도움으로 거듭남을 추구해야 한다. 이 점에 대해 리처드 포스터(Richard Foster)는 다음과 같이 잘 지적하고 있다. "우리 안에 내재되어 있는 죄를 다루는 일반적인 방법은 전면적인 공격을 시도하는 것이다. 우리는 자신의 의지력과 결단에 의존한다. 즉 다시는 그러한 죄를 범하지 않겠다고 다짐하는 것이다. 그러나 이러한 결심은 헛되다. 우리는 다시 한번 도덕적으로 파산하거나 이전보다 더욱 악화된 자신의 모습을 발견하게 된다. 또한 외적인 의에 대하여 자부심이 지나쳐 '회칠한 무덤'이 자신의 상태를 가장 완곡하게 표현한 말이 될 정도까지 이르게 된다."[16]

| 사례 |
감춰진 분노를 해결하려면

존(John)은 최근에 우울하고 외로워서 교회에서 자원봉사 상담자를 만났다. 상담자는 죄성이 있는 그의 태도와 감추어진 분노를 발견하고, 부모님에게 용서의 편지를 쓰도록 권유했다. 존은 편지를 쓰고 나서 기분이 좋아졌고, 상담자는 그에게 상담을 그만 끝내자고 했다.

이처럼 솔직한 상담에 대한 접근은 어떤 이익이 있을 수 있지만, 존이 여기에서 지속적으로 영적, 인격적 성장을 경험할지는 의심스럽다. 비록 그가 죄를 확인하고, 분노를 중지하겠다고 맹세했지만, 그는 은혜로운 하나님과의 친밀한 관계에 대해서는 거의 배우지 못했으며, 분노를 버리는 것이 기대했던 것보다는 어렵다는 것을 발견했을 것이다. 존은 의지적으로 용서하려고 노력했으나 의지만으로 잘 되지 않을 수 있다. 존과 같은 처지에 있는 사람들이 분노에서 해방되어 진정한 용서에 이르는 길은 예수님과 깊은 교제를 통해 날마다 '자기를 비우는' 것이다.

죄는 개인적일 뿐만 아니라 기원을 가지고 있기 때문에 우리의 의지력도 악으로 오염되어 있을 수 있다. 우리는 자신을 속이거나 우리의 행동을 정당화한다. 또한 선보다는 평판에 가치를 두고, 죄를 많이 짓는 사람들과 우리 자신을 비교하며 합리화하고, 계속해서 다른 죄를 짓는다. 인간의지는 죄로 물들어 있어서 인간의 의지만으로는 결코 죄를 정복할 수 없다.

죄를 이기기 위해서는 인간의 본성보다 더 큰 힘이 필요하다. 그래서 우리는 하나님을 필요로 한다. 15세기에 토마스 아 켐피스(Thomas a Kempis)는 이것에 관하여 다음과 같이 기술하였다. "우리가 유혹을 받고 있을 때에 실망해서는 안 되며, 이러한 고난의 시기에 오히려 하나님의 도우심을 더 열심히 구해야 한다."[17]

20세기의 토마스 머튼(Thomas Merton)도 "완벽함이란 그리스도와 연합하는 자격을 얻기 위해 그리스도 밖에서 얻어지는 도덕적 수식어가 아니다. 완벽함은 믿음 가운데서 우리 안에 거하시는 예수님의 활동의 결과인 것이다"라고 말했다.[18] 사도 바울은 이러한 믿음은 인간의 의지에서 나온 것이 아니고 하나님이 주신 선물(엡 2:8-9)이라고 말했다.

인간이 죄의 유혹을 물리치기 위해서는 의지력만으로 어려운데, 이는 인간 자체가 죄성을 가지고 있기 때문이다. 우리는 어떻게 죄로부터 벗어나서 표리부동한 우리의 마음을 순결하게 만들 수 있을까? 이것은 오직 우리가 하나님 앞으로 가까이 가며 하나님이 우리에게 가까이 오시도록 허락할 때만 가능하다.[19] 기독교인으로서 이러한 승리의 삶을 살 수 있는 강한 사람은 아무도 없으며 우리가 하나님께 의지할 때만 이런 삶이 가능하다. 어거스틴은 "오 하나님! 당신은 선하시고 나의 강건함은 하나님으로부터만 가능합니다"라고 고백했다.[20]

죄를 적절하게 다루기 위해서는 우리의 의지력을 초월해 하나님을 추구해야 하기 때문에, 영적 훈련은 거룩함을 위한 필수적 도구가 된다. 훈련 자체가 우리를 거룩하게 만들지는 않지만, 그것은 하나님의 은혜와 진리로 우리를 채워서 우리의 영혼에게 문을 열어 준다. "필요한 것은 내적인 작업인데 오직 하나님만이 내적인 작업을 하실 수 있다."[21]

심리적, 영적 건강

죄에 대한 논의는 기독교 상담자들에게 중요한 질문들을 이끌어 낸다. '나는 내담자의 삶에서 죄를 대면하지 할 것인가? 죄에 직면하게 하는 것은 심리, 영적인 건강을 경험하도록 그들에게 도움을 줄 것인가?'

성격 유형과 이론에 따라 어떤 상담자들은 이런 질문에 아니라고 대답하고 내담자들에게 직면하게 하는 것을 회피한다. 비록 필자는 어떤 이론적 배경들은 직면하지 않는 것이 효과적이라고 인식하고 있지만, 대부분의 기독교 상담자들에게는 직면이 타당한 선택이 되어야 한다고 믿는다.[22] 그러나 "우리가 상담에서 죄를 직면하게 해야 하는가?"라는 문제보다 더 적절한 질문은 "어떤 내담자들을 죄에 직면하도록 하며, 어떻게 직면하도록 할 것인가?"이다.

상담에서 죄를 직면하는 네 가지 접근방법은 다양한 상황에서 적절하게 쓰일 수 있다. 침묵, 숙고하는 것, 질문하는 것, 직접 제재 등이다. 이 외에도 죄를 직면하지 않는 방법이 있다. 각 방법은 특별한 내담자, 상황, 그리고 치료관계의 본질과 관련해서 조심스럽게 선택되어야 한다. 다음은 이런 상황에 대한 구체적인 예이다.

침묵

때때로 죄를 직면하는 최상의 방법은 침묵을 지키고 내담자가 자신에 대한 죄책감과 자신을 비난하는 질문을 하도록 도와주는 것이다. 이 접근은 내담자가 상담자에게 지나치게 의존적일 경우에 도움이 된다.

내담자: 어머니는 나를 자신의 소유로 생각하고 있어요. 내 나이 올해 서른다섯 살인데요. 나는 어머니가 나에게 친구처럼 대했으면 해요. 내가 그와 같이 잠을 자건 말건 이 문제는 어머니가 관여할 문제가 아니에요. 이것은 내 문제라구요. 나는 기분이 내키는 대로 탐과 같이 잠을 잘 것입니다.

상담자 : (침묵)

내담자 : 나는 나쁜 사람이 아니에요. 어머니가 원하는 것이 바로 그것이라고 생각해요. 어머니는 내가 십대였을 때 그랬던 것처럼 지금도 내가 나쁜 사람이라고 느끼길 바라고 있어요.

상담자 : (침묵)

내담자 : 내가 무엇을 말하고 있는지 아시겠어요? 나는 내가 나쁜 사람처럼 느끼는 것이 싫어요.

이 경우에 내담자가 얼마나 상담자의 동의를 구하고 있는지 관찰해 보라. 어떤 때는 상담자가 고개를 끄덕이거나, 말로 인정해주는 것("알겠어요," "음")만으로도 허용의 느낌은 충분하다. 만일 상담자가 내담자의 첫 번째 진술을 인정해 주었다면, 내담자는 상담자가 자신이 선택한 어느 시간과 장소에서건 탐과 함께 잠을 잘 수 있는 권리를 가지고 있다고 동의한다고 느끼고 상담을 마칠 수 있을 것이다. 이 경우 침묵은 내담자의 죄의 행동들을 소극적으로 허용하는 상대적으로 부드러운 직면의 유형이다.

숙고하는 것

숙고하는 것은 어떤 경우 내담자가 자신의 죄의 문제를 간접적으로 직면하고 자신이 할 수 있는 선택을 좀더 의도적으로 생각해 볼 수 있도록 한다는 면에서 내담자에게 도움을 줄 수 있다. 이것은 이런 전략에 능한 TV 형사의 이름을 따서 '콜롬보 기법'이라고 불려진다.

내담자 : 어머니는 나를 소유물로 생각하고 있어요. 내 나이 올해 서른다섯 살인데요. 나는 어머니가 나에게 친구처럼 대했으면 해요. 내가 그와 같이 잠을 자건 말건 이 문제는 어머니가 관여할 문제가 아니에요. 이것은 내

문제라구요. 나는 기분이 내키는 대로 톰과 같이 잠을 잘 것입니다.

상담자 : 잠깐만요. 당신은 어머니가 원하는 대로 행동하고 싶지 않다고 말하고 있지만, 정작 얼굴 표정과 목소리에는 긴장감이 느껴지는군요. 마치 당신도 자신이 한 말을 실제로 믿지 않는 것처럼 말이죠.

내담자 : 어머니는 너무나 강한 것 같아요. 나는 지난 18년 동안 내 방식대로 살아왔지만, 어머니는 여전히 통제하면서 여기에 있는 것 같아요.

상담자 : 어머니의 목소리가 늘 당신 안에 있는 것 같군요.

내담자 : 네, 그렇습니다.

여기서 상담자는 내담자의 양심 상태를 이해하도록 돕고 있다. 내담자는 어머니를 비난하지만, 실제로 어머니의 많은 가치관들을 내재화시켜 왔다. 아마 그는 톰과 함께 자는 것에 대해서 갈등을 느끼고 있을 것이며, 상담자는 자신의 감정을 드러내고 탐색하도록 그를 돕고 있다. 침묵과 마찬가지로 이것은 상대적으로 부드러운 직면의 형태이다.

질문하는 것

구체적인 질문을 함으로써, 상담자들은 내담자의 옳고 그른 가치관에 접근할 수 있다. 이 접근은 내담자가 단순히 상담자의 기대에 순응하게 하기보다는 그들의 결정에 대한 주인의식을 갖도록 도울 수 있다.

내담자 : 어머니는 나를 소유로 생각하고 있어요. 내 나이 지금 서른다섯 살인데요. 나는 어머니가 나에게 친구처럼 대했으면 해요. 내가 그와 같이 잠을 자건 말건 이 문제는 어머니가 관여할 문제가 아니에요. 이것은 내 문제라구요. 나는 기분이 내키는 대로 톰과 같이 잠을 잘 것입니다.

상담자 : 탐과 잠자는 것이 당신에게 어떤 의미와 가치가 있습니까?

내담자 : 물론 그것이 최선이라고 생각하지 않지만, 내가 저지를 수 있는 가장 최악의 범죄라고도 생각지 않아요. 어머니는 내가 만약 누군가와 잠을 잔다면 지옥에 갈 거라고 생각하는 것 같아요.

상담자 : 어머니의 종교적인 가치관이 그분에게는 중요한 것 같군요. 그리고 당신의 가치관들은 어머니의 것과는 다른 것 같아요. 당신의 종교적인 가치관들은 어떻습니까? 어떻게 탐에 대한 당신의 선택에 영향을 주고 있나요?

비록 이것이 먼저의 두 가지 예보다 도전적이기는 하지만, 그것은 옳고 그름에 대한 자신의 가치들을 표현하는 내담자의 권리를 존중해 준다.

직접적 책망

이 기법은 치료관계에서 높은 수준의 신뢰가 형성되었을 때만 고려되어야 한다. 이상적인 상황들에서 그것은 빠른 변화를 가져다 준다. 불행하게도 만약 잘못 사용될 경우 치료관계에 심한 손상을 주고 미래 상담의 확실성을 약화시킨다.

내담자 : 어머니는 나를 소유로 생각하고 있어요. 내 나이 올해 서른다섯 살인데요. 나는 어머니가 나에게 친구처럼 대했으면 해요. 내가 그와 같이 잠을 자건 말건 이 문제는 어머니가 관여할 문제가 아니라 내 문제라구요. 나는 기분이 내키는 대로 탐과 같이 잠을 잘 것입니다.

상담자 : 당신의 어머니는 여러 상황에서 자신을 표현하지 않는 것 같지만, 성경적인 가치관들이 어머니의 가치관과 유사하다는 것은 흥미로운 일이군요.

내담자 : 그게 무엇을 의미합니까?

상담자 : 성경에서 성관계는 오직 결혼을 위해서라고 가르치고 있는데, 당신과 탐은 아직 결혼하지 않았어요. 히브리서 13장 4절에는 "모든 사람은 혼인을 귀히 여기고 침소를 더럽히지 않게 하라 음행하는 자들과 간음하는 자들을 하나님이 심판하시리라" 이렇게 권고합니다. 아마도 당신의 어머니 역시 그것에 관심이 있으신 것 같군요.

분명히, 이것은 상담자의 가치를 내담자의 가치 위에 놓는 가장 극단적인 직면의 형태이다. 직접적인 직면이 적절할 때가 있지만, 필자의 견해로 그것은 매우 절제되어 사용되어야 한다. 수년 간의 임상 작업에서 필자는 직접 책망을 거의 사용하지 않았다.

직면하지 않는 것
때때로 죄를 직면하는 것은 최그의 치료 전략이 아니다. 이 예에서 상담자는 다른 방향에서 상담을 하고 있다.

내담자 : 어머니는 나를 소유로 생각하고 있어요. 내 나이 올해 서른다섯 살인데요. 나는 어머니가 나에게 친구처럼 대했으면 해요. 내가 그와 같이 잠을 자건 말건 이 문제는 어머니가 관여할 문제가 아니에요. 이것은 내 문제라구요. 나는 기분이 내키는 대로 탐과 같이 잠을 잘 것입니다.

상담자 : 당신은 분노하고 있군요. 이에 관해 더 듣고 싶은데요.

내담자 : 어머니는 항상 내 삶에 관한 모든 것을 알기 원하세요. 그러나 나는 이제 스스로 선택할 수 있는 성인이라고 생각해요.

상담자 : 그것은 마치 당신과 어머니 사이에 좀더 적절한 거리가 필요하

다고 느끼고 있는 것처럼 들리는군요.

내담자 : 나도 그렇게 생각해요. 나는 어머니에게 어떻게 그것에 대해 말해야 할지 모르겠어요.

위의 예에서 상담자는 내담자 행위의 죄성을 다루기 전에 먼저 반드시 선행되어야 하는 다른 중요한 치료작업을 결정해야 할 것이다. 가령 내담자와 그의 어머니가 좀더 원활하게 의사 소통할 수 있는 길이 무엇인지 함께 토론하는 방식이 그것이다.

이 예들은 상담에서 죄의 행위를 토론할 때 가능한 다섯 가지 타당한 대안을 보여 준다. 구체적인 상담 상황에서 어떤 접근을 사용할지 선택하는 것은 통찰력, 지혜, 상담관계의 이해, 그리고 자각이 요구된다. 이전 장에서처럼 다음 세 질문들은 죄를 직면하는 것에 대해 주의 깊은 결정을 하는 데 사용되어야 한다.

이것이 건강한 자아의식을 형성하는 데 도움이 될 것인가?

기독교인의 삶은 우리의 옛 자아를 잘 조정해서 죄에 대한 우리의 편향을 줄이면서 사는 것이 아니다. 오히려 그리스도께서는 우리의 옛 자아를 새 자아로 바꾸라고 요구하신다. 우리는 변모되고, 근본적으로 변화되고, 다시 태어나게 된다. 사도 바울은 그것에 대해 이렇게 쓰고 있다.

"그러므로 우리가 그의 죽으심과 합하여 세례를 받음으로 그와 함께 장사되었나니 이는 아버지의 영광으로 말미암아 그리스도를 죽은 자 가운데서 살리심과 같이 우리로 또한 새 생명 가운데서 행하게 하려 하심이라 만일 우리가 그의 죽으심을 본받아 연합한 자가 되었으면 또한 그의 부활을 본받아 연합한 자가 되리라 우리가 알거니와 우리 옛 사람이 예수와 함께 십자가에 못박힌 것은 죄의 몸이 멸하여 다시는 우리가 죄에서 종 노릇하지 아니하려 함이니 이는 죽은 자가 죄에서 벗어나 의롭다 하심을 얻었음이니라"(롬 6:4-7).

기독교의 인생관은 새로운 삶을 위해서 과거의 삶을 포기하라는 것이다.[23] 루이스(C. S Lewis)는 「단순한 기독교」(Mere Christianity)에서 우리는 우리의 본성인 자아의 정상에 새로운 기독교인의 삶을 추가하는 경향이 있다고 말한다. 이러한 상태에서 우리의 본성적인 자아가 표현되고 양육받고 싶어한다. 우리는 더 많은 시간과 돈을 어떻게 소비하며, 유혹과 죄에 어떻게 저항하는가를 알기 위해 고군분투하지만 결국 좌절과 분노의 감정만이 남게 된다.

이 점에 대해 루이스는 다음과 같이 적고 있다. "기독교인의 방식은 다르다. 우리가 열심히 노력할수록 일은 더 쉬워진다. 그리스도는 '내게 모든 것을 다오. 내가 원하는 것은 많은 시간과 돈과 일이 아닌, 바로 네 자신이다. 나는 너의 본성적인 자아를 괴롭히려고 온 것이 아니라 죽이러 왔다' 라고 말씀하신다."[24]

기독교 상담자들이 수년 동안 상담에서 죄를 직면시키는 것에 대해 논의해 왔지만, 우리는 개인적인 죄를 직면시키는 것을 제한하고 루이스가 지적한 역기능적인 종교에 관해서 내담자에게 교육하는 것으로 끝을 맺는다.

앞의 사례에서 어느 때 어느 곳에서나 탐과 성관계를 할 수 있는 허락을 원하는 내담자를 고려해 보자. 가장 적절한 경우 직접 그 내담자를 죄에 직면시킴으로써 그의 행동을 변화시킬 수도 있다. 가장 이상적인 변화는 내담자가 정결한 태도를 가지고 결혼 전까지 성관계를 절제하는 것이다.

이 경우에 기독교 상담자는 내담자를 적절하게 돕도록 다음과 같은 것을 고려해야 한다. 과연 우리는 내담자가 외적으로는 행동이 변화하는 데 성공적이었을지라도 내적으로 새 사람이 되도록 도움을 주었는가? 이 내담자는 자신의 옛 자아를 새로운 자아로 대치했는가? 이 내담자는 자신의 원죄의 실재를 알고 직면했는가, 아니면 죄를 관리하기 위한 전략만 달성하였는가? 이 내담자는 자신의 전부를 예수님께 드렸는가, 아니면 자신의 일부만 드렸는가?

이 모든 문제를 기독교 상담의 관점에서 보면 하나의 총체적인 질문으로 집약된다. 우리는 사람들이 영적으로 변화하기 위해서 어느 정도 강요할 것인가, 아니면 매력만 느끼도록 해 줄 것인가? 필자의 생각에는 사람들이 영적인 삶의 변화를 위해서 매력을 느끼게 하는 것이 더 효과적이다. 기독교 상담자들이 내담자의 죄는 직면하게 하려고 하지만, 영적으로 변화된 삶의 열매(사랑, 희락, 화평, 오래참음, 자비, 양선, 충성, 온유와 절제)를 맺지 못하면 영적 성숙을 위하여 내담자들을 압박하려고 함으로써 잘못된 영적 성숙을 내담자들에게 가르치게 된다.

내담자를 단시간에 효과적으로 도와주어야 한다는 압박을 받게 되면 외적인 상태에서 내적인 변화를 시도하려는 행동수정 전략에 의존하는 경우가 있다. 우리는 바쁜 삶을 잠시 접어두고, 묵상의 시간을 가지고 하나님의 임재를 느끼면서 우리 자신을 새롭게 거듭나도록 해야 한다. 하나님께서는 우리 자신이나 내담자와 같이 먼저 내적 변화를 이루고 외적 변화도 이루기를 원하신다. 하나님은 단순히 우리가 죄를 다루는 전략적인 방법에 매달리기만을 원치 않으신다.[25]

여기에 두 가지 사례가 있다. 어떤 경우가 결과적으로는 내적 변화와 복종으로 이끄는 가장 큰 가능성을 갖고 있는지 고려해 보라.

외부에서 내부로의 접근

내담자 : 어머니는 나를 소유로 생각하고 있어요. 내 나이 올해 서른다섯 살인데 말이죠. 어머니가 나에게 친구처럼 대해 주었으면 해요. 내가 그와 같이 잠을 자건 말건 이것은 어머니가 관여할 문제가 아니라 내 문제라구요. 나는 기분이 내키는 대로 탐과 같이 잠을 잘 것입니다.

상담자 : 당신의 어머니는 많은 상황들에서 자신을 표현하지 않는 것 같지만, 성경적인 가치관들이 어머니의 것들과 유사하다는 것은 흥미로운 일이군요.

내담자 : 그게 무엇을 의미합니까?

상담자 : 하나님의 말씀에 의하면 성관계는 오직 결혼을 위해서라고 가르치고 있는데, 당신과 탐은 아직 결혼하지 않았어요. 히브리서 13장 4절에는 "모든 사람은 혼인을 귀히 여기고 침소를 더럽히지 않게 하라 음행하는 자들과 간음하는 자들을 하나님이 심판하시리라"고 권고합니다. 아마도 당신의 어머니 역시 그것에 관심이 있으신 것 같군요.

내담자 : 그래서 당신은 어머니가 옳다고 생각하는군요. 나도 그렇다고 생각하지만, 그것은 내가 잘못하고 있다고 어머니가 나에게 계속해서 말할 때 다시 아이가 된 것처럼 느껴져서 몹시 싫어요.

상담자 : 하나님이 당신에게 옳고 그름을 말씀하신다고 생각하면 좀더 쉽지 않을까요?

내담자 : 나도 그렇게 생각해요. 그것은 내게도 항상 중요하거든요. 그러나 어머니가 내게 무엇을 하지 말라고 하면 더 하고 싶은 충동이 생겨요.

상담자 : 하나님이 당신에게 말씀하신다고 생각하면 어떻습니까?

내담자 : 좀더 쉽겠지요. 하나님은 저에게 가장 좋은 것을 주시려고 하는 것을 알아요. 그런데 어머니는 자기가 좋게 보이는 것처럼 나에게 좋게 보이기를 바라는 것 같아요. 내가 변해야 한다는 것을 알고 있어요.

상담자 : 다음 기회에 당신이 어떻게 변해야 할 것인지 이야기해 봅시다.

때로는 직접 책망하는 것이 죄에 대한 적절한 접근이다. 그러나 필자의 의견으로는 우리가 하나님과 다른 사람들과의 친밀감을 향한 간절함을 발견하도록 사람들을 돕는 목표와 함께 변화된 삶의 열매를 단순하게 모델로 보여 주는 것이 더 적절하다.

내부에서 외부로 접근

내담자 : 어머니는 나를 자신의 소유로 생각하고 있어요. 내 나이 올해 서른다섯 살인데 말이죠. 나는 어머니가 나에게 친구처럼 대해 주었으면 해요. 내가 그와 같이 잠을 자든 말든 이 문제는 어머니가 관여할 문제가 아니에요. 이것은 내 문제라구요. 나는 기분이 내키는 대로 탐과 같이 잠을 잘 것입니다.

상담자 : (침묵)

내담자 : 나는 나쁜 사람이 아니에요. 그것이 어머니가 원하는 것이라고 나는 생각해요. 어머니는 내가 십대였을 때 그랬던 것처럼 내가 나쁜 아이라고 생각하기를 원하고 있어요.

상담자 : (침묵)

내담자 : 내가 무엇을 말하고 있는지 아시겠어요? 나는 나쁜 사람처럼 느끼는 것이 싫어요.

상담자 : 그것이 당신에게 친숙한 감정인지 묻고 싶군요.

내담자 : 나는 항상 나쁘다고 느꼈어요. 내가 하는 그 어느 것도 마음에 들지 않아요. 마치 당신은 내가 나쁜 사람이라고 생각하고 있는 것 같아요.

상담자 : 그것은 우리가 확인해야 할 중요한 느낌입니다.

내담자 : 글쎄요, 당신도 그런가요? 당신은 내가 나쁘다고 생각합니까?

상담자 : 당신이 생각하고 있는 것을 나에게 말하세요.

내담자 : (잠깐 멈춤, 눈물을 흘리며) 나는 항상 내가 나쁜 사람이라고 느끼고 있어요.

이 예에서 상담자는 죄를 묵과하지 않으면서 내담자의 내적 삶을 향한 토론에 초점을 두고 있다. 여기에서 내담자는 자신이 항상 얼마나 나쁘고 무가치한 인간이라고 느껴 왔는지 탐색해 볼 수 있다. 비기독교인 상담자는 내담자로 하여금 자신이 좋은 사람이라는 생각을 단념하게 하거나, 반대로 자신이 좋은 사람이라는 확신을 갖도록 하는 반면, 기독교인 상담자는 내담자로 하여금 자신의 관심이 보편성을 지닌 것임을 볼 수 있도록 도울 것이다.

내담자는 다른 사람들처럼 자신을 채우려는 욕망, 용납에 대한 건강하지 못한 욕구, 타락한 다른 인간과 같이 살면서 느끼는 슬픔과 고독으로 물들어 있다. 다행히 하나님께서는 이들의 부족과 약함에도 불구하고 그들을 사랑하시고, 그들의 성품을 아름답게 변화시키려고 하신다.

이러한 도움이 건강한 욕구의식을 형성할 것인가?

우리는 내담자에게 자신이 지은 죄를 직면하게 하면 자신의 잘못을 깨닫고 또한 하나님이 필요하다는 생각을 갖게 만들 것이라고 생각하기 쉽다. 물론 이런 경우가 있기는 하다. 특히 내담자와 신뢰하는 치료관계가 형성되어 있을 경우, 직접적으로 죄에 대해서 직면하도록 하면 도움이 될 수 있다.

그러나 불행하게도, 이러한 방법은 위에서 지적한 경우에만 효과가 있지, 죄에 대해서 너무 성급하게 직면시키면 내담자들은 치료자를 더 멀리하고 내담자가 방어적으로 되게 하거나 투정하도록 몰아가는 경우가 있다. 이 경우에는 오히려 죄에 대해서 간접적인 접근이 더 좋은 경우가 많다. 문제는 어떻게 이러한 결정을 할 수 있느냐 하는 것이다. 어떤 내담자는 죄에 대해서 직접적으로 다루어야 하고, 어떤 내담자는 죄에 대해서 좀더 부드럽게 대해야 할 것인가는 다음의 네 가지 사항을 고려해야 한다.

성격장애

상담을 원하는 대부분의 사람들은 새로운 상황에 적응하고, 새로운 사고 방식을 배우며, 자신의 감정을 솔직하게 탐색하고, 실질적인 행동의 변화를 이끌어 낼 수 있는 유연성과 적응 능력이 있다. 그렇지만 내담자들 가운데 일부는 유연성과 관계 적응 능력이 현저하게 떨어지는 일명 '성격장애' (personality disorders)를 갖고 있다. 이 어휘는 미국정신과의사협회 (American Psychiatric Association)의 "정신 질환의 진단과 통계편람"(Diagnostic and Statistical Manuals of Mental Disorders)에서 사용되었다.[26)]

성격장애를 가진 내담자들은 죄를 직면시키면 별로 좋은 반응을 보이지 않는다. 어떤 내담자들은 상담자를 기쁘게 하려고 지나치게 순종적이지만, 실제로는 내적인 변화를 보이지 않는 사람들이 있다. 어떤 사람들은 방어적이고, 화를 내고 치료적인 관계에서 철회하는 경향을 보이기도 한다. 또한 어떤 내담자들은 상담자가 제시하는 변화를 시도하려고 노력하지만 강박적인 태도로 하기 때문에 실제로는 자신의 정신적인 병리를 더 악화시키는 경우가 있다. 가능하다면 내담자를 직접 직면하기 전에 내담자의 성격장애를 포함한 다른 정신 상태에 대한 정확한 진단을 내리는 것이 중요하다.

필자는 최근에 기독교 상담자들이 다중인격 장애자(지금은 해리적 정체 장애라고 부르기도 함), 종교적인 학대, 어린 시절의 성적학대처럼 문제가 되고 있는 진단을 얼마나 자주 내리는지 조사한 적이 있었다. 그리고 통제집단으로 미국심리학회에 속하는 심리학자들을 무작위로 선발해서 동일한 목록으로 설문조사를 했다. 이 연구의 놀라운 발견은 기독교 상담자나 자원봉사 상담자들이 일반 심리학자보다도 더 많은 성격장애자들을 상담하고 있다는 것이었다.[27)]

즉 교인들은 상대적으로 사소한 문제를 가지고도 많은 상담을 받고 있다. 교인들은 처음에 교회 목사나 교회에서 쉽게 접할 수 있는 기독교 상담자에게서 상담을 받는다. 만일에 문제가 해결되지 않으면 대체로 기독교 심리학자에게 의뢰해서 상담을 받게 된다. 만일 내담자가 장기간에 걸쳐서 상담이 필요한 경우에는 보험에서 상담 비용을 지불해 줄 수 없기 때문에 무료로 상담을 해주는 자원 봉사자에게 상담을 받게 된다. 비기독교적인 내담자들은 교회 같은 상황에서 가능한 상담자들이 없기 때문에 처음부터 심리학자에게 상담을 받는다. 그래서 기독교 심리학자나 상담자들은 장기적인 치료가 필요한 성격장애자들을 포함해 더 어려운 내담자들을 접하게 될 가능성이 있다.

그러나 필자의 경험에 의하면 한국 교회 교인들은 대체로 심리적 문제로 상담을 요하는 경우 심각한 상태가 되어야 상담을 요청한다. 초기에 교인들이 담임목사에게 도움을 요청하면 목사들은 심리적인 문제를 영적인 문제로 보는 경향이 있기 때문에 성직자 선에서 기도나 영적인 면으로 도와주려고 노력하다가 문제가 심각해지면 기독 심리학자들에게 의뢰하기보다는 기도원에 보내어 많은 경우 그곳에서 학대를 당하거나, 또는 내담자의 가족들이 함께 힘들어 하는 경향이 있다. 이러한 면에서 보면 한국 교회에서는 교인들의 정신 건강에 대한 새로운 인식과 기독 상담 전문가들과의 협동적인 팀 훈련이 필요한 실정에 있다.

이 연구 결과에 상관없이 어떤 기독교 상담자는 성격장애 증상을 가진 많은 내담자들을 상담하고 있다는 것을 인식하는 것이 중요하다. 죄를 직접적으로 대면하는 것은 일반적으로 이 내담자들, 특별히 치료의 초기 단계에서는 현명하지 않다.

작은 문제부터 시작하라

소중히 여기는 믿음이나 행동에 직면하도록 노력하기 전에 작고 덜 위협적인 직면의 유형들부터 시작하는 것이 현명하다. 이것은 상담자에게 내담자가 어떻게 직면을 다루는지 볼 수 있는 기회를 준다. 다음 예를 고려해 보라.

| 사례 |
상담 시간에 지각하는 내담자

상담자 : 오늘 우리는 상담을 시작하는 시간에 대해 나누고 싶습니

다. 당신은 지난 두 회기에서 매번 10분씩 늦었더군요. 그것은 당신 시간이지만, 이로 인해 우리가 상담에서 해야 할 것을 제대로 하지 못할까 봐 염려됩니다.

이 대면에 대한 내담자의 반응은 그가 후에 더 중대한 직면에 어떻게 반응을 할 것인지 예측하기 위해 사용될 수 있다. 여기에 세 가지 가능한 반응들이 있다.

반응A : "예, 지난 두 주간 모두 교통 체증에 걸렸어요. 미안해요. 그리고 나는 정각에 여기에 오는 것이 나에게 유익하다는 것을 깨닫고 있어요."

반응B : "아, 나도 알고 있어요. 미안합니다. 변명할 여지가 없어요. 기분이 그렇게 좋지는 않군요. 당신 화났어요?"

반응C : "나는 이 시간에 대한 비용을 내가 지불하고 있기에 내가 원하는 방식으로 쓸 수 있어요. 아시겠어요?"

만일 내담자가 반응 A처럼, 적절한 책임을 인정함으로 사소한 직면에 반응한다면, 이 내담자는 아마 다른 직면도 또한 잘 다룰 수 있는 정서적 자질을 갖고 있을 것이다. 만약 반응 B처럼, 내담자가 수치심에 빠져서 묵인한다면, 직접적으로 죄를 직면하기 전에 자신감과 분명한 정체의식을 얻도록 돕는 것이 더 중요하다. 반응 C처럼 매우 방어적으로 반응하는 사람들은 아마도 다른 직면의 형태에도 유사한 방법으로 반응할 것이다. 능동적으로 죄를 대면하기 전에 이 내담자들에게는 치료관계를 부드럽게 만들도록 하는 것이 중요하다.

치료의 동맹관계

필자는 운전 실수를 했을 때 차 안에서 창문으로 주먹을 후두르며, "이봐, 자네 운전하는 것을 제대로 배워!" 하고 소리친 성난 사람이 기억났다. 몇 가지 이유로 나는 그에게 별로 진지하게 신경을 쓰지 않았다. 나는 운전자의 안내서를 펼쳐보지도 않았고, 운전자의 교육 코스에 등록하지도 않았다. 심지어 차 안에 있는 '자가 운전자 안내서'를 다시 읽지도 않았다.

만일 24년 동안 나를 알아왔고, 17년 동안 나와 함께 산 아내 리사(Lisa)가 조용한 저녁에 내 옆에 앉아서 "마크(Mark), 나는 당신이 운전하는 게 왠지 불안해요. 당신과 우리 가족의 안전을 위해서라도 당신이 운전을 새롭게 배우는 강좌를 들으면 좋을 것 같아요"라고 말했다면 나의 반응은 다를 수 있다.

나는 포드를 몰던 운전자보다는 리사의 말이 거슬렸겠지만, 아마 아내의 말을 더 따를 것이다. 상담관계도 마찬가지이다. 낯모르는 사람의 말을 무시하는 것은 쉽다. 그러나 상담관계가 깊어지고, 신뢰가 형성되면, 직면하는 말들이 진지하게 받아들여진다. 이것은 죄를 직면하는 것을 서두르지 말아야 한다는 것을 암시한다. 직면은 단지 집중적인 경청과 이해의 시간을 통하여 형성한 신뢰만큼만 성공할 수 있을 것이다. 상담자들은 직면하는 권리를 획득해야 하고, 그 권리를 당연한 것으로 여겨서는 안 된다.

개인의 완전성

내담자를 직면하게 하기 위해서는 치료자가 내담자와 치료관계를 형성하는 것이 중요한데 이렇게 하기 위해서는 치료자 자신의 개인적인 생활과도 상관이 있을 수 있다. 예수님이 주신 경고를 기억하는 것은 중요하다. "비판을 받지 아니하려거든 비판하지 말라 너희의 비판하는 그 비판으로 너희가 비판을 받을 것이요 너희의 헤아리는 그 헤아림으로 너희가 헤아림을 받을 것이니라 어찌하여 형제의 눈 속에 있는 티는 보고 네 눈 속에 있는 들보는 깨닫지 못하느냐 보라 네 눈 속에 들보가 있는데 어찌하여 형제에게 말하기를 나로 네 눈 속에 있는 티를 빼게 하라 하겠느냐 외식하는 자여 먼저 네 눈 속에서 들보를 빼어라 그 후에야 밝히 보고 형제의 눈 속에서 티를 빼리라"(마 7:1-5).

그래서 우리의 첫째 관심은 항상 상담자로서 우리 자신의 삶에서 죄의 세력을 염려하는 것이어야 한다. 죄에 대한 반응으로 하나님께 더 가까이 가기를 구하는 것이다. 다른 사람들을 직면하기 전에 우리 자신에 직면해야 한다. 그들의 깨어짐과 부족한 상태를 직면하도록 다른 사람들을 돕기 전에, 우리 자신의 상태를 직면해야 하는 것이다.

이것이 치료관계를 형성하는 데 도움이 될 것인가?

죄를 직면하는 것은 때로 더 깊고 완전한 치료관계를 형성하도록 도움을 줄 수 있다. 성경의 잠언은 우리에게 말한다. "친구의 통책은 충성에서 말미암은 것이나 원수의 자주 입맞춤은 거짓에서 난 것이니라"(잠 27:6). 직면하는 것을 거부하는 상담자들은 상담관계의 효과를 제한할 수도 있다.

모든 길은 두 개의 함정이 있는데, 상담자들은 이 장의 앞부분에서 주어진 몇 예에서 예시된 것처럼 너무 쉽게 대립적이거나, 너무 직접적이 될 수 있다. 상담자들이 너무 자주, 너무 직접적으로, 또는 적절한 신뢰를 형성하지 않고 대면하게 할 때 내담자들은 보통 상담 과정에 거리를 두게 되고, 상담의 진행은 방해받게 될 것이다.

나는 공감하면서 직면하는 것(empathic confrontation)이 조화를 이루는 데 최고의 도구라고 믿는다. 우리는 너무나도 자주 그것이 상호 배타적이라고 가정하면서 공감과 직면을 분리한다. 그러나 많은 직면의 유형에는 공감과 직면이 공존하고 있다.

공감적 직면

내담자: 나는 남편의 행동에 지쳤어요. 그는 무엇이든지 그가 원하는 대로 할 수 있다고 생각해요. 나는 집에만 있으면서 좋은 아내가 되고, 아이들을 돌보고, 그가 원하는 대로 하기를 바랐어요. 그런데 나는 그것을 거절했어요. 나는 아이들끼리 몇 시간 놔두고 쇼핑을 갔어요. 아이들은 놓고 나가

기에는 조금 어릴 수도 있지만, 그것에 관해 그렇게 화를 낼 이유가 없어요. 그는 나를 마치 자기 소유처럼 취급할 권리가 없어요.

상담자 : 지금 매우 화가 난 상태로군요.

내담자 : 예, 그가 무슨 권리로 그러는지요?

상담자 : 음, 내적으로 이런 상황은 반항 의지를 기르고 있어요.

내담자 : 예, 나도 그것을 좋아하지 않지만, 매우 심하게 그렇게 느껴요.

위의 예에서 상담자는 내담자가 한 말의 내용을 반영하면서 내담자의 문제를 직면시키려고 노력하고 있다. 내담자가 자신의 문제를 들여다보지만, 상담자는 대화를 이끌어 가면서 내담자의 감정, 사고들을 알아차리도록 돕고 있는 것이다. 이와 같은 공감적인 직면 기법은 위에서 침묵, 숙고, 질문이라는 세 가지의 기법들과 같이 효과적으로 사용될 수도 있다.

예를 들어, 공감을 침묵으로 표현하기 위해서 얼굴 표정으로 말할 수 있다. 사고적 공감 반응은 내담자가 무엇을 생각하고 어떻게 느끼는가 상담자가 이해하도록 노력하는 것도 중요하지만, 내담자가 말하는 내용을 이해하려는 태도를 보일 수도 있다. 질문식 공감 반응은 내담자가 무엇이 옳고 그른가를 결정하는 데 필요한 자원을 스스로 발견할 수 있도록 돕는 방식이 될 수 있다. 이러한 모든 기법 중에서 공감적인 직면 기법은 내담자와 상담자가 협동적인 관계를 유지하는 것이 필수적이다. 상담자는 내담자를 통제하기 위해서 힘을 사용하는 것이 아니고, 내담자의 영적 나그네 길에서 같이 걸어가는 동반자적 역할을 하는 것이다.

이것의 완전한 예는 예수님이 제자들에게 주신 교훈에서 발견된다. "수고하고 무거운 짐진 자들아 다 내게로 오라 내가 너희를 쉬게 하리라 나는 마음이 온유하고 겸손하니 나의 멍에를 메고 내게 배우라 그러면 너희

마음이 쉼을 얻으리니 이는 내 멍에는 쉽고 내 짐은 가벼움이라"(마 11:28-30).

예수님은 우리의 죄가 무겁다는 것에 공감하고 계셨다. 예수님은 인간 역사에서 우리와 함께하시면서 죄가 가져오는 고통을 체험하셨고, 우리가 경험하는 유혹도 겪으셨다. "우리에게 있는 대제사장은 우리의 연약함을 체휼하지 아니하는 자가 아니요 모든 일에 우리와 한결같이 시험을 받은 자로되 죄는 없으시니라"(히 4:15). 예수님은 죄가 무겁고 힘들다는 것을 공감하셨다. 이 죄의 짐을 토저(A. W. Tozer)는 '부수는 것'이라고 표현했다.[28] 내담자들이 죄를 부정하거나 변명하려고 할 때, 우리는 모두가 개인의 행동에 영향을 주는 이 원죄의 짐 아래 사로 잡혀있는 것을 상기하면서 그들과 공감할 수 있다.

예수님은 성품이 온유하고 겸손하시다. 예수님은 자신을 높이는 것에 대해 걱정하지 않으셨다. 그분은 자신을 낮추시고, 우리에게 생명을 주시고, '죽음의 지점까지 순종'하시기 위하여 오셨다(빌 2:8). 상담자들도 같은 온유함과 겸손함으로 부름을 입는다. 우리가 내담자의 문제를 직면시키는 과정에서도 정서적인 지지와 내담자를 향한 열정적인 사랑의 정신을 가지고 부드럽게 해야 한다. 바울도 우리에게 다음과 같이 교훈을 주고 있다. "형제들아 사람이 만일 무슨 범죄한 일이 드러나거든 신령한 너희는 온유한 심령으로 그러한 자를 바로잡고 네 자신을 돌아보아 너도 시험을 받을까 두려워하라 너희가 짐을 서로 지라 그리하여 그리스도의 법을 성취하라 만일 누가 아무것도 되지 못하고 된 줄로 생각하면 스스로 속임이니라"(갈 6: 1-3).

도전들에 직면하는 것

이 장의 서두에서 앨버트 엘리스와 제이 아담스는 죄에 대한 입장에서 양쪽의 극단에 있는 사람들이라고 말했다. 엘리스는 상담자가 내담자로 하여금 죄에 대한 생각을 버리고 책임 있는 쾌락주의자로서 살도록 도와야 한다고 생각하고 있다. 반면 아담스는 죄 자체가 정서적 문제들을 많이 일으키기 때문에 상담자들이 내담자로 하여금 죄악된 삶의 유형을 바꾸도록 도와

주지 않는 한 완벽한 효과를 거두지 못할 것이라고 믿고 있다. 엘리스나 아담스 모두 중요한 공헌을 했다. 즉, 엘리스는 지나친 죄의식과 수치감의 파괴적인 면을 지적했고, 아담스는 죄가 문제라고 우리에게 상기시키면서 용감하게 사회적 흐름에 대항하였다. 내가 옹호하는 입장은 이 두 극단 사이에 있다.

이러한 중간 입장에서 보면 기독교 상담자들은 원죄를 강조하면서 죄를 중요하게 다룬다. 죄는 아담과 이브의 범죄를 통해서 완전한 창조의 세계에 스며든 독약 같은 것이다. 죄의 힘에 대해서 부정하거나 최소화하는 것은 우리를 에워싸고 있는 영적인 세계에 눈을 감아 버리는 것과 같다. 죄는 개인적일 뿐만 아니라 기원이 있기 때문에, 죄책감이나 수치심에 빠지게 하는 것은 내담자들에게 좋지 않다. 사실 수치심은 우리의 삶에 대한 죄의 굴레를 강화시키는 것처럼 보인다.

상담자가 내담자의 개인적인 죄를 직접적으로 지적하면서 죄를 대면하게 하면 대체로 상담자-내담자 관계에 존재하는 부조화된 권력관계를 더 증가시키게 된다. 때로는 내담자의 수치심을 더 증가시키고, 죄가 사회적으로 여러 세대를 통해서 전달되는 측면을 최소화시킨다. 우리는 상담자로서 일상생활에서 직면하는 죄나 유혹을 다루기 힘들어하는 내담자의 곁에 서서 내담자를 지지하면서 죄의 원죄성과 그 죄가 끼치는 영향을 강조해야만 한다.

어떤 경우 상담자는 내담자가 경험하고 있는 죄에 대한 동일한 경험이 없기 때문에 그가 직면하고 있는 동일한 유혹을 공감하지 못할 수 있지만, 우리는 상담자로서 죄가 가져다주는 허무함과, 사망뿐 아니라 사람들을 끌어들이는 죄의 유혹을 알아야 한다. 상담자가 내담자의 죄에 대해 공감하며 직면하는 것은 내담자의 개인적인 죄의 중요성을 최소화하려고 시도하는 것이 아니다. 내담자에게 안전하고 협동적인 분위기를 제공해서 내담자가 진지하고 솔직하게 자신을 탐색하고 발견하도록 돕는 것이다. 긍감적인 직면 기법의 적절한 사용은 내담자로 하여금 침묵과 숙고와 질문을 통해서 솔직하게 자신의 사고와 감정을 탐색하고 자신의 통찰력과 성장하는 힘에서 오는 지속적인 변화를 가져오도록 돕는다.

죄에 대해서 이러한 접근을 시도할 때 상담자가 자신의 문제를 내담자에게 공개할 필요는 없지만 적어도 상담자도 자신의 문제에 대해 솔직할 필요는 있다. 상담자가 상담에서 자신의 문제를 지나치게 공개하는 것은 치료의 경계에 혼란을 주고 내담자에게도 부담을 줄 수 있다. 왜냐하면 내담자가 상담자의 개인적인 문제나 유혹을 알 필요는 없기 때문이다. 내담자는 자신의 문제를 해결하려고 왔지 상담자의 문제를 들어주려고 온 것이 아니다. 그러나 상담자는 죄의 유혹과 삶의 고통스런 부분을 포함한 우리의 인간성을 알고 솔직하게 직면하는 자세가 필요하다. 이것을 위해서 상담자는 영적으로 성장하여 진실하고 지혜로운 삶을 살도록 전심으로 노력해야 한다. 그래서 여기에서는 1장에서 간단하게 기술하였던 여섯 가지의 도전에 대해서 자세히 살펴보고자 한다.

도전 1 : 두 영역의 능력에서 세 영역으로 옮겨 감

죄에 대해서 기술하고 있는 심리학자는 심리학이라는 영역에서만 전문성이 있다. 심리학자들은 죄의 문제를 단순히 이론적인 입장에서 접근하기 때문에 기독교인의 죄의 문제를 지나치게 단순화해서 오해하는 경향이 있다.

예를 들어 와이너(Weiner)는 죄와 병을 이분법적으로 분리해서 심리학자들에게 환영을 받았는데, 이러한 방식은 기독교적인 죄에 대해서 부분적으로만 이해한데 기초한 것으로 지나치게 단순한 이분법적인 구별이다.[29] 기독교적인 관점에서 개인적인 죄와 병은 인간의 타락에서 동시에 기원한 것이다. 비록 와이너 박사는 뛰어난 연구자로서 심리학에 많은 공헌을 했지만, 불행하게도 '죄'라는 용어를 사용해서 귀인양식을 설명하려고 시도함으로써 심리학자들이 죄를 잘못 이해하도록 하는 커다란 실수를 했다.

동일한 맥락에서 모우러(Mowrer)의 통합치료 개념도 죄를 지나치게 단순화하고 있다. 그는 심리학이 개인의 책임을 이해하는 것에서 벗어나고 있다고 지적하면서 개인의 죄를 강조하였다. 그러나 그는 의도적으로 개인적인 죄만을 강조함으로써 원죄의 중요성을 간과하였다.

심리학자나 상담자들이 죄를 적절하게 이해하기 위해서는 신학자들이나 신앙인들의 저서들을 참고할 필요가 있다. 지난 2000년 동안 기독교의 영적인 저자들은 인간의 죄가 범세계적이라는 속성을 강조해 왔다. 우리가 이러한 저자들을 조금이라도 진지하게 받아들인다면, 우리는 여러 가지 자조적 방법으로 획득하려 하는 '자존심'이라는 목표를 이루기 위해 현대 심리학이 시도하고 있는 것들에 대해 몇 가지 문제점을 제기하지 않을 수 없다. 우리는 죄라는 문제를 솔직하게 직면하기 전에는 기적 같은 은혜와 진정한 자기수용을 알지 못한다. 17세기 철학자인 파스칼(Blaise Pascal)은 "너 자신 안에서 너의 모든 상처를 치료하려고 시도하는 것은 쓸데없는 일이다. 모든 인간의 지식을 동원한다 해도 네가 진실한지 선한지 알 수 있는 것은 너 자신 안에 없다는 것일 뿐이다."30)

6세기, 너시아(Nursia)의 수도자 베네딕트는 겸손의 7단계에 관해서 다음과 같이 기술하고 있다. "겸손의 7단계는 우리는 이 세상에서 가장 낮은 존재이고 가장 사악한 존재라고 선언하고 믿으면서 시편 기자가 말한 대로 "나는 벌레 같고 나태하고 모든 사람들의 버림을 받았도다"라고 하면서 자신을 겸손하게 여기는 것이다"라고 말했다. 성경은 겸손하게 하나님의 계명을 배우는 것이 좋은 것이라고 우리에게 가르치고 있다.31)

아마도 일반 상담자들이나 심리학자들은 위와 같은 베네딕트의 인간의 겸손에 대한 선언문을 거의 받아들일 수 없을 것이다. 파스칼이나 베네딕트는 모든 인간에 대해 직설적으로 표현하고 있다. 우리 모두는 죄의 오염으로 인해서 악하고, 깨어졌고, 병들었다. 이 죄는 단순히 개인에 그치는 것이 아니라, 우리 부모와 자녀들, 동료들, 상사들, 그리고 친구들 모두가 죄인인 것이다.

우리의 화려한 겉모습을 깨고 그 안에 들어가 보면 그 안에는 우리 모두가 잘 알고 있는 고독과 슬픔이 중심에 자리잡고 있다. 우리는 죄의 결과로 인해서 깨어진 세계에서 다른 죄인들과 같이 관계를 맺고 살고 있는 죄인들이다. 핵의 재앙으로 인간 세계를 파괴하는 어떤 공상과학 영화라도 죄가 들어와 인간 세계가 파괴된 현상을 더 적나라하게 표현하지는 못할 것이다. 우리가 죄의 보편성을 인식할 때 우리는 선한 사람들이라고 자신에게 확신시키려고 노력하는 것을 중지하고, 다른 사람보다 더 낫다고 비교하려고 시도하는 것을 중지하며, 희망과 의미, 목적, 그리고 평화를 주시는 사랑하는 구주의 발에 무기력하게 엎드리게 될 것이다.

도전 2 : 모호한 개인적-직업적 구분들

만일 기독교 상담자들이 상담에서 죄 문제를 심각하게 생각한다면, 내담자는 개인의 삶에서 죄의 영향을 이해하도록 전심으로 노력해야 한다. 예수님의 말씀은 우리의 이웃의 눈에서 티를 뽑으려 하기 전에 우리 자신의 눈에서 들보를 빼낼 것을 상기시킨다. 우리가 감히 어떻게 우리 자신의 죄를 정직하게 보지 않고 다른 사람의 삶에서 죄를 대면하겠는가?

비록 상담자 양성 과정에서 상담자 자신이 심리치료를 받아야 한다는 것에 대해 모든 사람들이 동의하는 것은 아니지만, 필자는 그것이 현명한 선택이라고 믿는다. 연구 중심적인 임상 심리학과에서 훈련을 받았기에 대학원 과정에서 필자는 개인적인 심리치료를 받을 것을 고려하지 않았다. 그러나 내담자를 도와주는 과정에서 나의 아픔을 발견했을 때, 나는 일년 정도 개인 심리치료를 받았다. 나의 심리치료자는 정신 분석적 경향을 가지고 있었는데, 나의 문제를 여러 면에서 이해하는 데 도움을 주었다. 나는 치료자가 정서적인 지지를 해주는 가운데 나의 가치와 우선 순위, 과거의 삶에 대한 나의 감정들을 탐색하도록 도움을 받았다. 때때로 치료자는 내가 견딜 수 있는 것보다 더 심하게 말한 경우도 있었다.

어떤 경우에는 로저스가 상담한 것처럼 정서적인 지지를 기대했지만, 치료자는 "당신은 아직도 자기 도취의 환상에 빠져 있는 것 같군요" 하고 해석해 주었다. 나는 개인적 치료를 통해서 죄에 관해서 배웠다. 치료자가 죄라는 말을 한번도 사용한 적이 없었지만, 상담 분위기가 나의 문제를 탐색할 수 있는 분위기를 제공해 주었다.

첫째, 나 자신이 다른 사람들 즉 우리 부모, 배우자, 친구, 자녀들에게 지은 죄를 생각하게 되었다. 내가 자기 연민의 늪에 깊이 빠져 있을 때, 나는 내가 외롭다는 사실과 지나치게 일에 빠져서 직업에서 성공해야 된다는 강박 관념을 숨기려고 시도하고 있는 내 모습을 발견하게 되었다.

상담 중에 내담자의 죄 문제를 의논하기는 상대적으로 쉽지만, 치료자는 내 자신의 문제에 관해서 탐색하도록 기회를 주고 격려해 주었다. 실제적으로, 나는 나 자신의 방어적 기제, 나 자신의 중심성, 나의 교만 같은 개인적인 죄를 이해하고 깨닫는 것이 가능하게 되었다.

개인적 치료는 나의 삶과 임상적 상담에 급진적인 변화를 가져오는 사건들 중의 하나였다. 두 번째 사건은 내가 휘튼 대학에서 교수로서 영성에 관한 과목을 청강한 것이었다. 나는 오랫동안 인간의 선만을 강조하는 심리학의 세계관에 너무나 심취해 있었다. 나는 다른 세계관 즉 인간의 타락이나 욕구를 인정하면서 하나님의 도움을 구할 수 있다는 믿음에 심취되면서 내 자신이 해방되는 것 같은 느낌을 받았다.

이 두 가지의 경험을 통해서 나는 내 자신이 타락한 세상에서 죄인이라는 것을 깨닫고 내담자를 돕는 과정을 통해 정서적으로 더욱 지지해 주고, 덜 지시적으로 될 수 있었다. 나는 내담자의 증상만 치료하기보다는 내담자의 방어기제와 자기 보호막의 근저에 있는 깊은 상처를 알고 치료하는 데 더 많은 관심을 갖게 되었다. 물론 나는 아직도 인지치료자라고 간주하고 있지만, 나의 동료들은 내가 정신 분석가가 되어가고 있다고 말한다. 아마도 그렇게 되어가는지도 모르겠다.

여기서 나는 치료자 자신의 죄에 대한 이해와 개인적 경험이 상담자로서 전문적인 상담에 영향을 주고 있다는 것을 지적하고 싶다. 우리는 자신의 삶에 대한 전체의 경험을 가지고 상담에 임하는 것이다.

도전 3 : 훈련의 확장된 정의들

우리는 인간의 문제에서 죄가 차지하는 역할을 이해하도록 어떻게 훈련할 것인가? 아마도 가장 도움이 되는 자원이 있는 곳은 일반 상담학이나 심리학이 아니고 영성 훈련에서 찾아 볼 수 있다.

우리는 훈련 자체를 목적과 동일시하려는 경향이 있다. 훈련이란 영성에 이르는 수단이며 우리가 하나님의 은혜를 받아들이는 기제에 불과하다. 예를 들어 금식은 금식을 끝냈다는 자랑을 하려는 것이 아니라 더 깊은 통찰력을 지닌 겸손을 갖게 한다. 리처드 포스터(Richard Foster)는 다음과 같이 말했다.

"금식은 어떤 훈련보다도 죄의 근본적인 성질과 결과를 이해할 수 있는 기회를 제공해 주며, 우리가 하나님께 의존되어 있음을 알게 해준다."[32] 금식은 영적 훈련에서 중요한 과정이지만, 내담자에게 금식하도록 권하기 전에 상담자 자신이 경험해야 한다.

성경을 읽고 묵상하는 것도 죄의 근본을 깨달아 알 수 있는 좋은 기회를 제공해 준다. 누가복음 18장 13절에는 세리가 가슴을 치면서 회개하는 장면이 나온다. "하나님 나 같은 죄인에게 자비를 베풀어 주옵소서."[33] 개인적으로 영적 훈련에 관심이 있는 상담자는 이 구절을 가지고 한 주간 이상 묵상하는 것도 한 방법이다.[34]

여기에 한 가지 더 제안할 것이 있다. 우리가 일반적인 상담서적이나 일반적인 책을 읽은 것과 같은 양만큼 영적 고전을 읽고 성경을 한 장씩 매일 읽으라고 권하고 싶다. 현대문화에 상응하는 세계관과 지난 세기에 한 시대를 풍미했던 영적인 세계관들도 조화롭게 섭렵할 필요가 있다. 건강한 영적 조절이 영적인 건강에 영향을 준다는 것을 명심해야 한다.

도전 4 : 정신 건강의 지배적인 견해에 직면하기

필자의 생각에, 심리학의 현대 문화에 대한 공헌은 매우 긍정적이다. 연구가 활발히 진전되고 있고, 혁신적인 임상이론이나 심리학적인 새로운 방법이 인간의 행동이해와 정신 건강에 혁명적인 진보를 이루고 있다. 필자는 다시 기회가 주어진다고 해도 기꺼이 임상심리학을 전공할 것이다.

그렇지만 나는 심리학에 대해서 많은 비판을 했다. 특히 의도는 좋았지만 심리학자들이 장려하고 있는 세계관이 현대의 문화에 많은 피해를 주고 있다고 믿고 있다. 미국 전역의 서점에 가 보면 자존감, 자기 긍정과 확신, 자율성, 독립성에 관한 내용의 책이 서점 공간을 가득 채우고 있다. 어떤 점에서 우리는 잠시 멈추어 서서 자신에게 이렇게 물어야 한다. "무슨 염려가 그렇게 많지?" "어째서 인간의 가치에 그렇게 집착하는 거지?"라고 물어야 한다.

최근 「뉴스위크」(Newsweek)지 기사는 이 문제를 간결하게 기술했다. "90 퍼센트의 미국인이 하나님을 믿고 있다. 그러나 현재 미국 종교에서 개인적인 죄라는 개념은 거의 사라지고 있다. 초기의 목사들은 교인들에게 정기적으로 겸손히 '회개하시오'라고 설교하였다. 그러나 나이가 들어가고 있는 베이비 붐 세대들은 교회에 나오면서 자신들의 자존심을 흔들 수 있는 설교를 듣기 원치 않는다."35)

자존감에 대한 우리의 강박증은 아마도 우리 모두가 본능적으로 아는 것, 곧 우리는 죄의 세계에 살고 있는 죄인이라는 사실에서 우리를 보호하기 위해서 사용된 전세계적인 대규모의 방어기제에 지나지 않는다. 만일 우리가 죄를 인정하면 오히려 반대 현상이 일어날 수도 있지 않을까? 우리의 문제를 솔직히 시인할 때 진정으로 자유함을 얻지 않겠는가?

기독교 상담자들은 죄에 대한 현대의 지배적인 견해에 저항하고 대안적인 견해를 제시할 수 있는 위치에 있다. 성경은 죄를 시인하는 것이 단순히 침울하고 우울한 것이 아니라고 말하고 있다. 오히려 그것은 은혜를 이해하는 첫 단계이고 진정한 기쁨을 위한 기회를 발견하는 것이다.

도전 5 : 과학적 기초 확립하기

이러한 면에서 도전은 긍정적인 면도 있고 부정적인 면도 있다. 긍정적인 면은 종교와 정신 건강은 거의 아무런 관계도 없다는 것인데, 이러한 점은 동시에 부정적인 면이 될 수도 있다. 저명한 심리학자들이 종교가 사람들을 병들게 한다고 주장했기 때문에 종교와 정신 건강이 관련없다고 보는 정도는 한편 긍정적인 면일 수도 있다.36)

그러나 이 분야에 관한 중요한 연구 결과와 그것을 재검토한 결과에 의하면 이러한 결론에 대한 증거는 없다.37) 기독교인을 포함한 종교인들은 다른 일반인과 마찬가지로 심리적으로 건강한 사람들이다. 실제로 어떤 연구들은 종교적인 신념과 정신 건강은 오히려 긍정적인 상관관계가 있다고 결론을 내렸다.38)

이러한 연구 결과의 부정적인 면은 죄와 회개, 은혜를 포함한 기독교인들의 믿음이 비기독교인들의 신념보다 더 나은 정신 건강을 이루어 낼 수 있다고 기대할 수 있는데, 실제로는 그렇지 못할 수도 있기 때문이다. 한 가지 가능한 설명은 종교인을 분류할 때 모든 종교인들을 포함시켰고, 비교집단으로 비종교인들은 한 집단으로 분류되지 않았기 때문에 이런 현상이 일어났다고 할 수도 있다.

예를 들면 신앙심이 좋고 종교를 내면화한 사람들은 종교를 통해서 복을 받으려고 하는 사람들보다 정신적인 면에서 더욱더 건강하였다.[39] 그러나 연구과정에서 이 두 집단을 구분하지 않고 한꺼번에 같이 취급하면서 연구한 결과 신앙심이 깊은 사람들이 누리는 좋은 점이 감추어질 수도 있다. 종교와 정신 건강과의 관계를 연구하기 위해서는 여러 종교적인 견해와 관점을 구분해 가면서 좀더 과학적인 연구를 해야만 할 것이다.

1장에서 기술한 대로 종교적인 형태의 심리치료를 사용한 연구 결과들을 보고했지만, 어떤 형태의 종교적인 심리치료 접근 방법도 전통적인 심리치료가 밑바닥에 뿌리를 내리고 있는 근본적인 세계관이나 가치관에 대해서 문제를 제기하지 않았다. 만일에 죄에 대한 견해가 상담을 진행하는 과정에 다른 영향을 줄 수 있다는 것을 가정한다면, 우리는 기독 상담을 한다고 하면서 단순히 성경구절이나 예수님의 이미지를 상담 과정에 가미하는 것으로 만족하지 말고, 그 이상 무엇을 해야만 우리가 기독교적 상담을 했다고 주장할 수 있다.

비록 거창한 목표이지만, 우리는 기독교 상담자로서 죄에 대한 견해와 구속에 근거한 기독교적 상담을 해야 한다. 이것은 전통적인 상담 모델과 머리를 맞대고 그 효과의 정당성을 밝혀내는 것이 필요하다.

매년 심리학과 상담에 관해서 수천 권의 책들과 연구결과들이 쏟아져 나오고 있는 것을 보면 놀랄 만하다. 이러한 연구들은 죄의 문제를 포함한 모든 분야의 주제들을 다루어야 하겠지만, 실제로는 그렇지 않다! 놀랍게도 상담과 죄에 관해서는 거의 언급된 것이 없고 그것에 관한 과학적인 것도 보고 된 것이 없다.

도전 6 : 관련된 윤리적 기준들을 확립하는 것

이전 장에서 논의되었던 동일한 윤리적인 도전에 관한 많은 내용들이 죄를 이해하고 직면시키는 과정에서도 적용된다. 그밖에도 특별히 고려할 일반적인 윤리가 있는데 "상처를 주지 말라"는 것이다. 이것은 고대 히포크라테스의 선언문으로 시대를 거슬러 올라가서 건강을 돌보는 모든 전문인에게 해당되는 의무 사항이다. 우리들은 죄 문제를 다룰 때마다 항상 내담자에게 선을 행하도록 고려해야 한다. 어떤 기독교 상담자는 죄 문제를 다루는데 너무 열심인 나머지 내담자 이익이 먼저라는 중요한 원칙을 잊어버리는 경우가 있다.

| 사례 |
핑거스 씨의 비밀, 지켜질 것인가?

스투 핑거스(Mr. Stu. K. Fingers) 씨는 트레이 텐애로우(Dr. S. Trey Tenarrow) 박사와 상담하려고 한다. 의뢰는 핑거스 씨의 고용주가 했는데 그는 스투(Stu)가 과도하게 술을 마시는 것이 우려된다고 말하고 있다. 첫 면담 중에, 핑거스 씨는 알코올 사용을 부인했지만, 미래에 대한 걱정과 공포를 포함한 막연한 고민들을 애매하게 말했다. 텐애로우 박사는 핑거스 씨와의 상담은 비밀이 지켜질 것이라고 약속하고 10회의 상담으로 만나기로 합의한다.

다섯 번째 상담 중에, 핑거스 씨는 회사에서 돈을 훔치고 있음을 시인하면서 고용주가 자기를 의심하고 있다고 두려워한다. 비록 그가 돈을 훔치는 것을 고용주가 증명할 수 없지만, 그는 알코올 중독과 해고할 다른 이유들을 찾기 위해 노력하고 있는 것처럼 보인다. 핑거스 씨는 고용주에 대해 매우 분노하고 있고 미래에 대해서도 두려워하는 것이 분명하지만, 그는 공금 횡령을 한 데 대해 아무런 후회의 기색이 없어 보인다.

텐애로우 박사는 핑거스 씨가 양심의 가책이 없는 것에 대해 분노와 우려를 느끼고 이렇게 말한다. "나는 당신이 잘못 행하고 있기에 두려워하고 있다고 믿습니다. 당신은 자신의 행동에 대해 책임질 필요가 있어요. 당신은 고용주에게 정직할 필요가 있습니다. 당신의 고용주는 이것에 대해 알 필요가 있어요."

그러자 핑거스 씨는 방어적이 되어 그 상담을 그만 두게 된다. 그는 남은 상담 기간에 오지 않고 텐애로우 박사가 고용주에게 그의 비리를 알리지 않을까 걱정하게 된다.

이것은 비밀에 관한 윤리적 관심들, 사생활, 권한, 그리고 다른 사람들을 보호해야 할 상담자의 의무를 포함하는 많은 이유들로 해서 한마디로 말하기 어려운 상황이다. 텐애로우 박사는 그가 내담자에 대한 첫째 의무를 잊었을 때부터 잘못되었다. 그가 핑거스 씨의 횡령을 알았을 때 자신의 감정에 압도되어 핑거스 씨의 행복보다는 그의 분노에 반응하였다. 좀더 합리적인 반응은 여전히 직면을 포함하는 것이겠지만, 덜 위협적인 방법으로 대처해야 한다. 텐애로우 박사는 이미 자신의 행동에 대해 염려하는 사람을 위협함으로써 상담이 도중에 중단되었다. 그의 고용주에게 핑거스 씨에 대해 보고하는 것은 신뢰에 관한 윤리적 기준과 지방법(미국 모든 주에 해당됨)을 위반하는 것이 될 것이다. 심지어 그 같은 보고에 대한 암시를 주는 것도 무책임하고 해를 입히는 것이다.

죄를 책망하는 것, 특별히 직접 명령으로 행해지는 것은 상담관계에 힘을 싣는다. 때에 따라서는 이것이 적당할 수 있지만, 권력의 차이가 증가함에 따라 우리의 말과 행동의 윤리적 관계에 대한 민감성 역시 증가해야 한다.

이에 관련해 윤리적인 차원에서 관심사는 죄에 대한 자각이 내담자들을 두 방향 중의 하나로 이끌 수 있다는 점이다. 어떤 이들에게 죄를 이해하는 것의 자연적 반응은 부끄러움일 것이다. 그러나 바울이 로마서에서 말한 것처럼, 그들이 죄에 대해 또 다른 깨달음을 갖게 되면 하나님의 은혜로 인도될 것이다. 만일 기독교 상담자가 내담자로 하여금 죄를 직면하도록 돕는다면, 죄에 대한 해결책으로 그들을 은혜로 인도할 윤리적 의무를 갖게 된다. 수치심에 빠져 있는 사람들은 죄에 대한 자각 때문에 더욱더 악화될 것이다. 한편 죄에 대한 자각으로 은혜를 경험한 사람들은 삶이 더욱 풍성해질 것이다. 이것은 나중에 더 상세히 논의될 것이다.

신학적이고 영적인 시각으로 죄를 이해해야

일반적으로 심리학자들은 죄의 개념과 그 영향들에 대해 토론하기를 좋아하면서도 죄에 대해서 흥미를 갖지 않았다. 내적 귀인들이 많은 상황에서 죄책감이나 우울증을 증가시키기 때문에, 정신 건강 전문가들은 정서적인 문제와 기독교적 개념에 대한 오해에 기초된 경험으로 죄를 회피하는 경향이 있어 왔다. 능력 있는 기독교 상담을 실행하기 위해서 우리는 신학적이고 영적인 시각에서 죄를 이해해야 한다. 죄의 본래적 특성은 기독교인들에게 의지력으로 개인의 죄를 다루려는 비생산적이고 수치심을 조장하는 노력들을 포기하게 한다. 대신에 우리는 그리스도와의 변화하는 만남이 필요하다.

   기독교 상담에서 죄는 죄의식과 수치심을 주기보다는 영적 성장을 고무하는 겸손하고 공감하는 방법들로 조면될 수 있다. 이 방법들은 전략적으로 침묵을 지킬 수도 있고, 내담자가 말한 내용이 일관성이 없다고 지적하기 위해서 숙고해 보도록 할 수 있다. 즉 내담자가 옳고 그름의 가치관을 가질 수 있도록 질문을 통해서 죄를 직면하게 할 수도 있다. 내담자의 내면세계를 이해하고 변화시키는 것이 단순히 외적 행위를 변화시키는 것보다 더 중요하다. 이것은 기독교 상담자들에게 정직과 겸손, 그리고 통찰력을 증진시키는 개인적이고 영적인 훈련들을 요구한다.

6

고백

고백

몇 건의 상담을 효과적으로 마친 후, 크리스(Chris)는 그날의 상담을 마무리했다. 집으로 돌아가는 길에 그는 자신의 하루를 반성해 보는 시간을 가졌다. 현재 상담 중인 그레고리(Gregory) 씨는 부부관계가 좀더 나아졌다고 보고하였고 마티네즈(Martinez) 양은 몇 달 전보다 우울증이 감소되었다. 그리고 제레미(Jeremy)는 심한 학교 공포증을 보인 지 여러 날 만에 이제 다시 학교로 돌아가게 되었다.

크리스는 주차장을 빠져나오면서 상담자들에게 이따금씩 떠오르는 질문을 해보았다. 이 사람들은 어째서 상태가 좋아지고 있는가? 내가 훌륭한 상담자이기 때문인가? 인지 – 행동 기법이 효과적이어서 그런가? 아니면 어떤 다른 이유들이 있는 것일까?

나는 크리스의 질문에 대한 대답으로 위의 요인이 전부라고 생각하지 않는다. 그의 상담기술과 이론적인 모델, 그리고 수많은 요인들이 그레고리 씨와 마티네즈 양, 제레미 양이 상담에 보람을 느끼는 데 기여했다고 생각한다. 논의된 것처럼 연구자들이나 상담자들이 직면하고 있는 과제들 중의 하나는 종종 일반적인 요인들이라고 불리는 다른 요인들의 본질을 규명하는 것이다.

아마도 상담이 효과적이 되도록 도움을 주는 일반적인 요인들 중의 하나는 고백적 성질일 것이다. 상담실에서 내담자는 자신이 일생 동안 간직하면서 아무에게도 말하지 않은 자신의 비밀이나 자신만이 겪어 왔다고 생각하는 고통을 상담자에게 털어놓는다. 상담자가 내담자를 배려하고 정죄하지 않고 수용적인 태도로 반응을 해주면 내담자는 안도감을 얻게 된다. 내담자들은 상담 받으러 왔을 때보다 한결 가벼운 발걸음으로 상담실을 떠난다.

고백이라는 단어는 현재 미국사회에서 별로 환영받는 말은 아니다. 수세기 동안 고해성사를 귀중하게 여겨 왔던 로마 가톨릭에서조차 고해성사가 점점 줄어들고 있는 실정이다. "1989년에 실시한 설문조사에 의하면 단지 40퍼센트의 가톨릭 신도들만이 적어도 매년 한두 번의 고해성사를 하고 있다"고 보고하고 있다.[1]

그런데 이와 같은 고해성사가 감소하면서 오히려 심리치료나 상담은 증가하고 있다. 미국인들의 경우에는 고백에서 심리치료라는 형태로 전환하면서 영적인 문제로 인해 신부나 목사를 찾기보다는 정서적인 문제를 위해 상담자나 심리치료자에게 찾아가기를 선호하고 있다. 심리치료자 샤론 하이머(Sharon Hymer)는 "미국문화에서 종교적인 믿음이 감퇴되고 교회의 출석율이 감소하면서 개인들은 고해성사를 할 수 있는 다른 장소를 찾을 수밖에 없게 되었다. 전통적인 고해성사가 감소하면서 고백하고 싶은 인간의 욕구를 충족하기 위한 다른 형태의 심리치료가 부상하게 되었다"[2]고 말하고 있다.

필자가 보기에는 우리 나라도 어떤 면에서는 미국과 같은 현상이 일어나지 않나 생각한다. 아직까지는 상담이 일반에게 보편화되지 않고 있지만 교인들이 문제가 있으면 점차 전문 상담가를 찾는 경향이 늘고 있다. 미국교인들이 자신의 심리적 갈등이나 부부문제를 교회 밖에서 해결하고, 교회로 다시 돌아오지 않아 교인수가 감소한 사실을 상기한다면 한국교회도 역시 교인들을 교회 안에서 전문적으로 도와주는 체계를 구축해야 할 것이다.

비록 모든 상담이 본질적으로 고백적인 것은 아니지만, 실제로는 많은 경우가 그렇게 이루어지고 있다. 기독교 상담자들은 상담이 고해성사적 측면이 있다는 사실을 조심스럽게 인지할 필요가 있다. 내담자가 자신의 문제를 솔직히 고백할 때 어떤 상담자들은 자신의 역할을 신부나 목사처럼 과장하여 정서적인 문제를 축소해 개인적인 죄의 문제라고 아주 간단히 결론을 내린다.

그들은 내담자와의 관계 형성이 내담자를 도와주는 데 중요하며, 영적으로 겸손할 필요가 있는 인간적 기대에 기초한 적절한 치료관계를 이해하지 않고 회개와 행동의 변화만을 강조한다.

한편 일부 상담자들은 상담의 고백적이고 참회하는 면에 대해서 반항적인 태도를 가지면서 내담자에게 참회하고 고백할 것이 없다고 가르치려고 시도하기도 한다. "나도 괜찮고, 당신도 괜찮다!"는 두 가지의 극단적인 입장을 두고 볼 때 필자가 생각하기에는 중간 입장이 기독교 상담자가 취해야 할 입장인 것 같다. 즉 고백이나 참회가 상담의 중요한 부분이라고 정당하게 인정하고, 그러한 상담관계가 예수님의 은혜와 선하심의 모델을 보여 주는 것이다.

고백의 학문적 근거

심리학

심리학과 고백과의 관계를 연구하는 논문들이 많이 나와 있지는 않지만 몇몇 논문들은 이러한 관계를 여러 가지 각도에서 연구했다. 다음에 몇 편을 간단히 소개하겠다.

고백의 심리학적 영향들

어떤 저자들은 심리학적, 과학적인 도구를 통해서 고백의 심리학적인 효과를 연구하려고 시도하였다. 예를 들면 대중 앞에서 고백한 후 그 사람에 대한 대중적인 이미지와 관리에 끼치는 영향과 개인적인 회개가 심리적인 면에 끼치는 영향에 대해서 연구하게 되었다. 또 하나는 개인적으로 고백한 후 정신적인 효과를 실험해 보았다.

버나드 와이너(Bernard Weiner)와 그의 동료들은 대중 앞에서(교회의 상황이 아님) 고백한 효과에 관해 연구하기 위해서 다섯 가지 역할극에 관한 결과를 보고하였다.[3] 연구 결과에 의하면 대중 앞에서 범죄자의 고백은 그러한 고백을 하지 않은 범죄자보다, 특히 그러한 고백 후에 고발이나 고소가 따르지 않는 한 대중을 덜 화나게 했고, 책임감을 덜 추궁받는 경향이 있었다.

물론 이러한 연구 결과들을 상담에 일반화하기는 어렵다. 왜냐하면 개인상담은 연구자들이 실시한 대중적인 고백과는 여러 면에서 다르기 때문이다. 내담자가 어떠한 고백을 했느냐에 따라 상담자가 내담자를 어떻게 생각하는가 하는 연구가 더 필요하다.

제임스 펜낸베이커(James Pennenbaker)와 동료들은 자신이 당한 견디기 힘들었던 경험을 남에게 고백하는 것이 신체에 미치는 영향에 관해서 연구한 적이 있었다.[4] 이들은 불안을 측정하기 위해서 피부의 전기 반응을 사용하였다. 이들은 강도가 높은 개인정보를 털어놓는 것보다는 낮은 정도의 개인정보를 털어놓은 경우가 피부의 전기 반응이 적었다. 즉 불안의 강도가 적었다. 이러한 결과를 통해 고백은 신체적인 면에서 이로운 결과를 가져오는 것처럼 보인다.

그러나 자신의 개인정보를 털어놓으면서도 조심하고 주위를 살피는 사람에게는 똑같은 현상이 일어나지 않았다. 또한 이러한 결과를 직접 상담 원칙으로 전환하기에는 어렵다. 왜냐하면 자신의 문제를 상담 도중에 자연스럽게 공개하는 내담자는 성격적으로 조심스럽게 자신의 문제를 개방하는 내담자보다 심인성 문제로 영향을 덜 받을 가능성이 있다.

이러한 맥락에서 펜낸베이커는 배우자가 죽은 후에 슬픔을 표현하는 사람들은 그러한 슬픔을 개인적으로 간직하면서 처리하려고 하는 사람들보다 신체적으로 병이 적었다고 밝혔다.[5] 이러한 결과를 보면 상담 도중에 자신의 문제를 숨김없이 개방하는 사람들이 특히 신체적으로도 긴장이 완화된다고 결론을 내릴 수 있다.

심리치료의 고백의 본질

고백이 위에서 본 바와 같이 심리적인 효과가 있다면 이러한 고백을 상담에 어떻게 도입할 수 있을까? 상담자는 이러한 결과를 초래하기 위해서 많은 노력이 필요하지 않다. 왜냐하면 상담 과정에서 솔직하게 자신의 문제를 고백하는 것은 자연스럽고 상담의 당연한 부분이기 때문이다. 상담자들은 어떤 의미에서는 신부들이 수십 세기 동안 성도들한테서 들어 온 것과 같은 내담자의 고백을 들어주면 된다. 상담자나 신부나 모두 내담자의 분노와 죄책감, 수치감에 대한 상처를 회복하고 문제를 해결하도록 돕는 역할을 한다.[6]

상담이나 종교도 2장에서 기술한 바와 같은 인간의 리듬을 반영한다. 즉 우리의 문제를 솔직하게 시인하고 도움이 필요한 것을 인정하고 자신에 대한 이해와 신부나 상담자의 말을 통해서 문제를 해결받음으로써 자신의 문제를 치료하는 관계로 깊이 들어가는 것이다. 스위스 정신과 의사 칼 융은 상담자에게 자신의 문제를 고백하는 것이 안심과 평안함을 가져다주는 것을 관찰했다. 왜냐하면 사람들은 자신의 문제를 고백한 후에 인간사회와 다시 재결합되는 느낌을 받기 때문이다.[7]

위에서 밝힌 바와 같이 상담이 고백하고 참회하는 면이 있음에도 불구하고, 종교적인 고해성사와 상담과는 분명한 차이가 있다. 종교적인 고백은 고백하는 사람의 종교적인 죄나 오점, 그리고 부도덕한 점에 초점이 맞추어져 있다. 그러나 상담에서 대부분 심리적인 문제란 무의식적인 동기를 가지고 있다고 가정하기에 문제를 의식화해서 문제에서 벗어나는 데 초점을 둔다.[8]

예를 들어 만일 내담자가 자신의 가정폭력을 시인하면 신부는 이 행위의 부도덕성과 참회, 용서에 초점을 두게 된다. 그러나 상담자는 내담자가 어린 시절에 학대당한 경험에서 오는 분노와 성적 역할의 오류, 폭력을 통해서 결혼을 통제하려고 하는 문제에 초점을 맞추게 된다.

신부는 내담자가 당면한 도덕적인 문제에 관심을 가지고 있는 반면, 상담자는 내담자가 왜 자신의 아내에게 폭력을 행사하는지 심리적인 원인을 알아내고 대화로 문제를 해결할 수 있도록 내담자를 도우려고 한다. 신부나 상담자 모두가 내담자의 행동의 변화에 관심이 있지만, 그것을 달성하는 수단은 다르다. 고해성사는 도덕적 규율에 대한 위반과 그것에 대한 회개를 다루지만 상담은 도덕적으로 중립적이다.

비록 고해성사와 상담이 방법적으로는 구별이 가능하지만, 그 구분은 적절하지 않을 수 있다. 왜냐하면 5장에서 비판했듯이 심리적인 문제가 '죄와 병'이라는 문제로 또다시 귀착될 수 있기 때문이다. 신부는 문제를 죄로 귀인하고, 상담자는 병으로 귀인한다. 기독교 상담자는 죄와 병이 모두가 인간 행동의 역기능에 관계된다고 믿기 때문에 중간 입장이긴 하지만, 바로 이런 이유 때문에 도덕적인 면에서 언제나 중립을 취해서는 안 된다. 기독교 상담에서는 도덕적 문제에 대한 내용을 다루어야 한다.[9]

몇몇 종교적 심리치료자들은 최근에 상담도 윤리적인 차원을 포함할 수 있으며, 또한 포함해야 한다고 제안했다. 리처드 에릭슨(Richard Erickson)은 내담자의 모든 행동을 무조건 수용하기보다는 내담자의 도덕적 회복의 열망, 즉 내담자가 잘못을 참회하고, 행동을 수정하며, 미래의 행동에 책임을 지도록 도와주는 도덕적인 면을 상담에 포함해야 한다고 지적하였다.

심리학자 알렌 버긴(Allen Bergin)은 에릭슨과 이 점에서 일치하는 것 같다. 1980년에 버긴은 "심리치료와 종교적 가치관"[10]이라는 획기적인 논문을 발표했다. 이 논문에서 그는 정신 건강 분야에서 두드러진 두 가지 폭넓은 가치체계를 언급하고 있다. 유신론적 가치관은 인간의 도덕성은 하나님의 존재와 계시라는 관점에서 가장 잘 이해될 수 있다는 전제에 기초를 두고 있다. 임상적 - 인간 중심적 가치관은 "인간은 최상의 존재이고 자신의 운명에 스스로 책임을 지고 있다"고 가정하고 있다. 이러한 신학적 입장과 인간 중심적인 입장과의 차이는 고백을 어떻게 다루느냐 하는 문제를 포함한다.

버긴은 정신 건강에 관해서 기독교의 입장을 다음과 같이 기술하고 있다. "자신의 유해한 행동에 대한 개인격 책임감과 그에 대한 변화, 변화의 열쇠로서 죄책감, 고통과 회개의 수용, 해로운 영향들에 대한 회복"[11] 그는 이러한 가치관을 통해서 죄가 때로는 인간의 문제를 정확히 보는 데 도움이 되는 귀인이라고 제시하였다. 대조적으로 그는 임상적이고 인간 중심적인 가치관에 관해서 다음과 같이 요약하였다. "타인이 우리의 문제와 변화에 책임이 있다. 죄의 의미를 경험하기 전에 죄책감을 최소화하고 고통을 경감시켜야 하며, 해로운 영향들을 끼친 데 대해서는 그들이 사과해야 한다."[12] 이러한 가치관은 인간의 문제를 가져오는 것이 심리적인 병이지, 죄가 아니라는 입장이다.

그러므로 신학적 입장과 인간 중심적인 입장과의 중요한 차이는 내담자가 자신의 잘못을 고백하고자 할 때 기독교 상담자가 그것을 다루는 방법에 달려 있다.[13]

기독교 상담자는 내담자의 고백을 '죄'로 간주하고 회개하며 회복할 것을 강조할 것인가, 아니면 내담자의 고백을 병의 결과로 생각하고 심리학적인 통찰력이나 자기 자각을 강조할 것인가? 이전 장에서 논의한 대로 이러한 이분법적인 구별은 너무나 경직된 것이다.

최상의 기독교 상담은 내담자가 가진 문제의 본질에 따라 이 두 극단적인 입장 사이에 위치하는 것이다. 기독교 상담자는 일반 심리학적 관점에서 도덕적인 오류를 바라보도록 도전받고 있는데, 이것이 전통적으로 목사와 상담자를 구별하는 것이다. 이것은 죄를 고백하고 회개함으로써 오는 치료의 힘을 부정하는 도덕적 상황 윤리로는 아직 빠지지 않았다.

| 사례 |
모스가 우울증에서 헤어나려면

모스(R. E. Morse)는 우울증을 치료하기 위해 상담을 받으러 온다. 그런데 세 번째 상담 중에 그는 자신의 가장 깊은 비밀을 털어놓는다. 그는 결혼한 지 얼마되지 않아 예전의 남자 친구와 짧게 정사를 가졌다. 그는 지금까지 이 사실을 아무에게도 결코 말하지 않았다.

이런 상황에서 상담자는 모스 양과 얘기할 때 어떤 태도를 취해야 할까?

태도 A : "참, 비극적인 사건이군요. 당신이 왜 그것에 관해 말하기 힘들었는지 이해할 수 있어요. 혼외정사가 당신과 다른 사람들에게 상처를 주었지만, 여기에서 당신이 다시 회복되고 다른 사람과 화해가 필요하다는 것을 느끼도록 돕고 싶어요. 궁극적 목표는 당신이 자신과 다른 사람들을 더 잘 이해하게 되고, 하나님의 용서를 경험하고 자신을 용서하며, 과거의 행동으로 인해 영향을 받은 사람들과 화해함으로써 관계가 성장할 수 있었으면 하는 것이에요."

태도 B : "이것은 좋지 않은 사건이군요. 우리는 당신이 혼외정사로 채우고자 했던 깊은 정서적 갈망들을 이해할 필요가 있어요. 그러나 자신에게 소리치거나 정죄하는 것은 별로 도움이 되지 않아요. 아마도 당신은 어린 시절에 당신이 잃어버린 애정을 갈망하면서 결혼한 후에 상반된 감정을 경험했을 수도 있으며, 혼외정사는 외로움과 혼란을 해소하는 하나의 방법이었을 수도 있어요. 당신이 스스로 정죄하고 혼자 우울해하고 있는 것을 제외하고는 아무도 당신의 행동에 의해 상처받은 것 같지는 않아요. 이제 이 혼외정사를 하게 된 그 동기들을 이해하고, 앞으로의 삶을 향해 전진하세요."

태도 B의 경우는 내담자가 자신의 어린 시절 부모와의 관계에서 채우지 못한 심리적인 병이 있기에 성적으로 자신의 욕구를 추구하려고 시도함으로써 그 결과 우울증에 걸렸다는 입장이고, 태도 A는 죄책감의 상처 치유와 회개, 회복을 강조하는 입장이다.

죄책감 : 고백에 관련된 개념

모스 양의 경우 고백에 관련된 다른 질문을 할 수 있다. 죄책감을 강조해야 할까, 아니면 억제해야 할까?[14] 물론 죄책감이 이론적인 면에서 심리적인 장애 등에 관련이 있다고 밝혀졌지만, 종교와 죄책감, 심리적 장애들의 상호 연관성은 아직도 논란의 대상이다. 죄책감은 어떤 경우에 종교적인 신앙 때문에 야기되는 해로운 것으로서 자신을 패배시키는 것이라고 인식되기도 한다.[15] 그러나 다른 경우에 죄책감은 다른 사람에 대한 공감을 반영해 주고, 잘못된 행동을 회복하는 데 유용한 감정이라고 인식되기도 한다.[16] 최근의 연구들은 건전한 죄책감이 있을 수 있음을 암시하고 있다.

1991년의 연구에서, 내면적으로 종교를 추구하는 사람들(종교가 자신의 중심이 되는 사람들)이 외부적으로 종교를 추구하는 사람들(종교를 자신의 욕구를 추구하는 수단으로 신앙을 평가하는 사람들)보다 '죄책의 경향에 관한 척도'가 높게 나타났다. 내면적으로 종교를 추구하는 사람들이 죄책감을 쉽게 느끼는 경향에도 불구하고 외부적으로 종교를 추구하는 사람들보다 우울증에 덜 시달리고, 자신의 삶에서 행복을 더 느끼고 있었다.[17]

이와 유사하게 준 프라이스 탕네이(June Price Tangney)와 그의 동료들도 죄책감의 경향은 수치심의 경향과는 다르게 심리적 부적응에 관련되지 않는다는 것을 암시하는 몇몇 연구들을 보고하였다.[18] 실제로 최근 연구 결과는 수치심을 느끼는 사람들은 다른 사람들에 비해서 분노와 적대감, 복수심을 덜 느끼는 경향이 있다고 보고하고 있다.[19]

비슷한 연구에서 필자와 두 명의 연구자들은 83명의 대학생 참가자들에게 사람들이 처음으로 부정직한 행동을 하고, 자신이 한 행동에 대해서 고백하고 싶은 충동을 담은 세 가지 이야기를 실험적으로 들려주었다.[20] 마지막 이야기는 은혜가 있는 조건과 은혜가 없는 조건, 즉 대상자의 반은 자신의 행위에 용서를 받고, 절반은 용서를 받지 못한 것으로 실험하였다. 각 이야기를 듣고 실험 대상자들은 죄책감과 그에 관련된 행동, 정서적 반응에 대해서 자신을 평가했다.

신앙심이 높은 사람들은 그렇지 않은 사람들에 비해서 죄책감이 높았고 자신의 잘못을 고백하려는 경향이 더 높았다. 동시에 신앙심이 강한 사람들이 그렇지 않은 사람에 비해서 부정적인 정서, 즉 우울증과 불안, 적개심 등이 더 적었다. 우리는 이런 연구에서 어떤 형태의 죄책감은 유익하다고 결론을 내렸다.

몇몇 종교심리학자들은 어떤 형태의 죄책감의 긍정적 역할을 보고했다. 부르스 나라모어(Bruce Narramore)는 건설적인 슬픔 – 고백과 화해로 이끄는 참회의 반응–과 자기에게 초점을 맞추는 죄책감(탕네이가 말하는 수치심과 비슷함)–자신의 이미지에 상처를 주는 반응 – 을 구별하였다.[21]

스코트 리처드즈(P. Scott Richards)도 상담자에게 종교적으로 신앙심이 높은 학생들과 작업할 때는 비슷한 구별을 하도록 권고하였다. "그러므로 종교적으로 신앙심이 높은 학생들은 더 죄책감을 느끼는 경향이 있기 때문에 이런 현상이 역기능적이라고 가정해서는 안 된다. 내담자들이 더 기분 좋게 느끼도록 도우려는 그들의 욕망에서, 상담자들은 죄책감이 실질적인 범죄에 대한 적절한 감정적 반응인지 아닌지 충분히 고려하지 않고 내담자의 죄책감을 중성화하려고 무분별하게 시도해 왔다."[22]

그러므로 죄책감이 항상 부정적인 현상만은 아니다. 죄책감은 도덕적 기준을 이해하고 준수하게 하며 우주에서 우리의 질서의식을 지지하며 서로 화해하도록 동기를 부여해 준다.[23] 죄책감은 우리가 남을 탓하고 복수심과 분노를 품지 않도록 도와줄 뿐만 아니라 하나님의 더 큰 은혜를 깨닫게 해 준다. 이스라엘의 왕 다윗이 간음하고 살인을 저질렀을 때 그는 깊이 뉘우쳤다. "나의 죄악을 말갛게 씻기시며 나의 죄를 깨끗이 제하소서 대저 나는 내 죄과를 아오니 내 죄가 항상 내 앞에 있나이다 내가 주께만 범죄하여 주의 목전에 악을 행하였사오니 주께서 말씀하실 때에 의로우시다 하고 판단하실 때에 순전하시다 하리이다"(시 51:2-4).

다윗의 슬픈 참회는 그를 과도한 자기 비난의 상태로 떨어지게 하기보다는 하나님의 은혜의 놀라움으로 이끌었다. 그는 후에 "우슬초로 나를 정결케 하소서 내가 정하리이다 나를 씻기소서 내가 눈보다 희리이다"(시 51:7)라고 결론지었다.

다윗 왕은 우리가 현대 사회에서 자주 간과하고 있는 단순한 진리를 깨달았다. 그는 오직 적절한 죄책감과 죄의 고백에 의해서만 용서와 회복의 길로 인도될 것을 알았다. 현대를 살고 있는 우리들은 자신의 죄를 남에게 전가하거나 변명하면서 수치심에서 벗어나고 싶어한다. 신학자이자 상담자인 데이빗 벨검(David Belgum)은 다음과 같이 관찰했다. "우리 세대는 아마 '무책임'의 세대로 구분될 것이다. 우리의 잘못에 죄책감을 느끼기보다는 합리화하면서 자신의 책임을 회피하고 '조건화된 원인'이라는 길로 남에게 책임을 전가하고 있다. 우리 행동의 원인을 환경, 유전, 부족한 훈련, 욕구 –

충족의 결핍으로 돌리고 있다."[24]

다윗 왕은 다른 길을 선택했다. 그는 자신의 죄를 인정하고 하나님께로 가는 화해의 길을 위해서 간구했다. 우리가 상담에서 죄를 인정하지 않으면, 내담자들이 하나님을 향한 슬픔과 회개, 관계를 회복할 기회를 박탈하는 것이다.

기독교 신학

고백과 고해성사

기독교회는 항상 고백에 관심이 있었지만, 그 고백의 의미는 과거 2천 년 동안 변해 왔다. 우리는 성경(사도행전 19장을 보라)에서 공적 고백의 유형이 초대교회에 의해서 실행되었던 것을 알고 있다. 고백은 기록된 영적 지도자들의 고백서에 의해 증명되듯이 초대 기독교의 중요한 부분으로 계속되었다. 그리스도 이후 몇 세기가 지나서 397년 경에 성 어거스틴과 460년 경에 성 패트릭은 자신들의 고백서를 기록했다. 그들의 참회록은 자서전이면서 믿음과 죄에 대한 고백을 복합적으로 보여 주고 있다.[25]

어거스틴의 참회록과 다른 작품들은 믿음을 지적인 면에서 분석하려고 시도한 스콜라 철학에 부분적으로 기초를 두고 있다. 스콜라 철학은 12세기까지 계속 성장했는데, 그 배경에서 교리와 고해성사가 탄생했다. 스콜라 학자들은 회개하기 위해서는 참회의 감정과 입으로 고백, 회복의 세 요소가 필수적이라고 믿었다. 이러한 고해성사의 교리는 겉으로 보기에는 논리적인 것처럼 보이지만, 곧 마음의 문제를 다루기보다는 교회의 규칙을 행하는 것으로 형식화되었다.

존 칼빈(John Calvin)이 1500년대 중반 「기독교 강요」(*Institute of the Christian Religion*)를 썼을 때, 그는 가톨릭 교회에서 고해성사와 관련된 면죄부를 사고 파는 관행을 날카롭게 비판했다. 항우울제인 프로젝이 나오기 오래 전에 칼빈은 이러한 스콜라학자들에게 약물을 권유했다. "이 사람들은 논쟁하기보다는 정신 이상에 대해서 약물치료를 받아야 한다."[26] 고해성사의 교리와는 반대로, 칼빈은 고백이란 은밀하게 하나님께 드려져야 하고, 공적 고백이 필수적일 때는 다른 사람들 앞에서 자발적인 뉘우침의 행위가 되어야 한다고 주장했다.

칼빈과 다른 개혁주의자들은 기독교인들이 하나님과 개인적으로 만나는 체험을 해야 한다고 강조하였다. 종교개혁이 있기 전에 교인들은 가톨릭 신부에게 하나님과 인간 사이에 죄를 중재해 주도록 요청하였다. 그래서 죄를 고백하기 위해서 신부들을 찾아갔다. 종교개혁 이후에 개신교도들은 이제 신부나 목사들의 중재 없이 하나님 앞에 직접 나아갈 수 있다고 믿는다.

이 고백에 대한 개신교의 견해는 5장에 제시된 죄의 견해와 밀접하게 병행을 이루고 있다. 만일 우리의 인간 문제가 개인의 죄에 한정된다면, 구원은 사제 같은 하나님의 대표자들 중의 한 사람에게 우리의 개인적 죄들을 고백함으로써 얻어질 수 있다.

그러나 인간 문제는 원죄를 포함하고 있으므로, 우리의 고백은 하나님에 대항하는 개인적인 행동들을 인식하는 것보다는 좀더 일반적이 되어야 한다. 우리는 하나님에 대한 만성적인 필요를 고백해야 한다. 심지어 우리가 성경의 계명들을 위반하지 않는다고 생각할 때라도 우리는 여전히 인간의 약함에 의해 오염되어 있다. 고백의 영은 고해성사에 의해 획득될 수 없다. 고백은 우리가 계속해서 하나님의 임재 안에 있음을 가정해야 하는 겸손하고 참회하는 자세이다. 마틴 루터(Martin Luther)는 그것을 이렇게 설명한다. "내가 고백하도록 사람들을 훈계할 때, 나는 단순하게 그들에게 기독교인이 되도록 설득할 뿐이다."[27]

고백에 대한 개신교의 견해를 주장해 왔으니 로마 가톨릭의 고해성사에 대한 견해가 가진 장점을 기억하는 것이 중요하다.[28]

첫째, 정기적인 고백은 우리의 죄를 직면하게 한다. 일상생활에서 우리의 잘못을 간과하거나 최소화하는 것은 쉬운 일이다. 죄를 날마다 고백하는 사람은 그렇지 않은 사람에 비해서 자신의 잘못이나 죄를 좀더 진지하게 처리하려는 경향이 있다.

둘째, 죄의 대가를 지불하는 고해성사는 죄가 심각하다는 것을 각성시킨다. 개혁신학의 죄에 대한 나약한 이해는 죄를 향한 부주의함을 양산했다. "그래, 나는 항상 용서받을 것이다." 고해성사는 죄에 대한 결과를 부과함으로써 이와 같은 경향과 싸운다.

셋째, 죄책감의 짐이 고해성사를 통해 얻은 용서로 가벼워진다. 이것은 어떤 사람들에게는 아주 깊은 해방감을 준다.

고백과 성경

고백과 관련된 역사적 격론이 있었지만, 고백이 적절히 실행되는가 이해하기 위하여 성경을 살펴보는 것이 중요하다.[29] 성경에 의하면 고백은 통상 두 가지 용도로 쓰인다.

첫째, 하나님과 우리의 연대를 공적으로 선언하는 믿음의 고백이다. 이것은 성경 전체에 잘 나타나 있다. 예수님은 복음을 전하도록 제자들을 보내실 때, 그들이 모욕을 당하고 거절당할 것이라고 경고하셨다. "누구든지 사람 앞에서 나를 시인하면 나도 하늘에 계신 내 아버지 앞에서 저를 시인할 것이요 누구든지 사람 앞에서 나를 부인하면 나도 하늘에 계신 내 아버지 앞에서 부인하리라"(마 10:32-33).

어떤 사람들은 그리스도를 고백하겠지만, 어떤 사람들은 고백하지 않을 것을 예수님은 아셨다. 후에 사도 바울은 그리스도의 구원 역사의 중요한 목표로서 믿음의 고백을 기술했다. "이러므로 하나님이 그를 지극히 높여 모든 이름 위에 뛰어난 이름을 주사 하늘에 있는 자들과 땅에 있는 자들과 땅 아래 있는 자들로 모든 무릎을 예수의 이름에 꿇게 하시고 모든 입으로 예수 그리스도를 주라 시인하여 하나님 아버지께 영광을 돌리게 하셨느니라"(빌 2:9-11). 믿음의 고백에는 우리에게 하나님이 필요함을 인정하는 의미가 내재되어 있다. 우리 스스로의 힘으로는 하나님 앞에 가까이 갈 수 없다. 우리는 하나님의 발 앞에서 엎드려 도움을 구해야 한다.

둘째, 죄의 고백은 성경 전체에 묘사되어 있다. 우리가 죄를 지을 때 상황에 따라 다양한 방법으로 고백하도록 교육을 받는다. 우리는 자유롭게 우리의 죄를 하나님께 고백해야 한다. 하나님의 선하신 용서를 생각하면서 다윗은 다음과 같이 기억했다. "내가 이르기를 내 허물을 여호와께 자복하리라 하고 주께 내 죄를 아뢰고 내 죄악을 숨기지 아니하였더니 곧 주께서 내 죄의 악을 사하셨나이다"(시 32:5). 그리고 요한1서 1:8-9에서 으리는 똑같은 원리를 떠올린다. "만일 우리가 죄 없다 하면 스스로 속이고 또 진리가 우리 속에 있지 아니할 것이요, 만일 우리가 우리 죄를 고백하면 저는 미쁘시고 의로우사 우리 죄를 사하시며 모든 불의에서 우리를 깨끗하게 하실 것이요."

하나님께 고백하는 것 외에도, 으리는 다른 사람 특별히 우리가 해를 끼친 사람들에게 죄를 고백해야 할 의무가 있다. 예수님은 산상수훈에서 이것을 말씀하시면서 인간 사이에 서로의 갈등 관계가 해결되기 전에는 하나님께 제사를 드리지 말라고 명하셨다. "예물을 제단 앞에 두고 먼저 가서 형제와 화목하고 그 후에 와서 예물을 드리라"(마 5:24).

야고보는 사랑하고 기도하며 후원하는 기독교 공동체의 맥락에서 우리의 약점과 실패를 서로 나누라고 격려하는 좀더 일반적인 가르침들을 주었다. "이러므로 죄를 서로 고하고 병 낫기를 위하여 서로 기도하라 의인의 간구는 역사하는 힘이 많으니라"(약 5:16).

| 사례 |
모스 양은 남편에게 부정을 고백해야 할까?

모스 양은 상담자에게 자신의 부정을 고백하고 나서 남편에게도 그 사실을 말해야 하는지 고민하고 있다. 그는 상담자에게 조언을 구하고 있다.

이것은 한마디로 말하기 어려운 상황인데, 구체적인 정서나 상황을 고려하지 않고 단순히 충고해서는 안 된다. 그러나 반응을 명확히 하기 위하여 성경의 훈계를 기억해야 한다. 만약 남편이 그 사실을 알지 못한다 해도 모스 양의 남편은 상처를 받았기 때문에 화해의 방법으로 모스 양에게 자신의 부정을 고백하라고 요구할 것이다.

성경에는 또한 영적인 지도자에게 죄를 고백할 것을 언급하고 있다. 다윗은 그의 죄를 선지자 나단에게 고백했고(삼하 12장), 사람들은 자신의 죄를 고백하고 세례 요한에게 세례를 받았으며(마 3장), 에베소 성도들은 자신들의 죄를 사도 바울에게 고백했다(행 19장).

그러나 성경에서 자신의 죄를 영적인 지도자에게 고백하는 것은 영적인 회복을 위해서 항상 자발적으로 이루어졌다. 이와 대조적으로, 칼빈이 날카롭게 비판했던 고해성사의 교리는 의무가 되어 버렸다. 즉, 사람들은 기계적인 회개를 위한 기계적인 과정의 한 부분으로 고백하였다.

마지막으로 성경은 어떤 경우 자신의 죄를 소속 교회에 고백할 것을 제시하고 있다. 만일 죄가 전체 교회 공동체에 영향을 주면, 그 죄는 때때로 직면되거나 공적으로 고백되어야 하는 것이다(고린도전서 5장에 고린도 교회에 있었던 예와 고린도후서 2:6-8에 암시된 해결을 보라). 일반적으로 고백은 죄로 인해서 직접 영향을 받은 사람들만 하도록 범위가 제한될 수 있다.

성경과 교회사를 통틀어 보면, 우리는 고백의 두 가지 공통 주제를 보게 된다. 하나는 개인적인 죄의 고백으로서 신부 앞이나 상처받은 사람, 믿을 수 있는 사람이나 신앙의 공동체들에게 이루어졌다. 어떤 경우에는 하나님께 개인적으로 은밀하게 죄를 자백하였다. 또 다른 것은 일반적인 믿음의 고백으로 하나님에 대한 우리의 부족을 완전히 이해하고 인식하려는 시도의 무익함을 인정하는 행위이다. 이 두 가지 형태의 고백은 겸손을 요구한다.

영성

고백은 겸손을 요구하는데, 겸손이란 쉬운 것이 아니다. 우리는 흔히 영적인 훈련을 받게 되면 자백하는 것이 더 어려워지는 현상을 본다. 왜냐하면 영적인 훈련은 겸손함에 이르는 길이기보다는 행복에 이르는 길이라고 잘못 생각하고 영적인 삶 자체에만 매혹을 느끼기 때문이다. 마치 몇 주나 몇 달 동안 영적 훈련을 받으면 삶의 골치거리들이 금세 영구적으로 해결될 것 같은 흥분이 일어날 때가 종종 있다.

영적 성장은 더 큰 행복과 풍성함에 이르는 길이라고 생각하는 사람들에게 고백은 호소력이 없다. 왜냐하면 고백은 인간 존재의 만성적인 아픔과 단지 의지력만으로는 죄의 본성을 초월할 수 없다는 우리의 전적 무능을 인식하는 것을 요구하기 때문이다. 루이스(C. S. Lewis)는 "기독교인의 코는 항상 내적인 죄악에 지속적으로 관심을 두어야 한다"고 했다.30) 죄의 냄새를 맡는 것이 즐거운 일은 아니지만, 진지한 기독교인의 영적 성장을 위해서 필수적이다.

우리는 훈련 자체가 하나의 목적이 아니라는 것을 곧 알게 된다. 그것은 만병통치약이 아니며, 삶의 투쟁들은 계속된다. 하나님은 우리를 훈련된 삶으로 부르시는데, 이는 우리 자신과 하나님의 성품에 대해 더욱 명확히 이해함으로써 우리를 변화시키기 위해서이다. 영적인 발전은 인간의 성품이 타락하면 점점 더 슬퍼하게 되고, 이 세계에 죄가 끼치는 악영향을 체험하면서 아파하고 그럼에도 불구하고 우리를 구속해 주시는 하나님의 은혜에 감격할 수밖에 없는 것을 깨닫는 것이다. 이것이 우리 자신과 하나님을 정확하게 아는 겸손의 본질이다.

겸손은 자기 비하와는 구별되어야 한다. 17세기의 학자인 제레미 테일러(Jeremy Taylor)는 "겸손이란 네 자신을 비난하고, 누더기의 옷을 입고 다니며 네가 어디를 가든지 낮은 자세로 걸어 다니는 것이 아니다. 겸손은 너에 대해서 현실적인 생각을 가지는 것, 즉 네가 보잘것없는 인간이라는 것을 바로 깨닫는 것이다"31)라고 기록했다.

우리는 전적으로 악하거나 선한 존재는 아니다. 우리는 선도 행하고 악도 행하는 존재이다. 오히려 겸손은 우리 자신을 정직하게 바라보고 우리 자신이 선과 악, 순수와 불순, 그리고 이타주의와 자기중심주의의 동기들로 뒤얽혀진 혼합물이라는 것을 인식하라고 요구한다. 겸손은 우리 인간의 약점뿐만 아니라 장점도 이해하는 것을 의미한다. 우리는 깊은 내브에서 죄를 고백하고, 의미 있는 관계를 회복하고 화해하며, 선을 행하고 악을 버리려는 강한 욕구가 있기 때문에 인간의 잠재력과 선을 잊지 말아야 한다. 달라스 윌라드(Dallas Willard)는 이것을 '타고난 완전성'이라고 부른다.32)

우리는 내적으로 자신의 죄를 서로에게 고백하고, 우리의 죄들을 배상하고 용서를 발견하기를 갈망한다. 고백은 격리된 어두움에서 우리를 이끌어

내어 빛으로 데려간다. 그러나 우리는 종종 고백과 용서에 대한 내적 충동에 저항한다.

고백에 저항하는 것

고백은 진리나 다른 사람과의 관계를 위해서 우리의 좋은 이미지를 희생하는 것을 포함한다. 고백은 치러야 할 대가가 있으므로, 우리는 종종 그것에 저항한다.

어떤 사람들에게 있어 저항은 영적 삶을 회피하는 형태를 취한다. 만일 그리스도에게로 오는 것이 부족함을 시인한다는 것을 포함한다면, 그들은 자족과 독립의 가면으로 자신을 감싸고 멀리 떨어져 있기를 좋아한다. 부족을 시인하지 않는 사람들은 아무것도 고백할 것이 없다.

그러나 또 어떤 사람들에게 영적인 삶은 매력적이고 풍성하며, 기독교 신자들의 공동체는 보상이 있고 성취감을 준다. 곧 그들의 영성은 은밀한 교만의 원천이 된다. 만일 교회가 영적인 교만을 격려하는 사람들로 가득 찬다면 공동체의 축복이 추한 경쟁으로 그늘지게 된다. 교회는 때로 기독교인들이 서로에게 고백하기 위한 장소가 되기보다는 우리의 영적 성숙을 가지고 다른 사람들에게 감동을 주려 하고 서로 경쟁하는 장소가 되고 있다. 이런 맥락에서 볼 때 고백한다는 것은 환상적인 완전 무결함의 가면을 산산조각내기 때문에 어려운 일이다.

| 사례 |
사회적으로 성공했지만, 결혼생활은…

크리스텐센(Mr. and Ms. Christensen) 부부는 원만한 결혼생활을 하기 위해 상담자를 만나고 있다. 크리스텐센 씨는 교회 집사이며, 공동체에서는 기둥이고, 집에서는 무뚝뚝한 남성우월주의자이다. 그의 성공한 삶과 영적 훈련의 실천, 그리고 다른 사람들에게 받는 존경은 그를 거만한 사람으로 만들었다. 그는 결혼생활에서 일어난 문제를 통해 어떤 비난을 함께 받게 될 것을 암시하는 어떤 상담 노력도 거부하고 있다.

어떤 사람들은 크리스텐센 씨를 의지가 강한 위선자라고 생각할 수도 있다. 아마 비난을 회피하고 다른 사람에게서 인정받음으로써 내적인 고통을 완화하려고 시도하는 상처 입기 쉬운 순례자로 그를 보는 것이 정확할 것이다.

상담자는 그의 방어적인 모습 아래 감추어져 있는 크리스텐센 씨의 고통을 보는 것이 현명하다. 상담자는 두 가지 핵심적인 일을 하고 있다. 그는 수용함과 격려함으로 크리스텐센 씨를 도울 수 있으며, 집에서 그의 어리석은 선택으로 일어난 고통에서 그를 방어하거나 변명하는 것은 거절할 수 있다. 그는 상담자에 의해 용납됨을 느끼고, 자신과 아내에게 더 정직해져 가고 있다. 직면과 통찰의 고통은 때때로 깊지만, 크리스텐센 씨는 상담 경험을 통하여 성장하고 있다.

영적인 삶을 회피하면서 죄의 고백을 거부하는 사람이나 자신의 은밀한 자부심이 상할까 봐 고백을 거부하는 사람들은 크리스텐센 씨의 상담자가 표방했던 동일한 두 가지가 필요하다. 즉 지지와 고통이다. 사람들을 후원해 주면 외롭고 고립된 사람들이 집단의 공동체 안으로 들어온다. 고통은 자신의 피상적인 자족감에 살고 있는 사람들이 자신을 새롭게 이해할 필요성을 느끼게 한다. 고통은 또한 우리의 영적 교만에서 우리를 떼어놓고 강하다는 평판보다는 하나님을 바라보도록 해준다.

후원과 고통 모두가 영적 삶에도 존재하고 있다. 16세기에 십자가의 성 요한(John of the Cross)은 「영혼의 어두운 밤」에서 하나님이 영적인 성숙을 위한 여정에서 우리와 어떻게 동행하시는지 기술했다. 처음으로 우리가 하나님을 아는 기쁨에 들어갈 때 '성령에 의해서 양육되고 어루만져지는' 그분의 임재하심을 느낀다.[33] 우리는 열심히 기도하고, 새로운 영적인 훈련을 시도하고, 하나님께로 가까이 다가간다. 그러나 이러한 새로 발견된 영적인 성장의 과정에도 불순함이 싹터서 자라는 것이 현실이다. 곧 우리는 앞의 예에서 나타난 크리스텐센 씨처럼 교만하게 된다.

성 요한은 "그 사람들은 지나치게 영적인 사람이 되기 위해서 '항상 영적인 것' 만을 말하려고 한다. 그들은 자신의 성장에 대해서 자신 만만하기에 남에게 배우려고 하기보다는 가르치려고만 한다. 그들은 자신만큼 영적이지 않은 다른 사람들을 보면 정죄하고, 바리새인처럼 자랑하며, 영적이지 않은 세리들을 멸시한다"고 기술하였다.[34]

이 성장 단계에 있는 사람들은 죄의 고백이 자신의 이미지를 해칠까 봐 두려워한다. 이 문제들을 위하여 비록 인간적 시각에서는 크게 매력적이지 않지만, 하나님은 해결책을 가지고 계신다. 우리 영혼의 어두운 밤의 고통이 성품의 불순물을 제거하여 우리를 하나님 앞으로 인도한다.

영적인 훈련의 과정에 있는 사람들을 위해서 성 요한은 "때로는 하나님이 우리에게 조금 더 깊이 성숙하기를 바라는 때가 있다. 하나님은 우리에게 덕을 가르치고, 우리가 악습에 빠지는 것을 예방하기 위해서 이전에 보여 주었던 위로함을 주시지 않는다"고 말한다.[35]

이처럼 캄캄한 밤에는 우리가 초기에 영적인 삶에서 얻었던 위로나 행복은 사라지고 우리의 인격이 점차로 훈련된다. 우리는 자기 자신과 종교적 경건함보다는 하나님의 위대하심을 더 많이 생각하게 된다. 우리는 영적인 자만심에 대해 깨닫고, 더 성숙하기 위한 과정을 깨닫게 된다. 우리 자신과 하나님을 정확히 바라볼 수 있는 능력인 겸손은 고백의 적절한 자세이며, 겸손은 어둠의 시간들과 실패, 약함을 대면하는 것에서 연마된다.

심리적이고 영적인 건강

우리가 죄와 고백을 정확하게 이해하면 겸손해지고 희망을 갖게 되며 실망이나 수치심에 이르지 않는다. 이것이 기독교 상담자들을 구별짓는 본질적 특징이다. 왜냐하면 많은 상담자들은 희망보다는 수치감을 해결하기 위해서 상담하기 때문이다.

우리가 타락한 인간의 본성에 직면하면 갈림길에 서서 5장에서 기술했던 세 가지 선택에 대면하게 된다.

한 가지 선택은 우리가 아무것도 하지 않고 수치심으로 마비되어 가치 없는 존재라고 선언하는 것이다. 많은 내담자들이 이러한 상태에서 상담을 원한다. 이런 사람들은 더 전진하면서 진취적으로 나아갈 필요가 있다.

두 번째 선택은 타락한 우리 자신의 본성을 고백하고 용서받고 건강한 상태로 회복하는 것이다. 문제는 심리적인 건강과 영적인 거듭남과의 혼동이다. 다시 말하면 "내적인 영혼의 상처 치유와 변화이다."[36)]

필자가 보기에는 우리 나라의 많은 신도들은 영적인 성장이 일시적이고 단 한번에 이루어지는 것이라고 생각하거나, 영적인 성장과 심리적인 성장과 별개의 차원으로 보려는 경향이 많다. 영적인 거듭남과 심리적인 성장은 별개의 것이 아니며, 이 성장을 위해서는 많은 시간과 겸손과 근면이 필요하다.

세 번째 선택은 고백 이외의 다른 방법을 통해서 위로를 받는 것이다. 예를 들어 상담자의 무조건적인 수용을 통해 우리의 잘못이 생각했던 것보다 별로 나쁘지 않다고 말하면서 기분이 향상되는 것을 경험한다. 우리의 잘못을 고백하고 용서를 구하기보다는 심리적인 기법을 통해서 우리의 양심을 마비시켜 마음의 위로를 얻으려고 시도하는 것이다. 이러한 점이 본 훼퍼가 말한 값싼 은혜이다. "아무런 노력이 필요하지 않고, 죄에서 구원받고자 하는 진실한 욕망도 거의 없다."[37)]

〈그림 5〉

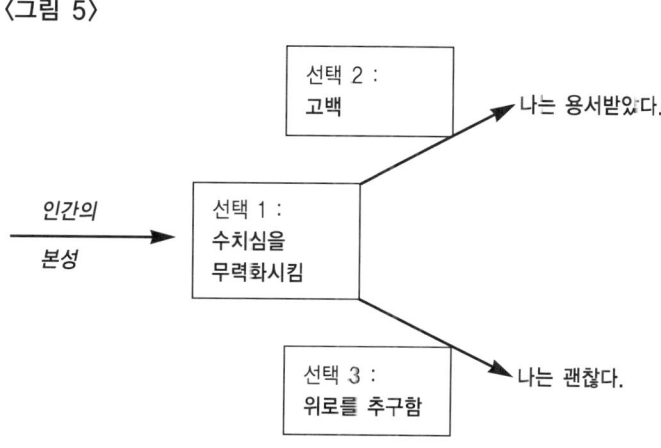

어떤 형태의 상담은 기독교적이든 비기독교적 입장이든 상관없이, 고백과 용서의 과정이 정당한 모델인 경우가 있다. 이러한 상담관계의 마지막에 "나는 이제 용서받았다"는 심원한 자각이 있다. 어떤 상담자들은 내담자들에게 재주를 부려서 다시 기분이 좋아졌다는 느낌을 갖게 만든다. 아무튼 이러한 상담관계가 끝나면 "나는 정상이다"(I am okay)라는 선언을 하게 된다. 두 방법 모두 다 사람들로 하여금 기분이 더 좋게 느끼도록 돕는 것은 마찬가지이겠지만, 오직 죄의 고백만이 심리적 건강과 겸손을 가져오고 성장을 도모한다.

그림 5에는 인간의 본성이 문제라는 것을 열거하고 있지만, 필자는 모든 심리적인 문제가 죄의 직접적인 결과라고 보지 않는다. 많은 내담자는 개인적인 죄 문제보다는 인간의 원죄에 관련된 것이 더 많다. 그들은 거절과 버림받음, 학대, 조롱 등의 상처를 가지고 산다. 이들은 삶이 요구하는 것과 다른 사람과의 관계를 맺는 방식을 잘못된 방법으로 대처하도록 배웠다.

그러나 모든 심리적인 문제는 다른 문제를 포함해서 직접, 간접으로 인간의 타락한 본성에 관련되어 있다. 우리가 상담자로서 고민하는 문제는 "우리가 어떻게 인간의 타락을 이해하고, 타락한 세상에서 살고 있는 타락한 인간들을 어떻게 돕는가?"이다. 고백이 특정한 잘못과는 상관없는 내용이라 해도 겸손한 태도를 가질 때 우리는 하나님 앞에서 우리의 부족을 시인하고 하나님과 다른 사람들과 공동체를 이루고자 하는 욕구를 시인하게 된다.

어떤 상담 유형이 건강한 고백과 용서를 받을 수 있도록 내담자를 도울 것인가? 이에 대한 해답은 상담자가 사용하는 이론이나 구체적인 기법보다는 상담자 자신의 개인적인 겸손과 상담관계의 본질에 달려 있다. 어떤 상담자들은 행동요법, 인지적 방법, 정신분석, 가족체계 등 어떤 이론을 사용하더라도, 자신의 임상적인 작업과정에서 겸손과 고백의 세계관을 통합할 수 있다.

반면에 어떤 상담자들은 그렇게 하지 않는다. 어떤 상담자들은 고백하는 과정을 등한시할 수 있다. 어떤 상담자는 겸손은 등한시하면서 죄의 고백에만 신경을 쓸 수도 있다. 어떤 상담자들은 고백을 강조하고 겸손히 내담자가 더 깊은 통찰력을 얻고 성숙하도록 돕는다. 치유의 고백을 장려하는 상담 유형들을 평가하기 위해서, 우리는 이전의 장들에서 요구되었던 동일한 세 가지 질문으로 돌아갈 필요가 있다. 이 세 질문들이 각각 고려되면서, 그것은 여기에 기술된 상담 경우에 적용될 것이다.

| 사례 |
론은 어떤 상담자를 택할 것인가?

론은 어린 시절 부모에 의해 성적, 정서적으로 학대를 당했다. 사춘기에 그는 부모를 떠나서 심하게 마약을 사용하고, 성적으로 문란했고, 혼음을 하기 시작했다. 1970년대 중반에 그는 대학에 들어갔는데, 캠퍼스 사역 그룹을 통하여 기독교인이 되었으며, 경제학과를 졸업하고 일을 시작했다. 그는 과거 15년 동안 꾸준히 직장 생활을 하면서 어려움을 겪었고, 종종 성격 때문에 상사들과 갈등을 일으켰다. 론은 두 번 결혼했고 두 번 이혼했으며, 이제는 혼자 살고 있다. 그의 두 아이들은 어머니하고 살고 있다. 론은 만성적인 공허감과 우울증 때문에 상담을 받으려고 한다.

론은 세 명의 상담자들을 그려하고 있는 중이다. 그는 어떤 상담자를 선택해야 하는가?

상담자 A : 론의 문제는 어린 시절에 성폭행당한 경험을 한번도 제대로 치료를 받지 않았기 때문에 일어났다. 어린 시절에 그는 고립감과 무기력함을 느꼈을 것이고 자신의 신체에 대해서도 무기력함을 느꼈을 것이다. 상담을 통해서 그는 자신이 삶의 주인이라는 주인의식으로 자신감을 가져야 하고, 자신에게 내재해 있는 분노를 탐색하고 표현하며 오랫동안 간직해 왔던 수치심과 죄책감을 버려야 한다. 내담자에게 일어난 사건들은 그의 책임이 아니고, 그 동안 간직해 온 수치심은 가해자에 대한 적절한 분노로 바꾸어야 한다.

상담자 B : 론의 문제는 그 동안 방탕한 삶을 살았고 그에 대한 애통하는 회개가 없는 것이다. 그는 15년 넘게 신앙 생활을 해왔지만 가해자인 부모를 진정으로 용서하지 못하고 오히려 방탕한 생활을 함으로써 잘못된 삶을 살았다. 자신의 부모에 대한 갈등은 현재 직장의 상사나 가정에서 재현되고 있다. 그는 부모에 대한 복수나 반항을 하나님 앞에 고백하고 이미 지난 과거에 대해서는 잊어버리고, 더 큰 순종과 영적 성숙을 향해 나아가야 한다.

상담자 C : 내담자가 어린 시절에 겪은 성폭행은 인간의 비극적인 죄의 한 예이다. 내담자는 성폭행을 당함으로 인해서 수년 동안 수치심을 느꼈고 그 결과 자신의 삶에 있어서 좋은 결정을 하지 못했다. 이러한 수치심이라는 감옥에서 벗어나기 위해서 내담자는 상담자와 새로운 관계를 경험할 필요가 있다. 내담자는 안전하고, 수용적이고 진실한 분위기에서 자신의 생각과 감정을 솔직하게 탐색해서 어린 시절의 상실감을 표현할 수 있다. 이러한 안전한 관계에서 시간이 지나면, 자신이 다른 사람들에게 어떻게 상처를 주었는지 진심으로 알게 될 것이다. 부모가 그에게 준 상처를 부모가 아닌 다른 사람들에게 전가했다는 것도 깨달을 것이다. 그는 하나님의 은혜로운 구원의 필요를 깨닫고 수치심의 감옥에서 벗어날 것이다.

상담자 A와 C는 많은 공통점이 있다. 둘 다 조심스럽고 안전한 상담관계를 강조하며, 내담자에게 시간이 필요하고 과거 어린 시절의 상처와 상실감을 탐색해야 한다고 믿고 있다. 그러나 중요한 차이점이 있다. 상담자 A는 수치심을 가해자에 대한 분노로 이해하고 그 감정으로 대치시켜야 한다고 보고, 상담자 C는 수치심을 가해자에 대한 이해로 대치하고 자신의 과거를 상실한 데 대해 슬픔을 느끼는 작업이 필요하다고 본다.

이것이 건강한 자아의식을 형성하도록 도움을 줄 것인가?

상담자 A

상담자 A는 상담에서 죄의 고백 역할을 등한시하고 있다. 상담자 B는 죄의 고백을 강조하고 있지만, 겸손보다는 힘을 강조하는 공격적인 방법으로 상담을 진행하고 있다. 상담자 C는 치유 상담의 관계에서 내담자가 겸손히 죄를 고백할 필요가 있다고 강조한다.

그림 5를 참조하면, 상담자 A는 내담자를 자신이 믿고 있는 "나는 괜찮다"(I am okay)라는 방향으로 유도하려 하고 있다. 상담자 A는 내담자가 피해자이기에 고백하고 용서를 받을 필요가 없다고 생각한다. 상담자 A를 통해서 상담을 마치면 론은 우울증에서 벗어난 느낌이 들겠지만, 그의 정체성에 영적인 삶의 특징인 겸손이 결핍될 것이다.

프로이드는 분노가 자신의 내부로 향한 것이라고 주장했는데, 상담자 A는 분노가 정당하게 외부로 향하도록 돕고 있는가? 그러면 그 다음엔 무엇을 할 것인가? 성폭력당한 생존자는 가해자에 대한 분노를 가지고 살아야 할 운명을 타고난 것인가? 론은 부모를 생각할 때마다 안에서는 분노가 치밀어 오를 것이다. 그가 분노를 표현하고 자신을 오랫동안 무기력하게 만들었던 수치심에서 벗어났으므로 이 과정이 심리학의 관점으로는 정당하다고 하겠지만, 내담자는 타인을 진정으로 이해해 주는 공감과 통찰력, 진정한 영성에 대한 겸손을 가지지 못한다.

론은 어린 시절의 성폭력 기억 때문에 자신의 삶이 잘못되었다는 것을 정확히 파악할 수 있을 것이다. 성폭력이란 외상은 정서적인 상처를 남기며 심리적인 역기능의 원인이 된다. 이러한 관점에서 보면 내담자는 자신의 행동장애나 정서적인 문제가 성폭력이라는 외상과 관련이 있다는 것을 알게 될 것이다.

그러나 론은 자신과 다른 사람에게 상처를 주기로 선택한 행동에 대해서는 어떻게 말할 것인가? 론의 부모 역시 자기들의 부모에게서 동일한 방식으로 상처를 받았을 것이고, 이렇게 올라가다 보면 다 세대적인 문제라고 볼 수 있겠으나, 내담자가 자신의 부모처럼 다음 세대에게 상처를 주는 것을 선택하게 되는 것이 문제이다.

이 경우에 상담자는 론의 이야기에 근거해서 오직 부모의 죄만 다루게 된다. 이 접근은 정확한 자아의식을 주지 못한다. 대신 그것은 분노와 교만, 그리고 쓰라림의 희생자라는 정체성을 낳게 될 뿐만 아니라 통찰력을 방해한다.

필자가 상담한 성폭력이나 가정폭력 피해자들은 상담한 후에 자신이 주위 사람들에게 끼친 상처는 관심이 없고 피해 사실에만 초점을 둔 나머지 마치 자신들이 이러한 역경에서 살아 남은 영웅처럼 행동할 뿐만 아니라 계속해서 무책임하고 자신의 책임을 남에게 전가하려는 모습도 흔히 목격하였다.

상담자 A의 기법은 내담자의 피해당한 측면만을 도와주는 제한성이 있다. 기독 상담자로서 내담자의 피해 사실에 대해서 충분히 이해하고 공감해 주고 또한 내담자의 피해 사실뿐만 아니라 자신이 주위 사람들에게 가해한 사실에 대해서는 고백하고 회개하고 겸손히 하나님 앞에 나아 갈 수 있도록 도와주어야 한다.

상담자 B

상담자 B는 위에서 지적한 실수들을 행하려고 하지 않지만 상담과정에서 중요한 겸손이 결여되어 있다. 그림 5를 인용하면 상담자 B는 자신이 믿고 있는 "나는 용서받았다"(I am forgiven)는 단계로 인도하려고 시도하고 있다. 이러한 방향은 기독 상담자로서 정당한 목표이긴 하지만, 상담자 B는 자신이 의도했던 대로 목표를 이 내담자에게서 성공적으로 달성하지 못할 가능성이 많다. 이 상담자는 내담자의 어린 시절에 겪었던 성폭력이 내담자에게 끼치는 영향을 최소화하고, 내담자의 개인적인 죄나 부모에 대한 적개심만을 다루기에 수치심이 내담자의 삶에 끼친 영향을 등한시하고 있다. 이 경우 내담자는 상담자가 제시하는 대로 행동하고 상담을 통해서 자신의 상태가 나아지는 것같이 보이는 것은 상담자의 비위를 맞추고 인정을 받으려고 시도하기 때문이다.

내담자가 자신의 개인적인 방종과 마약의 사용, 아내 구타에 대한 자신의 죄를 고백함으로써 내담자의 이러한 태도에 상담자도 크게 기뻐하고 내담자의 우울증도 나아진다면, 상담자 B는 이러한 상담이 아주 성공적이었다고 결론을 내릴 것이다. 그렇지만 이 경우에 상담이 과연 성공적이었을까? 내담자가 상담자의 인정을 받았다고 해서 진정으로 하나님에게서 죄 사함을 받았다고 느낄 것인가?

상담자 B의 접근은 기독교에서 문제 삼고 있는 고해성사와 흡사하다. 하나님의 사역자인 상담자가 죄의 고백을 듣고, 죄인은 확실히 용서함을 받는다. 과거 수세기 동안 이러한 종교적인 관행 때문에 신부들이 너무나 많은 권력을 행사해온 결과 궁극적으로 교회를 부패하게 만들었고, 개혁주의라는 종교적인 반란을 가져온 것이다

상담자 B는 신부가 누려온 권력보다 더 많은 권력을 내담자에게 행사하고 있는데, 상담자가 죄의 고백을 수용할 뿐 아니라 또한 죄를 지적해 줄 수 있기 때문이다. 상담자는 내담자에게 그가 품어온 적개심의 죄에 대해서 가르치고, 자백하고 회개하도록 함으로써 내담자의 문제가 다 해결되었다고 결론짓는 것이다.

그러나 상담자와 내담자와의 권력의 역동관계가 간과되었다. 만일 론이 그의 상담자를 기쁘게 하기 위해서 고백했다면, 그것은 진정한 이해와 확신에서 온 것이 아니다. 죄의 고백은 상담자의 인정을 받기 위한 것과는 달리 자신에 대한 정직한 인정이 필요하다.

내담자가 죄를 고백한다고 해서 문제가 쉽게 해결되리라고 가정해서는 안 된다. 많은 인간의 고통들이 수년 동안 받아온 아픔과 방어기제라는 심리적인 층 밑에 숨겨져 있고 이러한 문제들은 여러 주, 여러 달, 심지어는 일년이 넘도록 상담관계에서 작업해야만 밝혀질 수 있는 문제들이다. "고백들은 자아의 많은 층의 반영으로 보여질 수 있다."[38]

상담자 B는 내담자에게 직면적인 기법으로 초기에 고백하게 하지만, 진지하게 자신을 탐색하고 자신을 더 개방하려는 문을 닫게 만들 가능성이 있다. 필자가 볼 때 우리 나라에서 상담자 B와 같은 형태의 상담을 많이 하는

사람들은 교회의 성직자들이다. 성직자에게 상담을 받으러 가면 대체로 내담자가 어떤 죄를 지었는가의 관점에서 이야기를 듣다가 곧장 죄를 회개하도록 권유하고 회개한 후에 모든 죄가 사함을 받았으니 이제 평안한 마음을 가지라고 권해 준다. 쉽게 말하면 거듭나는 체험을 내담자에게 시키면 내담자의 모든 심리적인 문제가 사라질 것이라는 비현실적인 기대를 내담자에게 심어 준다.

그러나 이러한 데서 오는 기쁨은 마치 가시떨기에 떨어진 씨처럼 반짝하는 기쁨은 있지만, 뿌리까지 문제가 해결되지 않음으로써 어려운 시험을 당하면 쉽게 무너지고 만다. 이제 우리 나라의 성직자들도 교인들의 문제를 땜질하는 식이 아니라 근본적인 문제를 해결하도록 도와주어야 할 것이다.

상담자 C
상담자 C는 비교적 정확한 생각을 가지고 있다. 상담자 C는 단순히 개인적인 죄를 인정하고 고백하는 것 외에, 고백은 우리 인간의 한계성을 인정하고 하나님과 다른 사람들과의 친밀한 관계를 추구하는 데서 오는 아픔이라고 인정한다. 이러한 고백은 하나님이 절대적으로 우리의 삶에 필요하다는 것을 겸손히 인정하고, 수치심에서 해방시키고, 우리의 자비로우신 구원자에게 더 가까이 나아가게 하며, 우리의 죄를 고백하는 믿음을 의미한다.

내담자에게 진실하고, 안전한 상담 분위기를 제공해 줄 때, 상담자 C는 자신의 과거와 현재의 생각들과 감정들을 탐색할 수 있도록 돕는 것이다. 상담자 C는 자신의 문제가 죄의 결과일 뿐만 아니라, 내담자는 모든 다른 인간과 같이 동일한 부패의 홍수에서 허우적거리고 있다고 간주한다. 상담자 C는 론이 다른 사람들에 의해서 상처를 받은 피해자이고 자신의 악한 행동을 스스로 선택하였지만, 그가 자신의 부족함을 깨닫고 도움을 받기를 인정한다면 희망이 있다고 믿는다.

상담자 C는 내담자가 자신의 구체적인 죄만 용서받기를 원치 않는다. 내담자에 대한 목표는 그가 초월한 존재가 필요함을 깨닫고, 하나님에게서 사랑 받고 수용되어 그리스도와의 성숙한 관계에서 용서받기를 기대하는 것이다. 상담자 C는 론에게 용서에 대해서 가르칠 뿐만이 아니라 정직하게 자신을 깨닫고 겸손한 삶을 살도록 가르쳐 준다.

이제 우리 교회에서도 상담자 C의 경우처럼 질이 높은 상담을 제공해서 내담자가 당면한 자신의 문제를 해결할 뿐만 아니라 궁극적으로는 하나님과 친밀한 관계를 회복할 수 있도록 해주어야 하겠다. 필자가 보기에는 이 점이 21세기에 한국교회가 당면한 문제인 것 같다.

정직한 자기 탐구를 격려하는 것

| 사례 |
론의 자기 탐구

상담 중에 론(Ron)은 한숨을 짓고 고개를 숙이면서 이렇게 말했다. "나는 그렇게 가치가 없다고 느껴요. 네, 나의 부모는 나를 학대했고 나 역시 몇 가지 나쁜 일들을 해왔어요. 나는 내 아이들을 학대하지는 않았지만, 그들을 버렸어요."

여기에 기술된 각각의 상담자는 다르게 반응할 것이다.

상담자 A : "론, 당신은 지금까지 충분히 고통받지 않았나요? 당신은 진실로 자신에게 분노하고 있나요, 아니면 다른 사람에게 그런가요?"

상담자 B : "당신은 중요한 질문을 하고 있어요, 론, 하나님은 당신에게 대답을 요구하고 계십니다. 당신은 그 질문에 대해 하나님이 어떤 대답을 원하신다고 상상하십니까?"

상담자 C : "당신은 고통에 둘러싸였다고 느끼고 있군요. 론, 다른 사람들이 당신에게 준 고통과 당신이 다른 사람들에게 준 고통, 인생이 얼마나 어려운가에 대한 고통 말이에요."

상담자 A는 론의 말을 통해서 내담자의 문제가 외부에 있다면서 책임을 밖으로 돌리고 있고, 상담자 B는 죄를 확인하려고 시도하고 있으며, 상담자 C는 친밀감을 형성해서 자신의 문제를 깊이 탐색하고 진지하게 죄를 고백할 필요성을 깨닫게 해주고 있다.

상담자 A와 B는 론이 구체적인 반응을 하도록 제안하면서 자신을 더 깊이 탐색할 수 있는 문을 닫고 있다. 이와는 대조적으로, 상담자 C는 어떤 구체적인 반응을 하도록 제안하지 않으면서 내담자에 대한 이해와 공감을 전달하며 자신을 탐색할 수 있는 문을 열어 놓고 있다. 상담자 C의 상담에 대한 이론적인 배경은 통찰력을 강조하는 것으로 볼 수 있다. 즉 인지적 상담, 인간 중심적 상담, 가족 체계적 상담 등의 입장에서 내담자가 자신의 생각과 감정을 탐색하고 이해함으로써 과거 감정에서 해방될 수 있도록 겸손한 태도와 공감적 반응에 중점을 두고 있다.

이것이 건강한 필요의식을 형성하도록 도움을 줄 것인가?

상담자 A

상담자 A는 내담자에게 "당신은 죄인이 아니고, 다른 사람이 지은 죄의 희생양이다. 당신은 괜찮다"라고 말한다. 상담 후 론이 기분은 좋아지겠지만, 실패자라고 괴로워하면서 고통받을 수 있다. 내면의 문제를 외부화하도록 해주는 상담기법의 위험은 내담자가 더 이상 자신의 문제에 대한 책임을 못 느끼고 그에 대한 현실적인 느낌을 더 이상 가지지 않게 하는 것이다.

내담자가 외로움과 소외감, 죄책감을 고백하면서 도움을 받고자 할 때 상담자가 내담자에게 과거의 희생자라는 면을 지나치게 강조해 주면 상담 받으려는 처음의 동기는 자신도 모르게 사라진다. 이 경우 상담자는 내담자가 자신의 죄를 고백하는 면을 상담에서 소홀히 했기 때문에 표면적으로 수치심을 저항할 수 있는 힘은 길러 주었지만, 자신의 내면에 있는 수치심의 근원을 탐색할 수 있는 기회를 박탈한다.

상담자 B

다른 극단적인 입장에서 내담자가 자신의 문제를 내재화하도록 하기 때문에 문제가 나아지기보다는 더 악화되는 경우도 있다. 자신에게 진정으로 무엇이 결핍되어 있는지 알게 해주기보다는 강한 무력감을 느끼게 하고 또한 수치심을 가중시킬 수 있다. 이것은 상담자 B에 의해 나타난다.

론은 참회하면서 표면적으로는 고백하겠지만 그의 어린 시절에 대한 좌절감과 분노를 깊이 있게 탐색하지 않았고 그러한 결과가 자신의 삶에 어떻게 영향을 주고 있는지 깨닫지 못하고 있다. 죄를 고백하는 것은 단순히 죄의 목록을 나열하는 것이 아니다. 그것은 다른 사람에게 내가 누구인지를 바로 볼 수 있도록 자신을 공개하는 행위이다.

론은 상담자 B를 만난 후에 아직도 자신이 누구인지 온전히 알지 못하기에 진정한 고백을 할 준비가 되어 있지 않다. 필자가 보기에 이러한 현상은 우리 나라 교회의 부흥 집회에서 자신의 죄를 공개적으로 드러내고 교인들에게 인정받고 자신의 삶이 거듭났다고 주장한 사람들 중에서 시간이 지나면서 또다시 옛날로 되돌아가서 실수를 반복하여 주위 사람도 실망하고 본인도 실망하는 예를 많이 볼 수 있다. 인간의 근본적인 변화나 내면의 개조 없이는 피상적이라는 사실을 알아야 하겠다.

상담자 C

상담자 C는 자신의 현재 문제를 정확히 구분해서 내재적 또는 외재적으로 귀인하도록 적절하게 론을 돕고 있다. 그는 자신이 통제할 수 없는 상황에 의해서 상처를 입었고, 자신도 남에게 상처를 주었다. 다른 사람과 마찬가지로 그도 죄를 지었고, 다른 사람들도 이 내담자에게 죄를 지었다. 이와 같은 상담 분위기에서는 내담자가 자유함을 느끼기에 자신을 더 정확히 이해할 수 있다. 또한 죄에 대해서 꾸지람이나 견책이나 조롱을 당한 두려움이 없기에 보살펴 주는 상담자에게 있는 그대로 자신을 개방하고 이러한 과정에서 다른 사람이 필요하다는 것을 깨닫게 된다.

이것이 치료 관계를 형성하도록 도움을 줄 것인가?

상담관계 자체가 영적으로 속죄의 성격은 아니지만, 그것은 어떤 면에서 그리스도와 속죄관계의 모델 역할을 한다. 그리스도의 사랑과 은혜로 우리는 자유스럽게 인간의 한계와 부족을 이해하고 위로부터 오는 도움을 받아들인다. 이 모델은 우리가 자신의 죄를 먼저 깨닫고 나서 구원받는 것이 아니고 우리에게 거저 주시는 구원의 결과로 예정된 은혜를 부어 주시기 때문에 죄를 깨닫고 구원을 체험하게 된다.

하나님의 은혜와 구원이 우리가 자신의 죄를 깨닫는 것보다 앞선다. "너희가 그 은혜를 인하여 믿음으로 말미암아 구원을 얻었나니 이것이 너희에게서 난 것이 아니요 하나님의 선물이라"(엡 2:8). 하나님의 은혜가 먼저이고, 그 다음이 죄에 대한 인식이다. 우리는 하나님의 은혜를 경험하기 '전'이 아니라, 경험한 '후'에 우리의 약함을 이해할 수 있도록 자유로워진다. 이것이 상담자 C가 론에게 제공하고자 하는 관계이다.

만일 하나님이 상담자 A나 상담자 B가 우리와 상담관계를 맺는 것처럼 하나님이 그와 동일한 관계를 우리와 맺는다고 할 때 영적인 결과를 상상해 보라. 하나님이 상담자 A 같다면 우리는 선한 사람이어야 구원을 받을 것이다. 하나님이 가장 선한 사람과 가장 악한 사람을 일렬로 정렬을 시켜 놓고 둘로 갈라놓는 분기점을 정한다고 상상해 보자.

다른 사람들을 학대하고, 폭력을 사용한 사람들이 악한 사람들 편에 속하겠고, 선한 사람들 편에 속한 사람들은 힘없는 피해자들일 것이다. 학대한 사람들은 회개해야 하고, 피해자들은 그들에게 분노를 느껴야 한다. 피해자들은 사랑을 받고 가해자들은 처벌을 받는다.

이렇게 하는 것이 과연 옳을 것인가? 물론 옳지 않다. 하나님은 우리의 도덕성에 관해서 점수를 주어 평균 이하는 벌하고 평균 이상은 상을 주는 분은 아니다. 하나님은 우리의 죄를 아시고 그 죄 때문에 애통해 하시지만, 우리의 행동에 관계없이 우리에게 값없이 은혜를 베풀어 주신다.

"곧 예수 그리스도를 믿음으로 말미암아 모든 믿는 자에게 미치는 하나님의 의니 차별이 없느니라 모든 사람이 죄를 범하였으매 하나님의 영광에 이르지 못하더니 그리스도 예수 안에 있는 구속으로 말미암아 하나님의 은혜로 값없이 의롭다 하심을 얻은 자 되었느니라 이 예수를 하나님이 그의 피로 인하여 믿음으로 말미암는 화목 제물로 세우셨으니 이는 하나님께서 길이 참으시는 중에 전에 지은 죄를 간과하심으로 자기의 의로우심을 나타내려 하심이니 곧 이때에 자기의 의로우심을 나타내사 자기도 의로우시며 또한 예수 믿는 자를 의롭다 하려 하심이니라"(롬 3:22-26).

만일 하나님이 상담자 B와 같다면, 하나님과 우리 관계는 구체적인 개인의 죄를 깨닫고 자백하는 우리의 능력에 달리게 될 것이다. 그리스도인의 믿음은 마치 율법주의와 흡사하고 우리는 모두 두려움 안에서 살아야 할 것이다.

감사하게도 하나님은 먼저 우리를 사랑하시고 개인적인 죄뿐만 아니라 원죄가 인간에게 범람하고 있음을 아시면서도 우리를 하나님 앞으로 인도하고 계신다. 하나님의 사랑하시는 안전한 두 팔 안에서 우리는 자신을 진정으로 정직하게 바라볼 수 있고, 하나님에게 우리의 부족과 죄를 고백하며 구속적 은혜의 치유를 맛보게 된다.

우리는 아무도 상담관계에서 인간과 하나님과의 관계를 재현하지는 못하지만, 상담자 C와 같이 상담할 때 치유하시는 하나님과 우리 사이의 관계를 치유관계의 목표로 삼으려고 노력할 수 있다. 상담이나 사랑하는 공동체의 인간관계에서의 상호 연결이 있기 때문에 우리는 죄를 고백하고 회개할 수 있는 것이다.[39]

도전에 직면하는 것

도전 1 : 두 영역의 유능성에서 세 영역으로 움직이는 것

임상심리학 훈련을 받은 대부분의 사람들은 양심의 가책과 자백의 가치를 인정하고 있다. 우리는 내담자의 죄책감과 자신을 책망하는 사고를 조심스럽게 듣고 그를 수치심에서 해방시키기 위해 내담자 자신의 이야기를 새롭게 해석하도록 돕고, 자신의 나쁜 경험이나 감정은 그에 대한 책임감을 외면화하도록 도와준다. 이러한 기법은 많은 내담자에게 효과적이다.

| 사례 |
모든 것이 그의 탓일까?
　어린 시절 이후 수잔(Susan)은 자신의 삶에서 일어나는 나쁜 모든 일의 원인은 자신에게 있다고 책임을 전가하고 있다. 수잔의 어머니는 홀로 되어 네 아이들을 돌보며 두가지 일을 하느라 지쳐 있는데, 수단에게 태어나지 말았어야 할 사람이라고 종종 소리치곤 했다. 수잔은 그 말들을 내면화했고, 이제는 자신이 가치가 없으며 죽는 것이 낫다고 자주 자신을 책망하고 있다.

　기독교인이든지 아니든지, 유능한 상담자는 자기 자신에게 관대하라고 수잔을 도울 것이다.
　인지상담자는 수단이 자신을 책망하는 사고를 중지하고 자신을 좀더 인정하는 사고를 하도록 도와줄 것이다. 행동주의 상담자는 수잔이 성공할 수 있는 경험을 하도록 하고, 그 성공에 대해서 긍정적인 자기 칭찬으로 보상을 해주라고 제시할 것이다.
　정신분석가는 어머니의 말과 내담자가 자신에 대해 가지는 견해를 구별하도록 과거 어린 시절의 수치심과 내담자와의 관계를 탐색하도록 도와줄 것이다. 인간중심적 상담자는 내담자가 자신에게 좀더 수용적으로 되기 위해 내담자와 우호적이고 안전하며 수용하는 상담관계를 유지하도록 할 것이다. 이 모든 상담기법은 각기 장점이 있기에 내담자는 더 기분 좋게 느끼게 되며 자신을 좀더 정확히 바라볼 수 있다.
　안타깝게도 심리학의 대중화는 좋은 생각들이 과도하게 사용되거나 남용되는 결과를 낳았다. 상담자들은 수잔이 지나친 수치감에서 해방되도록 도와주고 지나친 죄책감에서 벗어나도록 도와야 한다.
　그러나 때로는 상담자가 내담자를 정당한 죄책감에서 해방시켜 주고 하하나님과 다른 사람을 정직하게 의존하게 하고 그들이 필요한 존재라는 감정에서조차 해방시키려고 시도하는 경우도 있다.

이러한 결과 독립심과 자기 만족을 강조하는 심리학은 점점 인기를 얻고 영적인 삶은 더 메말라가고 있다. 기독교 신자이든지 아니든지 경험이 많은 심리치료자들은 죄책감 없이 살 수 있는 개인은 없다고 인정하지 않지만, 대중의 인기를 추구하는 심리학이 우리의 사회에 만연하고 있다. 그 결과 많은 사람들은 대중의 인기를 자극하는 심리학 때문에 무책임한 자유와 자기 중심주의와 심리학을 관련시키고 있다.

만일 수잔이 유능한 치료자에게서 치료받지 않고 인기 있는 심리학 책을 읽었더라면, 가해자인 어머니에게 자신의 분노를 표현하고 이제는 자족하면서 자신의 수치감을 없애 버리려고 노력할 수도 있다. 수잔은 자신의 수치감에서는 해방되어야 하겠지만 자신이 저지른 행동에 대한 죄책감을 버려서는 안 된다. 정확한 죄책감은 보다 큰 자기 이해로 이끌고, 고백과 참회, 용서와 구속의 치유 과정으로 우리를 안내하기 때문이다.

영적인 삶을 자신감 있게 영유하기 위해서는 현재의 인기 중심적인 심리학을 비판할 것은 비판하고 오히려 옛날 우리 선배들이 인간의 부족함을 고백하고, 죄를 고백하고, 상호 사랑하는 공동체 안에서 용서를 받고 영적인 삶을 풍부하게 누렸던 시대로 돌아가야 한다고 본다. 성 아퀴나스는 우리의 치유함과 영적인 성장은 자기 중심적인 분위기에서는 발견될 수 없고, 우리의 죄를 고백하고 하나님의 은총에서만 가능하다는 것을 알았다. "당신이 만드셨고 당신의 이름에 의지해서 고백하도록 자극하는 나의 입술의 열매인 고백의 제사를 받으소서. 나의 모든 뼈들을 치료하시고, 주님. 당신 같은 이 누구인가 하고 그들에게 말하게 하소서."[40]

영성을 고려한 상담은 내담자들이 자신의 부족함을 깨닫고 도움을 갈구하고자 하는 요구를 수용하고, 격려할 수 있어야 한다. 부족을 고백하면서 절규하는 것이 치유과정의 중요한 부분이다.

도전 2 : 모호한 개인적-직업적 구분들

론의 경우 상담자 B와 C는 건강한 고백을 하도록 론을 도우려 하고 있지만, 상담자 C만이 효과적이다. 무엇이 이러한 차이를 가져오는가? 바로 겸손이다. 겸손은 직업적 기술이 아니고 개인적 훈련의 산물이다. 자신의 문제를 솔직히 고백하도록 도우려면 기독교 상담자는 자신이 먼저 겸손해지는 훈련을 받는 것이 매우 효과적이다.

기독교 상담자는 최소한 두 가지 방법으로 개인적 고백의 훈련을 할 수 있다. 첫째, 상담자 자신의 문제를 하나님 앞에 솔직히 고백할 때 영적인 삶을 지속할 필요성을 깨닫는 데 도움이 된다. 하나님께 상담자 자신의 개인적인 죄와 하나님께 대한 신앙도 고백해야 한다. 우리 인간의 능력은 제한되어 있고 죄에 의해서 오염되어 있으므로 우리는 일상 생활에서 기회가 있을 때마다 하나님의 지혜와 능력과 자비를 구해야 된다는 것을 잊어서는 안 된다.

이러한 고백이 계속될 때 우리는 약하다는 것을 알고 하나님을 사모하는 마음을 가지고 살게 된다. 인간의 한계성이나 약점을 인정한다는 것은 자신이 완벽하다고 믿는 사람들의 비위를 거슬릴 수도 있다. 이런 사람들은 항상 강해지고 싶겠지만 현실은 그렇지 못하다.

사도 바울은 하나님께 자신을 괴롭히는 문제를 제거해 달라고 세 번이나 기도했지만 그것은 해결되지 않았다. 이 일 후에 바울이 고백한 내용은 세기를 거듭하여 수없이 인용되고 있다. "내게 이르시기를 내 은혜가 내 은혜가 네게 족하도다 이는 내 능력이 약한 데서 온전하여짐이라 하신지라 그러므로 도리어 크게 기뻐함으로 나의 약한 것들에 대해서 자랑하리니 이는 그리스도의 능력으로 내게 머물게 하려 함이다 그러므로 내가 그리스도를 위하여 약한 것들과 능욕과 궁핍과 핍박과 곤란을 기뻐하노니 이는 내가 약할 그때에 곧 강함이니라"(고후 12:9-10).

둘째, 우리의 부족함과 어려움을 서로 서로에게 고백하는 것이다. 물론 개인적인 어려움은 친한 친구관계, 친교모임, 서로 신뢰하는 결혼관계에서 논의가 될 수 있지만, 전문적인 직업에 관련된 어려움은 그 문제에 대한 비밀 보장의 문제 때문에 공개적으로 논의되기는 어렵다. 그렇기에 많은 상담

자들은 동료의 자문, 임상의 감독, 또는 개인적인 심리치료를 받는다.[41]

상담자로서 개인적인 고백을 생활 속에서 실천하면 상담에 많은 도움이 된다. 상담자가 자신의 문제를 다루기 위해 개인적인 상담을 받는다든지, 상담 감독자에게 자신의 실패를 의논하는 겸손을 보여 주면, 한편으로는 자신의 약점을 드러내는 위험성이 있지만 상담자 자신에게도 정서적, 영적인 치유를 가져오고, 더 효과적인 상담자가 되게 한다.

도전 3 : 훈련에 대한 확장된 정의들

상담자들은 상담에서 고백을 위해 어떻게 자신을 훈련하는가? 이 질문에 대한 대답은 사람이 상담에서 고백을 사용하는 것을 기대하는 데에 달려 있다.

구체적 상담기술로서의 고백

어떤 상담자들은 상담에서 계획적인 기법으로 고백을 사용하는 것을 원할 수 있다. 예를 들면, 부부 상담을 할 경우 두 부부가 서로에게 자신의 부족함을 고백하도록 돕기 위해서는 2회 정도의 상담을 실시한 후에 고백하도록 하는 것이 도움이 된다. 알코올 중독자들을 위한 12단계 훈련 프로그램에서도, 중독자들이 자신의 과거의 잘못으로 인해서 상처를 준 사람들에게 어떤 방법으로든지 고백하도록 프로그램의 과정을 통해서 배운다.

대부분의 기독교 상담자들은 특정한 상담기법으로 고백을 자주 사용하지 않고 있다. 최근 미국기독교상담협회 회원(Christian Asscciation for Psychological Studies)들을 상대로 한 설문조사의 결과를 보면, 상담자들이 자신들의 약 삼분의 일에 해당되는 내담자에게 회개나 고백을 하도록 지시했다고 보고하고 있다.[42] 그리고 기독교 상담훈련 감독관들을 상대로 한 설문조사에 의하면, 대부분의 훈련 프로그램에 고백하는 순서가 거의 없거나 관심이 없었다.[43]

비록 기독교 상담자들이 삼분의 일의 내담자에게 고백하도록 구체적으로 지도를 했다는 것은 그리 놀라운 일은 아니다. 많은 내담자들은 실제로 양심에 가책이 되는 죄를 지어 심한 죄책감을 느끼고 그것을 고백해야 하는 경우는 아주 없거나 또는 약간 간접적으로 관계되어 있는 경우가 많다. 선입관을 가지고 내담자를 바라보면서 죄와는 관계없는 경우에도 죄의 방향으로 내담자를 유도하게 되면 상담을 궤도에서 벗어나게 할 수 있다.

특히 필자는 우리 나라의 기독교 상담자들은 죄에 대한 선입관이 많기에 죄를 너무나 강조할 가능성이 많다고 본다. 많은 기독교 상담자들은 상담에서 고백에 가치를 두지만, 고백을 구체적인 상담기술로 축소하려고 시도하지도 않는다.

삶에 대한 태도로서의 고백

이 장에서 제시한 고백에 관한 견해를 포함해서 고백에 대한 기술 자체가 구체적인 상담기술로 당연하게 귀결되지는 않는다는 것을 알아야 한다. 고백에 대한 다른 견해의 하나는 고백이 상담실 안에서 후회스러운 지난 삶을 참회하기 위해서 사용하는 것만이 아니고, 우리의 일상 생활에서 실행되어야 할 삶의 자세라는 것이다.

이러한 관점에서 상담은 내담자들이 자신의 약점을 인정하고 안정된 상담관계와 하나님을 아는 삶에서 얻어진 상호 지지를 바탕으로 겸손하게 사는 방법을 배우는 것이다. 상담은 앞에서도 밝힌 대로 본질적으로 고백적인 면이 있기에 앤드류 머레이의 표현대로 '모든 덕의 근본'이 되는 겸손한 삶을 내담자에게 가르쳐 주는 것이다. 가장 좋은 측면에서 고백은 삶의 방법과 거룩의 습관이 된다.

이것은 문제를 자아내기도 한다. 즉, 상담자가 내담자를 상담실에서 만나자마자 내담자에게 좀더 겸손해져야 하고 자신의 죄를 자백해야 한다고 선언식으로 통보해서는 안 된다. 그러한 방식으로 상담자가 내담자에게 접근하면 상담자는 거만하게 보이고, 이러한 분위기에서는 내담자가 진지하게 자신을 들여다보지 못하게 된다. 그렇다면 상담실에서 어떻게 정직과 겸손을 장려하도록 그들을 훈련할 수 있는가? 겸손한 사람이 될 때 가능하다.

기독교 상담자도 내담자와 마찬가지로 고백과 겸손한 삶이 영적이고 정서적인 성숙을 위해서 근본적으로 중요한 요소라는 것을 인정할 때 가장 건강한 상태가 된다. 어떤 상담자는 상담 전문가를 자처하면서 아무의 도움도 필요하지 않고, 스스로 어떤 상담의기법을 선택하고 남의 이야기를 절대로 들으려고 하지 않는 사람도 있지만, 어떤 상담자는 자신이 전문가이고 경험이 많을지라도 동료에게서 조언도 구하고 하나님의 인도하심을 위해서 간구하며 자신이 하는 일이 불완전하다고 인정하는 경우를 본다. 이러한 자세는 상담 강의시간에 배우기는 어렵지만, 상담자 훈련의 한 부분으로서 포함될 수 있다.

휘튼 대학의 임상심리학 박사과정 프로그램에서는 학생들이 소그룹으로 매주 한 번씩 임상 지도교수와 같이 자신들이 치료하고 있는 상담의 예를 의논하는 모임을 실시하고 있다.46) 또한 임상에 있는 교수들은 자신들의 상담 케이스를 서로 의논하기 위해서 따로 모임을 갖는다. 이러한 모임을 통해서 서로 질문도 하고 불확실성에 관계된 감정도 나누고, 그러한 감정에 직면하기도 한다.

이 내담자를 다른 상담자에게 의뢰해야 할까? 자신이 내담자의 문화적인 배경에 민감하게 반응하고 있는가? 만일 내가 이 내담자와 같이 소리를 내서 기도하면 어떻게 될 것인가? 내가 이 내담자에게 느끼는 분노나 이끌림을 어떻게 처리할 것인가? 상담 도중에 무슨 말을 해야 할지 모르고 당황할 때 어떻게 해야 할까? 이 경우에 적용해야 할 영적인 원칙들은 무엇인가? 만일 내담자가 좋아지지 않는다면 무슨 일이 일어날 것인가?

교수들이 이 모든 질문에 대답할 수는 없지만, 우리는 학생들이 더 정확하고 날카로운 질문을 하도록 돕고, 가능한 경우에는 질문에 대한 해답을 찾아내도록 격려해 주고, 진실성과 고백의 자세를 유지하도록 해준다. 훈련이 끝나도 상담자들은 이러한 질문들을 계속하는 것이 바람직하다.

상담할 때 자신들의 전문적인 일에 관해서 고백적인 자세를 수용하려는 소그룹의 상담자들이 모여서 서로를 지지하는 방법을 탐색해 보고, 서로 지지해 주는 공동체를 형성하면 자신의 상담기술을 향상하는 데 많은 도움이 된다. 우리가 나태해지고 현재 갖고 있는 지식과 성장에 만족하는 상태에 머물려는 유혹을 느끼면 토마스 아 켐피스의 현명한 말들을 기억해야 한다

"만일 당신이 많은 것을 알고 이해한다고 할지라도 당신이 모르는 것이 너무나 많다는 것을 알라. 교만하지 말고 당신의 무지를 고백하라."[45]

도전 4 : 정신 건강의 지배적인 견해들을 직면하는 것

어떤 면에서 고백은 현대의 정신 건강에 관한 견해와 상당히 일치한다. 상담의 본질은 고백이다. 내담자는 가면을 벗고 수년 동안 감추어왔던 자신의 비밀을 상담자에게 털어놓는다. 고백하면 죄책감과 후회, 슬픔에서 정서적으로 해방을 느낀다. 대체로 고백한 후 내담자들은 안도감을 갖고 새로워지고 깨끗해짐을 느낀다.[46] 이전 장에서 논의된 성경, 기도, 죄의 직면 등의 주제와는 달리, 고백은 상담자들이 종교인이든지 아니든지 상담의 중요한 부분으로 인정하고 있다.

상담에서 현재 사용되고 있는 고백과 기독교의 고백과의 차이는 무엇일까? 물론 다른 점보다는 비슷한 점이 많이 있겠지만, 잠재적으로 중요한 것들이 그림 5에 잘 표현되어 있다. 대부분의 상담 유형이 본질적으로 고백적이지만, 기독교 상담의 고백의 결과와는 다르다. 전통적인 상담에서 구속은 상담관계 자체에서 형성이 되지만, 기독교 상담에서는 내담자가 구속자인 예수님을 섬기면서 구속적인 관계를 실천하면서 살아가도록 돕는 것이다. 즉 전통적인 일반 상담에서는 "나는 괜찮다"(I am okay)는 것을 가르쳐 주지만, 후자는 "나는 용서받았다"(I am forgiven)고 가르치고 예수님과 관계를 맺고 살도록 돕는 것이다.

| 사례 |
수치감, 죄책감에서 벗어나려면

로저(Roger)는 그의 상담자에게 비밀을 고백했다. 그가 열여섯 살이었을 때 그는 어머니에게 "어머니는 항상 얼마나 아픈가에 대해서 불평하지만, 어머니는 아무도 돌보지 않아요. 나는 건강한 어머니를 가지는 것이 소원이에요"라고 소리쳤다. 어머니는 사흘 후에 출혈성 심장마비로 돌아 가셨다.

상담자는 로저의 말을 주의 깊게 들으면서 그에게 고통과 슬픔을 표현하도록 해주고 어머니의 갑작스러운 죽음으로 인해 얼마나 고통스러웠는지 공감한다. 로저는 자신을 수년 동안 괴롭혀 왔던 수치감, 죄책감, 슬픔에서 해방을 느꼈다. 로저는 다음 회기에 와서 자신의 문제가 호전되었으니 상담을 종결하고 싶다고 했다. 이 내담자는 자신은 형편없고, 악하고 가치가 없는 인간이라는 생각을 가지고 상담을 시작했다. 이제 내담자는 자신이 과거의 일에 대해서 후회하지만 이제 자신은 괜찮고, 가치 있는 사람이라 믿고 상담을 종결하려고 한다. 로저는 유능한 상담자를 만났고 그 결과 기분이 나아졌다.

유능한 기독교 상담은 이 예에서 로저가 받았던 상담과 유사한 것처럼 보일 것이다. 기독교 상담자는 내담자의 고백을 공감하고 진지하게 경청하고, 자신의 수치감과 후회하는 마음을 표현하도록 해주고 자신을 지나치게 정죄하고 비판하지 않도록 해줄 것이다. 이러한 상담 회기 후에 기독교 상담자는 약간 다른 방향을 시도할 것이다. 첫 번째 상담자는 내담자가 "나는 괜찮다"로 로저를 인도하는 반면, 기독교 상담자는 "나는 용서 받았다"로 로저를 이끈다. 이 두 예들은 그 차이점을 보여 준다.

예 1

로저 : 몇 주 전에 선생님께서 어머니에 관해 언급해 주심을 감사드려요. 지난 주에는 마음이 아주 편해졌어요. 정말 기분이 좋아요. 그런데 아직도 그 일이 가끔 생각나고 그럴 때마다 어머니에게 죄송한 마음이 생기고 창피하기도 해요(눈에서 눈물이 흐른다).

상담자 : 이제 무엇을 해야 할까요? 당신이 자신에 대해서 좀더 편안한 마음을 느끼려면 어떻게 해야 할까요?

여기서 상담의 내용은 내담자의 수치심과 어머니에 대한 미안함을 표현하고 어떻게 자신의 생각을 바꾸는가에 초점이 맞추어져 있다. 예를 들어 "그 사건은 오래 전 일이고, 이미 그 일에 대해서 나는 미안하다고 말했다.

죄책감에 빠지는 것은 이제 소용없는 일이다. 아마 어머니도 내가 나의 삶을 살아가기 원하실 것이다"라고 자신에게 말하도록 할 것이다.

예 2
로저 : 몇 주 전에 선생님께서 어머니에 대해서 언급해 주심을 감사해요. 지난 주에는 마음이 아주 편해졌어요. 정말 기분이 좋아요. 그런데 아직도 그 일이 가끔 생각나고 그럴 때마다 어머니에게 죄송한 마음이 생기고 창피하기도 해요(눈물이 흐른다).

기독교 상담자 : 이제는 무엇을 해야 할까요? 어떻게 해야 용서받는다는 느낌이 들까요?

이번 상담에서는 로저의 영적인 삶에 초점이 맞추어져 있다. 자신의 아버지가 가혹하고 벌을 잘하는 아버지로 간주했던 것처럼 하나님도 그러한 각도에서 바라보지 않는지 탐색하게 된다. 상담자는 내담자가 집에 돌아가서 성경의 자비에 관한 내용을 상고하면서 하나님을 더 정확히 볼 수 있도록 돕는다.

한 경우는 상담관계 자체가 목적이 되고, 다른 경우는 로저에게 하나님과의 더 밀접한 관계를 가르쳐 준다. 모든 내담자들이 상담에서 자신의 영적인 삶을 고려하는 것에 흥미가 있는 것은 아니지만, 기독교 상담자들은 수치심에서 해방될 뿐만 아니라 용서를 경험하도록 도울 수 있는 사람들에게 관심이 있는 것이다.

도전 5 : 과학적 기초를 확립하는 것
이 책에서 고려된 몇몇 다른 주제들과는 달리 정신 건강에서 고백과 적절한 죄책감의 역할은 많은 과학적 관심의 대상이 되고 있다. 이 장에서 제시한 내용을 포함해서 지금까지 이 분야에 관한 연구를 보면 고백한 결과 내담자들은 심리적으로 더 건강해지며, 또한 어떤 형태의 죄책감은 오히려 도움이 된다고 밝히고 있다.

더욱이 종교적인 신앙심이 깊고 헌신적인 삶을 살고 있는 사람이 다른 사람들에 비해서 더 건강한 죄책감과 고백을 경험하고 있는 것으로 나타나 있다. 많은 과학적 자료들에 의하면, 기독교 상담자는 상담에서 고백을 상담의 한 중요한 부분으로 고려해야 한다고 한다.

도전 6 : 관련된 윤리적인 기준들을 정의하는 것

히포크라테스의 선서까지 거슬러 올라가는, 건강을 돌보는 직업인들을 위한 중요한 윤리적 원츠은 "인간 존재로서 그들의 존엄성에 대한 존중과 함께 사람들을 치료하라"는 것이다.[47] 기독교 상담자들을 포함한 모든 전문적인 직업인들도 사람들을 친절과 예의로 대해야 한다.

대부분의 기독교 상담자들은 상담관계에서 친절하게 인간적인 접근을 잘 하고 있다. 최근 필자와 동료들이 미국의 500명의 기독교 상담자들을 대상으로 설문조사한 바에 의하면 상담시에 94퍼센트의 상담자가 자신의 개인적인 일들을 내담자에게 개방하고 있는 것으로 밝혀졌다. 98퍼센트의 상담자가 내담자에게 친근한 이름을 불러 주었고, 95퍼센트의 내담자도 상담 중에 적어도 한 번은 상담자에게 친근한 이름을 불렀다. 정신분석 상담자는 내담자와 개인적인 관계를 갖는 것은 내담자에게 위협이 된다고 믿고 있지만, 99퍼센트의 기독교 상담자는 이것에 동의하지 않았으며, 내담자와 악수도 했다고 한다.[48]

이것은 긍정적인 것 같다. 즉, 기독교 상담자들은 친절과 애정으로 치료에 헌신되어 있다. 그러나 필자가 보기에 우리 나라의 기독교 상담자들은 내담자와 지나치게 밀착되어 내담자의 사생활에 간섭하고 지나치게 친절해져서 내담자를 상담자에게 의존적으로 만들 위험이 있다. 상담은 내담자가 궁극적으로는 독립적으로 살아가게 도와주는 것이지 내담자를 상담자에게 의존적으로 만들어서는 안 된다.

비록 치료의 중요한 부분으로 고백을 인정하는 것은 좋은 소식이지만 고백을 상담의 중요한 부분으로 생각하는 기독교 상담자들에게 적어도 두 가지의 위험이 있다.

첫째, 고백이 단지 내담자 자신의 죄를 인정하도록 하는 것에 그치면 상담자는 내담자에게 겸손한 태도와 내담자의 존엄성을 존중하는 태도를 유지하기 어렵다. 상담자의 역할이 내담자가 자신의 죄를 알아내고 복종하지 않고 있는 구체적인 행동을 찾아내서 회개하도록 돕는 것이라고 믿는 상담자는 자신을 내담자보다는 인위적으로 높은 위치에 올려놓아서 자신도 빠져 나오기 어려운 교만한 상태에 빠질 수 있다. 교만과 내담자의 존엄성을 존중하는 마음은 서로 양립하기 어렵다.

상담은 본질적으로 내담자와 상담자가 협동해야 하는 것이기에 상담자가 일상 생활에서 고백하는 삶을 살아가고 내담자도 상담자에게서 그런 삶을 배우는 것이 상담작업에서 더 정확한 고백을 하게 한다. 이러한 관점에서 본 고백은 구체적인 죄에 대한 고백보다는 일반적인 부족함에 대한 고백을 의미한다. 상담자나 내담자 모두 자신의 한계, 단점, 그리고 인간존재의 부족함을 같이 고백하고 기독교인으로서 믿음과 공동체의 능력을 간구해야 한다.

둘째, 어떤 상담자는 과도한 자기 개방을 통해서 내담자에게 시범을 보이려고 시도할 수도 있다. 겸손과 고백하는 자세의 삶을 산다는 것을 강조하려고 할 때, 상담자가 내담자에게 자신의 실패나 약점을 구체적으로 말해야 한다는 것을 의미하지는 않는다. 5장에서 간단하게 논의된 것처럼, 상담자가 자신을 너무 많이 공개하면 상담자의 문제와 내담자의 문제가 뒤섞여서 상담 과정에 방해가 된다. 상담자와 내담자의 역할 전도는 불가피하게 해를 입히며 성적 느낌을 주는 상담관계의 예보 중의 하나이다.[49]

상담자는 자신의 생각을 내담자에게 공개하지 않고 스스로에게 말하는 내적 이야기를 통해서 겸손과 고백의 자세를 발전시키는 수단이 되게 할 수 있다. 전체의 상담 과정을 통해서 상담자는 다음과 같은 내적인 대화를 해야 한다. "내가 제대로 상담을 하고 있고 내담자도 좋아지고 있는가?" 이와 같은 고백적인 태도를 가지기 위해서는 우리 자신의 단점과 취약점을 자신에게 계속해서 상기시키는 것이 필요하다.

내담자가 공포와 분노, 수치심, 죄책감, 외로움을 상담자에게 고백할 때 우리 자신도 삶이 어렵고, 모두가 고통을 쉽게 당할 수밖에 없는 존재라는 것을 상기시키는 것이다. 내담자가 상담자에게 실수를 공개할 때, 하나님께서 우리가 저지른 실수를 은혜롭게 처리해 주셨고, 상담자 또한 내담자에게 그러한 은혜를 베풀 수 있음을 일깨워 준다. 이러한 고백에 대한 내적 태도와 겸손한 자세가 내담자를 존중하는 상담 분위기를 만든다.

우리 안에는 하나님이 창조하신 공간이 있다

17세기의 파스칼(Blaise Pascal)은 "만일 인간이 하나님을 위해 창조되지 않았다면 왜 인간은 하나님 안에 있을 때만 행복한 것일까? 만일 인간이 하나님을 위해서 창조되었다면 왜 인간은 하나님에게 대항하려고 하는 것일까?"라고 기록했다. 이러한 관찰이 현대의 상담에서 고백을 활용하고 있는 것에 대한 적절한 요약이라고 할 수 있다.

다른 한편으로는 우리의 인간 내부에는 파스칼이 지적한 '하나님이 창조하신 공간'이 있어 하나님을 내적으로 사모하고 있다. 이러한 열망은 우리들의 잘못을 고백하고 용서를 구하려는 욕구를 통해서 관찰될 수 있는 것이다.

그러나 불행히도 이러한 열망이 전적으로 세속화되어서 하나님을 향한 방향으로 나아가지 못하고 있다. 종교 개혁, 문예 부흥시대, 포스트 모더니즘을 통해서 고해성사를 교회에서 빼앗아 심리치료자들에게 넘겨 주었을지라도, 고해성사와 심리치료를 효과 있게 만드는 것은 바로 하나님이 주신 내적인 고백과 용서에 대한 인간의 열망이다.

다른 한편으로 우리가 고백을 실천하는 과정에서 하나님께 대항하는 결과를 가져왔다. 어떤 상담자들은 하나님이 요구하시는 겸손과 사랑의 공동체를 저항하면서 고백하고 싶어하는 인간의 욕구를 세속적으로 만들었다. 심리치료자는 우리에게 중요한 일을 해주지만, 종교적인 요소가 없이는 하나님을 향해서 우리의 부족함을 고백하는 영적인 궁핍함을 아무것으로도 대치할 수 없다. 그 밖의 다른 사람들이나 어떤 기독교 상담자들은 내담자들에게 겸손과 고백을 강요하며 개인적으로 자만함과 교만함을 보이면서 교묘하게 하나님께 대항하고 있다.

기독교 상담에서 영적인 면을 고려한 고백을 하기 위해서 우리는 겸손한 마음으로 사랑의 장소에서 내담자를 만나야 한다. 우리 모두 상담자나 내담자나 은혜로운 하나님께 자비를 간구하는 부족한 사람들인 것이다. 고백은 이러한 하나님을 향해 울부짖을 수 있는 목소리와 용서에 대한 희망을 준다.

기독교 상담과 일반 상담의 근본적인 차이는 일반 상담은 내담자와 상담자와의 관계를 통해서 나아질 수 있다고 가르치지만, 기독교 상담은 하나님과의 관계에서 용서를 통해서만 의로워질 수 있다고 가르쳐 주는 것이다.

7

캐더린 로드스 미크와 공동 집필

용서

용서

만일 인간의 신체가 스스로 회복할 수 있는 능력이 없다면 우리가 성인이 될 무렵에는 볼품 없는 찰과상에 상처와 멍, 그리고 세균에 감염되어 있을 것이다. 다행스럽게 모기에게 물린 것이나 부스럼, 상처들은 정교한 신체의 회복체계 덕분에 건강하게 회복된다.

유사하게 만일 인간에게도 상처받은 인간관계를 회복할 수 있는 방법이 없다면 우리 모두는 원수들의 긴 명단을 갖고 있을 것이다. 그 명단에 있는 사람들은 아마도 우리를 천대했던 사람들이나 우리가 의도적인 말이나 행동으로 상처를 준 사람들이 포함되어 있을 것이다. 다행스럽게도 신체와 같이 우리는 은혜롭게 인간관계의 치유하는 기제를 부여받아서 이와 같은 명단을 만들 필요가 없다. 용서란 예수 그리스도의 사역에서 완벽하게 나타나며 인간의 상호 작용에서 희미하게나마 자주 나타나는 하나님의 선물이다.

그러나 거기에는 중요한 차이점이 있다. 신체적인 치료는 자율적이며 노력이 필요 없다. 우리 신체는 의식의 배경에서 작용하지 않는다. 대조적으로 인간관계의 치유는 보통 의도적인 작업과 의식적인 노력, 종종 보통 이상의 용기를 요구한다. 용서의 작업은 끈기가 필요하고 어려우므로 상담자의 도움이 필요한 것이다.

| 사례 |
성폭행을 당한 허트 양

허트(Hurt) 양은 내담자가 어린 시절 성적 학대의 상처를 해결하고자 상담자를 만나고 있다. 처음에는 자신의 성폭행 문제를 꺼내지 않았으나 치료관계가 확고하게 된 후에 그는 상담자에게 십대 초반에 강제로 성관계를 가졌던 공포스런 이야기를 털어놓았다. 그의 가해자인 삼촌은 여전히 같은 마을에 살고 있고 허트 양과 관계를 갖기를 원한다는 것이다. 허트 양은 3년 동안 삼촌과 접촉하지 않았다.

상담자들은 허트 양 같은 많은 내담자들을 만나게 되고, 이 같은 상황에 관련된 복잡한 질문들에 직면한다. 허트 양은 그의 삼촌을 용서하도록 격려 받아야 하는가? 상담자는 그가 분노하도록 부추겨야 하는가? 허트 양의 적절한 목표는 삼촌과의 화해인가? 허트 양은 민법과 형법상 배상을 청구해야 하는가? 또한 그는 최소한 삼촌의 상담 비용을 지불할 것을 요구해야 하는가?

이 경우 기독교 상담에서 용서의 개념을 둘러싼 어려운 질문들을 예시하여 준다. 그 질문들은 너무 복잡하고, 상담의 상황들에 대한 변수들이 너무 많기 때문에 이 같은 짧은 장에서 다 대답할 수 없다. 오히려 필자의 목표는 각각 독특한 상담 상황이 심리학적이고 영적으로 민감한 태도에서 주의 깊게 평가될 수 있도록 고려해야 할 적절한 문제들을 제기하고 기독교 상담자들을 위한 추천사항을 만드는 것이다.

기독교 상담에서 용서의 본질을 토론하기 전에 몇 가지 잘못된 생각과 이에 관련된 개념과 용서를 구분 짓는 것이 중요하다. 첫째, 용서는 때때로 변명하는 것과 혼동된다. "그것은 별로 큰 문제가 아니었다"라고 결론 짓는 것은 용서가 아니다. 변명하는 것은 우발적이고 평범한 것이지만, 용서는 보통 오랜 기간 동안의 지속적인 노력이 필요하다. 물론 용서하려고 많은 노력을 해온 경험과 자신의 영적인 성장이 성숙함에 따라서 용서하는 것이 좀 더 쉬워지는 면이 있기는 하지만, 인간관계에서 신속하고 쉽게 이루어지는 용서는 참된 용서가 아닌 경우가 많다. 자신에게 많은 상처를 준 가해자를 진정으로 용서하기 위해서는 오랜 기간에 걸쳐 고심하고 결단하는 노력이 필요하다는 것을 알아야 한다.

둘째, 용서는 때때로 부정이나 수동적인 수용과 혼동된다. 침묵을 지키는 것과 공격적 현실에 직면하기를 거절하는 것은 용서와 동일하지 않다. 심지어 만일 표현하지 않는 원한들이 수년 동안 감추어져 있음에도 불구하고 수동적 수용은 어떤 대가를 치르면서도 평화를 유지하는 것을 강조한다.

반면에 용서는 우선 가해된 손상에 대해서 인식하고 불평하며 범죄자와 교류된 부정적 감정에서 놓임받는 것을 선택하도록 한다. 필자는 우리 나라의 기독교인들이 상대방에 대해 분노 감정을 억누르면서 용서하려는 수동적인 입장을 취하는 경우를 많이 목격하였다. 그러기에 겉으로는 용서해 놓고, 속으로는 홧병을 앓고 있었다.

셋째, 용서는 자신을 탓하는 것이 아니다. 다른 사람을 용서하는 것은 일이 잘못된 것에 대한 책임을 우리가 지도록 요구하는 것은 아니다. 때로는 문제에 대한 책임을 나누어 가질 수 있지만, 책임을 질 필요가 없다는 경우도 있다. 두 가지 경우 모두 용서는 가능하다.

넷째, 용서란 항상 가해자 쪽에서 후회하고 회개해야 하는 것은 아니다. 어떤 경우에 사람들은 자신의 행동에 대해 책임 지기를 거절한 사람들을 성공적으로 용서했다.

다섯째, 용서와 화해가 동일한 것은 아니다. 비록 화해가 용서를 필요로 하지만 용서가 항상 화해를 요구하는 것은 아니다. 어떤 경우에는 용서하는 것이 옳지만, 다시 잘못하고 후회하지 않는 사람과의 관계를 재개하는 것은 현명하지 않다.

용서에 대한 명확한 이해는 기독교 상담자들의 근본적인 출발점이다. 우리는 이 책에서 고려되는 세 가지 근거들을 살펴봄으로 용서에 대한 이해를 시작하려고 한다. 즉 심리학, 신학, 그리고 영성이다.

학문적 근거

심리학

몇 년 전만 하더라도 심리학의 영역에서는 용서라는 주제를 전적으로 무시해 왔다. 심리학자들은 매일 깨어진 관계를 회복하도록 돕고 과거의 상처를 고쳐 주지만, 내담자와 같이 용서는 거의 논의하지 않았다. 1980년과 1984년 사이에 심리학 저널들에는 용서와 관련된 32편의 논문이 실렸다. 그 후로 지난 10여 년 동안 많은 변화가 있어 이제는 심리학 분야에서 용서가 각광받는 토론과 논쟁의 대상이 되었다. 1990년과 1994년 사이에 심리학 저널들은 90편의 논문들을 발표해서 이전 10년의 같은 기간에 비해서 거의 300퍼센트의 증가 추세를 보였다.

심리학자들은 심리학에서 용서의 위치를 놓고 견고하면서도 다양한 견해들을 갖고 있다. 적어도 세 가지의 시각들이 있다.

첫째, 어떤 심리학자들은 심리치료에서 어떤 경우에도 용서라는 개념을 사용할 것을 반대한다.[1]

둘째, 어떤 사람들은 용서가 용서해 주는 사람의 정신 건강을 향상시켜 주기에 유익하다고 본다. 여기에서 용서는 내담자의 인간관계에서 파괴적인 결과를 초래해서 내담자들이 겪는 분노와 쓰라림, 복수심들에서 해방시켜 주기 때문에 이러한 효과만을 고려하는 임상적인 기법으로서 용서의 의미로 전락하게 된다.[2]

셋째, 어떤 상담자들은 용서를 기독교인들의 의무의 연장이라고 간주한다.[3] 이 세 번째 그룹에 속하는 몇몇 사람들은 또한 두 번째 그룹과도 어울린다. 즉 그들은 개인적으로 유익한 결과와 함께 하나님에 대한 순종의 응답으로서 용서를 본다.

이 장이 가지는 제한된 범위 때문에 우리는 단지 세 가지의 관점들만 고려할 것이다. 그렇지만 이 범주들이 심리학에서 논의되는 용서에 대한 모든 의견을 말하는 것은 아니다. 많은 전문적인 학자들이 용서에 대한 다른 양상들을 다루어 왔다. 용서하는 것과 용서를 구하는 것,[4] 용서와 다른 개념들을 구별하는 것,[5] 인간관계의 용서를 측정하는 방법들,[6] 심리학적 이론과 용서의 관계,[7] 진정한 용서를 하기 위한 감정적 과정,[8] 그리고 실제 상담에서 용서를 사용하는 방법들 등이다.[9]

치료에서 용서를 거부하는 입장

용서에 대한 문헌을 연구해 보면 용서를 심리치료 기술로서 그것의 능력에 초점을 맞추는 경향에도 불구하고, 몇몇 저자들은 전적으로 그것을 거절하거나 또는 그것의 사용에 대한 까다로운 한계를 설정하기도 한다. 정신역동적인 치료자인 앨리스 밀러(Alice Miller)는 어떤 형태로든 용서나 화해를 추구하는 것에 전반적으로 반대하는 글을 쓰고 있다. 그는 「추방된 지식」(Banished Knowledge)이라는 책에서 용서를 변호하는 동료들을 꾸짖고, 그들에게서 거리를 두기 위한 모든 시도를 하고 있다.[10] 밀러는 용서는 환자들에게 해로우며 거의 항상 도덕적인 의무에 대한 거짓된 의식으로 행해진다고 믿는다.

다른 저자들은 성적 학대를 토론하면서 용서라는 문제를 설명한다. 엘렌 바스(Ellen Bass)와 로라 데이비스(Laura Davis)는 베스트 셀러가 된 그들의 책 「치유하기 위한 용기」(The Courage to Heal)에서 용서라는 제목에 한 부분을 할애했다. 그들은 성적 학대를 받은 피해자들에 대하여 단지 자신을 용서하는 것은 필수적이지만, 가해자는 결코 용서해서는 안 된다고 주장한다. 그 책의 저자들은 용서에 대한 종교적 확신을 가진 사람들에게 "만약 당신이 강한 종교적 확신들을 가지고 있으면 특별히 기독교인들은 아마 용서하는 것이 당신의 신성한 의무라고 느낄 것입니다. 이것은 진실이 아닙니다. 만약 거기에 신적 용서 같은 것이 있다면 그것은 하나님의 일이지, 당신의 일이 아닙니다"라고 말하고 있다.[11] 바스와 데이비스는 성폭력 피해자가 가해자를 용서하도록 격려하는 것은 '모욕적인 것' 이고 '일을 축소시키는 것' 이라고 주장한다.[12]

이 장의 첫 부분에서 다루었던 예로 돌아가서 만약 허트 양이 용서를 반대하는 상담자를 만나고 있다면 그는 자신의 고통을 표출하고, 분노를 움켜

쥐고 상실감에 슬퍼하면서 그의 삶으로 전진하도록 고무될 것이다. 허트 양이 그것을 언급하지 않는 이상, 용서는 결코 논의되지 않으며, 된다고 해도 그 토론을 빨리 단념하도록 하였을 것이다.

임상적 기술로서의 용서

만일 허트 양이 용서를 하도록 그를 격려하는 다른 상담자를 만난다면 상담의 목표는 아마도 많이 다를 것이다. 허트 양의 상담자는 그의 쓰라림과 분노를 풀어 버리도록 그를 도울 것이며 궁극적으로 그의 삼촌을 용서하도록 도울 것이다. 왜냐하면 그것이 허트 양을 더 기분 좋게 느끼도록 할 것이기 때문이다. 과거에 받은 학대가 그에게 커다란 해를 끼친 것처럼, 현재에도 그 쓰라림과 분노가 매일 계속해서 그에게 상처를 주고 있다. 그가 분노를 풀어 버림으로써 그는 더 나아진 느낌을 가질 수 있도록 자신을 도울 수 있다.

유사하게 갈등관계에 있는 부부도 그들이 서로를 용서한 후에 더 사이가 좋아질 수 있다. 워링톤(Worthington)과 디블라시오(DiBlasio)는 부부치료에서 '상호 용서'를 옹호하고 있다.[13] 이것은 용서를 훌륭하게 사용한 것이지만, 그것들은 때때로 용서와 종교의 불행한 분리를 야기하기도 한다.

기독교적인 의미에서 용서를 알고 있는 것이 사람들을 더 기분 좋게 느끼도록 돕기 때문에 상담에서 용서를 사용하는 사람들은 기독교인이나 비기독교인 내담자 모두의 임상작업에 용서의 의미를 통합하기 위하여 오히려 용서와 종교를 분리하려고 시도한다.

예를 들어, 도날드 호프(Donald Hope)는 학대당한 피해자들에게 효과적인 도구로서 용서를 옹호한다. 한 사람이 복음주의 교회 그룹에 참석하게 된 후에 수년 동안 정신적 충격과 학대를 일삼았던 그의 알코올 중독자 아버지를 용서했던 상담의 예를 설명하면서 용서가 주는 치료의 유익들을 설명하였다.

목사의 지도로 그의 아버지를 용서한 후 그에게는 극적인 변화가 왔다. 당시 그의 인간관계는 향상되었고, 더 활동적이고 사랑스러운 부모가 되었으며, 자신에 대해서 훨씬 덜 비판적으로 생각하게 되었다.[14] 호프는 이 감동적인 변화를 두고 이 사람의 새로운 종교적 신앙이 삶을 변화시켰다고 여기는 데는 실패했지만, 한 사람의 용서의 행동으로 연결하고 있다.

아마도 내담자의 용서의 행동을 자극했던 것은 그 자신의 실패에 대한 깊은 자각과 용서와 자비에 대한 필요였다. 은혜에 대한 그의 경험은 자연스럽게 자신과 다른 사람들을 향한 겸손한 태도를 가지도록 그를 이끌었다. 아마 새롭게 발견된 그의 기독교 믿음 체계는 감정적으로 유익한 결과들을 창출하는 용서의 한 행동을 일으키는 원인이 되었을 것이다.

신학적이고 영적인 맥락에서 보면 용서는 심오하며 생명을 줄 뿐 아니라 인간을 변화시킨다. 우리가 단지 임상적 기술로서 용서를 생각하고 그 종교적 정황을 제거해 버릴 때 용서의 본질을 잃어버릴 위험에 빠진다. 심리학에서 용서를 이해하기 위하여 헌신해 온 인간발달 연구 그룹은 "부정적인 감정들을 완화하는 것으로서 용서를 배타적으로 강조하는 정의는 분노와 증오에서 내담자를 멀리 데려갈 수 있을지 모른다. 그러나 그것은 용서가 아닌 냉담한 중립성 안으로 데려가는 것이다"라고 경고한다.[15] 용서는 기독교 안에서 생명과 의미를 발견하지만, 믿음의 체계가 제거되면, 그것은 쉽게 차가운 중립의 상태로 전락할 수 있다.

기독교인의 의무로서의 용서

용서에 대한 세 번째 접근은 기독교인의 삶을 살기 원하는 사람들을 위한 하나의 의무로 용서를 보는 것이다. 만일 허트 양의 상담자가 이런 시각을 가지고 있다면 치료자는 허트 양에게 그가 하나님에게서 용서받았고, 기독교인으로서 의무는 그의 가해자를 용서하는 것이라고 가르칠 수 있다. 상담자는 용서가 시간이 걸리며, 분노와 학대로 인해 잃어버린 것들에 슬픈 감정의 솔직한 표출이 있어야 한다는 것을 인식하고 있다. 하지만 궁극적으로 그는 용서해야 하는 의무를 갖고 있다.

재레드 핑글톤(Jared Phingleton)은 치료자들이 내담자들 안에 용서 과정의 세 가지 본질적인 요소에 대해 이해하도록 교육할 것을 인식하고 시도해야 한다고 제안한다. (a) 다른 사람들을 용서한다 할지라도, 진정한 용서는 오직 하나님으로부터만 받을 수 있다 (b) 자신이 먼저 용서받아야만, 다른 사람들을 용서할 수 있다 (c)하나님에게서 용서받아야만, 자신도 용서할 수 있다.[16] 이 모델은, 자신과 타인에게 용서를 베풀 수 있는 능력은 하나님께로부터 용서를 받는 능력과 불가피하게 연결되어 있다.

내담자들에게 용서에 대해 기독교인의 의무로서 의식을 가르치는 것은 균형을 요구한다. 한편으로 우리가 가르치는 기술에 호소하거나 또는 성급하게 용서의 과정으로 몰고 가려그 시도한다면, 우리는 문제해결의 통찰을 얻을 수 있는 순간을 놓칠 위험이 있으며, 공감과 이해력이 부족한 대화를 하게 될 것이다.

상담자나 내담자가 타인을 용서하는 것이 기독교인의 의무사항이라는 것을 알고 있을지라도 용서를 강요하는 인상을 주면 효과적이지 못하다. 다른 한편으로 상담자가 상담 과정에서 용서를 전혀 언급하지 않으면 내담자 스스로 용서를 생각하지 못하는 수가 많다. 현대 사회는 기독교의 전통적인 가치관 대신에 대중들에게 인기 있는 심리학적 가치관에 젖어서, 분노를 장려하고 그들의 약점을 과거의 학대로 규정짓는 것을 가르치는 사람들에 의해 종종 용서는 간과되고 있다. 분노를 조장하면서 자신의 약점을 과거에 잘못된 부모관계 때문이라고 강조하는 시대가 된 것이다.

그러므로 기독교 상담자들이 당면하고 있는 문제는 너무 강요하듯이 용서의 개념을 소개한다는 점이다. 용서는 지성적이고 감정적인 해방을 포함한다. 만약 우리가 상담에서 너무 지시하게 되면 우리는 단지 지성화된 용서만을 이끌어 낼 수 있다. 만약 우리가 전혀 그 주제를 다루지 않으면 용서는 일어나지 않을 수 있다. 우리는 어떻게 정신으로 시작하여 또한 감정으로 연계되는 용서를 창출할 수 있을까?

용서의 통합된 시각을 향하여

1994년에 마이클 맥클로우(Michael McCullough)와 에버레트 워링톤 주니어(Everett Worthington, Jr.,)는 용서에 관한 문헌들을 개괄한 뒤 "용서의 신학적, 철학적, 그리고 심리학적 이해들은 잘 통합되지 않았다"고 결론지었다.[17] 그들은 용서가 치료에서 잠재적으로 이로운 심리학적 결과들에 이르는 영적 의미와 능력을 가지고 있다고 가정했다.

기독교 상담에서 용서의 잠재력을 실현하기 위해서 각 상담자는 맥클로우와 워링톤이 말한 용서의 신학적, 영적, 심리학적인 의미들을 주의 깊게 고려해야 한다. 뿐만 아니라 여기에 묘사된 세 가지 시각의 가치를 통합하는 과제에 대해 개인적으로 연구할 필요가 있다.

얼핏 보기에 용서와 아무런 상관관계를 갖고 싶지 않다고 말하는 치료자들에게서 아무것도 배울 것이 없는 것처럼 느낄 수 있다. 하지만 좀더 자세히 보면 그들의 관점에도 어느 정도 일리는 있다. 만약 상담자가 귀에 거슬릴 정도로 내담자에게 용서를 강요한다면 용서를 실행하도록 간접적인 압력을 넣는 셈이 된다.

이렇게 되면 내담자는 상담자를 기쁘게 하기 위해서 용서에 대한 통찰력이나 감정적 해소의 과정 없이 지적인 용서만 하게 된다. 상담자는 내담자가 가해자를 용서한 것에 대해 만족하겠지만, 상담실을 나서면서 내담자는 자신이 용서한 것을 통해서 무엇을 얻었는지 모르는 혼동과 압박감, 잘못 이해된 느낌들을 가질 것이다.

또한 용서와 화해 역시 혼동되는 것이어서 내담자는 용서라는 주제를 다루면서 가해자가 자신의 잘못을 뉘우치고 있지도 않는데 용서해 주어야 하고, 또한 그 가해자가 다시 가해하지 않을까 하는 두려움도 갖게 된다. 다시 말해서 상담자가 용서를 강요하면 내담자는 상담자가 가해자를 용서하고 화해해야 한다고 오해함으로써 마음속에 가해자를 진정으로 용서하고 싶지 않은 마음에서 오는 수치감과 가해자에 대한 공포가 생기는 것이다.

필자의 경험에 의하면 이러한 현상은 특히 상담훈련을 제대로 받지 않은 우리 나라 목사들이 교인들을 상담하는 과정에서 흔히 볼 수 있는 현상이다. 목사는 교인들의 가정문제나 남편의 폭력 행위를 조금 듣다가는 성경에서 해답을 찾아보자고 하면서, 예수님이 우리를 용서한 것같이 가해 남편이나 가족을 용서하라고 지시한다.

이러한 목사의 제안을 들은 신도는 이를 거절하지 못하고 회개하지 않은 남편을 용서하고 화해하려고 시도하면서 폭력적인 상황 속에서 계속 생활하고 있다. 만일에 이러한 폭력을 목사에게 다시 상의하면 예수님의 사랑으로 참고 견디며 사랑으로 대하라고 충고해 준다.

이 경우 내담자는 진정으로 폭력 남편을 용서하지 못할 뿐만 아니라 남편은 매맞고 살아 주는 아내를 더욱더 이용하려고 든다. 이런 상황을 경험한 일부 상담자들은 상담에서 용서는 폭력상황을 연장시키는 수단이 된다고 주장하면서 용서를 적극적으로 반대하는데 이러한 관점도 일리가 있다는 것을 알아야 한다.

상담에서 용서를 반대하는 사람들처럼 용서를 하나의 임상기술로 보는 사람들 또한 용서의 통합적 견해에서 볼 때 중요한 공헌들을 해왔다. 효과적인 상담을 하기 위해서 그것은 궁극적으로 상담에 관계된 사람들의 삶에 영향을 끼치도록 실제적이어야 한다. 용서의 구체적인 기술을 가르치는 것은 손상된 관계를 회복하도록 사람들을 도움으로써 상담이 실제적이 되도록 한다.

이와 마찬가지로 용서를 기독교인의 의무로 보는 것도 가치가 있다. 어떤 때 우리는 하고 싶어하는 것에 대응하는 한 방법으로 우리가 반드시 해야 하는 것에 대해 생각해 볼 필요가 있다. 디트리히 본회퍼(Dietrich Bonhoeffer)는 "그리스도를 따르는 소명은 항상 사람들에게 그들의 죄를 용서하는 일과 함께하는 소명을 의미한다. 용서는 그리스도인의 의무로서 그리스도를 닮은 고난이다"라고 기록했다.[1E)]

비록 분노와 원한을 간직하는 것은 강한 보호 벽을 구축하는 것이지만, 우리 기독교인들은 그 장벽들을 허물고, 다른 사람들 심지어 우리에게 상처를 준 사람들조차도 용서해야 한다. 용서는 자연적인 행위가 아니고 초자연적인 행위이다. 우리는 그리스도를 통해서 용서를 배우고, 다른 사람들과의 관계에서 실천하려고 시도해야 한다.

그래서 우리는 세 가지 관점들, 즉 상담에서 용서를 반대하는 사람들, 용서를 임상기술로 사용하는 사람들, 그리고 용서를 신학적 의무로 보는 사람들에게서 가치를 발견한다. 이 관점들을 통합하는 것은 어려운 과제이다. 다행히 우리는 용서에 대한 신학적이고 영적 시각들을 살펴봄으로써 중요한 도움을 발견할 수 있다.

기독교 신학

구약과 신약을 통틀어 성경은 오직 용서를 통해서만 가능한 관계를 나타내시기 위하여 하나님께서 완악한 백성을 구속하시는 구원 이야기를 보여주고 있다.[19] 인간성이 치유되는 것은 오로지 하나님의 용서를 통해서이다. 하나님의 용서 없이 인간은 파괴되고 고립된 상태에 머물게 되며, 그분의 용서로 그들은 새로운 생명을 받는다.

예수님의 희생적 죽음은 용서의 궁극적 행동이다. 그는 희롱을 당하고 조롱을 받았다. 마침내 그는 많은 사람의 죄를 용서하기 위하여 피를 흘리셨다(마 26:28). 죄 많은 인간을 위한 대속인 그의 희생적 죽음은 죄에 대항하여 하나님의 진노를 가라앉히고 평화를 가져왔다.

그러나 용서의 기독교 관점은 십자가에 달린 예수로 그치지 않는다. 신약성경은 하나님께서 우리를 용서하신 것같이 우리도 서로 용서하라고 가르치고 있다. 사도 바울은 "서로 인자하게 하며 불쌍히 여기며 서로 용서하기를 하나님이 그리스도 안에서 너희를 용서하심과 같이 하라"(엡 4:32)고 가르친다. 바울의 가르침은 서로 용서하는 것이 기독교인들의 의무임을 의미하지만, 한편 그것은 용서하도록 동기를 부여하는 삶의 방법을 제시하고 있다. 우리는 서로 불쌍히 여기며 친절을 베풀며 용서해야 한다. 용서는 기독교인의 인격의 특성이며, 단순히 의지의 행위는 아니다.

의지의 행위로서의 용서와 인격의 반영으로서의 용서 사이에 미묘한 구분은 다음의 두 예들에 나타나고 있다.

사례 1

기독교 상담 과정에서 허트 양은 자신이 삼촌을 용서해야 할 의무를 갖고 있음을 인식하고, 용서하도록 노력하기로 결정했다. 자신의 분노를 이해하고 과거에 잃어버린 것들을 슬퍼하며 충분한 시간을 보낸 후에, 자신이 느끼고 있는 분노와 쓰라림에서 그를 해방해 주기를 하나님께 간구하면서 삼촌을 위해 매일 기도하기 시작했다. 시간이 흐르면서 하나님이 그의 간구에 응답하시고, 그는 곧 괴로운 감정 없이 삼촌을 생각할 수 있게 되었다.

이것은 상담자의 자극에 의한 변화로서 허트 양이 기독교인으로서 의무를 다한 결과 일어난 건강한 변화들이다. 이 변화들의 전망이 밝은 것만큼 양자 택일의 접근이 더욱 효과적으로 작용할 수 있다.

사례 2

기독교 상담을 하는 동안, 허트 양은 어린 시절과 그가 결코 경험하지 않기를 바라는 성인 시절의 분노와 슬픔의 감정에 대해서 이야기했다. 그는 또한 안전한 상담관계의 상황 속에서 자신을 더 좋게 이해하도록 노력하고 있고, 자신이 저지른 실수와 약함을 인식하기 시작했다. 그는 상처받기 쉬운 자신의 성향과 약점들을 인식하면서 하나님의 사랑을 얻으려 하기보다 하나님의 사랑 안에서 어떻게 안식하는지 배우기 시작했다.

시간이 흐르면서 분노는 부드러움으로, 원망하는 마음은 친절함으로 바뀌어 가고 있다. 그는 삼촌을 향한 분노가 점점 약해지는 것을 깨달았다. 그는 용서하고 싶은 내적 충동을 느꼈다. 허트 양은 매일 그의 고통을 풀어놓고, 하나님의 사랑 안에 안식하면서 결점을 고백하고, 삼촌을 포함하여 그에게 상처를 준 사람들을 용서하기 위해서 노력하고 있다.

비록 이 두 예들 사이의 차이는 미묘하지만, 두 번째 경우 의지력의 행위보다는 인격의 변화와 통찰의 반영으로서 용서를 설명하고 있다. 범죄를 향한 우리 자신의 편향성과 얼마나 우리가 분에 넘치도록 용서받고 있는지 인식할 때 우리는 다른 사람들을 이처럼 용서하는 태도를 배울 수 있다. 용서란 계속해서 우리를 용서하시는 분에 대한 겸손한 복종이다.

그래서 용서에 대한 기독교적 이해는 인간성 안에 유전되는 부패에 대한 인식과 함께 시작한다. 나는 "사회 문제에 대한 우리의 접근은 죄에 대한 우리의 견해에 의해 결정된다"[20]고 말한 에릭슨(Erickson)의 말에 동의한다. 만일 죄가 모든 사람에게 악영향을 끼치면서 편재한다면, 우리는 모두 그 문제를 능동적으로 일으키는 요인을 가지고 있다.

우리가 더 광범위한 역사적 맥락과 개인의 삶 속에 존재하는 인간의 약점과 악에 대한 성향을 이해할 때 우리는 용서를 주고받아야 하는 필요성을 인식하게 된다. 우리의 죄와 하나님의 자비에 대한 성숙한 이해를 가지고 다른 사람들의 범죄를 바라볼 때 우리는 점차 자신을 보는 것이 가능하게 된다.

이것은 용서가 쉽다는 것을 암시하는 것이 아니라, 용서는 공감과 겸손에 의해서 용이해진다는 것을 의미하는 것이다. 루이스 스미드(Lewis Smede)는 「용서하고 잊으라」(Forgive and Forget)에서 "약간의 시간과 조금만 더 통찰력을 가지면, 우리는 더 겸손한 자세에서 우리 자신과 우리의 적들을 보기 시작한다. 우리가 처음에 상처를 입을 때 결백하다고 느꼈던 것만큼 우리는 실제로 그렇지 않다. 그리고 우리는 대단한 사람을 용서하는 것이 아니라 약하고, 부족하고, 약간 어리석은 인간을 용서하는 것이다. 당신이 공유하고 있는 약함과 인간의 어리석음 안에서 용서해야 할 사람과 자신을 볼 때 당신은 좀더 쉽게 용서의 기적을 이루어 낼 것이다."[21]

영성

그렇다면 용서란 한 사람이 자기를 다른 사람과 동일시하는 것에서 발생하는 연민의 행동이다. 그것은 두 사람이 사랑으로 동일시하는 태도로 다른 사람의 범죄에 반응하는 자이면서 동등하게 오류를 범하기 쉬운 사람들이라는 것을 암시한다.

13세기 수도자인 앗시시의 성 프랜시스(Saint Fransis of Assisi)는 다른 사람의 범죄에서 배우게 되는 겸손의 개인적 교훈에 대해 다음과 같이 썼다. "우리는 누구를 우리의 '친구들'로 생각할 수 있을까? 그들의 옳지 않은 행동과 말은 우리에게 슬픔과 시련을 준다. 나는 당신에게 그 같은 사람들을 사랑해야 한다고 어떻게 제안할 수 있을까? 그들의 악한 행위들이 분노와 험담, 중상, 증오와 같은 악한 반응을 우리 안에서 끌어내어 드러나게 한다. 그러면 우리는 무엇이 우리의 죄인지 이해하게 된다. 그때 우리는 회개하고 그것을 버릴 수 있다."[22]

치료는 우리에게 상처를 준 사람들에게서 우리 자신을 발견할 수 있을 때 일어난다. 우리는 자신의 죄를 직접 대면하고 죄를 씻기 위해 하나님께 갈 수 있다. 이런 통찰력과 겸손의 유형은 우리에게 용서를 가능하게 한다. 용서란 "나 또한 악을 행할 수 있어요. 바로 내가 용서가 필요한 것처럼, 나는 당신을 용서합니다"라고 한 사람이 다른 사람에게 말하는 공감의 행동이다.

베드로가 자신에게 죄 지은 사람을 일곱 번이나 용서해야 하는지 예수께 물었을 때 주님은 "일곱 번뿐 아니라 일흔 번씩 일곱 번이라도 할지니라"(마 18:22)고 말씀하셨다.

그리고 나서 예수님은 회계하기 위해 종을 부르는 왕의 이야기를 들려주셨다. 종은 왕에게 일생 동안 저축한 임금으로도 다 갚을 수 없는, 상상할 수 없이 많은 빚을 지고 있었다. 그 종이 빚을 도저히 다 갚을 수 없자 왕은 그에게 자신과 처와 자식까지도 팔아서 갚으라고 명령했다. 종이 왕에게 자비를 구걸하자 왕은 긍휼을 베풀어 그 빚을 탕감하여 주었다. 왕의 앞에서 물러간 후에 그 종은 자신에게 빚을 조금 진 사람을 만나자 목을 움켜쥐고 당장 빚을 갚으라고 윽박질렀다. 왕이 이 소식을 듣고 그 첫 번째 종을 다시 불러들이고는 "악한 종아 네가 빌기에 내가 네 빚을 전부 탕감하여 주었거늘 내가 너를 불쌍히 여김과 같이 너도 네 동관을 불쌍히 여김이 마땅치 아니하냐"(마 18:32-33)라고 소리쳤다. 왕은 그 종을 옥졸에게 넘겨주었다.

이 이야기를 말씀하신 후에, 예수께서는 "너희가 각각 중심으로 형제를 용서하지 아니하면 내 천부께서도 너희에게 이와 같이 하시리라"(마 18:35)고 선포하셨다.

다른 사람 용서하기를 거부하는 것은 마치 우리가 그 사람보다 도덕적으로 우월한 상태에 있는 것처럼 우리 자신을 그 사람 위에 놓는 것이다. 토마스 아 켐피스(Thomas a Kempis)는 "당신의 중심을 보시는 하나님이 보시기에 당신은 남보다 더 나쁠 수도 있기 때문에 당신을 남보다 더 낫다고 생각하지 마시오"[23]라고 경고했다.

사도 바울도 골로새에 있는 교인들에게 보낸 편지에서 "그러므로 너희는 하나님의 택하신 거룩하고 사랑하신 자처럼 긍휼과 자비와 겸손과 온유와 오래 참음을 옷 입고 누가 뉘게 혐의가 있거든 서로 용납하여 피차 용서하되 주께서 너희를 용서하신 것과 같이 너희도 그리하고 이 모든 것 위에 사랑을 더하라 이는 온전하게 매는 띠니라"(골 3:12-14)고 가르치고 있다.

요약하면 용서에 대해 심리학적, 신학적, 영적 시각들을 통합하는 기독교 상담자들은 몇 가지 특징이 있다.

첫째, 그들은 치료관계에서 너무 일찍 용서를 치료 목표로서 소개하는 것의 잠재적 손상을 인식하고 있다.

둘째, 그들은 용서란 행동의 변화뿐만 아니라 내적인 변화도 요구한다는 것을 인식하는 한편 용서를 강조하는 치료기법들에 가치를 둔다.

셋째, 그들은 용서하는 것이 기독교인의 의무라는 것을 인식하고 있지만, 내담자들을 지배하거나 조종하기 위해서 그 의무를 사용하지는 않는다.

넷째, 그들은 용서는 상담자들이나 심리학자들에 의해서 발명되었던 것이 아니고, 예수 그리스도의 희생적 사역을 통해서 인간을 구속하기로 선택하셨던 하나님에 의해 창안되었다는 것을 기억하고 있다.

다섯째, 그들은 용서는 철저하게 겸손한 자기 인식과 용서하시는 하나님에 대한 감사로부터 흘러나오는 것임을 이해하면서 죄와 고백, 그리고 용서 사이의 관계를 깨닫고 있다.

심리학적이고 영적인 건강

동일한 문제를 가진 네 명의 허트 양이 있다고 여기고 이들이 각자 네 명의 다른 기독교 상담자들을 만나서 상담을 받는데 각 상담자들이 서로 다른 방법으로 상담을 한다고 가정해 보자.

상담자 A

상담자 A는 행동주의적 심리학자이다. 상담자는 내담자 허트 양이 성적으로 학대받은 것에 관한 이야기를 귀담아 듣고 정서적인 지지와 관심을 보여 주면서 내담자가 일상생활에서 잘 적응할 수 있는 치료계획서를 작성하기 시작했다. 치료 과정의 한 단계에서 상담자는 내담자에게 점진적인 이완기법과 자신의 성폭력 피해 문제를 대처할 수 있는 상상기법을 가르쳤다.

허트 양은 자신이 가해자인 삼촌과 다시 만나는 장면을 연상하면서 자신의 신체 근육을 이완하는 법을 배웠다. 그는 상상 속에서 적극적으로 자신을 표현하고, 적절한 경계선을 만들며, 어린 시절 성폭행으로 인해서 얼마나 많은 상처를 입었는지 표현했다. 안전한 상담실에서 상상으로 가해자와 상호 반응하는 연습을 했다. 내담자는 자신감이 생긴 후에 실제로 가해자인 삼촌을 만나서 상상 속에서 연습한 내용을 모두 다 이야기했다. 상담이 계속되면서 내담자는 계속해서 이완과 상상 연습을 계속했다.

결국 내담자는 삼촌을 용서해 주는 상상을 하고, 성폭행에 관련된 모든 분노와 아픔을 떨쳐 버리고 과거에 집착하기보다는 미래에 관심을 더 갖기로 했다. 그의 삼촌은 그에게 결코 양심의 가책을 직접 말하지 않고, 그도 결코 용서하기로 한 그의 선택을 그에게 말하지 않았다. 그러나 그는 상담 후에 해방과 평화를 느끼게 되었다.

상담자 B

상담자 B는 허트 양을 만나고 다른 이론적인 방향에서 그 문제를 접근한다. 상담자 B는 정신역동적으로 훈련된 입장을 가진 정신과 의사이다. 상담자는 내담자가 어린 시절에 정서적인 갈등을 탐사하도록 도와준다. 치료의 초기에 내담자는 어린 시절, 삼촌한테 성폭행당한 기억들을 이야기한다. 상담자 B는 내담자를 경청하면서 적절하게 따뜻하고 공감적인 대화를 하면서, 내담자가 자신의 갈등을 경험하고 표현하도록 내담자와 적절한 정서적인 거리를 유지한다. 상담자 B는 시간적인 압박감을 주지 않고, 내담자가 자신의 속도로 문제를 탐색하고 감정을 표현하도록 허락해 준다. 내담자는 기분이 더 좋아지는 것을 느끼기 시작한다. 수개월 동안 상담을 계속한 후에 내담자가 용서라는 주제를 스스로 거론한다. 내담자는 단지 그의 내적 분노를 통제하려는 수단으로서 전에도 그 주제를 거론했다. 이번에는 다르다. 상담자 B가 보기에 허트 양은 그의 삼촌을 용서하는 것을 고려할 준비를 하고 있다.

상담자 C

상담자 C는 성경적인 상담자이다. 그는 허트 양의 이야기를 조심스럽게 듣고 상호 존경에 기초된 좋은 치료관계를 형성하고 나서, 상담 과정에서 지도적인 역할을 하기 시작했다. 상담자는 내담자에게 성폭행으로 인한 상처가 깊고 내담자가 느끼는 감정들은 정상적이라고 설명했다. 그러나 자연스러운 반응들이 항상 이로운 것은 아니라고 설명해 주었다.

상담의 목표는 내담자의 내적인 분노와 아픔에 대한 본능을 다루기보다는 내담자가 하나님의 기대에 따라서 반응하도록 돕는 것이다. 내담자는 성경과 기도를 통해서 하나님의 인도하심을 깨달을 수 있다. 성경과 기도는 상담자 C가 사용하려는 도구이다. 상담자 C와 내담자는 죄의 결과, 용서와 회개의 중요성, 과거보다는 미래에 초점을 두는 것의 중요성을 함께 탐구해 나갔다. 결국 내담자는 영적, 정서적으로 성장함으로써 삼촌을 용서하게 되었다.

상담자 D

상담자 D는 내담자가 자신의 감정을 더 잘 다루게 하기 위해서 내담자의 사고와 믿음을 바꾸도록 도와주는 입장을 가진 인지치료자이다. 상담자 D는 좋은 경청기술과 내담자를 배려하는 태도로 내담자와 좋은 치료관계를 형성했다. 상담자와 내담자는 성폭력 피해에 관련된 내담자의 믿음과 신념들을 같이 탐색했다.

허트 양은 어린 시절부터 다른 사람의 행동도 자신에게 책임이 있다는 믿음을 가지고 살아 왔다. 수년 동안 어린 시절에 성폭행당한 것이 자신의 책임이라고 믿어 왔다. 자신이 말을 많이 하지 않았거나 옷을 다르게 입었더라면 삼촌이 자신을 혼자 놔두었고, 성폭행을 하지 않았으리라고 생각했다.

상담을 통해서 내담자는 이러한 생각이 틀렸다는 것을 알고 어린 시절에 일어난 성폭행은 전적으로 삼촌이 책임을 져야 하고, 성폭력 피해에 관련된 수치감과 죄책감은 가해자인 삼촌이 전적으로 져야 한다는 것을 깨달았다. 이러한 과정을 거치면서 내담자의 우울증은 완화되었으나 삼촌에 대한 분노는 증폭되었다. 내담자는 삼촌은 아주 나쁜 사람이며, 그가 자신이 한 행동에 대해 고발당한 뒤 처벌받고 창피함을 느껴야 한다는 새로운 믿음을 갖게 된다.

그러나 한편 내담자는 삼촌은 문제가 있고, 혼란스럽고 외로운 사람일 거라고 생각하면서 치료를 계속하는 동안 삼촌에 대한 분노가 완화되어 갔다. 상담자의 도움으로 내담자는 자신의 분노를 알아차리고 안전한 방법으로 표현하는 것을 배우고 있다. 내담자는 과거의 성폭력 피해에 대한 기억과 상처가 자신의 삶에서 지울 수 없는 것이라는 것을 알지만 삼촌에 대한 분노에서 벗어나 삼촌을 용서하기로 결심한다.

다행히 우리 네 명의 내담자들은 훌륭한 치료자들을 만났다. 각 상담자는 어린 시절 성적 학대의 비극을 극복하도록 허트 양을 도왔고, 그는 기꺼이 삼촌을 용서하려는 지점까지 이르게 되었다. 각자는 다른 이론적 노정을 취했지만, 그 모든 길들은 성공적이었다. 상담에 대한 그들의 다른 접근들 때문에 이 각각의 치료자들은 상담 작업, 즉 상담에서 용서가 인지되고 다루어지는 방법에 영향을 주는 특성의 강점과 약점을 야기했다. 이 강점들과 약점들은 앞장에서 고려된 친숙한 질문들의 맥락에서 고려될 것이다.

이것이 건강한 자아의식을 형성하는 데 도움이 될 것인가?

상담자 A

상담자 A의 접근 중에서 하나의 강점은 상담이 진행되면서 허트 양이 점차적으로 계발하게 되는 자기 효능의식이다. 그는 심지어 그의 삼촌을 직면하는 단계까지 자신의 감정을 솔직하고 단호하게 표현하는 것을 배운다. 상담 전에 그는 수치심과 자기 의심의 얽매임에 갇혀 있었다. 상담 후에 그는 자신 있게 자신의 감정들과 의견들을 표현하고 있다.

용서에 대한 행위의 접근 안에 잠재된 불리한 점은 상담자 A가 사용한 상호-억제의 과정과 같은 표준적인 행동치료의 절차를 통해서 부정적인 감정이 변할 것이라는 가정이다. 내담자는 어린 시절의 외상 때문에 학대당하지 않은 내담자에 비해서 표준적인 행동치료 방식에 다른 반응을 보일 수도 있다. 우리의 부정적인 감정을 해소시키는 것과 용서하는 것이 동일한 것은 아니다.

그러나 성폭력 피해자는 행동치료를 통해서 과거의 상처와 포기하는 것과의 연결관계를 배웠다. 내담자 자신의 부정적인 감정에 대한 권리를 포기하고 나니 가해자에 대한 부정적인 감정이 해소되는 이익이 생겼다는 것을 배운 것이다. 그래서 치료는 상담자 A와 허트 양의 짧은 예에서 암시된 것만큼 빠르거나 정연하게 진행되지 않는다.

용서라는 기술이 치료의 효과를 발휘하려면 몇 가지 전제 조건들이 충족되어야 한다. 내담자는 자신의 성폭력 피해에 대한 상처를 충분히 이해해야 한다. 내담자는 성폭행의 책임을 자신에게 돌리는 경향에서 벗어나야 한다. 가해자에 대해서 느끼는 정당한 분노를 솔직하게 느끼고 표현해야 한다. 내담자는 더 이상 피해를 당하지 않기 위해서 자신과 타인과의 경계를 지킬 수 있는 자신감을 가져야 한다. 내담자는 가해자에 대해 단순하고 편파적인 견해보다는 학대자에 대해 더 복합적인 이해를 해야 한다.[24] 이 많은 변화들은 일반적으로 신뢰하는 치료관계의 맥락에서 일어나고 있으며 행동주의적 기술을 사용하여 밀어붙여서는 효과를 가져올 수 없다.

상담자 B

상담자 B는 특별히 허트 양이 좀더 강한 자아의식을 계발하도록 특별한 치료 방법을 고안한다. 자신과 타인과의 정서적인 밀착관계에 안주하기보다는 자신을 독립된 개인으로 볼 수 있는 개별화를 돕는 것이 많은 심리 역동적 치료자들의 목표이다. 상담자 B는 허트 양에게 자신의 내적인 감정과 갈등을 탐색할 수 있도록 시간과 자유를 주면서 그의 개별화를 돕고 있다. 그가 자신에게 편안해지면 내담자는 가해자를 진심으로 용서할 수 있는 보다 나은 위치에 있게 된다.

불행하게도 많은 심리 역동적 치료자들은 상담을 개체화 상태에서 중지하고 내담자가 원하지 않는 한 용서를 고려하도록 계속 추진하지 않는다. 많은 심리 역동적 치료자들은 용서라는 주제를 의심스럽게 보거나 무시하거나 또는 비판적으로 본다.

상담자 C

어떤 심리 역동적 치료자들은 허트 양과 용서를 고려하는 시도를 하지 않을지 모르지만, 그런 문제가 기독교 상담자들에게는 결코 일어나지 않을 것이다. 상담자 C의 한 가지 장점은 용서와 관련된 직접성이다. 상담자 C는 하나님께서 영적, 인간관계의 화해를 탐구하는, 부족하고 상처받은 사람들을 보시는 것처럼 피해자 자신과 가해자를 보도록 허트 양을 돕는다.

이 접근 방법의 한 가지 불리한 점은 상담자가 의식하지 못하는 사이에 다른 사람들을 기쁘게 하려는 허트 양의 욕구를 이용해 지배적인 지도자 역할로 걸어들어 가는 것이다. 심지어 허트 양의 기분이 더 좋아지고 좋은 진보를 이루고 있다는 것조차도 상담자를 기쁘게 하려는 노력들에 지나지 않을 수 있다. 치료자를 기쁘게 하거나 영적 의무를 다하기 위해서 용서해야만 한다고 믿는 내담자들은 진정한 용서가 필요하다는 통찰력을 얻는 데 어려움을 갖는다.

이것은 직접적이고 정직한 교제의 전면에 갈등 회피를 선택하고 있는 내담자를 용서보다는 부정적인 말과 행동으로 이끌어 갈 수 있다. 데이빗 오그스버거(David Augsburger)는 "용서는 과거의 원한들이 자백되지 않았을 때가 아니라 고백되었을 때, 억압될 때가 아니라 인식될 때, 간직되어 있을 때가 아니라 해방될 때, 그리고 다른 사람들과 새로 맺어진 관계들이 형성될 때 일어난다"고 경고한다.[25]

상담자 D

상담자 D는 인지치료자로서 그의 신념과 가정을 바꾸도록 도와주어 허트 양이 건강한 자기의식을 확립하도록 돕는다. 내담자는 생각하는 방법을 배우고 자신의 생각을 바꾸면 감정을 통제할 수 있다고 깨닫는다. 내담자는 수치심 때문에 방어적으로 행동하거나, 더 이상 다른 사람에게 인정받는 삶을 살 필요가 없다는 것을 알게 된다. 이러한 과정에서 그는 자신의 자율과 개체화에 대한 건강한 의식을 발전시키고 있다.

불행하게도 어떤 인지치료자들은 감정의 중요성을 최소화하고 거의 배타적으로 논리에만 초점을 맞춘다. 이러한 상담자들과 내담자들은 그것이 위선적인 용서로 묘사될 수 있는 하나의 지성훈련으로 축소한다.[26] 진정한 용서는 정서적으로 격렬한 과정이며, 지나치게 지성화된 치료의 형태는 용서 과정의 중요한 부분들을 생략하는 경향이 있다.[27]

이것이 건강한 필요의식을 형성하는 데 도움이 될 것인가?

상담자 A

하나님과 다른 사람들이 필요하다는 건전한 의식을 확립하는 데는 조심스러운 균형이 요구된다. 우리 자신의 부족함을 깨닫기 위해서는 자신을 좀 더 낮추면 된다고 가정할 수 있지만, 이미 수치감의 함정에 빠져 있는 사람들은 자신을 낮추는 것이 도움이 되지 못한다. 남에게 지나치게 의존적인 사람들에게 다른 사람들이 자신에게 필요한 존재라고 가르치는 것은 아주 무익하고 해롭다. 이러한 사람들은 하나님이나 다른 사람들이 필요하다고 느끼기 전에, 그들 자신의 능력에 대해 확신을 가질 필요가 있다.

이것이 상담자 A의 접근이다. 허트 양을 돕는 것은 좀더 자신감을 갖게 하고, 그의 대처하는 능력을 신뢰하며, 그의 삶을 더 통제하도록 하는 것이다. 그가 지금보다 자신에 대한 확신을 더 가질 때 다른 사람들에 대한 그의 필요를 이해하기 시작할 수 있다.

상담자 A에게는 허트 양이 강건하게 느끼고 증세가 나아지면, 그가 가해자와의 겸손한 동일시의 지점에 이르기 전에 상담이 끝날 위험이 있다. 만일 상담자가 용서에 대한 신학적 기초를 이해하지 않고 행동주의적 용서 기술을 사용하게 되면, 내담자는 통찰과 자기인식에 대한 중요한 기회를 놓치게 될 것이다.[28] 신학의 개념이 결핍된 용서는 마치 내담자가 "나는 당신보다 우월한 수준에 살고 있고, 당신이 나를 당신의 수준으로 끌어내리도록 허용하고 싶지 않기 때문에 당신을 용서할 것이다"라고 믿는 것처럼, 용서에 있어서 우월의식을 만들 수 있다.

상담자 B

비록 필자가 심리 역동적 치료자는 아니지만, 심리 역동적 이론이 내담자가 하나님과 다른 사람들에 대한 그들의 필요를 직면하도록 돕는 데 가장 유용한 선택이라고 확신한다. 상담자 A, C, D는 행동적이고 인지적이며, 영적인 기술을 가지고 단기간 내에 내담자를 돕는 효과를 내지만 '미봉책'에 그칠 위험이 있다.

반면에 상담자 B는 그가 자신의 가장 깊은 곳의 고통과 외로움, 소외의 가장 깊은 감정들을 의도적으로 응시하도록 돕는다. 상담자 B는 허트 양이 오직 갈등을 회피하면서 세월을 소비해 왔던 부분들을 포함해 자신의 모든 국면들을 정직하게 바라볼 때 성장할 것이라고 믿고 있다. 그는 자신의 강점들뿐만 아니라 약점들까지 인식하면서 치료를 끝낼 것이며, 하나님과 다른 사람들에 대한 그의 필요를 알게 될 것이다.

심리 역동적 상담자들 사이의 조심스러운 태도에도 불구하고, 용서에 대한 건전한 이해는 이 치료의 모델에 본래 적합하다. 우리가 이기주의와 자기 중심주의뿐만 아니라 외로움과 공동체에 대한 소망을 인식하게 되면 용서와 열정을 가지고 다른 사람들을 향해서 접근할 준비가 된다. 우리는 다른 사람들과 겸손하게 동일시하는 자세를 가질 때 용서를 가장 잘 이해하고 경험하게 된다.

상담자 C

치료관계를 형성한 후 상담자 C는 허트 양에게 즉시 그의 욕구에 직면하게 한다. 다행히 상담자 C는 허트 양이 성경과 기도를 통해서 영적, 정서적 필요들에 대한 희망을 발견하도록 돕는다. 그는 미래에 마음을 두고 삼촌의 과거 행동을 용서한다.

상담자 C가 소개하는 위험은 허트 양이 그의 부족한 상태를 직면할 정도로 충분히 강하지 않다는 것이다. 수치심의 무게에 눌려 전복된 사람들은 자신의 부족함과 실수를 정확하게 판단하기 전에 자신의 수치심을 이해하는 법들을 발견할 필요가 있다. 상담자 C는 건강한 상태의 겸손보다는 무의식적으로 내담자에게 더 깊은 수치감을 줄 수 있는 병적인 겸손을 촉진할 수 있다.[29]

상담자 D

상담자 D와의 상담 전에, 허트 양은 자신이 어린 시절에 경험한 성폭력에 대해 책임이 있다고 믿었다. 그의 신념들과 가정들을 검토하고 평가하는 과정에서 삼촌에게 책임이 있다는 것을 깨닫기 시작했다. 이러한 발견은 그를 수년 간의 우울증에서 해방되도록 도왔다.

심지어 가장 좋은 변화들도 때때로 원하지 않은 추가 효과들을 갖고 있다. 허트 양은 상담에서 과거의 사건의 원인을 내적 원인(자신)보다는 외부 요인(삼촌)의 탓으로 돌리는 것을 배웠기 때문에 남의 탓으로 돌리는 방법을 계속 사용할 수 있고, 자신이 잘못했다는 생각에도 저항할 수 있다. 또한 그는 계속되는 삶에서도 책임감을 느끼기보다는 피해자의 역할에 편안하게 안주하며 그 문제를 일으킨 다른 사람의 탓으로 돌릴 수도 있다. 상담자 D는 이러한 경향을 살피고, 내적인 귀인과 외적인 귀인을 적절하게 사용하는 중도적 입장을 발견하도록 도울 필요가 있다.

이것이 건강한 관계를 형성하는 데 도움이 될 것인가?

상담자 A는 허트 양과의 상담작업에서 효과 있는 요소는 새로운 대처 방법들을 가르치는 데 사용되는 행동기술이라고 생각하고 있다. 그는 이 기술을 주입하기 위한 중요한 심리 과정으로 관계를 본다.

상담자 B는 이 문제를 풀어가는 데 있어 관계 자체를 적극적인 요소로 보고 있다. 허트 양은 자신을 보살펴 주는 상담자를 관찰하면서 자신을 보살피는 방법을 배울 것이다. 용서할 수 있는 자신의 역량은 오직 건강한 관계의 맥락에서만 생성될 수 있는 통찰력을 요구한다.

상담자 C는 하나님의 말씀이 내담자를 치료하는 기본 요소라고 생각한다. 상담관계는 허트 양이 기독교의 원리와 성경, 그리고 기도에 접하게 될 매개체들이기 때문에 중요하다.

상담자 D는 상담관계를 허트 양의 잘못된 가정들을 만나기 위한 하나의 중요한 방법으로 본다. 인지치료 기술 외에도 그는 허트 양이 유용하고 가치 있다고 느끼도록 도울 수 있는 돌보는 치료관계를 사용한다.[30)]

비록 각각의 상담자가 치료관계에 대해 약간 다른 강조점을 부여하지만, 그것은 그들 모두에게 중요하다. 나는 상담관계가 효과적인 치료의 형태를 만드는 공통요소가 아닐까 생각한다. 용서는 알려진 세계관처럼 그렇게 많이 가르치는 기술은 아니다.

훌륭한 상담자는 내담자가 실수를 변명하거나 묵과하지 않고, 또는 간단히 처리하지 않도록 하면서 과거의 실수를 인식하도록 내담자를 돕는다. 그리고 나서 치료자는 분노와 슬픔, 그리고 외로움의 시간을 내담자와 함께 걸어간다. 내담자는 치료자가 아직 해결되지 않은 쓰라림과 분노의 상태에 있는 내담자를 떠나지 않을 것이라는 것을 봄으로써 다시 신뢰하는 것을 배운다.

임상학자들은 이런 방법으로 내담자들을 치료하고 있을 때 의식적이든 아니든, 이미 용서를 가르치고 있는 것이다. 한 심리학자는 그것을 이렇게 표현했다. "아마도 내담자가 자신의 과거를 용서하고, 현재에 좀더 용서의 태도를 발전시키며, 미래에 좀더 많은 선택권을 창조하는 것은 과거에 자신의 부족과 실패에도 불구하고 현재가 가치 있다고 느끼는 경험인 것 같다."[31]

도전에 직면하는 것

도전 1 : 두 영역의 유능성에서 세 영역으로 이동하는 것
만일 용서하는 능력이 범죄자와 겸손한 동일시를 요구하는 인격 특성이며 치료관계가 변화의 중요한 요소라면 상담자들은 그들의 내담자들과 겸손하게 동일시하는 그들 자신의 능력을 평가해야 한다. 이것은 다음에 오는 세 사례들에서 나타나는 것처럼 많은 상담자들에게 권력과 중요성에 대한 의식 중 많은 것을 포기하도록 요구하는 개념적 전환을 필요로 한다.

첫째, 겸손한 동일시는 내담자들을 우리 자신과 유사하게 보는 것을 요구한다. 상담을 받아본 치료자들은 내담자의 역할을 하는 싸움에 친숙하다. 우리는 내담자보다 더 잘 적응하고, 더 건강하며, 더 영적이라고 생각하고 싶어하며 종종 개인적 치료를 받는 것의 필요를 못 느낀다. 그러나 상황이 우리에게 개인치료를 받도록 할 때 우리는 더 이상 우월하다고 주장할 수 없다. 우리는 기독교 내담자들처럼 빈번이 실패하고 고통과 삶의 어려움에 아연실색하면서도 영적인 길을 따르는 순례자들이다.

두 번째 예는 분노하는 내담자들을 다루는 데서 발견된다. 훌륭한 상담자들은 상담에서 감정을 끌어내는데 그 감정들은 보통 적당한 한도로 표현되어 상담자에게 향하게 된다. 그래서 실제로 모든 효과적인 상담자들은 내담자들의 분노를 빈번하게 취급한다.

| 사례 |
이럴 때 상담자는…
조는 그가 그의 어린 시절에도 좀처럼 볼 수 없었던, 집 떠난 아버지

를 잊기 위해 노력하고 있다. 그는 아버지에 대해 토론하면서 몇 번의 상담을 한 후에 상담자를 응시하면서 불쑥 말을 꺼낸다. "당신은 그와 똑같아요. 당신은 거기에 앉아서 어떤 것도 말하지 않고 있군요. 아마 당신은 심지어 듣고 있지도 않을 거예요. 당신은 오후 골프 경기에 관한 것만 생각하고 있지요?"

이럴 때 상담자는 어떤 반응을 선택해야 하는가?

반응 1 : "나는 당신의 이야기를 경청하고 있으며, 골프에 관해서 생각하고 있지 않아요."

반응 2 : "이것들은 당신을 상당히 고통스럽게 하는군요. 마치 당신은 여기 있는 것 같지만 여기에 없는 것과 같아요. 그리고 당신은 전에도 이런 느낌들을 갖고 있었어요."

반응 3 : "나는 그런 비난들을 좋아하지 않아요. 그 비난들은 사실이 아니오.

조와 그의 상담자는 용서의 목표에 관해 이야기해 왔으나 이제 상담자는 용서에 관하여 이야기하는 것보다 훨씬 더 좋은 기회를 갖고 있다. 상담자는 겸손하게 조와 동일시함으로써 용서의 특성을 구체화할 수 있다. 두 번째 반응은 방어적이지 않고, 인간관계의 겸손을 모범으로 보여 주면서 조에게 자신의 느낌을 탐색하도록 격려한다.

셋째, 내담자들과의 겸손한 동일시는 상담 회기 동안 상담자들에게 스스로 말하는 것을 감시하도록 요구한다. 긴장이 많은 상담작업은 우리를 냉소적이게 만드는 원인이 될 수 있다. 심지어 어떤 때는 우리가 친절히 대할 때조차도 내담자들에 관해 비판적이거나 잔인한 의견들을 생각한다. 겸손한 동일시는 우리의 말뿐 아니라 사고까지도 기도하는 마음과 따뜻한 마음으로 내담자를 대하려는 자찰성을 포함하는 것이다. 상담자의 영적인 삶은 상담실에서 내담자와의 관계에서 정기적으로 평가를 받고 있으며, 상담자의 내적 경험과 태도에서 분명하게 나타난다.

도전 2 : 모호한 개인적-직업적 구분들

상담할 때 우리의 직업적 행동은 개인적인 차원에서 상호 작용한다. 이 상호 작용들은 사업상 관습보다 더 많은 것을 반영한다. 그것은 겸손함과 용서, 그리고 적당한 한계를 만드는 우리의 능력을 나타낸다.

예를 들어 놓쳐 버린 상담 약속을 다루는 것은 종종 사무실을 같이 쓰는 상담자 그룹 전체가 결정한 직업적인 규칙에 대한 문제일 때가 많다. 그렇지만 그 규칙을 이행하는 것은 사업적 결정 이상의 것이며, 보통 상담자의 개인적인 분별력에 달려 있다.

| 사례 |
내담자가 뜻밖에 상담을 취소한다면
어느 날은 예상치 않게 내담자 두 명이 연속적으로 상담을 취소했다. 그중의 한 사람인 그렉은 이전에 약속을 어긴 적이 전혀 없었다. 그는 출장을 가기 전에 개인적인 일정을 체크하는 것을 깜박했다고 하면서 호텔에 도착한 뒤 전화를 걸어 왔다. 두 번째 약속을 취소한 탐은 최근 일곱 번째 상담 회기 중 세 번이나 나오지 않았다.

이 두 가지 사례들이 상담자에게 일어났다면, 무엇이 용서이고 아닌가에 관해서 구체적인 예로 삼을 수 있는 좋은 기회이다. 기록된 상담소 정책에 따르면 상담자는 그렉에게 그가 지키지 않은 약속에 대한 비용을 부과할 권리를 갖고 있지만, 비용을 청구하지 않기로 선택하는 것은 개인적으로 그를 용서하는 자발적 의지를 전하는 것이다.

상담자 또한 간혹 약속을 잊어버리기도 하므로, 내담자에 대한 겸손한 동일시로 지키지 않은 약속을 용서하기로 한 것이다. 이것은 용서의 본질이다. 그렉과 동일시하는 것을 선택한 다음 그의 행동에 대한 정당한 결과에서 그를 해방하는 것이다.

탐의 상황은 다르다. 상담자는 이미 지키지 않은 두 번의 약속에 대해 비용을 청구하지 않았고, 용서하겠다는 자발적 의지를 명백하게 나타냈다. 그러나 탐은 그의 계속되는 무책임한 결과에 대해 깨닫지도 못하고 관심도 없는 것으로 보인다. 용서하는 것은 변명하는 것이나 눈감아 주는 것, 또는 참는 것과 같지 않다.

상담자는 탐이 그가 용서하는 정신을 이용하지 않을까 염려하고 있다. 이것은 디트리히 본 회퍼가 말한 '값싼 은혜'로서 자기 중심적인 삶을 살기 위해 하나님의 용서를 정당화하는 것과 같다. 본 회퍼는 이와 같은 값싼 은혜는 '교회의 치명적인 적'이라고 묘사한다.[32]

탐은 상담자와의 관계 뿐만 아니라 직장에서 특별한 이유 없이 결근하기도 하고, 가정에서도 경제적으로 무책임한 행동을 하고 있다. 상담자는 탐이 책임감 있는 사람이 되는 것을 배우도록 하기 위해 약속을 지키지 않은 회기들에 비용을 청구하기로 결정한다. 이 두 경우에 있어서 상담자는 직업적 정책에 관련된 개별적인 선택을 한다. 필자가 보기에 아직까지 우리 나라 상황에서는 내담자들이 상담 약속을 하고서 나타나지 않으면, 당연히 상담료를 안 낸다고 생각하고 있기에 이 점에 관해서는 내담자에 대한 교육이 필요하다.

상담자는 종종 용서의 본질에서 우러나오는 삶을 사는 기회를 갖지만, 그것은 용서하는 정신과 함께 정의에 대한 헌신과 개인의 책임성이 주의 깊게 균형을 이룰 것을 요구한다. 만약 우리가 한쪽으로 너무 치우쳐 있으면 내담자에게 너무나 까다로운 상담자가 되고, 직업적 태도나 정책적으로 내담자에게 지나치게 엄격할 수 있다.

내담자는 이런 상담자가 매정하다고 느낌으로써 상담자에게서 용서하는 하나님의 태도를 볼 수가 없다. 또한 우리가 다른 한 쪽으로 치우치면, 진정한 용서보다는 속기 쉽고 이용당하기 쉬우며, 무의식적으로 변명하거나 눈감아 주는 식의 모범을 보여 줄 위험이 있다.[33]

도전 3 : 훈련의 확장된 정의

이 책에서 다루고 있는 다른 주제들과 마찬가지로 상담실에서 다루는 용서라는 주제는 전형적으로 대학원의 교과 과정에는 들어 있지 않다.[34] 그럼에도 불구하고 실제로 용서는 기독교 상담자들이 가장 많이 사용하는 종교적인 중재 방법 중의 하나이다.

미국의 기독교상담학회 회원들을 상대로 한 설문조사에 의하면, 절반이 넘는 상담자가 내담자들에게 용서라는 개념을 사용하고 있다.[35] 이러한 결과는 기독교 상담자들이 상담 사역에서 용서를 도입하는 것을 현장에서 배운다는 것을 말해 준다.

상담에서 용서를 성공적으로 도입한 상담자들은 성공한 경험들을 저널이나 책을 통해서 발표하고 있다. 예를 들면 워링톤과 디블라시오는 부부 상담을 할 때 서로 용서하기 위한 특별한 기간을 가진다고 보고했다.[36] 부부는 상담하기 수주일 전부터 준비하는데, 자신이 그 동안 잘못한 것과 상대방에게 용서를 구할 것에 초점을 맞춘다. 용서 기간에 각자는 자신의 잘못을 고백하고 상대방에게서 용서를 구한다. 워링톤과 디블라시오는 구체적인 상담 내용과 함께 그 기술을 보여 주고 있다. 몇몇 다른 상담자들 또한 다른 상담자의 업무에 도움이 되는 하나의 기초작업으로 용서상담 방법들을 보고했다.[37]

다른 상담자들이 무엇을 하는가를 읽는 것 외에 상담자 자신이 영적인 성장을 하게 되면 자연스럽게 상담에서 용서를 사용하는 방법을 배우게 된다. 하나님의 용서를 체험하지 못한 사람들은 용서라는 말이 생소하거나 이상하게 들릴 수 있다. 그러나 하나님의 은혜를 깨달은 사람들에게 용서는 영적 성숙의 중요한 부분이다. 내담자들에게 용서의 모범을 보여 주고, 우리 자신의 삶에서 용서를 이해하려면 먼저 자신이 얼마나 많이 용서받았는지 이해해야 한다.

아마도 개인적이고 직업적 삶에서 용서를 위한 가장 최선의 연습은 고백의 영적 훈련에서 발견될 수 있을 것이다. 정직한 고백은 우리가 얼마나 많은 용서가 필요하고 얼마나 많이 용서받아왔는지 이해할 수 있는 겸손의 자리로 우리를 데려간다. 우리는 자신의 잘못을 최소화하고 상대방을 용서하는 능력에 대해서 자만에 빠질 으려가 있다. 용서를 가장 잘 이해하는 사람들은 자신의 죄를 직시하고 부족함을 깨닫고 하나님께 부르짖으며, 하나님의 기적 같은 은혜를 체험하고 감동하는 사람들이다.

고백하는 훈련은 상담자들에게 개인적인 겸손의 자리를 발견하게 한다. 상담자들이 자신의 문제를 상담실에 가지고 와서 고백하지는 않지만, 그들은 겸손하기 때문에 상담관계에서 내담자에게 신뢰감과 공감, 안정감을 향상시켜 줄 수 있고, 내담자는 이런 상담자에게 자신의 부족함과 고민을 솔직히 고백할 수 있다.

용서와 상담이 조화를 이루어 효과적인 상담이 이루어지기 위해서는 내담자가 상담자를 전적으로 믿고 자신의 고민과 쓰라린 경험, 힘든 감정과 괴롭히는 죄를 마음놓고 고백할 수 있을 때 가능하다. 고백은 겸손을 증진시키고, 겸손은 개인간의 용서를 증진시킨다.

도전 4 : 정신 건강의 지배적인 견해들을 직면하는 것

종교적인 배경을 가진 상담자가 비종교적인 상담자보다 내담자와 용서를 더 많이 다루는 경향이 있지만, 정신 건강에 관한 연구 결과들을 보면 상담자의 종교적인 배경에 관계없이 상담에서 용서를 많이 수용하는 것이 지배적이다.[38] 미국심리학회의 저널 "심리치료"(psychotherapy)에 용서에 관한 몇몇 중요한 논문들이 발표되었다. 많은 치료자들이 비록 종교적이지는 않지만, 용서의 이점에 관해서 쓰고 있다. 이것은 좋은 소식이다.

심리학 문헌에 나타난 현대의 경향은 비종교적 내담자나 치료자가 쉽게 수용할 수 있도록 하기 위하여 용서의 종교적 의미를 포기하는 추세이다. 안타깝게도 이것은 때때로 용서에 대한 사람의 이해에 미묘하면서도 중요한 변화들을 가져오고 있다.

기독교 전통에서 용서란 하나님의 용서에 감사해서 우리가 다른 사람에게까지 용서를 확장해 나간다는 의미이지만, 현대 심리학에서 용서는 용서를 통해서 자신의 정서적인 짐을 덜고 기분을 더 좋게 하는 수단이 되고 있다.

한 심리치료자는 논리적 결정으로서 용서를 기술한다. "용서하는 태도를 선호하는 이유는 우리가 내적으로 분노와 복수심을 상상 속에서 붙들고 있고, 그러한 감정들에 에너지를 집중하면 결과적으로 자기 스스로를 패배시키는데, 용서는 이러한 분노와 복수심을 즉시 분출시켜 정화작용을 해준다."[39]

세속적인 심리치료자들에게 용서는 합리적일지 모르지만, 기독교인들에게 용서는 전혀 논리적이지 않다. 용서는 역사상 가장 놀라운 사건을 통해서 생긴 개념이다. 즉 예수님이 인간의 죄를 위해서 십자가에 달리사 죽으신 일로써 정말 믿기 어렵고, 놀랍고, 기적 같은 사건에 의해서 용서가 우리 인간에게 소개된 것이다. 남을 용서해 주는 것을 포함한 기독교인들의 모든 미덕은 이성을 초월하는 초합리적인 사건에서 일어난 것이다.

신학자 에드윈 잭리슨(Edwin Zackrison)은 "우리 안에 있는 그 무엇도 하나님께서 우리를 용서하도록 동기부여 할 수 없는 것처럼 다른 사람들 안에 있는 그 어떤 것도 우리가 용서해 주도록 동기를 부여하지 못한다. 남을 용서할 수 있는 동기는 그러한 용서를 경험한 사람의 마음에서 일어난다"[40]고 썼다.

상담에서 인기를 얻고 있는 용서의 한 형태는, 논리와 자기 보호에 기초를 두고 있다. "내가 너를 용서하는 것은, 네가 나에게 더 이상 상처를 주지 않도록 하기 위해서이다." 그러나 우리가 기독교 안에서 보는 용서는 개인적인 통찰력과 겸손하게 상대방과 동일시하는 것에 기인한다. "내가 당신을 용서하는 것은 내가 이미 충분히 용서받았기 때문이다." 비록 우리는 두 가지 모두 용서라고 부르지만, 그것은 다른 이름들로 불러도 정당할 만큼 매우 다르다.

도전 5 : 과학적 기초를 확립하는 것

용서를 연구하기 전에 우리는 용서를 측정할 수 있는 정밀한 방법이 필요하다. 몇몇 학술연구자들은 용서를 구체적으로 측정하는 방법을 연구해 오고 있는데, 그들 대부분은 사람들이 자발적으로 용서를 구하고 인간관계의 용서를 허락하는지, 그렇지 않은지에 관심이 있다.[41] 정신 건강 분야에서 밝혀진 여러 가지 관점을 고려할 때 어떤 사람들이 왜 용서하고 싶어하는지 아는 것은 동등하게 중요하다고 생각한다.

휘튼 대학의 박사과정에 있는 미크(Katheryn Rhods Meek)는 왜 사람들이 용서하고 싶어하는가를 측정하는 척도를 개발하고 있다. 컴퓨터로만 실시될 수 있는 '용서 이유 척도'에서는 인간관계에서 여러 가지 상황 가운데 용서가 한 가지 가능한 반응일 수 있다는 것을 응답자들에게 보여 준다. 이러한 이야기는 헤블(Hebl)과 엔라이트(Enright)가 개발하고 작성한 '용서하고 싶은 척도'를 기초로 해서 만들어졌다.[42]

용서를 자신이 선택할 수 있는 한 가지 반응이라고 답변한 응답자들에게 왜 용서해 주는지 그 이유에 관해서 질문해 보았다. 응답자들은 다음에 제시한 용서의 동기를 "매우 중요하다부터 전혀 중요하지 않다"로 구별되는 네 가지 척도로 응답하였다.

용서의 범위를 위한 근거
- 용서는 내가 나의 삶을 유지하는 데 도움이 된다. 그렇지 않으면 나는 항상 그 문제에 대해서 생각할 것이다.
- 나는 인간관계에서 평화를 유지하기 원한다.
- 나는 그가 왜 그런 일을 했는지 이해한다(고생이 심했고, 개인적인 문제가 많았고 등등).
- 나도 역시 나쁜 짓을 했지만 용서받았다.
- 나는 이 사람을 사랑한다.
- 그것은 별로 큰일이 아니다.
- 만약 내가 다르게 행동했더라면, 그러한 일은 일어나지 않았을 것이다.
- 용서는 해야 할 올바른 것이다.

위의 내용들을 살펴보면 어떤 응답은 진정한 용서라기보다는 자기를 책망하는 것, 변명하는 것, 참는 것 등이 있다. 어떤 사람은 자신의 이익을 위한 것도 있고, 상대방과 겸손한 동일시도 있다. 이 검사에 대한 초기의 신뢰도는 좋았지만, 우리에게는 좀더 후속 연구가 필요하다. 용서에 대한 여러 가지 동기를 이해하는 것은 이 분야를 연구하는 사람들에게 연구 계획을 수립하는 면에서 도움이 될 것이다.

만일 기독교인들이 용서를 정신 건강 분야에서 활동하고 있는 다른 사람들과는 다르게 이해하고 있다면, 기독교 상담에서 용서는 일반 상담에서 사용하는 용서와는 다를 것이고, 용서의 결과도 다를 것이라고 결론 내릴 수 있다. 그러나 아직까지 이 분야에서 기독교인 상담자의 용서 효과와 일반 상담자의 용서 효과가 다르다는 구체적인 자료는 없다. '용서 이유 척도'는 이 방향에서 하나의 중요한 단계이다.

도전 6 : 관련된 윤리적 기준들을 정의하는 것

상담자는 내담자에게 경제적인 면에서도 효과적인 치료를 제공해야 할 의무가 있다. 미국에서는 단기치료를 선호하며 또한 상담비용을 대납해 주는 보험회사들이 적극적으로 단기치료를 지지한다. 그러나 이러한 풍토는 용서에 관심이 있는 상담자들과 윤리적인 갈등을 일으키고 있다.

한편 만약 상담자가 내담자와 특히 용서에 관련된 치료작업을 서두르게 되면 용서는 깊은 이해에 근거하기보다는 피상적이고 지식적인 용서로 끝날 가능성이 있다. 필자는 내담자가 자신의 부모에게 어린 시절에 학대 받았던 일을 용서하는 편지를 쓰도록 도왔던 것을 기억하고 있다. 몇 개월이 지난 후에 내담자는 그의 아버지가 어렸을 때 자신을 성적으로 폭행한 사실을 기억해 냈다. 내담자는 자신이 무엇을 용서해야 하는지 이해하지 못했으므로, 아버지를 용서할 준비가 되어 있지 않았다. 서둘러서 급하게 용서하는 것은 피상적이고 일시적인 용서를 하는 위험을 가져온다.

또 한편으로 내담자의 이야기를 듣고 성폭행의 문제를 어느 정도 알고 있는데, 내담자가 이 문제를 제기하기까지 기다린다면, 치료는 필요 이상으로 길어질 수 있다. 어떤 내담자들은 만약 자신을 희생자로 여기도록 격려받게 되면 환자의 역할을 과시하는 것 같다. 어떤 내담자는 자신의 억압된 기억을 꾸며내서 상담자에게서 동정심을 받으려 하는 경우도 있다. 이러한 경우에 상담자는 부드럽게 내담자에게 용서라는 주제를 제시해야 한다. 인내와 지도 목표 사이의 놀라운 균형이야말로 용서 상담에 대한 도전의 한 부분이다.

이에 관련된 윤리적 도전은 모든 내담자들이 최소한 중요한 정서적인 성장이 일어날 때까지는 용서할 정서적인 능력이 없는 것이다. 어린 시절에 성적, 신체적인 학대를 받고 자란 내담자는 실제적으로는 가장 많이 용서해야 할 내담자이지만, 정서적 분리현상을 보여서 아주 미성숙한 상태에 있다.

이러한 분리 현상을 보이는 사람들은 이 세상을 좋은 사람들과 나쁜 사람들이라는 두 집단으로 구분한다. 좋은 사람들은 나쁜 짓을 할 수 없고, 나쁜 사람들은 좋은 일을 할 수 없다. 분리하는 경향이 있는 사람들은 용서를 발견하는 것이 실제로 불가능하다.[43] 이러한 분리 성향이 있는 내담자에게 용서를 제안하면 내담자는 상담을 나쁜 것으로 간주하고 상담을 그만두게 된다. 그래서 유능한 상담자는 용서에 대한 상담을 시도하기 전에 내담자가 이러한 원초적인 방어기제를 버리고 성장하도록 도와야 한다.

용서, 하나님의 선물

용서는 상담자들 사이에 점점 인기 있는 주제가 되고 있다. 비록 이것이 바람직한 흐름이기는 하지만, 용서에 대한 기독교의 이해는 다른 사람들이 용서를 이해하는 방향과는 다를 수 있다는 것을 기억하는 것이 중요하다. 용서기법이 기독교 상담에 사용될 때 그것들은 자각과 공감, 겸손, 통찰력의 맥락에서 고려되어야 하고, 단순히 내담자에게 감정의 해방을 경험하기 위한 하나의 방법으로 고려되어서는 안 된다. 다른 사람을 용서할 수 있는 능력은, 최소한 어느 정도까지는 용서에 대한 우리의 필요와 용서가 하나님의 은혜로운 선물이라는 것을 이해하는 우리의 능력에 달려 있다. 이러한 형태의 치유는 사람에게 하나님과 다른 사람들과의 더 깊은 관계를 가져다 줄 것이다.

8
구속

구속

이 책을 통해서 기독교 상담을 실시할 때 어떻게 종교적인 개입을 하는 가에 관한 문제를 다루었지만, 비기독교인과 상담할 경우에는 기독교 상담자로서 어떻게 적용해야 하는가에 관해서는 거의 언급하지 않았다. 예를 들면 비기독교인 내담자도 기독교 내담자와 같은 의미는 아니지만, 죄나 고백을 이해하고 있을 것이다. 예수 그리스도의 은혜의 축복을 체험하지 않은 사람에게 용서는 필요하지 않을 수 있다. 만일 비기독교인과 상담할 때마다 정기적으로 기도하면 그 내담자는 방어적이 되며 의심하게 되고 어떤 경우에는 노골적으로 반발할 것이라고 예상된다. 그렇기 때문에 비기독교인들과 기독교적인 배경을 가지고 상담을 할 경우에는 다른 방법으로 접근해야 하는데, 먼저 구체적으로 무엇이 어떻게 다른가를 고려하는 것이 중요하다.

어떤 내담자들이 상담 받고 싶어하는 문제들은 종교적인 가치나 믿음하고는 거의 관계가 없는 경우도 많다. 비기독교 상담자들과 마찬가지로, 기독교 상담자들도 공포증 환자들을 치료하기 위해서는 체계적 둔감법을, 만성적인 우울증 환자를 치료하기 위해서는 인지적 재구조를, 성격장애자들에게는 계획에 근거한 치료들을 사용한다. 이러한 기독교 상담은 일반 상담들과 어떤 차이가 있는가? 이전 장에서 제시한 구체적인 종교적 개입 방법 외에도, 기독교 상담이 일반 상담과 구별되는 두 가지를 제시하고자 한다. 그것은 정체성과 구속적인 세계관이다.

첫 번째는 비교적 간단하다. 기독교 상담자들은 자신들의 정체성을 기독교인으로 생각한다. 상담자의 종교적인 가치관이 상담 과정과 효과에 실제로 영향을 미치기 때문에, 미국에서 기독교 상담을 실시할 경우에는 내담자들에게 기독교적인 가치관에 관해서 사전에 필히 알려 주어야 한다고 생각한다.[1] 필자는 미국의 내담자와 상담할 경우에 다음과 같이 긴 상담 동의서를 읽고 난 후 상담 전에 사인을 하도록 한다.

종교적인 가치관에 관한 정보 동의서 예문

저는 상담자로서 주로 인지적 상담기법을 사용합니다. 우리는 당신의 현재 증상에 영향을 주고 있는 당신의 잘못된 사고 양식과 신념들을 찾아서 수정하기 위하여 개인의 역사와 현재 상황들을 주의 깊게 평가할 것입니다. 당신의 가치관과 나의 개인적인 가치관은 당신의 신념을 평가하는 데 영향을 미칠 것입니다. 그래서 당신이 나의 가치관에 대해서 어느 정도 아는 것이 중요하고, 나의 가치관이나 신념에 대해서 질문이 있으면 언제든지 질문하셔도 괜찮습니다. 나는 심리적인 문제에 생물학적, 심리 사회적, 정서적인 요인들이 영향을 준다고 믿고 있습니다. 기독교 심리학자로서, 어떤 심리적인 문제는 인간의 본성과 문화에 편재해 있는 악 때문에 일어난다고 믿고 있습니다. 사람들은 과거와 현재에 다른 사람들로부터 받은 상처 때문에 의사 결정을 잘못하고, 정말로 중요한 것을 평가 절하하거나 중요하지 않은 것을 높이 평가하는 경향이 있습니다. 당신이 원할 경우 나의 가치관에 대해서 알 권리가 있고 원하시면 언제든지 나와 의논할 수 있습니다.

이러한 상담 사전 동의서는 내담자에게 상담자의 가치관을 사전에 알려 줄 뿐만 아니라, 상담관계에서 구체화되는 기독교 진리를 내담자가 체험할 수 있는 기회도 제공해 준다. 이와 같은 내용은 우리 나라에서도 기독상담자에게 적용이 되리라 생각한다. 문제는 우리 나라에서 위와 같은 방법으로 자신의 종교적인 성향을 밝히면, 어떤 내담자들은 기독 상담자이기에 상담을 거부할 수도 있지만, 상담자가 자신의 종교적인 성향에 대해서 밝히기에 솔직하다고 믿고 신뢰할 수도 있다. 그러나 필자의 견해로는 내담자가 상담자의 종교적인 성향에 관해서 질문하지 않는 한 일부러 밝힐 필요는 없다고 본다.

만약 치료자와의 치료관계가 잘 성립되고, 마음이 끌리면 내담자도 기독교가 치료에 도움이 되고 호감이 간다고 생각할 가능성이 있다. 상담 과정에서 영적인 변혁을 시도하는 복음주의를 억지로 표방하지는 않지만, 기독교 상담자와 상담관계를 통해서 많은 도움을 받게 되면 내담자는 상담 도중 또는 상담 후에 기독교적인 가치를 탐색하게 되는 경향이 있다. 더욱이 상담자가 자신의 기독교적인 배경을 밝히면, 내담자가 필요한 경우 영성이나 종교에 관해서 의논할 수 있는 적당한 기회를 제공해 줄 수도 있다. 내담자들은 종종 상담자의 가치에 대한 확신이 없으면, 자신의 종교적인 믿음에 관해서 의논하지 않는 경우가 많다.

그러나 이러한 접근은 신중을 기해야 한다. 예를 들면 상담자가 상담을 통해서 내담자에게 종교적인 영향을 주어서 내담자의 종교를 개종하려고 한다면, 상담자의 기본적인 윤리에 어긋나는 것이다. 또한 상담관계가 좋으면 내담자가 상담자의 종교에 호기심을 가질 수도 있겠지만, 반대인 경우에는 오히려 상담자의 종교에 부정적인 견해를 가질 수 있음을 명심해야 할 것이다. 위에서도 밝혔듯이 내담자가 자발적으로 종교 문제를 제기하지 않는 한 기다려 주는 자세가 필요하다.

또한 상담자의 기독교적인 가치관을 밝힘으로써 내담자가 불편해 할 수도 있다. 예를 들면 착실한 불교 신자로서, 기독교인 며느리를 얻었기 때문에 집안에 문제가 있다고 생각하면서 기독교에 대해서 반감을 품고 있는 내담자는 상담자의 기독교적인 배경 때문에 자신의 심정을 솔직하게 털어놓지 못할 수도 있다. 또한 기독교 내담자로서 기독교에 부정적인 감정이 있어 기독교인 기피증이 있는데, 상담자가 기독교인이면 이를 꺼리게 될 경우도 있다. 예를 들면 필자가 상담한 기독교인 부부에게 필자의 기독교적인 배경을 상담 초기에 밝혀 주었더니, 남편이 부정적인 반응을 보이면서 기독교라는 말만 들어도 신물이 난다고 하여서 당황한 적이 있다. 또한 우리 나라는 기독교 내에서도 교파가 다르고 어떤 교파는 특정한 교파의 기독교인은 싫어하는 경향이 있기에 자연히 상담자의 소속 교파에 관해서도 내담자가 호기심이 있을 것이고, 경우에 따라서는 상담자의 소속 교단 때문에 상담자를 기피할 가능성도 있다. 따라서 상담자가 자신의 기독교적인 배경을 내담자에게 알릴 경우 장점과 부작용도 있을 것이라고 가정해야 하고, 상담자의 종교적인 배경 때문에 상담을 꺼려하면 상담 초기에 상담을 다른 사람에게 의뢰해야 한다.

상담자와 내담자에게 다 적용되는 기독교 상담의 두 번째 특징은 이 책의 마지막 주제가 되고 있는 구속에 대한 우리의 이해다. 기독교인의 삶의 중심적인 경험은, 상담실에서 만나는 사람들을 포함해서 우리 모든 인간들의 만남에 대한 이해를 변화시키는 예수 그리스도와의 구속적인 관계에 있다.

구속이란 다시 사들이는 행위, 또는 대가를 지불하고 회복하는 것을 의미한다. 예를 들어 몇 년 전 만해도 사람들은 현물과 바꿀 수 있는(구속할 수 있는) 푸른 인지를 모은 적이 있다. 이 인지는 그 자체로는 아무런 가치가 없지만 물건을 구매할 수 있는 구매력이 주어진 것이다. 영적이고 인간 관계적 영역에서 보면, 구속이란 삶의 시련에 의해서 상처받고 파괴된 인간들이 그들의 삶에서 삶의 가치와 의미를 회복하는 것을 말한다.

오직 하나님만이 영원한 구속을 제공하신다. 인간은 자신들의 죄를 고백하고, 용서와 소망을 얻고, 하나님의 은혜 가운데 의미를 발견한다. 비록 영적 구속함을 얻는 것이 가장 중요하지만, 인간들은 대인관계라는 형태의 구속을 서로 베풀 수 있는 것이다. 기독교 상담의 관점에서 보면 인간 대 인간을 상대로 한 구속은 기독교인들이 생활 속에서 보여 주는 자비와 서로 공통적인 부분이다.

상담에서 구속적 세계관은 하나님이 우리를 죄의 본성에서 이끌어내 주신 구원의 방법을 겸손히 그리고 감사하게 받아들일 뿐만 아니라, 우리가 소망을 갖고 완전함을 회복해서 살 수 있도록 격려하는 믿음과 가치, 가정이라고 정의한다. 영적 구속과 인간적 구속이 밀접하게 관련되어 있다는 것에 주목하라. 우리가 예수 그리스도를 통해서 자기 파괴적이고 무익한 삶에서 구속을 받고 나면, 우리는 이웃의 구속에도 관심을 가지는 신앙생활을 하게 된다. 우리는 구원을 받아야 하는 부패한 이 세상에서 하나님의 손과 발의 역할을 하여야 한다. 어떤 사람들은 인간 스스로의 구속적인 행위를 통해서 이 세상에 하나님의 왕국을 건설할 수 있다고 믿고 있다. 또 다른 사람들은 인간의 구속적인 행위는, 하나님과의 구속적인 관계를 지향하게 만드는 데 있어 중요한 것이라고 강조하기도 한다. 어느 경우에서도 상담관계의 구속적인 본질은 하나님이 인간을 변화시키는 자비에 대해서 응답하는 실제적인 한 방법이다.

| 사례 |

자존감을 되찾은 다운

다운 트로덴은 교회 상담소에서 평신도 상담자 호프 양에게 상담을 받았다. 다운은 어려운 삶을 살아왔다. 그는 어릴 때 학대당했고, 첫 결혼에서 버림받았으며, 지난 몇 년 동안 이 직업, 저 직업으로 전전긍긍했다. 다운은 알코올 남용, 성적 문란을 포함하여 몇몇 나쁜 일들로 삶이 복잡했다. 그는 우울함과 절망감 속에서 상담을 받으러 왔다.

호프 양은 내담자들을 깊이 보살피고 내담자의 이야기를 주의 깊게 듣는, 자원봉사하는 기독교 상담자다. 그는 다운을 좋아하며, 다운이 구체적으로 더 나은 결정을 하고 좋아지는 것을 느끼기 시작할 것이라고 확신하고 있다.

다운은 상담 회기를 마친 후에 종종 기운이 나고 기분이 좋아졌다. 그는 생애 처음으로 있는 모습 그대로 자신이 이해되었고, 가치가 있음을 느꼈다. 내담자는 상담 덕분에 수치심에서 벗어날 수 있었다. 호프 양은 과거 비인간적인 폭력에 빠진 다운을 회복시키는 데 시간과 정성을 들이고 있다.

구속이란 기본적으로 상담기술에 있는 것이 아니고, 배려해 주는 상담관계의 본질에 있는 것이다. 기독교 상담자가 구속적인 상담을 하기 위해서는 단순히 수업시간에 배우고, 책에 적힌 목록을 통해서 배우는 상담 기술이 아닌 그 이상이 필요하다. 구속적인 상담관계에 종사하기 위한 능력은 심리학적, 신학적, 영적 통찰과 성장과 함께 온다.

구속의 근거들

심리학

구속적인 심리치료 관계들은 저자가 좋아하는 이론에 근거하는 다양한 심리적 관점에서 나타난다. 인간의 구속적인 행위를 이론에서는 심리치료의 중요한 부분이라고 할 수 있겠지만, 우리는 여기서 세 가지 입장 즉 대상관계이론, 아들러 이론, 인지치료를 고찰하고자 한다.

대상관계 이론

대상관계 이론에 의하면, 우리가 가치 있다고 느낄 수 있는 능력은 과거에 어떤 취급을 받았는가에 달려 있다. 앞의 예에서 트로덴 양처럼 어떤 이는 은혜와 수용에 기초된 구속적 인간관계를 알지 못한 채 상담에 온다.

대상관계 이론주의자들은 우리는 삶의 초기관계에서 맺은 역할들을 내재화하고, 우리가 취급돼 왔고 반응해 왔던 같은 방법들로 다른 사람들과 우리 자신을 취급함으로 그들에게 대응한다고 믿는다.[2] 다운 트로덴 양처럼 학대받은 어린이는 학대하는 부모와의 상호 작용에서 학대자의 역할을 내재화하고 성인으로서 자신과 다른 사람을 학대하면서 성장한다. 그는 또한 희생자의 역할을 내재화하고, 성인으로서 자신이나 다른 사람들에게 희생자 역할을 배정할 것이다. 다운 같은 내담자들은 신뢰와 존경에 기초해서 세워진 치료관계는 전적으로 새롭고, 처음이어서 수용하기에는 어렵지만, 그 관계는 궁극적으로 변화되어간다.

과거에 상대적으로 여러 형태의 건강한 인간관계를 경험한 사람들은 자신을 긍정하고, 격려하고, 사랑하는 것이 가능하다. 그들은 다른 사람들에 의해 긍정과 격려와 사랑을 받음에 의해서 이 기술들을 배워온 것이다. 슬프게도 어떤 사람들은 건강한 관계를 갖지 못했기 때문에 자신을 배려하는 적절한 방법을 배우지 못했다. 그들이 상담자에게서 은혜를 수용하는 법을 배울 때 자신에게 더 친절하게 대할 수 있게 된다.[3] 그들은 치료자에게서 배운 새로운 기술을 자신에게 적용한다. 이것은 그들을 치료함으로써 인간의 존엄성을 되찾는 훌륭한 상담이요, 인간 구속의 본질이다.

상담자는 내담자에게 상담관계보다는 더 영원한 관계, 즉 다른 사람들과 더 좋은 관계를 맺고 통찰을 얻도록 돕기 위해 일시적인 관계를 제공하는 과도기적인 대상으로서 봉사한다. 이런 의미에서 기독교 상담자는 구원의 관계를 내담자에게 보여 주어서 내담자가 하나님을 이해하도록 돕는다. 이것은 교수가 수업에서 가르치고, 목사가 회중들을 가르치는 것처럼 구속을 가르치는 것이 아니라 상담실에서 구속적 관계로부터 나오는 삶을 사는 것을 말한다.

애들러의 심리학 이론

알프레드 애들러(Alfred Adler)는 인간이란 본래 기본적인 연약함과 열등감 때문에 고통을 받아서 이기심과 우월감의 욕구로 소진되어 있는 삶을 살고 있다고 보았다. 심리치료의 목표는 내담자가 열등감에 대한 통찰력을 얻고 쓸데없는 지배력과 우월감을 추구하는 삶에서 해방되어 좀더 공감하며 이타주의적 삶의 형태를 살도록 돕는 것이다. 애들러는 이것을 '사회적인 이익'으로 공감과 이타주의를 위한 능력으로 묘사했다.

애들러는 자신이 성공적으로 정신분열증 환자를 치료한 것을 기록했다. 첫 3개월 동안 그 환자는 치료 과정에서 침묵을 지켰다. 그래도 애들러는 그를 계속 만났다. 그 침묵이 깨어진 후 환자는 갑자기 애들러를 때리려고 손을 올렸다. 애들러는 자신을 방어하지 않았다. 또 다른 상담에서 그 환자는 상담 도중 유리창을 깨뜨렸다. 그래도 애들러는 계속해서 미소 지으며 친절한 태도로 환자의 피 흘리는 손을 반창고로 싸매어 주었다.

이후에 환자의 상태가 호전되었기에 애들러는 이 환자에게 무슨 이유로 치료가 성공적이었는가 하고 물었다. 그 환자는 대답하기를 "나는 살 용기를 다 잃었습니다. 그런데 상담을 통해 다시 그것을 발견했어요"[4] 라고 대답했다. 이 환자는 애들러와의 상담관계를 통해서 정신분열증에서 구원을 받은 것이다.

애들러 이론을 다루는 심리치료자들은 치료의 관계를 통해서 사회적인 관심과 이익을 내담자에게 보여 줌으로써 사람들을 이기적인 욕망에서 벗어나게 하려고 시도한다. 이것은 구속과 은혜라는 기독교의 개념과 유사하다. 상담의 목표는 구속이고, 변화의 틀은 은혜이다.[5] 은혜는 상담자에게 수치심과 열등감의 멍에들을 부수고 내담자를 자유롭게 하면서, 무조건적으로 친절하고 비권위적일 것을 요구한다. 은혜를 불어넣는 것이 구속적이다.

인지치료

최근 인지치료가 발전하자 구속적인 치료관계에서의 중요성이 부각되어 왔다. 어떤 상담자들은 여전히 논리와 논쟁의 연습으로 인지치료를 실시하고 있지만, 대부분 현대의 인지치료자들은 그 치료적 동맹관계의 중요성을 인식하고 있다.[6]

인지치료자들은 내담자들의 근본적인 신념체계를 바꾸기 원한다. 예를 들어 내담자가 사람들이 자신을 거절할 것이라는 생각을 가지고 있다고 하자. 내담자가 가지는 신념이나 가치관은 상담관계를 포함한 모든 인간관계에서 느끼는 감정과 구체적인 사고에 영향을 준다. 내담자 트로덴 양은 상담자도 자신을 거절할 것이라고 믿고서 상담 도중에 여러 차례 거리 간격을 두려고 시도했다. 5회기 때 내담자는 상담 중에 화를 내고는 이제 다시는 상담을 받으러 오지 않겠다고 했다. 다운 트로덴 양은 8회기의 상담에 나타나지 않았고, 상담자가 전화를 걸어서 내담자의 상태를 물어 주기를 기대하고 있었다. 12회 때는 상담자가 내담자에게 돈을 빌려주도록 조정하려고 시도했다. 이 모든 내담자의 행동들은 자신의 신념이 옳은가를 시험해 보려고 한 것이다. "내 상담자도 나를 거절하겠지?"

상담자 호프 양이 논리적으로 다운이 거절에 대한 믿음을 포기하도록 시도한다면 그것이 과연 얼마나 성공적이 될 것인가? 다운이 논리적으로 그의 믿음에 접근하지 않았기 때문에 아마 성공하지 않을 것이다. 내담자는 현재 자신의 어린 시절에 받은 상처와 상실감 때문에 성인의 사고로도 자신이 모든 일을 처리할 수 없는 상태에 처해 있다고 생각한다. 내담자의 비이성적인 사고방식은 그러한 신념을 만들어낸 '인간관계'를 통해서 입증된다.

현대의 인지치료자들은 내담자들의 믿음과 가정을 측정하고, 이러한 신념에 반대되는 역할을 의도적으로 시도한다. 사랑을 받기 위해서는 완벽해야 한다고 믿는 내담자들이 약속시간 10분 정도 늦게 나타났을 때도 인지치료자는 그것을 진보의 표시로 보기도 한다. 인지치료자는 자신이 존재 가치가 없고 시시한 존재라고 생각하는 내담자에게 관심과 인정하는 태도를 보여 준다. 어떤 대가를 지불하고라도 통제하겠다는 내담자에게 그 인지치료자는 단호하고 대담하다. 각 상담의 경우에서 치료관계의 본질은 역기능적인 믿음의 구체적인 체계를 가진 내담자를 위하여 특별히 구속적인 것을 선택한다.

두 가지 경고

순서상 두 가지 경고가 있다.

첫째, 현재 논하고 있는 구속적인 상담관계가 효과적이고 즐거운 상담을 가능하게 하지만, 우리는 구속을 지탱하는 자신의 역할을 과신하거나 자만하지 않도록 주의해야 한다. 상담을 악용하는 많은 일들은 상담자들이 하나님과 그들의 역할을 혼동하기 시작할 때 일어난다. 우리는 인간이며 하나님 없이는 영원의 의미에 대하여 아무것도 제공해 줄 수 없다.

둘째, 상담자들도 역시 사람이기에 그들이 과거에 입은 상처를 가지고 상담실에 온다. 예를 들어 미국의 임상 및 상담 심리전문가들을 상대로 한 전국적인 조사에 의하면 여성 상담자의 3분의 2, 남성 상담자의 3분의 1이 성적으로 또는 신체적으로 학대받았다고 보고되었다.[7] 학대당한 경험이 없는 상담자일지라도 내담자를 정확하게 평가하거나 내담자를 존경하고 친절한 마음으로 치료하는 데 영향을 주는 다른 개인적인 문제가 있을 수 있다.

또한 치료를 오래 받은 상담자라고 할지라도 맹점들을 갖고 있다. 왜냐하면 우리 모두는 개인적이고 우주적인 죄에 의해 영향을 받고 있기 때문이다. 이것은 상담자들이 완벽하게 구속의 모델이 될 수 없다는 것을 제시해 준다. 우리는 구속을 이해하기 위하여 계속해서 우리 자신을 극복할 필요가 있다.

기독교 신학

구속의 형태

성경에서 우리는 그림 5에서 보여 주는 것과 같은 소위 구속의 형태를 본다. 구속이란 구약의 첫부분에서는 일반적인 개념이지만, 신약의 끝 부분에서는 아주 구체적이고 뚜렷하다.[8] 일반적 의미에서 하나님은 노예, 빈곤, 질병, 억압을 포함한 여러 형태의 공동체적이고 개인적인 고난에서 사람들을 구원해 주시는 것을 볼 수 있다. 대체로 하나님은 다른 사람을 통해서 이러한 구원을 우리에게 베풀어 주셨다.

예를 들면 하나님은 이스라엘을 구하기 위해서 모세를 들어 쓰셨다. 하나님은 여호수아의 정탐꾼을 살리기 위해서 기생 라합을 쓰셨고(수 2장), 라합의 생명도 구해 주셨다(수 6장). 구약 성경의 후반부로 올수록 우리는 인간들을 죄에서 구속하시고, 어두운 삶과 자신을 속이는 삶에서 순종하며 신실하게 사는 삶으로 부르시는 하나님의 구속행위가 점점 강조되는 것을 볼 수 있다. 이스라엘의 왕이며 시인인 다윗은 다음과 같이 외쳤다. "내 영혼아 여호와를 송축하며 그 모든 은택을 잊지 말지어다 그가 네 모든 죄악을 사하시며 네 모든 병을 고치시며 네 생명을 파멸에서 구속하시고 인자와 긍휼로 관을 씌우시며 좋은 것으로 네 소원을 만족게 하사 네 청춘으로 독수리같이 새롭게 하시는도다'(시 103 3-5). 이러한 구속은 직접 하나님에게서 오며 오직 하나님만이 우리의 질병을 치유하시고 죄에 대해서 완전한 용서를 베풀어 주신다.

〈그림 6〉

　신약에서 구원은 예수님 안에서 인격화된 것처럼 좀더 구체적이다. 예수님은 자신의 몸값을 지불하시고 우리를 구원하셨다. "그리스도께서 우리를 위하여 저주를 받은바 되사 율법의 저주에서 우리를 속량하셨으니 기록된바 나무에 달린 자마다 저주 아래 있는 자라 하였음이라 이는 그리스도 예수 안에서 아브라함의 복이 이방인에게 미치게 하고 또 우리로 하여금 믿음으로 말미암아 성령의 약속을 받게 하려 함이니라"(갈 3:13-14).
　성경에서 말하는 구속의 절정은 그림 6에서 보여준 구원의 형태의 마지막 부분이다. 하나님은 예수님의 희생적인 사역을 통해서 우리를 구원하신 것이다. 우리를 영원한 죽음의 저주에서 구원하시고, 예수 안에서 풍성한 삶을 살도록 우리에게 자유를 주시는, 예수 그리스도를 통한 구원이 기독교인의 영적인 삶에 가장 중요한 부분이다. 사도 바울은 구원에 관해서 생생하게 기록하고 있다. "너희의 허물과 죄로 죽었던 너희를 살리셨도다… 긍휼에 풍성하신 하나님이 우리를 사랑하신 그 큰 사랑을 인하여 허물로 죽은 우리를 그리스도와 함께 살리셨고(너희가 은혜로 구원을 얻은 것이라)"
(엡 2:1, 4-5).

구속의 시작과 끝

그리스도의 구속을 깨닫는 것은 기독교 믿음에 필수 불가결하지만 이 구속적 과정의 양쪽 끝을 기억하는 것이 또한 중요하다. 모든 역사를 통해서 하나님은 구원을 위한 대사관으로 인간을 사용하셨다. 성경 이야기는 하나님과 인간의 섭리와 은혜를 통해서 하나님이 붙드시는 나라에 대한 중요한 이야기를 말하고 있다.

기독교인의 이야기도 비슷해야 한다. 개개인의 삶의 정점은 그리스도의 구속사업에서 발견될 수 있지만, 개인의 삶의 역사를 돌아볼 때, 우리는 그 이상을 볼 수 있다. 하나님은 2천년 전에 예수님을 세상에 보내시고 십자가 상에 죽게 하심으로 우리를 구원하시고 나서, 구속 사업을 중단하신 것이 아니다. 하나님께서는 계속해서 우리 인간을 가난과 고립, 허무, 우울함, 격리 및 죄에서 구속하고 계신다. 이 구속의 일반적 역사는 환경이 어려울 때나 풍성할 때나 다른 사람들을 통하여 일하시는 하나님을 보는 것처럼 우리에게 나타나고 있다. 하나님은 우리와 함께 계신다.⁹⁾

인간은 종종 하나님의 일반 구원을 이루시기 위한 대리자들이다. 물론 우리는 구속사의 결론 부분에 있는 끝, 즉 예수님께서 우리의 죄를 직접 용서해 주시는 구원을 베풀 수는 없다. 그러나 구원이 인간을 고통에서 해방시켜 주는 것이라는 관점에서 본다면, 우리는 하나님의 구원 사업에 동참할 수는 있다. 우리 모두가 삶 속에서 하나님이 같이 하시고, 구속 사업을 계속해서 이루시고 계신다는 것을 기억한다면, 중요한 결정을 내려야 할 순간에 우리의 지지와 격려, 간곡한 권고와 친절이 필요한 사람들이 있다는 것을 기억해야 한다. 하나님은 구속 사업을 계속하시지만, 많은 경우에 인간을 통해서 일하신다. 하나님이 다른 사람들과의 인간관계를 통해서 우리를 지키시고 구속하신다는 것을 깨달을 때, 우리는 기꺼이 부족과 결핍으로 가득 찬 이 세상을 구원하는 하나님의 대리자들이 될 수 있는 용기를 얻게 된다.

20세기 초 보수파 기독교인들과 사회 – 복음주의자들이 서로 분리된 비극의 원인은, 한 진영은 구속사의 한쪽만 보고 예수 그리스도의 구속 사업은 예수 외에는 안 된다고 하면서 예수에 대한 믿음만을 강조한 반면, 다른 진영은 구속사의 다른 한쪽만 보고, 구원을 인간의 친절한 행위와 동일시해서 사회 개혁을 통한 구체적인 구제 행위가 없이는 구원을 못 받는다고 주장하는 데 있었다. 성경에서 우리는 구속사의 양쪽 끝의 두 부분을 다 볼 수 있다. 구원은 오직 예수님의 사역에서 정점을 이루었고, 그것이 하나님에 이르는 유일한 길이다. 그러나 그리스도의 구속은 세상의 모든 영역에서 행동하도록 우리를 부르고 있다.

구속사의 양쪽 끝은 모두 다 필수적이다. 근본주의자들과 사회 복음주의자들이 분열되기 10년 전 「구원의 비전」(Redeeming Vision)의 저자 홀덴(J. Stuart Holden)은 "예수의 복음은 행동하는 복음이다. 복음은 우리에게 이 말씀만 믿는 것을 요구하는 것이 아니고, 예수님의 발자취를 행동으로 따를 것을 요구한다. 천재는 자신의 계획에 충실하는 것이 아니고, 인자에게 순종하는 것이다. 구원은 교리보다는 행동에 있고, 기독교의 강령은 기독교인의 성품의 기초를 제공해 주는 것에 불과하다"라고 선포했다.[10]

존 웨슬리(John Wesley)는 종교적 감동이란 그리스도 안에서 하나님의 구속 사역과 인간의 자비와 친절 사이의 공통분모라고 간주했다.[11] 그리스도가 죄에서 우리를 구하기 위해서 십자가에서 돌아가셨다는 것을 깨달을 때, 하나님의 사랑에 감사하는 마음으로, 그분을 향해서 우리의 사랑을 다시 되돌려 드리게 된다. 하나님의 자비와 은혜를 깨달을 때 우리의 옛날 사고방식은 산산조각 깨어지는 것이다. 예수님의 십자가 사랑은 우리 주위에 있는 사람들에게 자비로운 행동을 하도록 우리를 촉구한다.

18세기의 조나단 에드워즈(Jonathan Edwards)는, "종교적인 사랑이 없이 기독교의 교리와 신학만 있으면, 진정한 종교를 체험하지 못한다"고 보았다.[12] 무엇이 진정한 기독교인가? "하나님 아버지 앞에서 정결하고 더러움이 없는 경건은 곧 고아와 과부들을 그 환난 중에 돌아보고 또 자기를 지켜 세속에 물들지 아니하는 이것이니라"(약 1:27).

우리는 그리스도 사역의 정점에서 역사를 통한 하나님의 구속의 흐름을 이해하는 데 우리의 애정과 열정을 흠뻑 쏟으며, 또한 구속의 과정이 다른 사람들을 구속하는 관계로 나아가도록 우리를 부르고 있음을 인식해야 한다.

영성

앞선 논의에서 보면 구속에 대한 신학적인 의미는 다차원적인 면을 갖고 있다. 구속은 우리가 예수님의 대속 사역 안에서 한 번에 일어난 역사적 실재의 극치이고, 구원의 순간에 일어나는 개인적 사건이며, 개인적 경건과 사회적 행동으로 인도하는 삶의 전체 과정을 통해서 계속되는 영적인 성장이다. 비록 이 모든 것들이 구속의 필수적인 부분들이지만, 영성 형성의 훈련은 주로 그리스도께서 우리를 부르시는 정결함과 구속의 과정에 그 초점이 맞추어져야 한다. 그것은 영적으로 성장할수록 더 많이 구원된다는 것이 아니다. 구속자를 좀더 깨닫고, 우리에게 매일 계속해서 찾아오는 죄의 짐을 좀더 깊이 인정하고, 그분의 뜻을 발견하는 데 더욱 열정을 가지며, 우리의 모든 상황을 그분이 통제하시도록 맡기면서 평안을 얻는 것이다. 우리는 시간이 지나면서 그리스도가 우리를 우둔함과 반복적인 실수에서 건져내어 이끄시면서 계속 구원하시는 것을 깨닫게 된다.

구속과 영성 훈련

하나님이 우리를 향해서 계속 역사하시는 구속을 깨닫기 위한 효과적인 몇 가지 영적 훈련들이 있다. 명상과 조용한 기도는 오늘 하루 동안 유혹과 일에 묻혀 살고 있는 우리를 하나님 앞으로 인도해 준다. 종종 개인의 일들을 통하여 하나님의 은혜를 명상하는 것은 유익하다. 우리는 고통스런 상황과 절망의 심연에서 하나님께서 피할 길을 제공하셨던 때인 진퇴양난의 시간들을 회상할 수 있다. 금식은 우리에게 하나님이 얼마나 절실히 필요한지 알 수 있게 해준다. 우리가 배고플 때 음식을 먹고 싶은 충동을 느끼듯이 하나님과 친밀한 관계가 절실히 필요하다는 것을 알려 주는 것이 금식이다. 영적인 성장에 관해서 선진들이 기록한 고전을 읽으면, 우리는 하나님께서 그들을 어떻게 구속하시고 영적으로 훈련을 시키셨는지를 알 수 있다.

우리는 하나의 공동체로서 하나님께 예배를 드리고, 구속의 길을 가고 있는 서로를 격려하고 자신의 연약함을 나누면서 구원자이신 은혜의 예수님과 함께 기뻐해야 한다. 또한 우리는 하나님께서 우리를 변화시켜 주시기를 간구하면서 자신의 죄를 고백해야 한다. 이러한 훈련들과 함께 우리는 완악함으로부터 구속되어 그리스도 앞으로 돌아오게 된다.

구속과 겸손

구속은 앞선 두 장에서 논의된 것처럼 고백과 용서와 밀접한 관계가 있다. 리처드 포스터(Richard Foster)는 구속의 교리에 대해서 "구속은 고백과 용서가 우리를 변화시키는 현실을 인정할 때 가능하다"고 언급하고 있다.[13] 나는 고백과 용서를 다룬 부분에서 인격적 겸손의 역할을 강조하였다. 겸손은 구속을 이해하기 위한 중요한 부분이다.

인간은 자력으로 문제를 해결하도록 내버려두면 길을 잃고 방황한다. 그러나 일을 더욱 나쁘게 만드는 것은 많은 사람들이 길을 잃지 않았다고 확신하는 것이다. 나는 낯선 도시에 있을 때 '제대로 가기 위하여 잠시 멈추라'는 아내의 제안을 무시하고 싶어한다. 나는 내가 어디에 있는지 알며, 스스로 해결할 수 있다고 아내에게 확신시킨다. 물론 나는 나의 부족을 시인하며 도움을 구할 때까지 길을 발견하지 못한다. 아무도 자신의 부족함을 인식하기 전에는 속죄받을 수 없다. 구속의 태도는 겸손이다. 올바른 방향으로 가기 위하여 잠시 멈추는 것처럼 우리는 하나님 앞에 엎드려 우리가 길을 잃었다는 것을 시인해야 한다.

겸손을 위한 우리의 필요에 대한 다른 비유는 쥐를 가지고 한 실험에서 잘 나타나 있다. 동물 연구자들은 쥐의 뇌에서 '민감한 장소(hot spot)'라는 곳을 자극하면 쾌락을 느끼는 것을 발견했다. 만일 쥐가 뇌의 민감한 장소를 스스로 자극할 수 있도록 전기 장치를 해놓으면, 쥐들은 쾌락을 느끼기 위해서 이곳을 계속 자극한다. 쥐들은 쾌락을 추구하면서 음식과 물, 그리고 위생도 무시해 버린다.

이처럼 죄의 쾌락은 우리의 관심을 쏠리게 하여 궁극적으로는 무익하고 쾌락적인 곳으로 우리를 끌고 간다. 우리는 쾌락을 추구하는 성향에서 돌아서서 구속될 필요가 있으며, 절박한 욕망에 몰입되어 있는 동안에도 우리의 가장 깊은 필요들을 보시는 그리스도를 바라며 그분께 더 가까이 다가가야 한다.

앤드류 머레이(Andrew Murray)는 "겸손이란 당신의 구속을 위한 비밀이고 감추어진 통로"라고 설명한다. 그는 계속해서 그 비밀 통로를 발견하기 위해 "날마다 더 깊은 데로 나아가 앉으라"14)고 가르친다. 우리는 죄와 하나님에 대한 우리의 필요를 향한 성향을 상기시키면서 그 훈련들을 실천함으로 더 깊은 겸손과 구속의 삶을 살아간다.

심리학, 신학, 구속의 영성에 관한 이 논의에서 몇 가지 중요한 결론이 유도될 수 있다.

첫째, 영적 구속은 우리를 위해서 몸값을 대신 지불하심으로 죄의 억압에서 해방시켜 주신 예수 그리스도 안에서만 가능하다. 이런 의미에서 구속은 그리스도의 대속에서 성취된 단 한번의 사역이다.

둘째, 영적인 구속은 하나님께서 죄에 대한 쾌감의 중독에서 우리를 구원하시고 하나님께로 더 가까이 이끄시는 과정이다. 이 구속의 과정은 우리에게 은혜스러운 하나님이 필요하다고 인식하는 겸손을 낳는다.

셋째, 하나님은 우리를 영적으로 구원하실 뿐만 아니라, 다른 사람들의 친절함을 통해서 위험과 고난에서 구원하신다.

넷째, 하나님의 구속하심이 우리의 감정을 변화시킬 때 우리는 구속을 위한 하나님의 대리자가 되어 희망을 발견하고 고난에서 해방될 필요가 있는 사람들을 도울 수 있다.

다섯째, 상담은 타락하고 부족한 세상에서 구속의 대리자가 될 수 있는 기회를 제공한다.

여섯째, 상담에서 구속적 세계관은 반드시 구체적인 기술이나 이론적 틀로 우리를 부르는 것이 아니라, 하나님의 구속적인 사랑을 통해서만 이해할 수 있는 은혜와 친절함을 반영하는 상담관계로 부른다.

심리적이고 영적인 건강

1990년 미국 심리학회 모임에 행해진 '심리치료와 구속'이라는 제목의 강연에서 풀러신학대학원의 심리학자, 켐프(Hendrika Vande Kemp)는 매혹적인 사례 연구로 구속적 심리치료에 대해 많은 도전을 소개했다.[15] 그의 내담자 드보라는 학대하는 아버지와 정서적으로 거리감을 두는 어머니 사이에서 자라났다. 드보라는 사춘기 때 데이트를 하던 남자 친구와 중년의 노출증 환자에게서 두 번이나 강간당한 것을 기억하고 있었다. 그러나 그의 어머니는 딸이 상상 속에서 강간당했다고 생각하고서 딸의 이야기를 믿지 않았다. 이 모순되는 경험들은 드보라를 혼란하게 했고, 후에 그에게 다른 경험마저 의문시하는 원인이 되었다.

드보라는 자신의 아버지처럼 학대하는 폭력적인 남편과 결혼을 했다. 그는 결혼한 뒤 두 번째 날 밤에 남편에게 강간을 당한 결과 정서적, 신체적인 상처를 입었다. 남편은 4년 동안 내내 성적, 정서적 갈등의 원인이 되었다. 그들은 곧 이혼했다.

드보라가 심리치료자를 찾았을 때 여러 가지 성격장애, 섭식장애, 우울증, 혼동된 사고 및 자살충동 등의 증상들을 보였다. 상담자가 이 내담자의 증상과 문제를 잘 치료해 주었으면 행복한 결말을 보았겠지만, 불행하게도 내담자는 이 상담자 저 상담자를 계속 바꾸면서도 도움을 제대로 받지 못했을 뿐만 아니라 두 명의 상담자는 그를 성적으로 이용하기까지 했다. 드보라가 반드 켐프 박사의 주의를 끌 때까지 여섯 명의 다른 치료자들을 만나 왔다.

반드 켐프 박사는 두 가지 방법으로 드보라와 친하게 되었다. 그는 드보라를 상담하고 있는 학생 상담자를 감독해 주고, 때로는 자신이 자문 역할을 하면서 드보라를 직접 만나기도 했다. 반드 켐프 박사와 학생 상담자는 드보라가 전 상담자를 윤리적 죄로 고소하기까지 어렵고 힘든 과정을 도와주었다. 드보라와 반드 켐프 박사는 강한 유대적 관계로 발전했고, 그는 몇 장의 메모와 카드로 감사를 표현했다.

드보라가 조깅을 하다가 공격당했을 때 병원 관계자들은 반드 켐프 박사에게 드보라를 도와 달라고 부탁했다. 반드 켐프 박사는 자신의 집에 잠깐 머물게 해주고, 드보라가 겪고 있는 온갖 혼란스런 감정에 대해서 치료 작업을 해주었다.

얼마 후에 드보라의 정서적인 건강이 개선되자 그는 다른 도시로 이사를 가서 재혼하고 아이들을 낳았다. 드보라는 엄마로서 자신감을 가졌고, 휴일이나 특별한 날이면 잊지 않고 반드 켐프 박사에게 카드를 보냈다. 한 카드에서 드보라는 자신이 유방암에 걸렸음을 언급했다. 반드 켐프 박사가 학회 연설을 하고 있을 무렵 드보라의 두 번째 남편은 그를 떠났다. 그는 자신을 양녀로 삼은 가족과 살고 있었으며 죽음이 임박해 있었다. 불행한 종말임에도 불구하고 이 경우는 구속적인 상담관계에 대한 몇 가지 중요한 요소들을 예시해 준다.

이러한 도움이 건강한 자아의식을 확립할 것인가?

드보라는 반드 켐프 박사와 그의 학생 상담자를 통해서 자신에 대해서 좀 더 강하고 정확한 자아의식을 발전시켰다. 이러한 의미에서, 그의 상담은 무기력한 피해자의 상태를 능력의 사람으로 이끈 구속적 상담이었다. 이 변화에 대한 가장 큰 증거는 그를 성적으로 부당하게 이용했던 이전의 치료자를 자의로 고소한 것에서 나타난다.

드보라는 어린 시절에 그의 적절한 역할이 순종과 순응임을 배웠다. 그는 아버지가 감정적으로 폭발할까 봐 아버지를 '자극하지 않으려고' 노력했다. 그는 아버지와 비슷한 남자와 결혼을 했고, 마치 어린 시절에 아버지의 비위를 맞추면서 적응하려고 했던 것처럼 남편에게도 양보하고 순종하면서 적응하려고 노력했다. 두 명의 상담자들은 내담자의 이러한 순종적인 태도를 이용해서 내담자를 도와준다는 구실로 성적으로 이용하였다. 한 치료자는 드보라가 자신감을 얻어서 고소하기 전에 다른 주로 이사를 갔다. 반드 켐프 박사의 학생과 상담을 한 후에 드보라는 심리적으로 자신감을 얻었고 자신을 성적으로 이용한 두 번째 치료자를 고발하게 되었다.

수동적이고 지나치게 순종적이었던 드보라가 어떻게 해서 정의를 추구할 정도로 자신감을 얻었을까? 이것은 구속적인 상담을 통해서만 가능했다. 반드 켐프 박사는 구원이란, 부서진 삶의 조각들을 함께 묶어서 회복된 자기 인식을 하도록 도와주고 다시 연결하는 작업이라는 것을 관찰했다. 구속은 상담자의 주장에 의해서 일어난 것이 아니라, 상담자가 내담자의 삶과 자신의 진실한 감정과 재연결하도록 도와주고, 내담자가 스스로 올바른 결정을 할 때까지 정서적인 지지를 해주었기 때문에 가능했다.

강한 자기의식이 필연적으로 이기주의를 낳지 않는다는 것을 주목하라. 궁극적으로 드보라는 다른 여성들도 자신과 같이 상처받고 이용당하지 않게 하기 위해서, 자신을 성적으로 이용한 상담자를 고발하기로 결정했다. 그의 구속에 대한 경험은 다른 사람들에게 구속적으로 다가가도록 그를 이끌었다.

이러한 도움이 건강한 욕구의식을 확립할 것인가?

드보라는 반드 켐프 박사와의 상담 전에 20번이나 자살을 시도했고, 6명의 다른 치료자에게서 상담을 받았으며, 자신을 비참하고 무가치한 존재로 보았다. 그는 자신이 도움을 받아야 할 필요를 너무나 많이 느꼈으나 그 필요에 대한 건강한 의식은 많지 않았다.

그가 치료를 받고 더 강해지면서 병원에서 반드 켐프 박사에게 전화로 자기에게 와줄 것을 요청한 것을 볼 때 드보라는 자신이 필요한 욕구를 충족하기 위해서 건전한 방법으로 접근한 것을 알 수 있다. 이전에 드보라는 필요한 것이 있으면 그것을 얻기 위해서 폭력적이고 강압적인 남자에게 매달리기도 하고, 지배적인 사람들과 지나치게 밀착하기도 하고, 또는 자살을 시도하는 것으로 처리해 왔다. 그가 병원에서 반드 켐프 박사에게 전화했을 때 그는 돌봄과 배려를 받아야 함을 확신했다. 그것은 욕구에 대한 건전한 응답이었다.

이것은 자신, 욕구, 치료관계를 건강하게 상호 연결시키는 좋은 예라고 할 수 있다. 내담자가 상담을 통해서 예전보다 더 강한 자의식을 이루지 못하거나 상담자와 내담자 사이에 건강한 결속관계가 없었다면, 드보라는 병원에서 반드 켐프 박사를 부르지 않았을지도 모른다.

| 사례 |
두 유형의 상담자

상담자 A와 상담자 B는 둘 다 현재 미국 사회 전반에 걸쳐 개인주의와 자기 충족에 대한 강조가 너무 많다고 믿고 있다. 그들은 모두 다른 사람을 위한 자신의 욕구를 깨달으면서, 좀더 정확한 이해에 근거한 상호의존성을 강조해야 한다고 믿고 있다.

상담자 A는 첫 번째 상담에서 다음과 같이 강조하였다. "상담이란 사람들 사이의 상호 작용이다. 내가 만일 당신을 도울 수 있다면 당신이 나를 필요로 하기 때문이다. 우리는 스스로 모든 것을 할 수는 없다. 우리 모두는 때때로 도움이 필요하다."

상담자 B는 다른 방법으로 필요에 접근한다. 첫 번째 시간에 그는 평범한 질문을 했다. "오늘 여기에 오신 기분이 어떠세요?" 상담자는 주의 깊게 내담자의 반응을 듣지만, 그러나 만약 내담자가 토론을 원하지 않으면 그 이상으로 필요의 개념에 대해 토론하지 않는다.

필자는 B타입의 상담 접근을 선호한다. 왜냐하면 그것은 시간이 지나면서 상담관계를 발전시킬 수 있기 때문이다. 오직 치료관계가 형성되거나 내담자가 필요에 관하여 단호히 말할 수 있을 만큼 충분히 강한 자아의식이 발전된 후에 실질적으로 상담에서 필요한 부분에 관한 토론이 열릴 수 있다. 상담자 A는 내담자가 집착하거나 세심하게 될 수 있는 과도한 의존성으로 이끄는 것처럼 보인다. 건강한 필요에 대한 의식은 안전한 관계의 맥락에서 건강한 자아의식과 함께 최고로 확립된다.

이 도움이 치료관계를 확립할 것인가?

구속적인 상담은 관계적으로 민감한 상담기법이다. 그것은 하나의 상담기법으로 정리될 수 없다. 이것은 드보라가 구원과 희망을 가질 수 있도록 기회를 준 상담관계일 뿐만이 아니라, 치료자와 감독자의 성품이다. 반드캠프 박사는 미국심리학회의 연설에서 구속적인 치료자는 구원에 대한 내담자의 기대를 확증해 준다고 강조했다. 상담자는 하나님의 은혜를 나누어 주는 통로가 된다.

구속적 기독교 상담자는 다른 사람에게 하나님의 은혜의 사역자들이 되는 기회를 갖게 한다. 그들은 자연인으로서 인격이 아니라, 상담에서 그들이 제공하는 가장 위대한 도구로서, 그들의 삶에서 하나님이 계획하시고 새롭게 하시는 그 인격을 본다.

비록 상담의 관계적 양상들이 치료의 능력을 수반하지만, 우리는 그것들의 한계에 관하여 실제적이 되어야 한다. 구속적인 상담을 가장 많이 필요로 하는 사람들은 자신을 치유해 주는 관계를 맺기를 꺼려한다. 일단 그러한 관계를 맺어도 그에 대한 혜택을 다른 사람들에 비해서 가장 적게 받는 사람들이다.

예를 들어 최근의 한 연구에 의하면, 어린 시절에 성폭행을 당한 여신도는 성인이 되었는데도 하나님과 이웃으로부터 사랑을 느끼고 수용하는 데 어려움을 느낀다고 보고하고 있다.[16] 심지어 드보라도 상담을 통해서 어느 정도 회복이 되었지만, 계속해서 대인관계에서 문제를 가지고 있었다. 그는 두 번 결혼했고 이혼했으며, 유방암에 대해 의학적 치료를 받지 말라는 남편의 요구에 현명하지 못하게 대처했다.

가장 좋은 상담관계에서도 우리의 내담자들을 완전하게 변화시킬 수 없다. 우리가 가장 바라는 것은 구속의 과정에서 따뜻한 사랑의 감정을 생산하고 구속이 완전하게 성취될 미래를 비추는 불꽃을 일으키는 것이다.

도전에 직면하기

도전 1 : 두 가지 능력영역에서 세 가지 영역으로 이동

심리학과 신학의 방법은 지적이고 합리적인 배경에서 출발해 그러한 전통을 지키고 있다. 심리학 이론들은 인간의 행동을 조심스럽게 관찰하고 있다. 그에 따라서 구체적인 가정을 하고 관찰자가 모르게 이 가정들을 검증하고, 그 결과를 가지고 이론을 수정해 나가는 과정이다.

이와 유사하게 기독교 신학의 관점은 철학, 역사, 그리고 인류학 같은 다른 학문적 분야에서 성경에 대한 주의 깊은 분석에 따라 형성된다. 우리는 효과적인 기독교 상담자가 되기 위하여 심리학과 신학을 공부할 필요가 있지만, 또한 영성을 이해하는 것이 필요하다.

영성에 대한 방법론은 서로 다르다. 비록 우리가 학문적 관점에서 영성 형성을 연구할 수 있지만, 기독교 영성의 중요한 가치는 경험적이라는 것이다. 우리가 매일 일상 생활에서 하나님을 바라보는 것은 하나님의 존재론적이고 목적론적 주장 때문이 아니라 우리가 하나님을 개인적으로 만났고 믿음의 백성이 되었기 때문이다.

우리가 영적인 존재에 대해서 의심하거나 관심을 갖게 되는 것은 구체적인 형태는 알 수 없지만, 체험적인 면이 있기 때문에 가능한 것이다. 이러한 체험적인 면 때문에 영성은 수많은 인간의 경험에 따라서 왜곡될 수도 있다. 기독교의 정통성과 영적으로 건전한 구속 견해들을 유지하기 위해서 우리는 신학적 경계가 필요하다. 그러나 또한 개인적인 영적 순례에 대한 체험적 깊이는 필요하다.

그들의 상담 작업에 구속적 세계관을 통합하려는 능력은 그들의 신앙 경험에 의해서 촉진되기도 하고 제한되기도 한다.

| 사례 |
구속적 상담학이 각광받는다면

만일 어떤 기적이 일어나서, 정신 건강 분야에 있는 전문가들의 관점이 바뀌어서 모든 사람들이 구속을 상담의 한 과정으로 적용하려는 관심을 가지고 있다면 무슨 일이 일어날 것인가? 상담 훈련 프로그램에 구속적 심리치료라는 과목이 개설될 것이고, 자신의 상담작업에 구속을 어떻게 도입할 것인가에 관해서 상담자들에게 말해 줄 것이다. 그리고 임상심리 박사과정에도 구속적 심리치료 학위를 수여하는 프로그램이 생겨날 수도 있다. 또한 전문가를 위한 보수교육이나 구속적 상담학에 관한 세미나 등이 인기 있는 프로그램으로 각광을 받을 것이다. 일반인도 구속적 심리치료를 알고 싶어서 여기저기서 구속적 심리치료 강사를 구하게 될 것이다.

필자는 다음과 같은 질문을 하고자 과장된 이야기를 꾸며 보았다. 누가 새로운 정신 건강 분야에 상담을 하기 위해서 가장 준비된 사람들인가? 아마도 기독교인들일 것이다. 우리는 구속에 대해서 깊이 생각해 왔고, 영적인 영역에서도 심오한 구속을 경험했다. 학교 수업의 양이나 계속되는 교육도 우리가 경험적으로 배워온 것과 같은 배경을 제공할 수 없을 것이다.

이것은 기독교 상담자들이 상담실에서 구속적으로 생각하기 위해서는, 어떻게 영적 경험을 준비해야 하는지 예시해 준다. 상담에서 구속은 수업시간에 배울 수 있는 한 가지의 기술이 아니다. 그리스도와 동행하는 사람들에게서 솟아나서 상담실에서 만난 사람들을 포함하여 모든 관계에 넘쳐 흐르는 세계관이다. 물론 우리가 이 전제를 수용한다면, 상담작업에서 구속적 세계관을 통합하는 범위는 구속에 대한 우리의 영적 경험의 깊이에 의해 제한된다는 것을 인식해야 한다.

구속적인 세계관을 열망하는 것은 영적 순례로 우리를 부르고, 우리의 구원자에게 더 가까이 다가가도록 우리에게 명령한다.

도전 2 : 모호해진 개인적-직업적 구분들

지그문드 프로이드(Sigmund Freud)가 과학적인 객관성을 자신의 정신

분석학에 도입했을 때, 심리치료자란 가치관에 사로잡히지 않고 내담자를 관찰할 수 있는 사람이라고 했다. 비록 많은 프로이드 개념들이 지난 세기에 도전을 견디어 왔지만, 객관적인 관찰자가 되는 것과는 별개로 치료자는 치료 업무에서 행동하는 대리자이다. 상담자는 직업적이고 인간적인 양면이 있으며 그 역할은 정확하게 구분될 수 없다.

| 사례 |
뎀프티 양의 질문

카링 목사는 뎀프티 양이 분노, 통제, 슬픈 감정과 영적 무감동을 다루도록 도우면서 몇 회기 동안 스토미 앤 뎀프티를 만나 왔다. 네 번째 회기에 뎀프티 양은 카링 목사를 의심스럽게 바라보면서 묻는다. "목사님은 영적인 비전을 유지하기 위해서 무엇을 하십니까?" 카링 목사는 자신의 머리에서 두 음성들을 듣는다.

음성 1(깊고 낭랑한, 직업적 목소리) : 그는 나와 개인관계를 맺고 싶어하는 것 같다. 아마도 전이 감정을 가지고 있는 것 같은데, 내가 반대 전이를 해서는 안 되지. 아마도 자신이 변화하기 위한 책임을 나에게 전가하려는 것 같다. 나는 다음과 같이 반응해야지. "그 질문의 의미가 무엇인지 자세히 말씀해 주시겠어요?"

음성 2(주저하는, 개인적인 음성) : 지금이야말로 내 자신의 영적인 훈련을 위한 명상적 기도와 성경 읽기 등을 내담자에게 나누어 가질 수 있는 좋은 기회다. 내담자에게도 내 방법이 도움이 될지도 몰라.

카링 목사의 선택 가운데 어느 것도 완전히 옳거나 틀리지는 않는다. 아마 뎀프티 양은 전이 감정이 있어서 상담자의 개인적인 사생활을 물어 보았을 수도 있고, 내담자의 역할과 개인 감정과 혼동할 수도 있다. 또한 상담자의 정보를 내담자와 같이 나누어 가지는 것이 도움이 될 수 있을 수도 있다.

중요한 점은 상담자가 느끼는 내적인 갈등이다. 구속적인 세계관을 가진 사람들에게 직업적인 것과 개인적인 것 사이의 경계를 설정하는 것은 어렵다.

문제는 내담자인 드보라가 반드 켐프 박사의 집에서 며칠 동안 거주할 수 있도록 요청했을 때 어떤 결정을 내렸느냐에 있었을 것이다. 이 경우 필자에게 인상적인 것은 반드 켐프 박사가 내담자를 자신의 집에 거주하도록 허락해준 결정뿐 아니라 상담자가 그러한 결정을 내리는 과정에서 내적인 고민을 토로한 점이다. 어느 방향으로 결정하든지 간에 고민 없이 아주 쉽게 결정했다고 한다면 반드 켐프 박사가 정말 전문가로서의 윤리적인 문제와 구속적인 세계관에 관해서 올바른 생각을 하고 있는지 의심해 볼 수도 있다.

도전 3 : 훈련의 확장된 정의

비록 내가 이번 장을 통하여 개인의 영적 훈련에 관한 중요성을 강조했지만, 기독교 상담의 대부분의 형태들은 전문적이고 개인적인 훈련이 모두 필요하다는 것을 기억하는 것이 중요하다. 기독교 상담자들이 그리스도를 통한 구속으로 충분하기에 더 이상의 임상 훈련이 필요하지 않고, 상담에서 부딪치는 모든 내담자의 문제를 훌륭하게 다룰 수 있다고 가정한다면 오산이다.

직업적 상담자를 위한 훈련을 등한시하거나 무시하면, 구속적 상담을 하는 상담자는 정말 친절해서 매주일 내담자와 같이 한 시간씩 보내기만 하면 되는 사람들이라는 잘못된 인상을 내담자에게 심어 줄 수도 있다. 이러한 관점은 하나님이 "우리에게 친절하시기에 우리를 구원하셨다"고 단순하게 결론을 내리는 것과 같다. 하나님은 우리의 문제를 완벽하게 이해하고 계시기에, 우리를 구원하시는 과정도 개인과 상황에 따라서 다르다. 어떤 때는 하나님이 우리에게 채찍과 공의의 벌을 내리기도 하신다. 때로 하나님은 자비롭고 친절하시다. 어떤 때 하나님은 멀리 계시고 찾기 힘들 때가 있다. 그러나 이러한 모든 상황을 통해서 하나님이 목표하시는 것은 우리의 믿음을 정결하게 하시고 우리를 자기 기만과 악의 올가미에서 구원하시는 것이다.[17]

상담자들은 어떤 때는 따뜻하고 우호적이지만, 다른 때는 단정적이고, 대립적이고, 간혹 거리감이 있고 무관심하다. 이 전략들의 어느 것이라도 상담의 상황에 따라 효과적일 수도 있고 손해를 끼칠 수도 있다. 우리는 하나님이 아니기 때문에 불완전한 판단과 내담자들에 관한 오해들, 그리고 자기 합리화의 편견이 있다. 그러므로 상담자는 겸손한 자세로 가장 좋은 훈련을 받고, 계속해서 자문과 감독을 받으며 높은 윤리적 기준을 세우고, 상담이라는 안개와 같은 물 위를 항해하는 동안 성령님의 인도에 의존해야 한다.

도전 4 : 정신 건강에 대한 지배적인 견해들에 직면함

이 장을 시작하면서 나는 기독교 상담자에 대한 두 가지 구별되는 점들을 제시했다. 우리는 스스로를 기독교인이라고 간주하고, 상담작업에서 구속적인 세계관을 유지한다. 이 두 구분들은 정신 건강에 관한 지배적인 견해들과 모순된다.

개인의 종교적 배경에 관계없이 대부분의 상담자들은 내담자의 종교적인 가치관을 세심하게 배려한다. 이 같은 민감성은 최근에 미국심리학회에서 규정되었다.[18] 이런 점이 종교적인 배경을 가진 내담자에게는 좋은 뉴스가 될 수 있지만, 때로는 상담자가 자신의 종교를 내담자에게 알려야 할 필요성이 있을 때 행동할 수 있는 폭을 제한받는다. 내담자의 종교적인 배경을 고려하다 보면, 자신의 종교를 구체적으로 밝히는 것이 거북하기 때문이다.

상담자가 자신의 종교 때문에 종교 배경이 다른 내담자를 비웃거나 조롱하거나, 차별대우를 하지 않으면, 굳이 자신의 종교를 내담자에게 미리 말할 필요가 없다. 그러나 종교적인 신념이 내담자의 문제를 보는 관점이나, 문제를 해결하는 방법에 관한 통찰력에 영향을 준다면, 상담자는 자신의 종교적인 배경을 내담자에게 알려 주어서 치료 초기에 상담자를 선택할 수 있는 기회를 부여해 주는 것이 윤리적인 태도이다. 만일 다른 상담자들이 그렇게 하지 않더라도 기독교 상담자의 관점이 내담자의 문제와 치료 방법에 영향을 주고 있다면 자신의 기독교적인 종교 배경을 알려줌으로써 윤리적인 책임을 다할 수 있다.

기독교 상담에서 구속적인 세계관은 자신으로부터의 구속을 강조하는 최근의 정신 건강 전통에 도전하고 있다. 현대의 상담이론은 우리 자신이 정신적인 갈등을 제거하고, 불안과 스트레스의 대처 능력을 가르쳐 주고, 비이성적인 사고와 비효과적인 행동을 수정해 주며, 자기 실현을 하도록 해주면 된다고 강조한다. 이 모든 개입 방법들은 다양한 상황에서 유용할 수 있지만, 그것들은 개인주의와 자기 발견을 과대 평가하는 경향이 있다.

20세기까지 상담이론의 중요한 부분인 구속에 대한 기독교 메시지는 다른 사람들과의 관계 안에서의 구속으로 우리를 부르고 있다.[19] 가장 중요한 것은 우리 모두는 죄의 삶을 청산하고 개인주의보다는 공동체로 모여서 서로를 배려하면서 살아가도록 요청되고 있다. 기독교 상담자들은 부름 받은 직업적인 배경의 다양성 속에서 구속적인 세계관을 가지고 살아가는, 돌보는 공동체로부터 나타난다.

철학자 딕 웨스틀리(Dick Westley)는 「구속의 친밀감」(*Redemptive Intimacy*)라는 책에서 기독교 공동체의 구속적인 속성을 설명한다. "교회로서 우리는 세상과는 반대되는 문화를 건설하는데 이것은 이 세상과는 아주 모순적인 종류의 반대 문화이다. 이웃에게 압력을 넣거나 사정해서는 안 되지만, 이러한 이웃을 믿고 개방적으로 우리의 친밀감을 보며 주어야 한다. 이렇게 할 때 이웃은 우리 모습에서 하나님의 모습을 봄으로써 결국 그 지점을 향해 가게 할 수 있다."[20]

도전 5 : 과학적인 기초의 확립

심리치료와 상담-결과 연구가 진행되면서 많은 형태의 심리치료 기법들과 이론들이 서로 공유하는 점은 무엇일까에 관한 관심들이 증가하기 시작하였다. 그림 7에 예시된 것처럼 수백 편의 논문들이 각종 심리치료 기법의 구체적인 개입방법에 관해서 일반적으로 내린 결론은 "심리치료를 받으면 받지 않은 것보다는 효과가 있지만, 어떤 특별한 심리치료 기법이 다른 심리치료 기법보다 월등히 뛰어나지는 않다"는 것이다.[21] 와인버거(Weinberger)는 최근에 그림 7에 제시된 것으로 그가 믿는 것 중에서 '뚜렷하게 측정할 수 있는' 다섯 가지의 공통적인 요소에 초점을 두었다.[22]

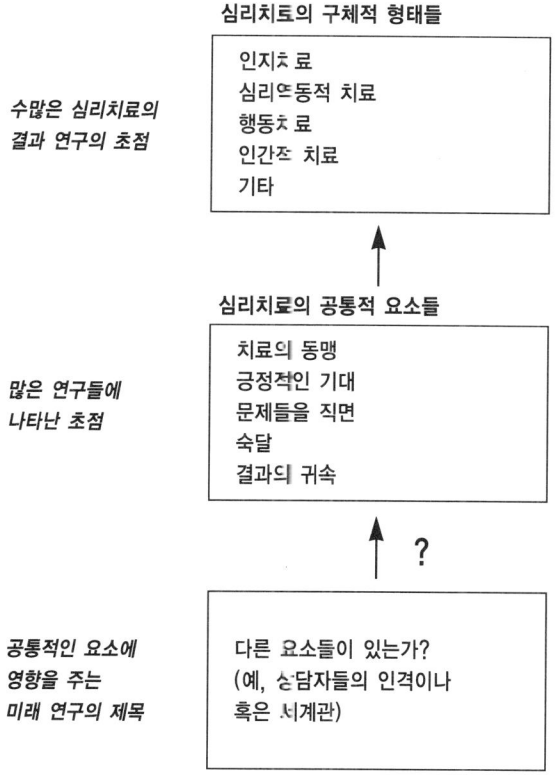

〈그림 7〉

공통 요소들 연구는 상담과정의 신비를 이해하려는 다음 단계로서 중요하지만, 나는 이전에 놓여 있는 또 다른 질문의 수준이 있을 것이라고 생각한다. 상담자의 세계관과 인격이 공통적인 요소에 대한 의미 있는 효과를 가지는 것이 아닐까? 이 주장을 시험하는 것은 측정 문제들 때문에 엄청난 과학적 도전들을 내놓는 것이다. 비록 공통 요소들을 위한 몇몇 좋은 척도들이 이미 존재하고 있지만, 인격처럼 잡기 어려운 개념들을 측정하는 좋은 방법은 없다.

우리는 여기에서 설명된 구속적 세계관 같은 상담자의 세계관을 평가하기 위하여 어떻게 전통적 태도들을 넘어서 측정할 것인가? 이 예비적인 측정 과제들은 인격과 공통 요소들 사이의 관계가 체계적으로 평가되기 전에 처리되어야 할 것이다.

도전 6 : 관련된 윤리적인 기준들의 정의

상담자의 윤리 중심에는 두 가지 핵심 원칙들이 있다. '이롭게 하고 해를 끼치지 말라.' 비록 그 뉘앙스는 복잡하고 수많은 의미들이 있지만, 만일 상담자들이 이 두 기준들을 계속해서 지킬 수 있다면, 윤리적 위반들은 거의 없을 것이다.

이와 같은 두 가지 원칙들이 상담에서 구속적 세계관을 위한 윤리적 기초를 형성한다. 내담자들은 종종 세상에서 악의 힘에 의해 압박감을 느끼고, 인간관계의 갈등으로 지쳐서 우리에게 온다. 상처받기 쉬운 그들은 도움과 희망을 얻기 위하여 상담자를 찾고 있다. 그들의 취약점이 그들을 그렇게 만드는 것이므로 우리가 선을 행하고 해를 입히지 않는 것이 그토록 중요하다.

경우에 따라서 구속적 상담자는 위험을 감수하지만, 과도한 위험들은 아니다. 반드 켐프 박사가 공격받은 드보라를 자신의 집에 며칠 간 머물게 한 것은 위험스러운 것이었다. 나는 다른 상담자들처럼 감독자의 내담자와 다중 역할 관계를 맺는 이 유형이 윤리적 경계들을 무너뜨리고 내담자에게 해가 될 것이라고 가정하여 그 같은 결정에 불편한 느낌을 가졌다. 그러나 하나님의 은혜를 드보라에게 전달하고 느끼게 해주는 것은, 바로 이와 같이 사랑을 실천하는 위험스런 행동을 통해서였다. 반드 켐프 박사는 치료자들이 윤리적인 경계들을 유지해야 하고, 그들 자신의 한계들과 취약점들을 인식해야 한다고 경고할 만큼 주의 깊었다. 나는 반드 켐프 박사가 내담자의 상담자였고, 내담자에 대한 희생적인 사랑의 정신 외에 다른 감정을 가지고 있었다면, 이 내담자를 자신의 집에 머물게 하지는 않았을 것이라고 확신한다. 드보라의 이전 치료자들은 불순한 동기로 윤리적인 경계들을 넘었고, 드보라에게 해를 입히고 끝났다. 구속을 위해서는 어느 정도의 위험은 감수해야 한다. 우리 개인의 취약점들과 행동의 윤리적 의미에 대한 주의 깊은 고려 없는 과도한 위험은 우리가 도와야 하는 사람들에게 해를 입힐 수 있다.

드보라가 처음으로 상담을 받으러 왔을 때, 그는 과거의 관계 속에서 자유롭지 못하고 자신의 미래에 대한 생각으로 눌려 있었다. 두 치료자들은 취약한 상태인 드보라를 이용했고 선을 행하고 있음을 가장했다. 그래서 그를 성적으로 부당하게 이용함으로 해를 입혔다. 한 사람의 치료자, 구속적 세계관에 헌신하는 한 기독교인은 도움을 받고 더 나은 결정들을 하도록 드보라에게 힘을 주면서 선을 행했다.

구속의 기적을 경험한 상담자는

죄 문제는 하나님과 인간을 분리시킨다. 구속의 기적은 우리가 하나님과의 관계 안으로 되돌려지는 것이다. 이것은 그리스도와의 풍성한 영적 삶 안으로 우리를 인도해 주는 살아 있는 진리이다. 구속적 세계관을 가진 기독교 상담자들은 그들이 구속된 것을 인식하기 때문에 겸손으로 다른 사람들에게 응답한다. 그리고 하나님의 은혜를 경험했기 때문에 동정심을 가지고 다른 사람들을 대하며, 하나님의 계속되는 임재로 인한 감사함으로 다른 사람들을 대해야 한다.

상담에서 구속을 다루는 것은 구속이 성경과 죄, 고백, 용서, 그리고 기도처럼 고려되어야 하는 주제이기 때문에 이 책을 위해 필요하다. 기독교인들은 성경의 일반적이고 구체적인 주제를 이해함으로 구속에 관하여 배운다. 성경은 죄의 멍에와 반항으로부터 사람들을 이끌어오기를 갈망하는 구속의 하나님을 묘사하고 있다. 냉소하는 바리새인들에게 둘러 싸여서 슬픔과 좌절 속에서 구속의 말을 선포하는 예수님을 그려 보라. "예루살렘아 예루살렘아 선지자들을 죽이고 네게 파송된 자들을 돌로 치는 자여 암탉이 그 새끼를 날개 아래 모음같이 내가 네 자녀를 모으려 한 일이 몇 번이냐 그러나 너희가 원치 아니하였도다"(마 23:37).

죄를 이해해야 만이 구속의 의미를 알 수 있다. 죄를 부정하는 자들은 영적인 구속의 필요를 알지 못한다. "나는 괜찮고, 당신도 괜찮다"(I am okay, you're okay). 그러나 기독교적 견해에서 보면 우리는 죄를 고백하고 도움을 받아야 한다는 필요를 인식한다. 하나님은 우리가 구속의 경이를 경험한 것처럼 용서하시고, 죄의 포로로부터 그리스도 안의 풍성한 삶으로 우리를 다시 사서 데려오신다. 우리가 구속을 경험하면 기도에 대한 우리의 이해는 결코 이전과 같을 수 없다. 기도는 우리를 인간의 어리석은 노예 상태로부터 불러내셔서 은혜스러운 하나님의 왕좌로 나아가게 한다. 이 하나님은 삶의 모든 부분과 일에서 찬양과 영광을 받으시고, 예배를 받으실 분이다.

| 심리학, 신학, 그리고 영성이 만날 때 |

우리는 1장에서 영적으로 민감한 상담자를 찾는 한 우울한 여인인 수잔을 살펴봄으로써 이 여행을 시작했다. 기독교 상담자를 선택하는 그의 일은 중요하면서도 어려운 일이다. 그것은 그의 가치와 시각이 상담의 결과로 나타날 것이기 때문에 중요하다. 그것은 수잔이 '여러 가지 일을 동시에 할 수 있는'〈Multitasking〉흔치 않은 능력(병행성) 있는 상담자를 찾기 때문에 어렵다(병행성은 동시에 하나 이상의 일을 수행하는 컴퓨터를 설명하는 데 사용되는 용어이다). 가장 효과적인 기독교 상담자들은 동시에 몇 개의 생각을 진행하는 것이 가능하다.

병행하는 능력이 없는 상담자들은 문제의 일부분만을 다루는 것으로 끝나게 된다. 만약 상담자가 심리학적 세계를 이해하지만, 반면에 신학적이고 영적인 것을 무시한다면, 하나님을 향한 수잔의 깊은 갈망들은 상담과정에서 결코 이해되지 못하고 무가치하게 될 것이다. 만약 상담자가 영적 생활만 강조하고 심리학과 신학을 간과한다면, 그는 아마 주권적인 하나님을 겸손하게 사랑하는 것에서 오는 진정한 자기이해를 회피하고, 내적인 아이, 내적 안내자 또는 내적 빛을 필사적으로 추구하여 쓸데없는 내적 탐구로 이끌려지게 될 것이다. 만일 상담자가 신학관을 강조한다면, 그는 어떻게 변화해야 하는지 무기력감을 느끼는 반면, 그가 무엇을 해야 하는지에 관한 강박관념에 사로잡히게 될 것이다.

기독교 상담에 있어서 '병행성'이란 무엇인가? 이 책을 통하여 나는 동시에 고려되어야 하는 세 가지 필수적인 범주들인 심리학, 신학, 그리고 영성을 제시하여 왔다. 심리학적 관점에서 보면 유능한 상담자들은 객관적으로 상담관계의 본질과 내담자의 문제를 보기 위해 치료관계에 완전히 관여하는 동시에 상담관계에서 감정을 반영하고 강조하면서, 내담자에게서 나타나는 목소리의 음조와 말없는 몸짓, 얼굴 표정, 그리고 관련된 말씨 같은 외적인 것으로 사정하고 평가하는 것이 가능하다. 이 심리학적 병행성의 유형은 탁월한 훈련, 문화적 감각, 그리고 숙달해야 할지도 모르는 경험을 요구한다. 그러나 거기에는 그 이상의 것이 있다.

효과적인 기독교 상담자들은 상담의 다양한 심리학적 문제에 집중하는 동시에 신학적 견해들도 고려한다. 역사 신학과 조직 신학, 성경 이해, 기독교 전통 모두는 가치 있는 상담의 필수 구성요소들로 고려된다. 이러한 과제들은 성경에 대한 기본적인 활용 지식, 기독교 역사, 그리고 신학적 체계들을 요구한다. 그러나 거기에는 여전히 그 이상의 것이 있다.

기독교 상담자들을 위한 병행성은 또한 내담자의 영적 삶에 대한 이해를 포함한다. 내담자의 문제들이 영적 발전과 어떻게 관련되어 있는가? 어떤 문제가 제거되고 고쳐져야 할 단순한 행위의 습관인가? 쉽게 없어지고 해결될 습관적인 행동에서 나온 문제는 어떤 것이며, 하나님과 다른 사람들과 친밀하기를 원하는 깊고도 내적인 갈망을 반영하는 문제는 어떤 것인가? 치료관계가 겸손과 통찰력의 자질들을 키울 수 있도록 어떻게 숙련되어야 하는가? 상담에서 언제 기도해야 하며, 언제 성경 암송이 사용되어야 하는가? 또는 언제 내담자에게 처방해야 하는가?

이것들은 대부분의 정신과 의사들이 거의 고려하지 않는 질문 유형들이지만, 기독교 상담자들은 이 같은 질문들과 정기적으로 조우하게 된다. 영적 민감성을 위한 훈련은 아마 교실에서 영성 있는 고전들을 읽음으로써 시작할 수도 있으나, 그것은 상담자들의 개인적 삶에서 계속되어야 한다. 영성 훈련은 하나님의 은혜와 우리 자신의 타락을 이해하도록 돕고, 전지하신 하나님에게서 지혜의 파편을 수집하는 기회를 준다.

상담실에서 병행성은 힘을 소진하는 과정이다. 많은 상담자들이 긴 하루의 끝에서 감정적으로 고갈되는 것을 느끼는 것은 놀랄 일이 아니다.

"하나님! 에너지와 희망, 용기, 겸손, 동정, 그리고 평화를 발견하는 깊고 고요한 삶의 바다로 우리를 인도하소서."

9

기독교 심리 상담의 기법

기독교 심리 상담의 기법

이 장에서는 앞에서 논의했던 상담기법들을 실제 상담에서 어떻게 적용할 것인가에 관해서 구체적으로 설명하고자 한다. 또한 기독교 상담가로서 기독교 신앙과 심리학을 조화시켜 어떻게 내담자를 효과적으로 상담할 것인가에 대한 구체적인 방법도 제시할 것이다.

상담신청

상담 신청은 전화로 하기도 하고, 직접 내방하기도 한다. 그러나 가장 좋은 방법은 전화로 신청하고 실제로 만나서 상담 약속 시간을 정하는 것이다. 전화로 처음 내담자와 접촉할 때는 다음의 사항에 유의해야 한다.

전화 면접시 유의 사항

전화는 대개 상담원이기보다는 사무원이 받는 경우가 많다. 그러나 원칙적으로 상담실에서의 초기 전화 접촉은 상담원이 해야 한다. 사무원은 내담자에게서 전화가 오면 그날 당직 초기 면접 상담자에게 전화를 연결하는 것이 바람직하다. 만일 당직 상담자가 가능하지 못할 경우에는 사무원에게 최소한 다음의 사항을 주지시켜야 한다.

친절하게 전화를 받도록 한다.

내담자가 상담소에 대한 인상을 갖게 되는 것은 전화 받는 직원들의 첫 음성을 통해서이다. 그러므로 친절하고 따뜻한 목소리로 내담자를 맞이해야 한다. 전화로는 상대방의 표정을 읽을 수가 없기 때문에 목소리를 통한 따뜻한 말씨와 표현이 상대방에게 호감을 줄 수도 있고 불쾌감을 줄 수도 있다.

간단한 정보를 수집한다.

다음 사항에 관해서 간단히 정보를 수집한다. 이때 전화로 내담자의 정보를 기록할 양식을 필히 준비해야 한다. 예를 들면 전화 예약 양식에는 내담자의 이름, 전화번호, 주소, 직업 등을 간단히 적을 수 있는 칸이 있어야 하고, 주요 호소 문제를 간단히 기록할 수 있는 칸이 있어야 한다. 자세한 것은 부록을 참조하길 바란다.

한 내담자에게 10-15분 정도의 시간이 적당하다.

우리 나라의 경우 초기에 내담자가 전화로 상담을 예약할 때 많이 망설이다가 전화하고, 전화하는 동안에도 여러 번 망설이고 불안해한다. 이러한 심정을 이해하고 안심을 시키면서 내담자의 이야기를 들어주는 것이 중요하다. 상담자에 따라서 자신이 선호하는 스타일이 서로 다르겠지만 대체적으로 다음과 같이 질문하면 좋다.

"저희가 무엇을 도울 수 있는지 그 문제를 알고 싶은데요. 어떤 문제로 상의하고 싶은지 간단히 말씀해 주시겠어요? 지금 선생님께서 말씀하시는 모든 것은 비밀이 보장됩니다."

이러한 방식으로 이야기를 끌어가면 대체로 내담자들은 자신의 고민을 조심스럽게 털어놓는다. 우리 나라 내담자들의 경우 대체적으로 한 번 이야기를 털어놓으면 전화로 계속해서 상담을 받고자 하는 경향이 있으므로 어느 정도까지만 듣고 자세한 이야기는 면접 상담을 통해서 전문가의 도움을 받도록 권유를 한다.
　이때 전화 면접자는 다음 사항을 신중히 고려해야 한다.

- 내담자의 상황이 위급한가?
- 내담자가 원하는 도움을 줄 전문가가 상담센터에 있는가?
- 내담자가 상담자를 바로 면접할 수 없다면 언제 가능할 것인가?
- 내담자를 적절한 다른 곳에 의뢰한다면 어느 곳에 의뢰를 할 것인가?

　상담 절차에 관한 간단한 오리엔테이션을 한다.
　유료 상담소라면 상담비용에 관해서 미리 말해 주는 것이 좋다. 우리 나라의 많은 상담기관은 무료 상담을 실시하고 있거나 상담비용이 아주 저렴하다. 그러므로 상담비용에 대한 분명한 정보를 주는 것이 중요하다. 어떤 내담자들은 상담비용에 대해서 잘못 알고 있다가 상담을 받고 나서 화를 내는 경우도 많다. 그리고 내담자가 약속을 못 지킬 경우에는 가능하면 24시간 전에 상담을 취소하도록 알려 주는 것도 중요하다. 또한 상담 약속이 잡혔으면 하루 전날 상담에 올 것인지 전화로 확인하는 것도 중요하다. 내담자는 약속을 해놓고서도 망설이거나 잊어버리기도 하고, 상담하러 가는 것에 대해 깊은 곳에서 저항하는 마음이 생겨 오지 않는 경우도 있기 때문이다.

상담 신청서 작성
　전화로 약속한 내담자가 상담소에 나타나면 친절하게 안내하고 신청서를 작성하도록 한다. 신청서는 상담소의 특성에 맞게 미리 형식을 만들어 놓는 것이 좋으며, 대체로 아래의 정보를 포함해야 한다.

　신청서의 약식번호, 내담자 이름과 생년월일, 전화, 주소, 핸드폰, 가족사항, 종교, 직업이 포함되어야 한다. 또한 상담 받고 싶어하는 문제를 기록하도록 하고 왜 이 시점에서 상담을 원하는지에 관한 정보도 기록하도록 한다.

접수 면접

접수 면접의 절차

접수 면접은 우선적으로 내담자와의 상담관계를 형성하는 과정에서 필요한 정보를 수집하는 것이 중요하다. 내담자를 마치 심문하듯이 정보를 수집하면 내담자들은 상담자가 차갑고, 사무적이라는 부정적인 이미지를 갖게 된다. 그리고 정보를 수집하는 과정에서 내담자가 어려운 사항을 말하면 정서적인 지지를 해주면서 정보를 수집해야 한다.

예를 들면 "이곳에 찾아오시느라 힘들지는 않으셨는지요?" "이런 곳에 오신 첫 소감이 어떠세요?" 등으로 내담자에게 관심을 표명하는 것이 좋다. 그 뒤 상담에 관한 간단한 오리엔테이션을 한다. 예를 들면 다음과 같다.
"이곳에서 말씀하시는 모든 내용은 철저히 비밀이 보장되고, 어떠한 정보도 선생님의 동의 없이는 외부에 공개할 수 없음을 알려드립니다. 그리고 제가 나름대로 최선을 다해서 선생님을 도와 드리려고 노력하겠지만, 만일 돕는 방법이 기대하시는 것과 다르면 언제든지 저에게 말씀해 주십시오."
초기에 너무 길게 설명하면 내담자가 지루해 할 수도 있으니 필요한 정보를 간결하게 설명한다.

초기 면접 진행

주요 호소 문제의 파악

내담자가 상담을 받으려는 주요 호소 문제(presenting problems)를 초기에 파악하는 것이 중요하다. 그리고 이때 구체적으로 문제를 정의하는 것이 문제 해결을 위해 중요하다. 예를 들면 자녀의 학교 문제, 학습 부진 문제, 친구와의 교제 문제, 학교 등교 거부 등으로 문제를 구체화한다.

대부분 내담자들은 자신의 문제를 이야기하면서 대체로 하소연을 하거나 상담자에게 한이 맺힌 이야기를 털어놓고 싶어하는 경우가 허다하다. 이때 상담자는 내담자의 한이 맺힌 이야기를 들어주는 것에 초점을 둘 것인가,

아니면 문제에 관련된 배경 정보의 파악에 초점을 둘 것인가 고심을 하는 경우가 많다.

경험이 많은 상담자는 양쪽을 동시에 할 수 있다. 예를 들면 내담자가 부부에 관련된 주요 상담 문제를 이야기하다가 자신이 상처받고 힘든 이야기를 하려고 하면 그 흐름에 따라가지만, 원래의 초점에 관련된 이야기는 항상 기억하면서 어느 정도는 내담자의 주요 호소 문제에 연관된 이야기를 하도록 허용한다. 그러한 이야기를 들어준 후에 요약하고 공감해 주고, 그 문제가 중요하다고 판단이 되면 그 문제에 초점을 두지만, 그렇지 않은 경우에는 본래 논의했던 문제로 다시 돌아와서 진행하면 된다.

> **상담자** : 어떤 문제로 상의하고 싶은가요?
> **내담자** : 남편의 외도 문제인데요. 정말 어떻게 해야 할지 모르겠어요.
> **상담자** : (표정을 살피고) 힘드시겠지만, 좀더 자세히 말씀해 주시겠어요?
> **내담자** : 얼마 전에 남편이 회사 직원과 바람을 피우고 있다는 것을 알았어요. 지난날을 생각하면 너무나 억울해요. 시집와서 고생만 실컷하고 살았는데 이 나이에 남편이 외도를 하다니… 제가 젊었을 때 시어머니가 얼마나 시집살이를 시켰는지 몰라요(주제에서 빗나가기 시작한다). 지금도 생각하면 지긋지긋하지요. 우리 시어머니가 보통 분이 아니시거든요.
> **상담자** : 남편의 외도와 시어머니의 시집살이까지, 너무나 힘든 삶을 살아오신 것 같은데요. (원래의 주제로 돌아가서) 남편의 외도는 언제부터 시작했으며, 어떻게 그 사실을 알게 되셨나요?

이와 같이 상담의 초기 면접은 내담자에게 정서적인 지지를 하면서 정보를 수집하는 것을 잊지 말아야 한다.

주요 호소 문제를 파악하는 방법

내담자의 문제를 파악하는 방법은 어떤 문제를, 언제부터, 얼마나 자주 그러한 문제를 보였고, 그 문제의 심각성은 어느 정도인지를 파악하는 것이다. 그리고 그러한 문제를 해결하기 위해서 지금까지 어떠한 방법을 사용해 왔는지 파악하면 추후에 문제를 다루는 데 도움이 된다.

내담자의 배경정보 파악

내담자의 배경정보는 대체로 내담자의 개인에 관한 문제와 가족 정보, 사회적인 정보와 직업 등에 관한 정보이다. 그러나 기독교인의 경우에는 교회 활동, 직책, 소속 교회 등에 관한 정보를 알면 도움을 주는 데 효과적이다.

치료의 목표설정

내담자의 주요 호소 문제와 배경정보를 파악했으면 이제는 치료의 목표를 설정한다. 치료의 목표를 설정하기 위해서는 다음과 같이 질문한다.

> 상담자 : 지금까지 ○○씨께서 당면하신 문제에 관해서 여러 가지 배경정보를 주셨는데, 현 시점에서 저와 같이 상담하면서 도달하고자 하는 목표는 무엇입니까?

상담 목표를 정하는 과정에서 "어떻게 도움을 받고 싶으세요?"라는 질문을 하면 마치 상담자가 문제의 해결사처럼 보일 염려가 있다. 위의 예문처럼 물으면 상담자와 내담자가 같이 팀을 이루어서 해결방법을 모색해 간다는 의미를 전달할 수 있다.

치료의 목표는 구체적으로 정하는 것이 좋다. 예를 들면 우울증을 가진 내담자가 기분이 좀더 나아지기를 바란다는 식으로 치료의 목표를 말하면:

> 상담자 : ○○씨의 현재의 우울함을 느끼는 정도를 1에서 100까지로 표현해서, 100은 정말 죽고 싶을 만큼 우울한 경우이고, 50

은 우울하기는 하지만 참고 지낼 만한 상태이고, 1은 전혀 우울하지 않고 기분이 하늘을 날아 갈 것처럼 좋은 경우라고 한다면 지금의 기분은 어느 정도 입니까?

내담자 : 70에서 80정도쯤 되는 것 같아요.

상담자 : 그러면 우울감의 정도가 어느 정도나 감소되면 상담을 종결하고 싶으십니까?

내담자 : 20에서 30정도요.

상담자 : 현재의 약 75정도의 우울한 기분에서 약 25정도로 낮추기 위해서 해결해야 할 문제는 무엇입니까?

내담자 : 우선 제가 직장을 구하고, 아내와의 관계가 좋아지고, 제가 술을 자제하면 되겠지요.

이러한 질문에 깔려 있는 기본적인 전제를 유도하는 것은 문제의 해결 방법이 내담자에게 있고 그러한 것을 실천에 옮길 사람도 내담자라는 것을 질문을 통해서 내담자에게 암묵적으로 확신시키는 데 그 목적이 있는 것이다.

필요한 심리검사 실시

초기 면담을 하는 과정에서 상담자는 면접으로만 끝날 것인지, 아니면 심리검사도 실시할 것인지를 판단하는 것이 바람직하다. 문제의 상황에 따라 다음의 검사를 실시할 수 있다.

다면적 인성검사(MMPI)

병원이나 일반 상담소에서 가장 많이 실시되고 있으며 내담자의 심리 건강을 평가해 주는 검사이다. 내담자의 문제의 심각성의 정도, 즉 신경증인지 아니면 정신과적인 문제인지를 평가해줄 뿐만 아니라, 내담자의 방어기제, 문제에 대한 대처 방법, 어린 시절의 학대나 부모와의 역동관계 및 내담자의 장점 등을 파악하는 데 도움이 된다. 이 검사는 필히 훈련된 임상 심리학자가 해석하도록 해야 한다. 그렇지만 문항수가 많아서 한 시간 정도가 걸리는 단점이 있다.

투사적 검사

우리 나라에서 가장 많이 사용되는 투사검사는 로르샤(Rorschach)와 주제 통각검사(Themantic Apperceptioin Test)가 있다. 로르샤 검사는 내담자가 검사를 지나치게 의식해서 방어적일 때와 내담자의 현실 지각능력을 파악하기 위해서 주로 사용한다. TAT는 내담자의 성취동기와 가족이나 자신의 생활 속의 문제에 대한 역동을 파악하기 위해서 사용된다. 이 검사는 상담자가 내담자의 문제에 대한 심각성의 정도를 초기에 신속하게 파악해서 필요한 경우에 정신과 의사에게 약물 처방을 받기 위해서 사용할 수 있는 장점이 있다. 그러나 이 검사는 훈련받은 임상심리 전문가가 실시하고 해석해 주어야 하고 비용이 많이 든다. 따라서 기독교 상담자로서 심리검사가 필요하다고 생각되면, 기독교 임상심리전문가와 공동으로 협력하여 도움을 받으면 효과적이다.

성격 유형의 검사

현재 우리 나라에서 가장 많이 쓰고 있는 검사는 MBTI이다. 이 검사는 내담자의 성격이 정상인가 비정상인가를 검사하는 것이 아니고, 단순하게 성격의 유형을 평가해서 자신의 주위 세계와 접촉하는 유형, 세계에서 얻는 정보의 초점, 얻은 정보를 처리할 때의 강조하는 점과 자신의 삶을 실천해 나가는 과정에서 필요한 계획성과 순간의 상황에 대한 적응 능력의 특징 등을 알아보는 검사이다.

그러나 이 검사로 개인의 성격을 단순하게 단정짓는 것은 위험하며, 지금까지 심리학자들이 고안한 검사들이 완벽한 검사들이 없기 때문에 이러한 검사를 여러 번 실시하면 상황에 따라서 성격유형이 바뀌어 나타날 수도 있다. 따라서 이러한 검사는 다만 참고자료로 이용해야 하고 절대적으로 신뢰하거나, 확정적으로 사용해서는 안 된다. 우리 나라에서는 임상에서 지나치게 MBTI를 남용하고 있다는 생각이 든다.

신앙의 성숙도 검사

기독교인의 경우, 신앙의 태도가 삶의 만족도에 영향을 준다는 연구들이 나오고 있다. 기독교인들이 하나님을 믿고 하나님과 진리 자체를 추구하는 신앙을 내현화된 신앙이라고 하며, 사업의 축복, 자녀의 축복 등 대가를 바라는 기복적인 태도로 하나님을 믿는 것을 외현화된 믿음이라고 한다. 진리를 추구하는 자세로 하나님을 믿는 가정은 성경의 가르침을 가정에서 실천에 옮길 가능성이 높으므로 더 행복하게 살아간다는 것이다. 따라서 기독교인의 경우 신앙의 척도를 알아 볼 수 있는 검사를 실시해 보는 것도 상담에 참고가 될 수 있다.

한국형 결혼 만족도 검사

이 검사는 내가 동료와 함께 개발한 것으로 부부의 결혼 만족도와 그것에 영향을 줄 수 있는 여러 분야들, 즉 부부의 애정도, 대화 방법, 경제적 갈등, 성적 갈등, 본가와의 갈등, 자녀 양육 문제에 관해서 자세히 알아 볼 수 있는 척도들이 포함되어 있다. 부부 상담을 할 경우에는 필히 이 검사를 실시해서 부부 문제의 심각성의 정도를 평가해 구체적으로 도와주는 것이 효과적이다. 해석은 의뢰하면 되므로 사용하기가 편리하다. 그렇지만 상담을 위한 모든 심리 검사는 상담의 초기뿐 아니라 치료 도중에 효과를 평가하기 위해서 사용할 수도 있으니, 심리검사에 너무나 강박적인 생각을 가질 필요는 없다고 본다.

문제의 구조 이해

우리가 사용하는 문장에도 주어, 동사, 목적어 등의 문법이 있듯이 우리가 가지고 있는 문제도 나름대로의 구조를 가지고 있다. 이러한 구조를 근본적으로 이해하게 될 때 상담자는 내담자를 명확하게 파악할 수 있다. 우리의 일상적인 문제들은 공통적으로 다섯 종류의 정보로 나누어져 있다. 즉 감각

정보, 사고, 감정, 소망, 행동이다. 우리가 다섯 분야의 정보 구조를 알게 되면 내담자를 이해하고 그의 문제를 파악하는 데 도움이 된다.

구체적인 자료와 상황

우리는 언어와 비언어를 포함한 시각, 청각, 미각, 후각, 촉각을 통해서 외부 세계에서 정보를 얻고 있다. 즉 내담자는 자신의 오감이라는 감각정보 중에서 보고들은 것을 중심으로 정보를 얻어내는 것이다.

오감을 통해서 얻은 정보는 내담자가 경험한 역사적 자료, 구체적인 상황, 일상 생활 가운데서 벌어지고 있는 현상에 관해 보고 들은 것을 의미한다.

사고 : 내담자가 의미를 부여하는 것

사고는 내담자가 문제에 관해서 감각기관을 통해서 얻은 자료에 부여하는 의미이다. 사고의 내용에는 다음과 같은 것들이 있다.

가치관, 믿음, 신념 - 과거부터 현재까지 유지하고 있는 것이다. 이러한 가치관은 하루아침에 이루어진 것이 아니므로 쉽게 바뀌어지기 어렵다. 어떤 내담자들은 자신의 가치관에 종교적인 믿음과 비슷한 정도로 강한 의미를 부여하고 있기 때문에 변화되기가 쉽지 않다. 예를 들어 가부장적인 가치관을 가지고 있는 내담자는 "여자는 남편의 말에 복종해야 한다"는 신념을 종교적인 믿음처럼 간직하고 있기 때문에 부인이 자신의 말에 의의를 제기하면 분노를 느낀다.

현재적 사고 - 우리는 외부에서 수집하는 감각정보에 대해 현장에서 의미를 부여하는데 이것을 해석이라고 한다. 이러한 사고의 틀은 과거의 영향을 받을 수도 있지만, 의미를 부여하는 과정을 보면 현재의 정보에 대해서 내담자 나름대로의 의미를 부여하는 과정이 있다.

미래적 사고 - 현재 당신이 보고 느낀 것에 기초해서 미래에 대해 연상하는 것이 있는데 이것을 우리는 기대적 사고, 또는 미래적 사고라고 한다.

사고에 대한 예는 평가, 이유, 가정, 판단, 가치, 욕구, 결론, 아이디어, 추측, 인상, 예견, 선택사항 등이 있다.

감정 – 내담자의 문제에 대한 정서적인 반응

감정이란 어떤 상황에서 당신의 감각정보, 사고, 소망들 사이의 상호 비교 작용에서 일어나는 반응이 신체적인 반응을 동반해 나타나는 현상이다. 인간의 감정에는 기쁨, 실망, 외로움, 수치스러움, 좌절감, 믿음, 만족, 자신감, 안심, 분노, 조심스러움, 죄책감, 평안, 놀람, 슬픔, 상처받음, 불안, 질투심, 두려움 등의 여러 가지 양상이 있다.

감정은 비이성적인 것이 아니며, 우리의 내적인 삶의 만족도를 나타내는 데 아주 정확한 정보를 제공해 준다.

인지심리학에 의하면 감정은 어떤 사물에 대해서 우리가 갖는 기대나 생각에 따라 변한다고 한다. 예를 들어서 자신의 기대와 현실에서 일어나고 있는 것에 차이가 크면 클수록 그에 대한 감정의 반응도 크다.

또한 문제의 결과에 대한 욕망이 크면 클수록 느끼는 감정도 크다.

어떤 일을 당했을 때 당신의 신체 반응을 주시하면 그 문제에 대한 당신의 감정을 인지하는 데 도움이 된다. 왜냐하면 감정은 신체 반응을 동반하므로 어떤 상황에서 어떤 신체 반응이 일어났는지를 파악하면 그에 대한 감정을 알아차릴 수가 있다.

내담자들에게 어떤 내용에 관해서 느끼는 감정을 말하도록 할 때 다음과 같이 감정을 관찰하면 효과적으로 내담자의 감정을 확인할 수 있다.

> **상담자** : 아버지에 대한 감정이 어떻습니까?
> **내담자** : 몰라요
> **상담자** : 그래도 자신의 부모에 대한 감정이나 기분 같은 것이 있잖아요.
> **내담자** : 글쎄요, 감정이 없어요.
> **상담자** : 아버지가 당신을 꾸중했다고 가정했을 때 당신의 신체에서 어떤 반응이 일어날까요?

내담자 : 심장이 뛰어요.
상담자 : 심장이 뛸 때 어떤 느낌이 드세요?
내담자 : 화가 나죠.
상담자 : 그러니까, 아버지가 꾸지람을 했을 때 화가 났다는 말이군요.
내담자 : 예, 그런 것 같아요.

　내담자의 감정을 잘 파악하도록 도와주면 내담자가 자신을 관리하는 데 도움이 된다.
　우리는 짧은 순간에도 복합적인 감정을 느낄 수 있다.
　감정은 어떤 일에 대해서 우리에게 경고를 주기도 한다.

내담자의 기대
　내담자는 자신이 가진 문제에 대해서 바라는 희망이나 소망이 있다. 즉, 그 문제에 대해서 목표, 희망, 흥미, 꿈, 욕구, 목적, 동기, 의도, 우선권 등을 가지고 있다는 말이다. 그러므로 문제 해결에 대한 기대를 명확히 하는 것이 문제를 잘 이해하는 데 도움이 된다. 왜냐하면 많은 내담자들이 문제에 대해 불만을 느끼기는 하지만, 무엇을 구체적으로 바라는지는 잘 모르는 경우가 많기 때문이다. 소망의 특징들은 다음과 같다.
　소망은 어떤 대상이나 사람에게 접근하거나, 또는 회피하게 하는 동기를 부여할 수 있다. 사람은 자신이 원하는 것이 있으면 그 목표를 향해서 나아가도록 되어 있다.
　자신의 소망을 이루려고 하는 과정에서 상대방이나 타인들과 충돌하는 경우가 많다. 사실 인간의 문제란 자신이 바라는 것과 상대방이 바라는 것이 상이할 때, 자신의 욕구를 이루기 위해서 갈등을 일으키는 것이다.
　한 조직 내에서 서로가 바라는 것 사이에 갈등이 있을 때는 그 조직의 에너지를 분산시키게 된다.
　상대방에게 바라는 소망과 상대방을 위한 소망은 구별되어야 한다. 즉 상대방에게서 원하는 것은 내가 상대방에게 거는 기대를 말한다. 그러나 상대방 또는 배우자를 위한 소망은 상대방에게 밝히거나 제시한 것에 근거해야 상대방을 위한 소망을 파악할 수 있다. 인간관계는 흔히 타인이 나에게 해 주기를 바라는 소망에는 많이 익숙하지만, 상대방이나 배우자, 하나님, 교회, 교인, 지역사회, 소비자 입장의 소망에는 대체로 민감하지 않다.

행동 - 내담자의 문제 해결을 위한 행동

행동이란 내담자가 생활에서 얻은 정보를 통해 사고하고 느낀 결과에 기초하여 자신이 바라는 것을 얻기 위해서 외부로 표현하는 것을 말한다. 다시 말해서 사람이 어떤 일에 대해 선택한 결과를 말한다. 그러므로 행동은 내담자가 문제에 관해서 나름대로 시도하는 해결책들이다. 그러한 해결책이 효과적인지 아닌지는 상황에 따라 다르다. 내담자들은 자신이 과거나 현재에 문제의 해결책이 효과적이지 않음을 알면서도 그 해결책은 바꾸지 않고 결과만 바꾸려고 시도하는 경우가 많다. 상담이란 내담자의 비효과적인 해결책을 객관적으로 평가해 주고, 좀더 효과적인 해결책을 추구하도록 도와주는 것이다.

행동들의 예는
- 과거행동 : 내담자가 과거에 시도했던 해결책
- 현재행동 : 현재 내담자가 시도하고 있는 것
- 미래행동 : 다음 시간, 또는 내일 시도하려고 하는 행동으로 구분된다.

내담자의 행동은 상담자에게 구체적인 정보가 된다.

행동은 내담자가 결정한 선택이나 결심을 구체적으로 보여 주는 지표가 된다.

효과적인 문제 해결책 중의 하나는 커다란 계획을 한꺼번에 수행하려고 하지 말고 분할해서 조금씩 하는 것이다. 자신이 오늘 할 수 있는 계획만큼만 세워놓고 행동을 계속하면 문제는 시간이 지나면서 해결되게 된다.

어떤 종류의 문제는 꼭 어떤 해결책을 위한 행동을 요구하는 것이 아니라 문제 자체를 이해하는 것으로 해결되는 경우도 많다.

문제의 구조와 내담자의 이해

상담할 때의 주의 사항

상담에 관한 여러 가지 전문서적들이 쏟아져 나오고 있으므로 우리는 그 속에서 내담자를 어떻게 이해할 것인가에 관한 수많은 제안들을 발견할 수 있다. 어떤 상담기법은 내담자의 사고에 대한 이해를, 어떤 상담기법은 내담자의 감정에 대한 이해를 강조하기도 한다. 그렇게 문제의 구조에 대한 이해를 통해서 내담자를 이해한다는 것은 내담자가 문제에 관해서:

- 무엇을 보고 듣고,
- 그것에 어떤 의미를 부여하고 있으며,
- 문제에 대한 감정이나 기분이 어떠하고,
- 그 문제에 관해서 무엇을 바라며,
- 그 문제를 해결하기 위해서 과거에 무슨 행동을 해왔고, 현재에 무슨 행동을 하고 있으며
- 미래에 어떻게 하면 효과적인 행동을 할 수 있을 것인가를 파악하는 것을 말한다.

이러한 문제에 관한 여섯 가지 구조를 염두에 두고 내담자의 문제를 경청하면 현재 내담자가 어떤 정보를 말하는지 알 수 있다. 즉 보고 듣고 관찰한 정보를 주는지, 자신의 사고나 가치관을 이야기하는지, 또는 문제에 관련된 감정은 표현을 안 하고 있는지 등의 상태를 종합적으로 파악할 수 있는 것이다.

대체로 내담자들은 문제를 간단 명료하게 말하거나 구체화하지 못하고 추상화하는 경우가 많은데, 이러한 경우 위의 여섯 가지 구조로 분석하면

내담자의 문제를 효과적으로 분석할 수가 있다. 내담자가 자신의 문제에 대해서 관찰한 내용을 제시하지 않고 사고나 의미만을 말하려고 할 때 그 문제는 추상적이 된다.

예를 들면 :

    내담자 : 남편과 성격이 안 맞아서 살 수 없어요(사고).
    상담자 : 힘드실 것 같은데, 좀더 구체적으로 말씀해 주시겠어요?(관찰 사항 추구)
    내담자 : 우리 남편은 차갑고 정이 없어요(사고).
    상담자 : 어떤 점 때문에 남편이 정이 없고 차갑다고 느끼지요?(관찰 사항 추구)
    내담자 : 남편은 제게 관심이 없고 무심해요(사고). 하루 이틀도 아니고 정말 힘들어서 못 살겠어요(사고).
    상담자 : 남편에 대해서 짜증이 나고 불만도 있으신 것 같은데요(감정 표현). 어떤 점 때문에 남편이 당신에게 정이 없고 관심이 없다고 느끼시는지요?
    내담자 : 남편은 집에 오면 잠이나 자고 저하고 대화를 하지를 않아요(사실 정보).

이 경우는 상담자가 내담자의 사고에 관한 내용에 집착하지 않고, 집요하게 내담자의 감정을 반영해 주면서 구체적인 오감에 관한 정보를 수집하려고 노력했기 때문에 문제에 대한 분석이 가능한 것이다. 상담자가 내담자의 사고에 휘말려 들어 사고에 반응하게 되면 상담은 많은 경우 논쟁거리로 변화되고 만다.

예를 들면 :
    내담자 : 남편과 성격이 안 맞아서 살 수 없어요(사고).

상담자 : 남녀의 성격은 다를 수 있지요(사고).
내담자 : 그렇지만 어느 정도는 성격이 맞아야 하지 않아요?
상담자 : 그 말에 동의하지만 누구나 성격이 100% 맞는 사람은 없어요(사고).
내담자 : 선생님은 우리 남편이 얼마나 성격이 고약한지를 몰라요. 그러니까 그렇게 말씀하시는 것 같아요(사고).
상담자 : 물론 제가 남편하고 안 살아 봐서 정확히는 알 수 없지만, 인간은 저마다 다른 성격을 가지고 태어나고 자신이 처한 환경에 따라 성격이 형성돼요(사고).

이렇게 내담자의 사고에 대해 사고적으로 반응하면 내담자와 논쟁에 빠지고 그러한 논쟁은 내담자가 항상 이기게 되어 있다. 이런 경우 상담자는 내담자가 어떤 이유로 남편의 성격이 차갑다는 의미를 부여하는지를 알려고 노력해야 한다.

문제 구조와 갈등의 온인
내담자들은 자신의 오감을 통해서 얻는 과정에서 문제를 일으킬 수도 있고 갈등을 일으킬 수도 있다.

정보의 영역
우리는 자신의 관심과 경험에 따라 정보를 수집하는 과정에서 선택적으로 주의를 기울이기 때문에 똑같은 상황에서도 서로 상이한 정보를 얻을 수도 있고, 상이한 상황에서도 동일한 정보를 얻을 수도 있다. 어떤 사람들은 정보를 수집하는 과정에서 충분히 주의를 기울이지 못해서 부정확하거나 불확실한 정보를 사실인 양 믿고 행동에 옮기면서 문제를 일으키기도 한다. 따라서 상담 과정에서 내담자의 구체적인 정보의 정확성을 검토하는 것은 매우 중요하다.

사고의 영역

내담자들은 사고의 영역에서 갈등과 문제를 나타내는 경우가 있다. 객관적인 사실과 그것에 의미를 부여하는 것은 별개의 차원이다. 그러나 어떤 내담자들은 자신이 감각정보에 부여하는 의미가 사실인 양 믿고 행동에 옮기는 과정에서 문제를 일으키는 경우가 있다.

또한 동일한 정보이지만 의미를 부여하는 과정에서 인지의 왜곡이 있을 수도 있고, 정보의 해석이 다양해질 수도 있다. 상담의 과정에서 내담자의 사고 내용이 얼마나 현실적인지를 고려하는 것은 중요한 과제이다. 기독교 내담자들은 현실을 해석하고 의미를 부여하는 과정에서 하나님과의 관계와 신앙을 고려하지 않을 수 없다.

그런데 하나님과의 관계는 건전할 수도 있지만 병적일 수도 있고, 왜곡된 신앙으로 현실을 해석하려고 시도하는 경우도 있다. 그러므로 기독교 상담자들은 항상 내담자의 신앙이 현실의 과정을 거쳐서 어떻게 이루어지는지 평가해야 한다. 건강한 신앙은 항상 현실이라는 과정을 통해서 검증을 받기 때문이다.

감정의 영역

인지 심리학에서는 감정은 사고에 의해서 지배를 받는다고 주장한다. 이러한 주장이 설득력이 있는 것은 사실이지만, 때로는 감정에 의해서 사고가 지배를 받는 경우도 있다. 예를 들면 심한 우울증에 빠져 있으면 그 우울증에 의해서 사고의 왜곡이 더 일어난다. 이러한 환자들은 정신과 치료로 약물을 투여하면 감정이 상승되면서 사고의 기능도 살아나는 경우가 있다.

또한 개인마다 감정의 통제능력이나 그 변화가 다르다. 어떤 내담자들은 자신이 부정적인 감정을 느끼지 않으려고 억압하다가 더 힘들어지기도 한다. 이렇게 감정의 기복이나 감정의 지나친 억압, 통제의 문제로 인간은 갈등을 겪게 된다. 그러므로 상담자는 상담의 과정에서 내담자가 자신의 감정을 알아차리고 효과적으로 표현하며, 또한 그것에 직면하도록 해주는 일이 중요하다.

소망의 영역

인간의 삶에서 바라는 소망이나 목표는 개인마다 다르다. 또한 한 개인의 내부에서도 자신이 바라는 소망은 수시로 변하며, 어떤 경우에는 자신이 원하는 소망이나 목표가 분명하지 않은 경우도 있다. 또한 서로가 대립되는 소망 때문에 갈등을 겪기도 하고, 둘 다 회피해야 할 상황에서 갈등을 겪기도 한다. 정신 분석학적 입장에서 보면 어떤 사람은 소망이 무의식의 영향을 받고 있어서 자신이 무엇을 원하는지 잘 모르는 경우도 있다. 그러므로 상담자는 상담 과정에서 내담자가 바라는 것이 무엇인지 명확히 하고 그것을 이루기 위한 구체적인 계획을 추구하도록 하는 것이 좋다.

행동의 영역

행동이란 내담자가 문제를 해결하려고 시도하는 것이기에 내담자의 실제적인 문제는 행동 영역에서 발생한다. 사람이 자신의 삶에서 한때는 효과가 있었지만 이제는 상황이나 문제를 보는 관점이 다른 경우에도 불구하고 과거의 행동에 집착해서 자신의 행동을 수정하거나 고치려 하지 않을 때는 문제가 생기게 된다. 그러므로 상담 과정에서 자신의 목표를 달성하기 위한 효과적인 행동이 무엇인가를 알고 행하도록 도와주어야 한다.

문제 구조와 각 상담이론과의 관계

문제의 구조는 다섯 가지 영역으로 구성되어 있는데, 이 영역들은 상담이론에 따라서 강조점이 다르다.

사고의 영역

인지의 영역이라고 부르는 이 영역은 모든 상담 이론이 강조하는 영역이다. 그중에서도 인지치료는 특히 이 영역의 기능을 강조한다. 이것은 왜곡된 인지 또는 비합리적인 사고가 우리에게 부정적인 감정과 행동을 일으키는 원인이라고 보고, 인지의 재구성 또는 합리적인 사고를 하도록 내담자를 돕는다. 이 영역을 강조하는 개인 상담의 접근 방법들은 인지치료, 현실요법, 아들러 치료 등이다.

감정의 영역

이 영역을 강조하는 개인 치료적 접근 방법에는 정신분석이나 게슈탈트, 인간 중심의 치료 등이 있다. 이것은 인간의 현재 경험을 강조하며, 대체적으로 감정을 알아차리는 것에 초점을 두고 그러한 감정에 관련된 사고를 추론하고 사고에 연상되는 사건을 탐색해 나간다. 정신 분석에서는 내담자의 억압된 무의식적 감정이 현실에 부정적인 영향을 주고 있는 것을 깨닫기 위해서 통찰력을 가지도록 도와준다. 또한 많은 치료 기법들이 과거의 억압된 감정을 안전한 방법으로 정화하도록 해서 사고의 기능이 감정에 매이지 않고 현실에 근거할 수 있도록 도와주는 것이다.

소망의 영역

특히 정신분석에서는 인간의 기본적인 욕구가 충족되지 않으면, 그것이 사라지지 않고 무의식화 되어서 본인도 모르는 사이에 영향을 주고 있다고 주장한다. 문제의 구도 중에서 과거에 이루어지지 못한 소망을 강조하는 치료 방법이 정신 역동적 치료의 입장이다. 그러나 현대의 많은 상담의 접근은 대체로 과거에 이루어지지 못한 소망보다는 현재 내담자가 이루고자 하는 소망이나 목표에 두고 이루어진다. 특히 문제 해결 중심 기법, 현실 요법 등은 이 영역을 강조하므로 내담자가 원하는 것이 무엇인가를 확인하고 그것을 성취하기 위한 방법에 초점을 둔다.

행동 영역

행동주의에서는 문제구조의 행동영역을 강조한다. 문제를 정의하는 과정에서 구체적으로 관찰할 수 있는 행동을 통해서 정의하고, 본인이 원하는 욕구를 달성하는 데 어떤 행동이 효과적인가에 대한 실용주의적 입장을 취하는 것이다. 물론 모든 치료기법들은 궁극적으로 자신의 목표를 달성하기 위한 행동에 초점을 둔다.

그러나 행동주의를 제외한 다른 기법들은 효과적인 행동을 하기 위한 기초작업으로 자신의 사고와 감정과 소망을 들여다보고, 자신의 행동을 변화시키기 위한 기본적인 작업을 하는 데 초점이 주어져 있다. 상담 목표가 우리의 행동 변화라고 한다면, 행동을 직접 변화시키는가, 아니면 행동에 영향을 주는 여러 분야의 변화를 먼저 시도하느냐는 이론에 따라서 달라진다고 볼 수 있다.

영적인 영역

내담자의 영적인 영역을 강조하는 것은 기독교 상담자의 입장이다. 그러나 기독교 상담자라고 해서 위에서 설명한 다른 영역들을 무시하거나 등한시해서는 안 된다. 그 영역들을 철저히 탐색한 후에 우리는 내담자의 영적인 영역인 하나님과의 관계를 알아보고 추구해야 하는 것이다. 내담자들이 인격적인 하나님과 건강한 관계를 맺기도 하지만 병적이고, 미숙하고, 의존적인 관계를 가지면서 어려움을 당하는 경우도 있다. 인간의 영적인 관계를 알아보고 도와주는 것은 기독교 상담자가 할 수 있는 독특한 분야이다.

치료의 초기

치료 관계의 형성

의사들이 환자를 치료할 때 쓰는 도구는 약물과 칼 등 여러 가지 도구들이 있다. 그러면 심리치료자들이 심리치료에 사용하는 도구는 무엇인가? 그것은 바로 심리치료자 자신이다. 좀더 구체적으로 말하면 치료자가 내담자와 공감하는 능력, 경청하는 기술, 치료관계의 질, 치료자가 내담자를 돌보는 마음 등이다. 특히 기독교 상담자들은 이러한 점들과 아울러 영적인 성장과 성숙도 등이 포함된다. 그러므로 상담자 자신이 하나님과의 관계에서 체험한 하나님과의 친밀감과 믿음이 내담자를 도와주는 데 필수적인 요소이다.

내담자의 말에 대한 경청의 중요성

내담자의 말에 경청하는 것은 내담자에 관한 정보를 수집하는 것이다. 내담자의 정보는 비언어적인 정보와 언어적인 정보 두 가지 측면이 있다. 효과적인 듣기 기술과 내담자들의 문제 파악을 위한 상담기술은 상대방의 '이야기'를 오염되지 않은 상태로 그의 관점에서 이해하는 것을 말한다. 상대방의 경험을 정확하게 이해하는 것이 기본이다. 상담자가 경청하면서 내담자에게 존경하는 마음을 표시할 때 내담자와 좋은 치료 관계가 형성된다.

좋지 않은 경청의 기술

내담자와의 대화를 주도하기

상담할 때 상담자가 내담자에게 지나치게 자주 질문을 하거나, 상담의 소재를 선택함으로써 상대를 주도하면 문제의 핵심을 파악하는 데 실패할 위험이 많다. 대체로 훈련이 덜 된 기독교 상담자들은 다음과 같은 경향을 보인다.

- 내담자와의 대화를 주도하면서 통제하려는 경향을 보이고,
- 내담자가 제공하고 싶어하는 중요한 정보를 차단시키는 경우가 많고
- 대화를 주도하면서 내담자를 이해하기 전에 충고하려고 강요하는 인상을 준다.

이럴 경우에는 내담자에게 혐오감을 불러일으킬 수 있으며, 상담관계에 해로운 영향을 끼칠 수 있다.

반사적 듣기(Reactive Listening)

내담자가 이야기할 때 상담자가 동의하지 않는다든지, 또는 상담자가 싫어하는 주제를 이야기할 때는 상담자가 자신도 모르게 반사적(반응적) 듣기

를 하게 된다. 예를 들어 내담자가 동성애의 성향을 밝히고 있는데 기독교 상담자가 보수적이라면, 그 내담자의 이야기를 경청하기보다는 내담자를 회개시키고 내담자의 동성애 성향을 변화시키려고 성급하게 시도하는 반사적인 듣기 태도를 보이게 된다.

반사적으로 듣는 상담자들은 상담 중에 다음과 같은 행동 양상들을 나타내 보인다.

상담 중에 대화를 주도하려고 무리하게 끼여들거나,
내담자의 감정에 공감하는 데 관심이 없거나 무시하고,
내담자를 오도할 수 있고,
내담자의 말을 듣고 이해하려고 노력하기보다는,
내담자를 논박하기 위해서 다음에 무슨 말을 할까 속으로 궁리하고,
내담자를 비판하고 평가하면서 들으려고 하고,
유도질문을 하고, '왜' 라는 질문을 많이 하고,
상담이 잘 이루어지지 않으면 내담자에게 책임을 전가하고,
상담자의 말에 내담자가 동의하도록 강요하고,
자신의 생각을 내담자에게 강요하는 경향이 있다.

탐색적 듣기 : 중급 정도의 정도를 얻어낼 수 있음
탐색적 듣기는 어느 정도 개방적인 유형인데 사실을 확인하기 위해서 므엇을 탐색할 의도로 듣는 스타일이다. 내담자가 말하고 싶어하는 내용을 알려고 노력하기보다는 상담자가 알고 싶어하는 내용을 추구하는 것이다.
탐색적인 듣기는 상담 초기에 내담자의 정보를 짧은 시간 내에 얻기 위해 효과적인 수단이 될 수 있다. 상담자가 이런 탐색적인 질문을 많이 사용하면 내담자와의 상담관계에 부정적인 영향을 준다. 특히 내담자에게 폐쇄적인 질문을 하면서 탐색적인 듣기를 시도하면 내담자는 아주 불편해한다. 탐색적인 질문에 대한 예들은 다음과 같다.

폐쇄적 질문 : "예" "아니오" "옳다" "틀렸다" "좋다" "나쁘다" 등의 선택을 요구하므로 반응을 극도로 제한하게 된다.

개방적 질문 : 다각도의 정보를 얻기 위해서 "누가" "무엇을" "언제" "어디서" "어떻게"의 식으로 물어보는 것이다.

탐색적 듣기의 긍정적인 효과

내담자가 제공하지 않은 부분의 정보를 얻어내고, 혼동되는 부분을 분명히 해준다. 그리고 사실을 확인할 수 있도록 해주고, 대화를 너무 적게 하거나 너무 많이 하는 사람에 대해서 어느 정도 통제할 수 있다.

탐색적 듣기의 부정적인 효과

대화의 자연적인 흐름을 방해할 수 있고, 중요한 정보를 흘려 버릴 수 있다. 내담자의 관심보다는 상담자의 관심에 초점이 주어지고, 상담자가 다음 질문을 하려고 준비하면서 내담자에게 일어나고 있는 현재의 상황을 간과할 수 있다.

따라서 상담할 때 너무 탐색적인 듣기를 시도하면, 내담자는 자신이 상담자에게 일방적으로 끌려 다니느라 자신이 하고 싶은 이야기를 하지 못했다는 느낌을 갖게 된다. 상담의 초기에 정보를 수집하기 위해서는 이러한 탐색적인 태도가 필요하겠지만, 상담의 중기나 후기에는 내담자가 주도권을 가지고 자신의 이야기를 할 수 있도록 해주는 것이 좋다.

개방적 질문을 할 때의 주의사항

상담자는 상담 도중에 가능하면 내담자에게 개방적인 질문을 해서, 어떤 문제에 관해서 내담자의 견해를 자연스럽고 자유롭게 표현할 수 있는 기회를 제공해 주는 것이 좋다. 그러나 내담자가 아동이거나, 내담자의 정서가 극도로 불안할 때는 자신의 의사를 분명히 할 수 있는 선택적 질문을 해주어야 한다. 따라서 상담에서 개방적 질문만 하고 폐쇄적인 질문을 하면 안 된다는 것은 옳은 의견이 아니다. 그렇지만 개방적 질문을 할 때 다음과 같은 것을 조심할 필요가 있다.

개방적 질문의 시기를 적절히 맞추어라. 내담자로 하여금 문제해결 방법을 유도할 목적으로 성급하게 개방적 질문을 하면 혼돈을 가져오는 수가 있다
개방적 질문의 필요성에 대해서 고려하라. 개방적 질문을 너무 많이 하면 상담자가 심문하는 듯한 인상을 주어 내담자에게 좌절감을 준다.
내담자에게 책임을 전가하지 않도록 하라. "왜 진작 말하지 않았어요?"라는 식의 질문은 내담자에게서 "당신이 물어보지 않았잖아요" 하는 식의 반사적 응답을 초래할 수 있다.

상담에서의 효과적인 듣기 : 내담자를 따라가면서 듣기

내담자를 따라가면서 들어야 하는 이유

내담자를 따라가면서 듣는다는 것은 내담자의 강조점이 어디에 있는지, 즉 사고의 영역에 있는지 감정의 영역에 있는지 등에 관심을 두면서 내담자의 관점에서 듣는 것을 말한다. 상담자가 내담자의 눈높이에 맞춰 들으면 다음과 같은 효과를 얻을 수 있다.

- 대부분의 경우 당사자가 문제 해결의 열쇠를 가지고 있으므로 내담자로부터 문제 해결책을 얻어낼 수 있다.
- 때로는 해결책이 자신이나 가정, 부부 내부에 있는데도 외부의 전문가에 의존하는 경향이 있다.
- 진지하게 경청하면서 내담자를 이해하면, 짧은 시간 안에 중요한 정보를 풍부하게 얻어낼 수 있다.

내담자를 따라가는 요령
- 상담자의 관심을 잠시 접어 두어라.

- 상대방이 대화의 주도권을 갖도록 격려하라. 하고 싶은 이야기를 다하도록 시간을 주어라.
- 확인하는 질문을 뒤로 미루어라.
- 상담 중에 어떤 문제에 대하여 내담자가 동의나 부정을 하더라도 상담자의 입장을 주장하거나 성급한 행동을 하지 말고, 내담자의 입장에서 문제를 이해하는 데 초점을 두어라. 예를 들면 설사 강간범이라 하더라도 그 사람의 입장에서 왜 강간을 했는지 충분히 이야기하고 자신을 표현할 수 있는 기회를 주어야 한다. 이것은 내담자의 말이나 행동에 동의하는 것과는 별개의 차원이다.

내담자를 따라가면서 경청해야 하는 상황

상담 도중에 내담자의 표정이 좀 이상하다든지, 이상한 방향으로 나아가고 있으면 좀더 내담자의 입장에서 문제를 파악하려 노력하고, 더 주의 깊게 들어야 한다. 특히 내담자가 저항한다는 느낌이 들면 내담자의 구체적인 행동을 지적하면서 질문을 한다.

예를 들면 내담자가 무언의 스트레스를 표현한다고 생각이 들면 다음과 같은 식으로 내담자에게 물어 보면 된다.

　　상담자 : "제가 보기에 얼굴 표정이 약간 굳어지는 것 같은데 기분이 어떻습니까? 저나 상담에 관련된 것인가요?"

내담자가 다음과 같은 경우를 보이면 상담자는 좀더 경청하는 자세를 가져야 한다.

- 내담자가 복잡하고 중요한 문제를 설명할 때
- 내담자로부터 무언의 스트레스가 표현되었을 때
- 내담자가 저항할 때
- 숨겨진 사건이 있는 것 같은 생각이 들 때

- 내담자와 신뢰감을 형성하거나 유지하려고 할 때
- 새로운 정보를 알고 싶을 때
- 정확한 정보를 얻고 싶을 때
- 최상의 결정을 내리고 싶을 때
- "나는 당신에게 관심이 있다"는 느낌을 내담자에게 전달하고 싶을 때

경청 기술

상담 중에 내담자에게 경청하기 위해서는 다음의 네 가지 단계를 고려하면 된다.

주의 주기
- 내담자의 언어적, 비언어적인 행동, 얼굴 표정, 감정, 몸의 자세 등을 관찰하라.
- 목소리의 속도, 억양을 주의 깊게 듣는다.
- 문제 구조의 다섯 가지 영역에서 어느 부분이 빠졌나 관찰한다.

주의를 기울이는 요령
- 당신의 마음과 몸 전체로 상대방에게 관심을 보여라. 약간은 내담자에게 몸을 기울여 앉는다.
- 내담자를 따라가기 위한 기분전환을 위해 조용히 심호흡을 한다.
- 내담자의 대화가 너무 빠르거나 사고가 급하다는 느낌이 들면 대화의 속도를 조절해 준다.
- 시선을 맞추면서 듣는다. 시선의 방향은 내담자를 응시하지는 말고 내담자의 얼굴 부위에 맞추면서 표정을 살핀다.
- 내담자의 언어와 표정이 일치하는지 살핀다. 이 점은 매우 중요하다. 어떤 내담자들은 슬픈 이야기를 하면서 미소를 짓는 경우도 있다. 이

러한 내담자들은 상대방을 지나치게 의식하면서 자신을 잘 보이려고 하거나, 자신의 진실한 감정을 억압하는 사람일 경우가 많다.
- 문제 구조에서 빠진 영역이 있는지 관찰한다. 예를 들면 내담자가 감정을 표현하지 않는지, 자신의 소망을 분명하게 밝히지 않는지 세심하게 관찰한다.

공감해 주기 : 내담자의 경험을 반영하기
'공감하기'는 상담자가 내담자의 입장에서 느낀 감정이나 경험을 간단한 말로 언급해 주는 것이다. 상담자가 내담자의 보고, 생각하고, 느끼는 감정을 공감해 줄 때 구체적인 관심과 수용을 보게 된다.

공감하기 요령
피상적인 '공감하기'는 말하는 사람의 문제 구조의 다섯 영역들을 반영해 준다.
"여러 가지 자료가 많군요"(정보).
"큰 결단이었는데…"(사고).
"기분이 좋았군요"(감정).
"그것을 싫어하는 것 같군요"(소망).
"열심히 노력했군요"(행동).

감정을 집중적으로 공감해 주기
특히 우리 나라 문화권에서는 자신의 감정을 나타내면 상대방이 싫어할까 봐 많은 경우 감정을 신체적 용어로 표현하는 경우가 많다. 예를 들면 "아이 골치 아파" "정말 소화 안되네" "아 열 받아!" 등이다. 상담자는 내담자의 감정을 적절하게 공감하고 표현해 주어야 한다. 내담자의 감정을 공감하기 어렵거나 잘 모를 경우에는 내담자에게 물어서 감정을 표현할 수 있는 기회를 제공하면 된다.

내담자가 표현하지 않는 감정이나 소망을 언급하기
　내담자들은 자신의 감정이나 원하는 바를 분명히 말하지 않고 상담자가 알아서 공감하거나 명료화해 주기를 바라는 경우가 많다. 이때 상담자가 이러한 부분을 알아서 표현해 주면 내담자와의 관계가 급진전되는 경우도 있다. 그러나 치료의 중기 정도에는 내담자가 자신이 원하는 것을 명확히 표현할 수 있도록 격려해 주는 것이 좋다.

　감정이나 소망을 언급한 후에 상대방이 정확하다고 생각하고 있는지 그 효과를 꼭 살펴보라. 상대방의 경험을 정확하게 인정하고 언급할 때 대부분의 내담자들은 활기차게 되고, 상담자에 대한 신뢰감이 높아진다.

내담자에게 공감할 때 명심해야 할 점
　대부분의 사람들은 상대방에게서 인정받고 수용되기를 원한다. 특히 내담자들에게 적절하게 공감해 줄 때 치료관계가 잘 형성된다.
　내담자들은 혹시 자신이 상대방에게 이상한 사람으로 비쳐질까 염려해서 정말 자신이 원하는 것은 쉽게 표현하지 않는다.
　상대방이 말한 내용이나 말하지 못한 내용을 간단히 인정해 줄 때 상대방을 인정해 주는 효과를 낳게 되고, 상대방과의 관계를 튼튼히 하는 데 도움이 된다.
　공감하면 내담자의 입장에 설 수 있게 된다.
　공감은 상대방의 저항심을 약화시킨다.
　공감의 지지는 고개를 끄덕이거나, '음' 하고 이해하는 소리, 얼굴 표정, 위에서 언급한 간단한 말로 표현될 수 있다.
　때로는 공감해 주는 것만으로도 내담자와의 이해를 증진하는 데 효과가 있다. 내담자에 대한 감정적인 이해와 인정은 상대방의 상처를 치유해 줄 수 있다.

정보 요청하기 : 더 많은 정보 요청하기

'정보 요청하기'는 상담의 초기에 많이 사용할 수 있는 방법으로, 내담자가 말하고 싶은 것을 자발적으로 계속해서 말하도록 하는 것이다. 어떤 내담자들은 상담자에게 말하면서 눈치를 보거나, 상대방이 수용해 주는지 살피면서 조심스럽게 말을 한다. 이런 경우에는 다음과 같이 자신이 하고 싶은 이야기를 하도록 격려해 주면 좋다.

예를 들면 이렇게 얘기할 수 있다. "좀더 이야기해 보세요." "계속 말해 보세요." "다른 할 말은 없어요?" "저한테 할 말이 있으면 마음놓고 해보세요." "나는 지금 당신이 말하고 있는 내용을 더 듣고 싶군요."

- 정보 요청의 시기
  - 상대방이 대화를 잠시 멈출 때
  - 내담자에게 대꾸하고 싶거나, "아니다" "틀렸다"고 말하고 싶을 때
  - 질문하고 싶을 때
- 정보를 두세 번 더 요청하면 상담자는 더욱 질 높은 정보를 충분히 얻을 수 있다.
- 내담자가 더 이상 할 말이 없다고 할 때까지 정보를 요청하고 나면, 이제는 상대방을 이전보다 정확히 파악하게 됐으므로 상담을 이끌어가기가 쉽다.
- 어떤 때는 상대방이 더 이상 할 말이 없다고 잠시 멈추다가 "그러나" 하면서 진짜 중요한 정보를 줄 수 있다는 것을 알아야 한다.
- 더 많은 정보 요청시 유의사항

내담자가 상담 중에 말하고 싶어하므로 정보를 요청하기가 쉬운 것 같지만, 계속 따라가면서 요청하기는 어렵다는 것을 알고 있어야 한다. 내담자에게 최대한 선택할 수 있는 자유를 줄 때 최상의 정보를 캐낼 수 있다.

내담자를 파악하기 위해 많은 질문을 하기보다는 계속해서 정보를 요청하면 짧은 시간 내에 핵심적인 문제에 도달할 수 있다.
대체적으로 여러 번 정보를 요청해야 상대방이 핵심적인 문제를 털어놓는다는 것을 알아야 한다.
상대방이 한 주제에 관해 더 이상 할 이야기가 없다고 하기 전에 질문을 던지면 그 주제를 빗나가기 쉽다는 것을 명심해야 한다.

※ 가장 좋은 경청은 한 번에 전체의 내용을 정확히 파악하는 것이다.

내담자가 말한 내용을 요약하기

'요약하기'는 내담자가 말한 내용을 정확히 이해하고 확인하는 과정이다. '요약하기'는 상담 중에 아주 많이 쓰는 기법으로써, 요약하면 내담자는 상담자가 경청하고 있다는 느낌을 받게 되며, 내담자의 문제를 명료하게 해 준다.

요약하기 요령

당신의 언어로 방금 청취한 상대방의 요점을 반복해 주어라.
상대방이 말한 내용에 가감 없이 완벽하게 요약한다.

아래 그림의 첫 번째는 내담자가 말한 내용에 자신의 말을 첨가해서 요약하는 경우이고, 두 번째는 내담자가 말한 내용을 너무나 간단히 요약하는 경우여서 내담자에게 성의 없이 들리는 경우이다. 세 번째는 내담자의 이야기를 적절하게 요약해 주는 경우이다.

☐ + ☐
☐ − ☐
☐ = ☐

요약을 해주고 내담자의 반응을 살펴본다. 예를 들면 상대방이 고개를 끄덕이며 긍정적인 답변을 하는지, 부정하는지 잘 살펴서 만약 당신이 요약한 내용에 반응이 분명치 않으면 다시 물어 보라.

요약의 시기
- 내담자를 정확히 이해해야 할 때
- 내담자가 뭔가 오해를 하고 있다는 느낌이 들 때
- 상담시 상호 긴장감이 오고 갈 때
- 중요한 문제를 명료화시켜 주고 싶을 때
- 내담자의 입장을 분명히 확인하고 싶을 때
- 갈등을 해결하는 과정에서 내담자가 원하는 것을 명료화하고 싶을 때
- 내담자의 행동 계획을 확인하고 싶을 때

요약시 유의사항
- 사람은 누구나 상대방이 들어주기를 원하므로 요약해 주면 상대방에게서 신뢰감, 믿음이 생겨 관계가 증진된다.
- 내담자의 관점을 요약하기 위해서 상담 중에 대화를 잠시 중단시키는 것은 상대방에게 불쾌감을 주지 않는다.
- 대화를 계속 진행하기 전에 요약하면서 확인해 주면 복잡한 대화를 잘 정리해 가면서 대화를 계속할 수 있다.
- 때로 상담자는 내담자가 말한 내용을 스스로 요약해 보라고 요청할 수 있다.

※ 상담할 때 "나는 당신이 무엇을 이야기하는지 당신 마음을 다 알아"하는 식의 대화는 피한다. 오히려 상담자가 내담자의 말을 어떻게 이해했는지 구체적이고 정확하게 보여 주어야 한다.

질문하기

위에서 말한 들어주기로 내담자를 이해하려고 노력했지만, 이해가 불충분한 부분에 관한 정보를 얻기 위해서 질문을 한다. 탐색적 질문방법인 '누가' "무엇을" "언제" "어디서" "어떻게" 등의 개방 질문을 하고 "왜?"의 질문은 피한다.

"누가 거기에 있었는데요?"
"무엇이 진행되고 있다고 느꼈는데요?"
"그 문제를 어떻게 생각하는데요?"

등에 관한 내용을 알아보기 위해서 질문을 던지는 것이다. 질문은 되도록 맨 나중에 하는 것임을 잊지 말아야 한다. 물론 내담자가 말하는 도중에 상담자가 알고 싶거나 중요하다고 생각되면 질문해도 괜찮다.

치료 초기에 기독교 상담자의 주의사항

치료의 초기에는 치료관계의 형성에 초점을 두면서 내담자의 주요 호소 문제, 상담의 목표, 지금까지 문제를 해결하기 위해서 내담자가 시도한 것들에 관해서 정보를 수집한다. 그리고 그러한 방법들이 효과적인지 비효과적인지에 관해 면밀히 검토해 본다. 이 경우에 많은 기독교 상담자들은 다음에 언급한 것들에 주의를 해야 한다.

치료 초기에는 성경을 인용하거나 신앙 문제를 꺼내지 말 것

대부분의 기독교 상담자들은 내담자의 이야기를 들으면서 성경의 어느 구절에 내담자의 문제가 있을 것인가를 생각하는 수가 많다. 그런 후에 내담자의 이야기가 어느 정도 마무리가 되어 가면 "자, 성경말씀에 의하면 성도님의 문제는 하나님께서는 우리에게 감당 못할 시험은 주시지 않으신다고 하셨으니 우리 기도하면 좋아질 수 있어요"라는 식으로 신앙적인 개입을 하려고 시도하는 경우가 많다.

그러나 많은 경우 내담자들은 자신의 문제에 관해서 성경적인 해답이나 문제의 해결 방법을 몰라서 상담자를 찾아오는 것이 아니다. 문제의 해답은 알지만 이것을 자신의 생활에 실행할 힘이 없으므로, 누군가가 자신의 문제를 잘 들어주고 지지해 주고 이해 받기를 바라는 심정으로 상담자를 찾는 것이다. 상담의 초기에는 내담자의 말을 경청해서 잘 들어주어야 한다. 내담자의 문제를 신앙적으로 해결하려는 시도나 신앙적인 개입은 나중으로 미루는 것이 좋다.

죄 문제와 관련이 있을 때 성급히 성경적인 접근을 시도하지 말 것

내담자들이 자신이 지은 죄의 문제를 해결하기 위하여 누구하고 상담을 받고 싶을 때는 여러 번 망설이다가 상담소를 찾아오게 되므로, 자신의 죄 문제에 관해서 어려운 태도를 보이는 경우가 많다. 이 경우에 기독교 상담자가 내담자의 이야기를 듣고 바로 성경구절을 인용하면서 죄 문제를 다루면 내담자는 상담자가 지적한 문제에 순응하려는 태도를 보이겠지만, 죄를 짓게 된 자신의 심리적 갈등이나 해결되지 않은 문제에 관해서는 다루지 못하게 되고 성급한 해결이나 미봉책에 빠지는 수가 많다. 기독교 상담자는 내담자의 죄 문제에 관해서 정죄하는 태도가 아니라, 간음한 여인을 보고 "나도 정죄하지 않는다"라는 예수님의 태도와 같이 수용하는 태도로 내담자가 자신의 문제를 편안한 분위기에서 솔직하게 말할 수 있는 기회를 주어야 한다.

상담이 끝난 뒤 성급하게 기도한다고 하지 말 것

대체로 기독교 상담자들이나 목회 상담자들은 상담이 끝나면 "우리 기도합시다, 하나님께 모든 문제를 맡기고 기도하면 됩니다" 하고 쉽게 말하는 경우가 많다. 이러한 접근은 하나님께 의지하면서 문제를 해결하려는 신앙인의 자세를 확인하고 신앙을 강화시켜 주는 장점이 있다.

그러나 자신의 문제가 무엇인지도 모르면서 해결책만을 간구하는 경우가 있을 수 있다. 또한 많은 경우에 내담자들이 기도하면서 해결하려고 했는데도 문제가 해결이 안 돼서 상담을 받으러 왔는데, 또 기도로 문제를 해결하라고 하니 속으로는 좌절감을 느낄 수 있고, 내담자가 상담자에게 의존하게 된다.

그리고 상담자가 기도를 통해서 내담자에게 충고하거나 마치 자신이 문제의 해결자인 것처럼 내담자에게 자신의 위치를 높이려는 결과를 가져올 수도 있다. 상담실에서의 기도는 상담 초기일수록 상담자가 개인적으로 내담자를 위해서 기도하는 것이 좋고, 내담자가 원하는 경우 내담자의 허락을 받고 기도해 주는 것이 좋다.

예를 들면 :

> 상담자 : "상담이 끝나고 나서 당신이 원하는 경우에는 같이 기도할 수 있습니다. 그러니 혹시라도 상담 중에 같이 기도하기 원하시면 저에게 요청을 하십시오."

내담자보다 말을 많이 하지 않도록 할 것

나의 경험에 의하면 내담자가 목회 상담자에게 상담을 받은 후에 대체로 다음과 같은 반응을 보였다.

"답답한 일이 있어서 상담을 받으러 갔더니 오히려 목사님이 더 말을 많이 해서 누가 상담을 받는지 구분이 안 되었어요"

"목사님이 내 이야기를 조금 들으시더니 성경을 펴놓고 설교를 하셨어요. 어떻게 할지를 몰라서 내가 상담을 청했나요? 답답하니까 누구한테 하소연이라도 하고 싶었는데, 마음이 풀리지 않아요."

"상담 받으러 갔다가 설교만 듣고 왔어요."

내담자들의 이러한 반응은 기독교 상담자들이 성급하게 내담자의 문제에 대한 해답을 주려고 시도하고, 또한 무엇인가를 내담자에게 해주고 싶어서 과잉 반응을 하기 때문에 일어난다. 상담은 내담자의 문제에 대한 깊은 이해와 그 문제에 스스로 해결책을 찾도록 도와주는 과정임을 잊지 말아야 한다. 상담자는 말을 아끼면서 내담자가 자신을 충분히 표현하고 수용되었다는 느낌을 가질 때 상담이 잘 진행된다.

치료의 중기

치료의 초기관계가 잘 형성되어 있으면 치료의 중기작업도 잘 진행된다. 중기에는 상담 목표를 구체적으로 다루면서 개인에 따라 설정되어 있는 작업을 실시한다. 그 뒤 기독교적인 접근을 시도한다. 중기에 작업하는 내용들은 대체적으로 다음과 같다.

- 어린 시절 부모로부터 받은 상처나 부모와의 관계에서 해결되지 않은 과제
- 가정폭력이나 성폭력의 외상작업
- 삶에서 변화되지 못한 부분의 수정과 각자에 맞게 가치관을 재조정
- 불안의 역동적 이해와 체계적 둔감화 기법에 의한 불안 제거
- 지나치게 타인을 의식하는 것과 어린 시절 부모님과의 관계 인식
- 스트레스에 대한 대처 방식 이해와 비효과적인 방식의 수정
- 어린 시절부터 가져온 핵심 믿음의 이해와 수정
- 자기에게 반복되고 있는 부모의 메시지나 역기능적인 메시지의 확인과 수정 작업
- 자기의 삶의 각본 이해와 현재의 삶에 맞는 각본 수정작업
- 자기의 삶의 프로그램 이해와 새로운 삶의 변화를 고려한 새로운 번역의 준비

중기에는 내담자가 자신의 삶을 돌아보고 효과적이지 않은 자신의 문제 해결 방식이나, 부모와의 관계에서 파생된 문제 등을 깊게 다루는 작업을 수행한다. 이와 동시에 기독교 상담자들은 내담자가 삶과 신앙을 어떻게 조화시키면서 살 것인지 통합해 주고, 인격의 성숙과 영적인 성장을 함께 할 수 있도록 도와준다. 내가 기독교인들을 상담하면서 심리적, 영적, 신학적인 통합을 하기 위해 실시한 질문들은 다음과 같다.

- ○○씨께서는 이러한 심리적인 상처의 원인과 문제점들을 알아보았고, 상담을 통해서 그에 대한 심리적인 방법을 추구해 왔는데, 이제 지금까지 믿고 계신 하나님과의 관계에서는 어떻게 ○○씨의 문제를 해결할 수 있을 것 같습니까?

- ○○씨의 문제는 남에게 과도하게 인정을 받으려 애쓰고 그것이 잘 이루어지지 않을 때 불안해하는 것입니다. 그런데 남에게 인정을 받는 것과 하나님께 인정을 받는 것은 어떤 관계가 있습니까?

- 제가 알기로 ○○씨는 신앙생활도 오래하시고, 또한 장르(권사, 혹은 집사, 기타 등등) 직책도 맡고 계신데 이번 사업의 실패로 자살까지 생각하셨거든요. 이것과 자신의 신앙을 어떻게 관련시킬 수 있을까요?(자신의 삶의 뿌리가 하나님에게 있기보다는 물질의 안정에 있다는 점을 완곡하게 지적해 줌)

- 우리가 상담을 통해서 탐색한 바에 의하면 ○○씨는 자존감이 없고, 자신이 무가치하다고 여기는 것 같아요. 자신은 내세울 만한 가치가 없다고 생각하는 것과 기독교의 가치관과는 어떻게 조화가 된다고 생각하시나요?

- ○○목사님은 하나님의 사업을 확장하느라 수고하시며 스트레스도 많

이 받으시는데, 동료 목사님들이 부흥하면 질투심과 경쟁심을 느끼고 계시거든요. 그렇다면 목사님의 선교는 하나님 나라의 전파에 있는지, 아니면 하나님 이름을 빌어서 자신의 이미지를 확장하기 위한 것인지 검토해 보신 적이 있으세요?

- 목사님은 교회가 부흥할 때마다 부모님에게서 인정받고 가족의 영웅이 되어 할 일을 다했다는 느낌을 받으셨는데, 목사님의 선교의 뿌리가 하나님의 영광에 있는지 부모님의 인정에 있는지 한번 심각하게 생각해 보신 적이 있나요?

- ○○씨는 구원의 확신을 가지고 사시는데, 집안에서 자녀들이 실수하면 야단치고 비난하고 심지어는 언어 폭력까지 행하고 있어요. 마치 가정의 분위기가 성경적인 용어로는 율법 아래 사는 삶처럼 느껴지는데, 이 점을 어떻게 생각하시나요?

- ○○씨는 남에게는 관대하고 용서도 잘하는데, 자신이 실수하면 자신을 학대하고 심지어는 저주까지 하고 있습니다. 하나님이 우리 실수를 용서해 주시고 다시 기회를 주시며, 격려해 주시는 것과 자신의 태도와는 어떤 차이가 있는지 생각해 보셨나요?

- ○○씨는 교회 일을 하시면서 일요일도 없이 밤낮으로 봉사하고 계시는데, 예수님도 피곤하면 쉬기도 하셨어요. 혹시 주님보다 더 열심히 하나님을 섬기려고 하시는 것은 아닌가요?

- 목사님은 설교하시고 나면 모든 교인들이 감동받기를 기대하고, 또한 모든 교인들이 인정해 주기를 바라고 그렇지 못하다고 느끼면 실망에 빠지거든요. 그런데 하나님의 아들이신 주님도 모든 사람들에게 인정을 받은 것이 아니고, 심지어는 어떤 사람들은 예수님을 죽이기까지 했

는데 주님보다 더 위대해지기를 원하는 것은 아닌가요?

이러한 질문은 절대로 내담자들을 평가하거나 비난하는 식으로 행해져서는 안 된다. 내담자를 지지하는 분위기가 형성되어 심리적인 문제를 충분히 작업한 후에 이렇게 지적할 만한 충분한 자료가 있을 경우에만 가능한 것이다.

대체적으로 상담의 중기에는 내담자들의 문제를 심도 있게 다루고, 개인의 문제에 따라서 작업을 실시한 후에 성경과 영적인 면에서 통합을 이루도록 도와준다. 이 경우에는 기독교 상담자들의 역할이 아주 중요하며, 내담자의 문제에 대해 신앙과의 통합적 접근을 하면 내담자들의 심리적 성장과 영적 성장에 많이 도움이 된다.

예를 들면 기독교인이면서 자존감이 없고 자신을 비하하는 태도를 보이는 내담자를 도와줄 경우에, 일반적인 상담의 입장에서는 내담자의 어린 시절을 탐색해서,

- 과거에 언어적, 또는 신체적 학대를 당한 사실이 있었는지,
- 부모로부터 반복해서 들었던 부정적인 메시지는 무엇인지,
- 자신이 실패했을 경우에 어떤 식으로 문제를 처리해 왔는지,
- 과거의 외상 경험 때문에 위축되어 있지는 않는지,
- 부모에게서 거절이나 버림을 당한 경험 등을 탐색한다.

상담자가 내담자에게 주는 기본적인 새로운 메시지는

- 이제 당신의 삶의 주체는 당신이므로 아무도 당신을 함부로 비판하고 평가할 수 없다.
- 당신에 대한 다른 사람의 평가가 중요한 것이 아니라, 당신의 인생에 대한 당신의 평가가 더 중요하다.
- 당신이 자신을 향해서 "나는 괜찮아"(I am okay!)라고 선언하는 태도가 중요하다. 물론 다른 사람들도 "당신 괜찮아"(You are okay!)라고 말해 주면 더 좋겠지만….

다시 말하면 내담자 스스로가 자신의 정화(self purification)를 선언하는 것을 가르치고 안내해 주는 것이다.

기독교 상담자는 다음과 같이 기독교인의 자존감을 도와줄 수 있다.

- 사람이 스스로를 평가하거나 정죄할 수 있는 권리를 예수님이 십자가에서 없애셨기 때문에 이제 당신은 자신을 심판하거나 정죄할 권리가 없다.
- 우리를 창조하시고 영원한 멸망을 선언하실 수 있는 분은 오직 하나님한 분이시며, 이 하나님께서 예수님의 십자가의 공로로 우리를 무조건 수용해 주시니 당신도 자신을 무조건 수용해야 한다.
- 자존심이란 자신에 대해서 갖는 주관적인 가치관인데, 하나님이 당신을 천하보다 더 중요하다고 하셨으니 당신도 스스로를 향해서 중요한 사람이라고 겸손히 선언할 수밖에 없다.
- 하나님은 우리의 허물과 약점을 다 아시면서도 우리 한 사람, 한 사람을 수용하고 인정하시므로 당신도 하나님께서 하시듯이 당신 자신을 '그럼에도 불구하고' 인정하고 수용해야 한다.
- 우리가 하나님께 죄를 고백하면 하나님께서는 우리가 또 죄를 지을 것을 아시면서도 우리의 죄를 용서해 주시므로, 당신도 자신의 실수를 관대히 용서하면서 그 행동을 고치려고 열심히 노력해야 한다.

기독교 상담자는 우리가 스스로 의로워진다고 가르치는 것이 아니라, 하나님이 주신 선물로 우리가 의롭게 되었음을 선언할 수 있다는 것을 가르쳐 주는 것이다. 기독교 상담자는 내담자의 심리적인 문제를 다루면서 궁극적으로 하나님과의 관계를 회복시키고, 왜곡된 관계를 치료해서 하나님과 자신과 이웃과의 관계를 건강하게 회복하도록 도와주어야 한다.

치료의 말기과제

심리치료의 말기과제는 치료의 효과를 생활 속에서 유지하고 일반화시킬 수 있도록 하는 것이다. 따라서 내담자가 심리치료를 통해서 어떤 점들이 변화되었는지 관찰하고 다음과 같은 것들을 도와준다.

치료의 효과를 내담자에게 귀속시키기

치료가 잘 진행되면 상담자는 치료의 효과를 자신에게 돌리면서 칭찬을 받고 싶어하는 본능적 욕구를 느낀다. 그러나 심리치료의 효과에 대한 연구 결과에 의하면, 심리치료에 가장 크게 영향을 미치는 것은 치료자의 경험이나 치료 방법보다는 내담자가 가진 치료에 대한 동기와 지적인 능력이라고 밝혀졌다. 그러므로 상담자는 가능하면 내담자가 스스로 문제를 해결하는 데 공헌했다는 귀속감을 가지도록 도와서 치료 효과를 유지하는 데 도움이 되도록 해야 한다.

예를 들면:

상담자 : 지난 번에 오늘 치료를 마치기로 이야기했었지요? ○○씨는 상담을 통해서 처음보다 얼굴 표정이 밝아지고 자신감도 생겼고, 이제 자신의 일을 적극적으로 하고 계시기에 오늘 상담을 마치려고 합니다. 돌아보면 어떻게 이런 좋은 결과가 왔다고 생각하십니까?

내담자 : 선생님이 잘 도와주신 덕분이지요.

상담자 : 물론 저도 그 동안 최선을 다했습니다. ○○씨 스스로 느끼기에 내면에 어떤 변화가 일어난 것 같습니까?(내담자에게 치료의 동인을 귀속시키기 위한 질문)

내담자 : 옛날에는 지나치게 남을 의식했는데 이제 남의 의견에 쓸데 없이 신경 쓰지 않고 살려고 합니다. 이제 기분이 상하면 속

에 품고 있기보다는 초기에 자신의 감정을 알아차리고 대화로 해결하려고 노력하고 있어요.

상담자: 자신의 삶에 대한 주인의식을 갖고 부정적인 감정을 초기에 대화로 처리하려고 노력하신다는 말씀이지요? 또 다른 변화는 없습니까?

(중략)

이와 같이 상담의 효과에 대해서 내담에게 물어 보고 그 효과의 원인을 내담자에게 귀속시켜 주어야 한다.

상담자와의 관계가 영원히 끝나는 것이 아니고, 또 다른 문제가 생기면 도움을 받을 수 있다는 것을 알려 준다.
내담자와 오랫동안 치료를 하게 되면 내담자는 상담자에게 정서적으로 의존감을 갖기가 쉽다. 상담의 끝이 임박하면 내담자는 오히려 치료 과정에서 퇴행적인 행동을 보이면서 상담자와 의존적인 관계를 더 갖고 싶어하는 경향을 무의식적으로 보인다. 어떤 경우에는 상실감으로 우울증이 나타나기도 한다. 그러므로 상담자는 그것에 대해 미리부터 다음과 같은 대비를 해야 한다.
- 상담의 종결에 대해 적어도 1개월 전부터 같이 의논한다.
- 상담 후에도 도움이 필요하면 언제든지 도움을 받을 수 있다는 것을 알려 준다. 실제로 내담자가 도움을 받으러 오지 않는다 하더라도 필요시 도움을 받을 수 있다는 생각만으로도 위로를 받고 안심할 수 있기 때문이다.
- 상담의 종결은 서서히 한다. 예를 들면 상담을 마치고자 할 때는 2주에 한 번, 3주에 한 번, 4주에 한 번, 마지막으로 만나고 종결하는 방식을 많이 사용하기도 한다.

상담을 마친 후에도 감정의 변화가 있을 수 있음을 알려 준다. 그러나 감정이 동요될 때 상담 받은 경험을 통해서 대처하는 방법을 활용하도록 미리 준비시킨다.

상담의 종결뿐만 아니라 상담 과정을 통해서 상담의 효과는 직선적이 아니고 원형적 직선이라는 것을 미리 알려 줄 필요가 있다. 어떤 때는 2보 전진하고 1보 후퇴할 때도 있다는 것을 알려 주면서 장기적으로 보면 조금씩 향상이 된다는 기대를 갖게 한다. 나의 경험에 의하면 내담자가 상담의 효과에 대해서 직선적인 기대를 갖게 되면 자신의 문제가 조금만 나빠져도 상담의 효과가 없다고 하거나 상담 받은 것을 후회하는 경우가 많이 있었다. 상담이 종결되어도 문제가 악화될 수도 있으므로 그 동안 배운 대처 방법으로 문제를 충분히 해결할 수 있다는 자신감을 준다.

내담자가 직면할 수 있는 어려운 상황에 대해서 미리 연습을 한다.
예를 들어 내담자가 직장으로 돌아가면 상사가 핀잔을 준다든가, 또는 과중한 업무를 부여할 때 내담자가 상사의 기분을 상하지 않게 하면서 거절할 수 있는 방법을 사전에 연습하면 좋다.

> 상담자 : ○○씨는 다른 사람, 특히 상사가 부탁하면 거절하지 못하는 어려움을 가지고 계셨는데, ○○씨가 다시 직장으로 돌아갔다고 가정하고 상사가 ○○씨의 처지를 고려하지 않고 일을 과중하게 요구했을 더 거절하는 방법을 지금 연습해 보시겠어요?
>
> 내담자 : 좋습니다.
>
> 상담자 : 제가 ○○씨의 상사라고 가정하고 역할 연기를 해보죠. "○○씨 오늘 할 일이 좀 많은데, 지난주에 지시한 것 좀 빨리 마치세요. 우리 부서에 또 다른 일들이 할당되었어요. 오늘이 수요일인데 이번 금요일까지는 다 끝내도록 해요. 그리고 내

가 또 무슨 일을 지시할지 모르니까 항상 대기하도록 해요."

내담자 : (머뭇거리다가) 부장님, 제가 부장님의 권위를 무시하거나 저의 임무를 소홀히 하는 것은 아닌데요. 현재 저에게는 부장님이 주셔서 처리해야 할 일이 세 건이나 되고요, 오늘의 지시까지 하면 다섯 건이 되는 셈인데요. 제가 이번 금요일까지 완료한다고 했다가 차질이 생기면 저도 부장님한테 신용을 잃을 수 있고, 부장님도 상사한테 입장이 곤란할 수 있으니, 이번 일은 저 말고 다른 사람에게 부탁하시는 것이 어떨까요?
상담자 : 아주 잘했어요. 실제 상황에서도 이렇게 하실 수 있겠어요?
내담자 : 한번 시도해 볼게요.

종결 전에 아직도 해결되지 않은 과제가 남아 있는지 확인해 본다.
　상담자의 눈치를 많이 보는 내담자는 해결되지 않은 문제가 있음에도 불구하고 상담자가 상담을 종결하고 싶어하므로 수동적으로 따라가는 태도를 보이는 경우가 있다. 특히 이런 내담자에게는 종결 전에 다시 확인하는 절차를 가지는 것이 좋다.

상담자 : ○○씨, 이제 상담을 마친다는 것을 알고 있지요?
내담자 : 네, 알고 있어요.
상담자 : 혹시라도 마치기 전에 우리가 더 살펴봐야 할 일이 있나요?
내담자 : 글쎄요. 이제는 다 괜찮아요.
상담자 : 지금 ○○씨의 자신감과 좋은 기분을 숫자로 표현한다면 어느 정도라고 할 수 있을 것 같아요?
내담자 : (망설이다가) 7 정도예요.
상담자 : 우리가 상담을 시작할 때 ○○씨의 기분이 8-9정도면 끝내기로 했는데 현재 7의 기분을 8-9정도로 향상시키기 위해서

어떻게 하면 될까요?

내담자 : 다른 사람 앞에서 좀더 자신 있게 나의 의사를 표현을 할 수 있었으면 해요.

이와 같이 내담자의 감정을 좀더 세밀하게 관찰하면서 미진한 부분이 있는지 알아본다.

상담을 마무리할 때 기독교 상담자가 고려해야 할 사항들

기독교 상담자들은 위에서 지적한 사항들을 고려하면서 다음 사항들을 확인하고 도와주어야 한다.

하나님과의 친밀감을 형성하고 유지하도록 안내해 준다.

기독교 신자들을 상담해 보면 신앙인으로서 아직도 하나님을 추상적인 존재로 생각하고, 삶에서 하나님과의 친밀한 관계를 맺지 못하고 살아가는 경우를 많이 보게 된다. 기독교 상담자의 입장에서 보면 심리치료의 궁극적 목표는 하나님과의 관계를 더 친밀하게 하는 것이다. 그러므로 이 목표를 위하여 기독교 상담자는 영성의 개발과 안내도 해주어야 한다.

예를 들면,

- 정기적인 기도와 묵상법의 소개와 지도
- 성경구절의 깊이 있는 이해와 자신의 삶 속에서의 적용
- 금식 또는 건전한 기도원에서의 영적인 훈련
- 성경의 내용과 영성에 관한 고전 읽기

흔히 교회에서 일반적으로 행해지는 식의 성경 읽기 같은 영성 훈련이 아니고, 하나님과 진실한 가운데서 만나고 그분의 음성에 귀기울이면서 그분

을 닮아가려는 마음과 명상, 영적인 훈련을 말한다. 기도하면서 자신의 문제를 돌아보고, 자신의 문제 때문에 진리를 간과하고 있는 것이 없는지 다시 한번 살펴보는 진정한 훈련이어야 한다. 골방이나 아무도 없는 곳에서 하나님과 진지하게 만나는 훈련에 대해서 안내하는 것도 중요하다.

성경구절을 알려 주고 어려울 때 성경구절을 읽고 묵상하도록 조언한다.
불안한 내담자들에게는 이런 성경구절을 알려 주어도 좋다.

- 시편 23편 중에서 "내가 사망의 음침한 골짜기로 다닐지라도 해를 두려워하지 않을 것은…" 이 구절을 강조해서 읽도록 한다.

- "하나님은 우리의 피난처시요 힘이시니 환난 중에 만날 큰 도움이시라"(시 46:1).

- "이스라엘을 지키시는 자는 졸지도 아니하고 주무시지도 아니하시리로다"(시 121:4).

- "내일 일을 위해 염려하지 말라 내일 일은 내일 염려할 것이요 한날 괴로움은 그날에 족하니라"(마 6:34).

이것은 작은 예들에 불과하다. 우리가 시험을 받을 때, 재난을 당할 때, 실패나 사랑하는 사람들의 죽음에 직면할 때 등등 평소에 다양한 상황에서 적절하게 사용할 수 있는 성경구절을 마련해 놓았다가 내담자에게 주면 좋다.

심리학, 영성, 신학을 통합하는 과정에서 내담자가 적용할 수 있는 구체적인 방법을 가르쳐 줄 것.
인간적인 면에서 보면 우울함이나 불안 등의 부정적인 감정은 인간이 더 성숙해야 할 필요를 내적으로 경고해 주는 것이다. 이러한 내적인 경고의 음성을 듣고서 스스로 노력하면 그 개인은 심리학적으로 성숙하겠지만, 그 소리를 없애기 위해 술을 마신다거나 다른 사람에게 책임을 전가하면 오히려 부작용이 발생한다.

영적인 관점에서 보면 인간의 갈등이나 부적절한 감정은 하나님께로 나아가는 통로를 제공해준다. 그리고 우리가 이것을 올바르게 해결하면 하나님과 더 가까워지는 것을 느끼게 된다. 따라서 상담자는 내담자가 자신의 문제를 심리적이고 영적인 관점에서 조명하면서 통찰할 수 있도록 도와주어야 한다.

자신의 모든 문제를 지나치게 영적인 것으로 돌리는 것도 문제지만, 영적인 면을 무시하고 전적으로 심리학적으로 해결하려는 것도 건전하지 못하다. 상담자들은 내담자가 성도로서 총체적으로 문제의 양면을 볼 수 있도록 인도해 주고 전인격적으로 회복되도록 도와주어야 한다.

기독교 상담자의 자질

기독교 상담자는 기본적으로 기독교인이면서 심리학과 신학에 대한 지식뿐만 아니라, 자신의 영적 성장이나 인격 성장에 힘쓰는 사람이어야 한다. 기독교 상담자는 자신의 인격적, 영적 수준만큼 내담자를 도와줄 수 있다는 사실을 명심해야 한다. 다음 사항으로 자신을 점검해 보면 도움이 될 것이다.

이론적 사고와 지식
- 인간의 상호 작용에 대한 지식을 충분히 갖추었는가?
- 내담자를 관찰할 수 있는 능력을 갖고 있는가?
- 내담자를 탓하거나 내담자에게 책임을 전가하지는 않는가?
- 성경과 신학적인 관점을 통합하려고 시도하고 있는가?
- 상담이론들을 정확히 알고 바르게 적용하고 있는가?
- 체계적인 이론을 이해하고 있는가?

- 내담자가 상담에 대한 자신의 반응을 이야기할 때 적절하게 반응하고 있는가?
- 자신의 지식과 경험을 체계적으로 정리하고 사용할 수 있는가?
- 상담의 내용과 과정을 구별할 수 있는 능력이 있는가?
- 각종 상담 이론들을 정확히 알고 있는가?

인간관계 기술과 라포 형성의 능력
- 내담자와 치료관계를 적절히 형성하는가?
- 경청하는 능력이 있고 내담자의 말을 잘 들어주는가?
- 내담자를 존중하며, 상담에 대한 적절한 열정과 사랑이 있는가?
- 치료관계를 잘 유지하고 있는가?
- 내담자에게 민감하게 반응하고 있는가?
- 적절하게 공감하고 있는가?
- 내담자에 대한 공감을 표시하면서도 객관적인 관점을 유지할 수 있는가?
- 내담자의 감정을 인정해 주고 확인해 주는가?
- 내담자에 대해서 수용적인가?
- 내담자에게 진실한 자세로 대하고 있는가?
- 내담자에게 적절한 배려를 하고 있는가?
- 내담자에게 따뜻한 마음을 전달하는가?
- 내담자를 평가하기보다는 이해하는 태도를 유지하는가?

- 기독교인 내담자에게
- 성경구절을 인용해서 내담자를 정죄하지는 않는가?
- 교회의 직위나 기도, 영적 권위를 이용해서 내담자를 자신에게 의존적으로 만들지는 않는가?

일반적인 상담기술
- 내담자가 긍정적인 변화를 달성했을 때 내담자에게 귀인시키는가?
- 내담자의 관심에 초점을 두고 상담을 진행하고 있는가?
- 내담자의 이야기를 들으면서 정확한 가정을 가지고 있는가?
- 새로운 정보를 얻을 때마다 치료계획도 적절하게 수정하고 있는가?
- 내담자에게 긍정적인 변화에 대한 희망과 기대감을 심어 주고 있는가?
- 정서적으로 긴장된 상황에서도 이성을 잃지 않고 대처하는가?
- 내담자와 논쟁이나 싸움, 혼란스런 상황을 피하고 이러한 상황이 발생했을 경우 적절히 대처하는가?

- 기독교 내담자에게
- 내담자와 기독교 교리에 대한 논쟁에 빠지지는 않는가?

내담자에 대한 개입능력
- 여러 가지 개입 방법들에 대해서 숙지하고 있는가?
- 내담자를 대신해서 문제를 해결해 주고 있지는 않은가?
- 내담자에게 과제를 부여했을 경우에 적절하게 검사하고 있는가?(예 : 과제, 숙제 등)
- 내담자와 적절한 경계를 유지하고 내담자에게 경계를 가르쳐 주고 있는가?
- 내담자의 문제나 부정적인 사건을 적절하게 재정의해 주고 있는가?
- 파괴적인 대화를 적절하게 막고 대안을 제시해 주고 있는가?
- 내담자를 오히려 피해자로 만들지 않도록 적절하게 대처하고 있는가?
- 문제에 대한 내담자의 불안을 감소시켜 주는가?
- 내담자가 자신의 문제에 대한 책임을 전가할 때 적절히 대처해 주는가?
- 내담자의 문제에 대한 대처 방식을 적절하게 요약해 주고 새로운 방식을 도입하도록 격려해 주는가?

기독교 내담자에게
- 내담자의 문제를 성급하게 기도와 성경구절 인용으로 대처하지 않고, 내담자의 문제를 충분히 이해하고 그러한 가운데서 신앙의 조화를 시도하고 있는가?
- 내담자에게 적절한 성경구절을 인용해 주는가?
- 내담자가 하나님과 친밀한 관계를 가지도록 적절히 도와주고 있는가?
- 내담자와 상담 외의 관계에서 적절한 경계를 유지하고 있는가?
- 내담자의 정보를 교회에 누설하고 교회의 직책이나 인사에 이용하고 있지는 않은가?

상담의 관리 기술
- 상담의 종결을 치료적으로 하고 있는가?
- 상담에 대한 교육, 안내, 절차 등을 내담자에게 적절히 알려 주었는가?
- 치료관계에 장애가 되는 문제들을 적절하게 처리하고 있는가?
- 상담자가 전체적인 상담의 흐름을 통제하고 있는가?
- 상담 중 시간 엄수, 상담 중의 부적절한 행동 등에 관해서 적절히 통제하고 있는가?
- 상담의 매회기시 효과적으로 종결하고 있는가?
- 매회기시 초기 시작을 효과적으로 하고 있는가?

• 기독교 내담자에게
- 성경적 접근을 효과적으로 활용하고 있는가?
- 기도, 용서, 회개 등의 중요한 기독교적 접근을 효과적으로 통합하고 있는가?

상담의 관리와 상담가로서의 직업적인 행동
- 상담자의 윤리 규정을 숙지하고 있는가?
- 상담자의 윤리를 준수하는가?(내담자의 비밀유지, 이중적인 관계, 내

담자의 성적 이용, 내담자와의 이권 관계 등)
- 자신의 전문 상담 분야가 아닐 때 적절하게 다른 전문가에게 의뢰하고 있는가?
- 다른 상담자들과 좋은 인간관계를 유지하는가?
- 상담의 목표를 효과적으로 수립하고 있는가?
- 내담자에게 전문적인 직업인의 이미지를 유지하고 있는가?

- 기독교 내담자에게
- 내담자와 교회에서 같이 활동을 할 경우 내담자의 비밀 유지를 포함해서 불편한 관계를 유지하고 있지는 않는가?
- 자신의 상담에 한계가 있을 때 다른 상담자에게 적절하게 의뢰했는가?(계속 기도하자고 하면서 내담자를 붙들고 있지는 않는가?)

수퍼 비전의 활용
- 수퍼 비전을 상담에 효과적으로 적용하고 다음의 수퍼 비전 시간에 보고하는가?
- 감독자의 피드백을 수용하려고 노력하는가?
- 지시 사항을 잘 따르는가?
- 자신이 다루고 있는 사람에 대한 개입 방법이 합리적인가?
- 상담자의 역전이를 잘 다루어 주고 있는가?
- 상담의 효과를 잘 평가하고 숙지하고 있는가?

- 기독교 상담자에게
- 내담자를 위해서 적절한 기도를 하고 있는가?
- 자신의 신학과 신앙노선에 의거하여 내담자를 편견으로 보고 있지는 않는가?
- 감독자를 신학적으로 비판하거나 신학적인 입장을 이용해서 저항하지는 않는가?

상담자의 개인적 자질과 자기관리
- 상담자로서 언행이 일치하는가?
- 배우려는 자세가 있는가?
- 지적인 면에 호기심이 있는가?
- 우수한 판단력과 영리함, 그리고 지혜를 갖추고 있는가?
- 융통성이 있는가?
- 실수한 경우 책임을 지는 자세가 되어 있는가?
- 상식적인 것들을 이해하고 있는가?
- 자신의 유능성, 전문성, 신뢰성을 효과적으로 표현하는가?
- 상담을 방해할 만한 개인적인 정신 병리는 없는가?
- 평소에 비판적이고 평가하는 태도로 남을 대하지는 않는가?
- 개인 상호간의 차이점(전문성, 학교 및 지방 출신, 성별 차이, 다른 종교 등)들을 수용해 주는가?
- 방어적이지는 않는가?
- 대화를 효과적으로 하고 있는가?
- 참을성이 있는가?
- 자신이 말한 것이 남에게 어떠한 영향을 주는지 알고 있는가?
- 자신이 본 현실과 생각이 모든 사람들에게 적용되는 것은 아니라는 것을 알고 있는가?
- 유머 감각이 있는가?
- 일에 대한 열정과 헌신적인 자세가 있는가?
- 자신의 불안을 통제할 만한 능력이 있는가?
- 인간의 여러 가지 조건이나 상황에 대해서 호기심이 있는가?
- 상담자가 되고 싶어하는 순수한 열정이 있는가?
- 자신의 문제를 스스로 결정할 만한 능력이 있는가?
- 분석적인 사고를 할 수 있는가?

- 기독교 상담자에게
  - 건전한 신학적인 배경을 가지고 있는가?
  - 건전한 신앙관을 가지고 생활에서 실천하는가?
  - 자신의 영성 계발과 유지에 시간을 투자하고 할애하는가?
  - 하나님과 친밀한 관계를 유지하고 있는가?
  - 하나님과 사람 앞에서 겸손한가?
  - 성경구절을 매일 묵상하고 규칙적인 기도 생활을 하는가?
  - 자신은 건전한 가정을 유지하고 있는가?
  - 가정에서 율법적인 태도를 가지고 있지 않는가?
  - 심리학, 영성, 신학을 통합하는 입장을 가지고 있는가?

평가와 면접기술
- 기본적인 면접기술을 가지고 있는가?
- 내담자와 상호 작용하고 있는 것을 자각하고 있는가?
- 주요 호소 문제를 인식할 수 있는 능력이 있는가?
- 내담자의 대처기술과 장점들을 인식할 능력이 있는가?
- 내담자의 경계를 알아차릴 수 있는 능력이 있는가?
- 내담자가 말한 전체적인 내용을 기억하면서도 내담자의 현재 문제에 초점을 둘 수 있는가?
- 내담자의 주요 호소 문제의 역동을 파악하는 능력이 있는가?
- 내담자의 세계관을 이해할 수 있는 능력이 있는가?
- 내담자의 정보를 체계적이고 연속적인 맥락에서 수집하고 있는가?
- 내담자의 대인관계 문제를 진단할 만한 능력이 있는가?
- 내담자를 체계적인 관점에서 이해할 만한 능력이 있는가?
- 내담자의 하위체계, 삼각관계, 경계, 연합관계 등을 이해할 능력이 있는가?

기독교 상담자에게
- 내담자의 신앙의 수준을 평가할 수 있는가?
- 내담자와 상담자 자신과 이웃, 하나님과의 관계를 통합적으로 평가하고 있는가?
- 내담자의 영적, 심리적 성장의 수준을 알아차릴 만한 능력이 있는가?

상담 목표 설정
- 현실적인 상담의 목표를 설정했는가?
- 상담의 목표가 명확한가?
- 내담자와 함께 상담의 목표를 설정했는가?

• 기독교 상담의 경우
- 하나님과의 친밀한 관계를 치료의 목표에 포함시켰는가?

물론 위에 제시된 것이 유능한 상담자와 유능한 기독교 상담자가 되기 위한 총체적인 목록은 아니지만 나의 과거의 상담 경험과 기존의 목록을 고려해서 만든 것이다. 바라기는 상담기술의 향상과 초보적인 상담자를 감독하는 과정에서 많이 활용되었으면 한다.

⑩ 상담 사례

상담 사례

앞장에서 기독교 상담에 대한 원리와 원칙, 그리고 구체적인 방법들을 많이 제시했다. 독자들은 어떻게 기독교 상담이 이루어질 것인가에 대해서 궁금하게 생각할 것이다. 그래서 여기서는 내가 실시한 몇몇 기독교 상담의 사례들을 소개하고자 한다. 여기에 소개되는 사례들은 내담자의 허락이 있었고, 또한 내담자의 비밀을 보장하기 위해 가명이 사용되었다.

상담 사례

내담자 정보 : 정인숙(가명), 41세, 여, 모태 신앙, 가정 주부, 교회에서 많은 일에 봉사하고 있음. 남편은 45세로 회사 이사, 14세의 아들과 12세의 딸을 두고 있음.

주요 호소 문제

- 상대방이 요구하는 것을 거절하는 데 어려움을 갖고 있음.
- 사람들 앞에서 발표하는 것에 대한 두려움.
- 사람들이 자신을 무시할 것 같은 생각.
- 자신감의 부족과 낮은 자존감.

- 부부간의 갈등.

개인 가족 정보

내담자는 모태 신앙인으로 기독교 가정에서 자랐다. 남편은 교회에서 총 책을 맡고 있고, 회사에서도 이사를 맡고 있다. 내담자는 위로 언니와 여동생이 있다. 어린 시절에는 똑똑해서 공부도 잘 했지만 고등학교 시절에는 정서적 불안으로 학업 성적이 좋지 못해 자신이 원하는 대학에 진학할 수 없었고, 이것으로 인해 항상 열등감이 있었다. 어머니는 어린 시절에 내담자를 별로 칭찬해 준 적이 없고, 아버지는 엄격하고 적절하게 애정을 표현하는 것을 알지 못해서 서로 거리감이 있었다. 당연히 내담자는 부모에 대해 원망하고 있었다.

결혼은 중매 반 연애 반으로 이루어졌는데, 결혼 생활 초기에는 평탄치 못했으며 한때는 남편이 신체적 폭력을 행사한 적이 있었다. 상담 당시에는 신체적 폭력은 없었지만 언어 폭력은 여전했다. 상담은 유료 상담이었다.

제1회 상담

상 : 어서 오세요. 오늘 이곳을 찾아오시느라고 힘들지는 않으셨나요?
내 : 아뇨. 조교 선생님이 친절하게 안내해 주어서 괜찮았어요.
상 : 지금 저하고 이렇게 마주하고 있는 기분이 어떠세요?
내 : 약간 두렵기도 하고, 떨리기도 해요.
상 : 정인숙 씨뿐만 아니라 다른 사람들도 처음 보는 사람 앞에서 자신의 문제를 이야기하려그 하면 아무리 안전하다고 해도 긴장하게 돼요. 이곳에서 하시는 모든 이야기는 절대로 정인숙 씨의 허락이 없이는 아무에게도 공개할 수 없습니다. 어떤 문제로 상담을 받기를 원합니까?
내 : 이제 조금 안심이 되네요. 저는 여러 사람 앞에서 말을 하지 못하

고, 누가 나를 본다고 생각하면 아주 떨려요. 교회에서도 사람들 앞에서 발표하는 것이 정말 힘들어요. 그렇다고 안 할 수도 없고….

상 : 발표에 대한 두려움 때문에 많이 힘드셨을 것 같은데요. 언제부터 그렇게 발표하는 것에 두려움을 느끼셨나요?

내 : 아주 오래 되었어요. 어렸을 때부터 저는 남 앞에서 발표하는 것이 싫었어요. 남들이 저를 쳐다보면 시선을 어떻게 해야 할지 모르겠어요. 그래도 학교에 다닐 때는 그런 대로 괜찮았어요. 대학교 때 성경공부에도 참여하고 클럽 활동도 했는데, 성경공부를 하고 나서 발표를 하는데 아주 힘들었어요. 그때부터 발표하려고만 하면 얼굴이 붉어지고 두려워서 떨기 시작했어요. 지금도 여전도회에서 발표를 하려고 하면 가슴이 떨려요. 이것만 좀 없어지면 좋겠어요. 아주 힘들어요.

상 : 그러니까 어린 시절부터 발표에 대한 두려움이 있었고, 대학교 시절에 그것이 더 심해졌다는 말씀인데, 무슨 특별한 계기라도 있었습니까?

내 : 예, 한번은 제가 기독교 클럽에서 발표하는 날이었는데, 저는 나름대로 열심히 준비를 했지만 다른 사람들의 반응들은 신통치 않았고, 발표는 엉망이 되었어요. 또 선배도 제가 발표한 내용에 대해서 달갑지 않은 반응을 보였어요. 여러 가지가 복합적으로 일어났지요. 그 이후에는 계속 심해졌어요.

상 : 그 당시에 어떤 신체적인 변화가 있었지요?

내 : 얼굴이 화끈거리고 등에서 땀이 나고, 열이 오르는 것 같았어요.

상 : 그러한 신체의 변화를 느낄 때 어떤 감정을 느끼셨어요?

내 : 창피하고 수줍고, 두려웠어요.

(중략 : 이 시점에서 내담자의 발표에 대한 두려움에 대해 공감해 주었고, 초기 상담이기에 다른 문제에 관해서 탐색을 실시했음.)

상 : 이외에 상담을 원하는 다른 문제들은 무엇입니까?
내 : 사실은 부부관계가 더 문제이예요. 저의 남편은 교회에서 중책을 맡고 있는데, 집에서는 저를 무시하고 멸시하며, 심지어 젊었을 때는 남편에게 맞아서 온몸이 멍들었던 적도 있어요.
상 : 힘든 시간이었군요. 좀더 자세히 말씀해 주시겠어요?
내 : 남편은 밖에서는 남들에게서 칭찬을 듣고 또 남에게는 친절하게 잘 대해 주어요. 그런데 집에서는 자기 맘에 안 들면 병신 같다고 욕을 하기도 하고, 물건을 집어던지고 말도 말아요. 이것을 누구에게 호소도 못하죠. 그랬다가는 남편의 체면이 무엇이 되겠어요? 사실은 선생님에게 처음 이런 말을 하는 거예요.
상 : 그 동안 아주 어려우셨을 것 같아요. 혹시 심하게 맞아서 신체에 자국이라도 남은 경우가 있었습니까?
내 : (울음을 터뜨린다) (상담자는 티슈를 건네준다) 차마 창피해서 말을 못하겠어요. (그러면서 발을 걷어올리면서 흉터를 보여 준다) 여기를 좀 보세요.
상 : 신체적으로, 심리적으로 많이 상처를 받으셨을 것 같아요. 그런데 맞는 상황에서 어떻게 행동하셨나요?(내담자의 대처 방법을 파악하기 위함)
내 : 물론 남편이 나중에는 잘못했다고 하니까 참았지만… 다른 사람들에게는 말도 못했죠. 아이들도 화를 내지만 속수무책이고, 아이들도 많이 맞았어요(다시 운다).
상 : (안심시키면서) 괜찮아요. 한이 많을 것 같은데 마음껏 우셔도 돼요(시간을 준다).

상 : 남편이 자신의 뜻대로 안 되면 화를 내고 언어 폭력, 신체 폭력을 사용하시는데, 그밖에 남편에 대한 어려움은 어떤 것들입니까?
내 : 남편은 직장에서 스트레스를 받으면 항상 저에게 화풀이를 해요.
상 : 정말 견디기 어려우셨을 것 같은데, 최근에 일어난 일이 있으면

말씀해 주세요.

내 : 요즘 경기가 안 좋으니까 얼마 전에도 회사에서 무슨 일이 있었나 봐요. 들어오면서부터 표정이 좋지 않았어요. 저도 조심했죠. 그런데 집에 오자마자 식사하기를 원했는데 그날따라 제가 밖에서 일이 있어서 준비가 좀 늦었어요. 그랬더니 집에 있으면서도 남편에게 신경을 안 쓴다고 또 구박을 하는 거예요. 또 시작이구나 하고 그냥 참고 아무 대꾸도 안 하니까 남편도 화가 누그러졌어요. 그렇지만 저는 속으로 화가 많이 났죠. 그래도 요즘은 좀 나은 편이에요.

상 : 남편의 핀잔을 참으려고 하니까 속으로는 화가 많이 나셨겠어요. 남편이 요즘 어떻게 나아졌는데요?

내 : 전처럼 때리지는 않지만 그래도 언어 폭력은 여전해요. 그래도 안 때리니까 살겠어요.

상 : 부부간에 갈등이 있어 싸우면 요즘은 어떻게 싸우나요?

내 : 한 2년 전부터는 저도 말로 대들었어요. 맞고만 있으니까 안 되겠더라고요. 이판사판이라고 하면서 대들었죠. 그러니까 때리지는 않는데 그래도 욕은 여전하지요.

상 : 남편에게 어쨌든 자신의 의사를 표현하니까 신체 폭력 문제는 조금 나아진 것 같지만 언어 폭력으로 인신 공격하는 것은 아주 힘드실 것 같네요.

(중략 : 가정 폭력에 관한 현행법령을 간단히 설명해 주고 차후에 가정 폭력이 발생할 시에 대처할 수 있는 교육을 시켰다. 그리고 자신의 열등감과 매사에 자신이 없는 문제에 관해서도 이야기를 나누었다. 그리고 다음과 같이 첫회의 상담을 끝냈다.)

상 : 정인숙 씨 이야기를 들으니 남편의 신체적, 언어적 폭력 때문에 심리적인 후유증을 가지고 있고, 또한 남의 시선을 지나치게 의

식하시는 것 때문에 대중 앞에서 불안하고 긴장해서 힘든 삶을 살고 있는 것 같아요. 이제 저하고 이러한 문제들을 하나하나 차근차근 풀어 보도록 하지요. 제 경험에 의하면 대체로 정인숙 씨 정도의 문제는 8-10회 정도면 어느 정도 문제를 해결할 수 있는데, 우선은 8회 정도로 정하고 그때 가서 필요하면 상담회기를 더 늘리도록 하지요. 정인숙 씨의 문제는 저와 함께 열심히 노력하면 해결될 수 있어요. 저는 이전에 정인숙 씨와 비슷한 사람들의 문제를 도와준 경험이 있지요.

- 첫 회의 상담에서는 상담에 대한 희망을 주고 동기를 부여해 주는 것이 중요하다.
- 본인의 경험에 의하면 기독교 가정에서도 가정 폭력의 문제가 심각함을 많이 목격했고, 가정 폭력을 감추기 때문에 잘 드러나지 않으며, 교회에서 중책을 맡은 직분자들과 성직자들에게서도 많이 목격되었다.

제2회 상담

상 : 안녕하세요? 지난 주간 동안 어떻게 지내셨나요?
내 : 여기에서 상담을 받고 전철 안에서 이것저것 많이 생각해 봤어요. 그리고 제 자신의 삶에 대해서 많이 생각했어요. 제가 얼마나 비참한 삶을 살았는가를 알게 되었어요.
상 : 어떤 면에서요?
내 : 지금까지 남의 시선을 너무 의식하고 살았고, 남편한테 대접도 못 받고 살았으니 정말 비참하지요(약간 서글픈 표정을 짓는다).
상 : 힘든 삶을 살아오신 것 같아요. 오늘은 어떤 문제를 논의하시고 싶으세요?
내 : 남편 문제를 좀 의논하고 싶어요. 젊었을 때부터 항상 자기 비위에 거슬리면 그냥 저에지 욕하고 모욕을 주고 그래 왔는데 정말

참기 어려워요.

상 : 최근에 일어난 사건에 관해서 좀더 구체적으로 말씀해 주시겠어요?

내 : 지난 주에도 집에서 같이 일하는 사람들을 비난하고 욕을 했어요. 그리고 나서는 저에게 의견을 물었어요. '너는 어떻게 생각하니?' 저는 남편이 하는 것이 맘에 안 들어서 상대방 입장도 좀 생각하라고 했죠. 그랬더니 '너는 항상 남들에게는 잘 대해 주면서 나는 이렇게 무시해도 되는 거냐'고 하면서 욕을 하는 거예요.

상 : 그래서요?

내 : 이번에는 같이 대들었죠. "당신이 내 의견을 물어서 말했는데 왜 내게 욕을 하느냐, 이렇게 하려면 차라리 나에게 앞으로 의견을 물어보지 말라"고 저도 같이 소리를 쳤지요. 그랬더니 남편도 아무 말도 안 하더군요.

상 : 기분이 어땠어요?

내 : 기분이 조금 좋았어요. 이제 나도 참고 살지 말아야겠다는 생각을 했어요.

상 : 남편이 화내는 것에 대해서 반박하니까 남편이 조금은 수그러졌다는 이야기인데, 남편이 인숙 씨에게 의견을 묻는 목적이 무엇일 것 같아요?

내 : 자기에게 동조해 달라는 것이지요. 그러나 제가 보기에는 남편이 틀렸으니까 틀렸다는 이야기를 할 수밖에 없어요.

상 : 그러면 남편의 이야기에 동조해 주는 경우는 없나요?

내 : 어떤 때는 귀찮으니까 '그래, 당신 말이 맞아' 하면 그때는 '나도 문제가 있기는 하지' 하면서 자신의 문제를 시인하기도 하죠.

상 : 인숙 씨의 이야기는 남편을 일단 지지해 주면 남편도 자신의 문제를 돌아 볼 수 있다는 것인데 이 점을 신중하게 고려해 보신 적은 없으세요?

내 : 그러고 보니까 남편을 지지해 주면 그날은 잘 넘어갔어요.

상 : (약간은 교육적으로 유도하면서) 남편이 부인에게 어떤 의견을 물어볼 때 일차적인 관점은 정서적인 지지를 원하는 것 같은데, 부인은 남편의 문제에 대한 해답을 주려고 하니까 남편이 반발하는 것 같아요. 혹시 다음에 남편이 어떤 의견을 물어보면 "당신 힘들었겠다" "당신 화가 나겠다" 등으로 정서적인 지지를 해주고, 질문을 되돌려 주면서 다시 물어 볼 수도 있고, 무엇을 원하느냐고 물어 볼 수도 있지요. 어떻게 생각하세요?

내 : 저는 남편의 말을 제 나름대로 평가하고 논박해 주었던 것 같아요. 저의 태도를 바꿀 필요가 있을 것 같네요.

상 : 그럼 실제로 저하고 역할극을 한번 해보시겠어요? 인숙 씨가 남편의 역할을 하시고 제가 인숙 씨의 역할을 하지요. 남편이 인숙 씨를 괴롭히는 대표적인 경우를 상상하셔서 저에게 실감나게 연기를 해보세요(내담자에게 시간을 좀 준다).

내 : (자신의 남편 역할을 하면서) 여보! 이리 좀 와봐! 요즘 교인들은 다 위선자야. 그러니까 믿을 놈이 하나도 없어! 당신 생각은 어때?

상 : (내담자의 역할을 하면서) 당신 뭔가 교인들에게서 실망한 점이 있는 것 같은데 어떤 점 때문인지 구체적으로 말해 주겠어요?

내 : 뭘 귀찮게 구체적으로 말해! 말 안 해도 뻔하지! 당신은 왜 그렇게 둔해!

상 : (침착한 억양으로) 당신이 구체적으로 말을 안 해주니 제가 당신 맘을 알 수도 없고, 그럴 때마다 당신에게 물으면 "당신은 둔해"라고 말하니 저를 무시하는 것 같아서 화가 나요. 당신이 제 의견을 듣고 싶으면 좀더 구체적으로 말해 주세요.

내 : 오늘은 당신이 나에게 소리를 안 지르네. 다른 때 같았으면 당신도 덩달아 소리를 질렀을 텐데.

상 : 당신도 더 이상 큰소리로 저에게 말을 안 하니까 저도 좋아요(상대방의 긍정적인 점에 대한 강화). 아직도 당신이 무슨 일에 대해

서 저의 의견을 요구하는지 알 수 없어요.
내 : 우리 교인과 밖에서 거래를 하는데, 교회에서는 친절한 척하는데 나가서는 안면몰수를 하는 거야. 기가 막혀서!
상 : 제가 당신이라도 화가 날만 하네요(정서적 지지). 그분하고 어떤 거래를 하셨는데요?

(이 정도에서 역할극을 중단하고, 내담자의 역할에 대한 반응과 의견을 준다.)

상 : 이 정도에서 잠깐 멈추고 어떤 일이 벌어지고 있는지 우리 한번 평가해 보죠. 제가 보기에는 초기에 남편의 역할을 하실 때, 억양이 올라갔었는데 나중에는 많이 내려갔어요. 그리고 이야기도 좀 더 구체적으로 변해가고 있었어요. 지금 기분이 어떠세요?
내 : 좀 차분해지는 것 같아요. 제가 억지로 화를 내려고 했는데 잘 안 되네요.
상 : 왜 잘 안 되었습니까?
내 : 남편의 기분을 알아주고 표현해 주는 것이 효과가 있었어요.
상 : 아주 좋은 관찰과 경험을 하셨어요. 남편의 감정을 알아주고 지지를 해주는 것이 효과적이었지요. 이번에는 제가 남편의 역할을 하죠. 인숙 씨는 제가 남편 역할을 한 대로 하셔도 좋고 아니면 나름대로 다르게 하셔도 좋습니다.

(중략 : 내담자가 자신의 역할을 했는데 그중에서 잘한 점을 지적하여 칭찬해 주고 수정할 점을 지적해 주었다.)

• 이후의 상담은 남편의 언어 폭력에 대한 대처 방안을 깊이 토론하였고, 실제로 집에서 새롭게 대처할 수 있는 방법들을 다각도로 논의하였다.

- 내담자는 자신이 남편을 마치 자신의 아버지와 딸의 관계에서처럼 두려움의 대상으로 대해 왔으며, 남편과 아내라는 동등한 입장에서 매사를 처리하지 못하고 있음을 발견하였다.

제3회 상담

상 : 한 주간 동안 어떻게 지냈습니까?

내 : 괜찮았어요. 여기에서 연습을 한 후에 남편이 이전처럼 저에게 언어 폭력을 쓰면 대응을 하려고 많은 준비를 했는데, 그럴 만한 기회는 없었어요. 대신 남편이 직장에서 힘들어해서 스트레스를 많이 받겠다고 지지해 주었는데 남편이 좋아해서 저도 기분이 좋았어요.

상 : 인숙 씨의 기분이 좋다고 하니까 저도 기분이 좋은데요. 이번에는 남편을 정서적으로 지지하는 점에 초점을 두셨군요(이 점에 관해 좀더 강조함). 이 점이 아주 중요한데, 가령 인숙 씨가 저에게서 상담을 받으실 때 제가 단순히 문제의 해결책만 제시했더라면, 저에 대해서 어떤 반응을 했을 것 같습니까?

내 : 답답하고 힘들어서 왔는데 마음을 몰라준다는 느낌이 들었을 것 같아요.

상 : 바로 그 점입니다. 남편에게도 먼저 정서적인 지지를 해주고 해결책을 주시면 효과적이겠죠. 또한 자녀들에게도 그렇고요(상담의 효과를 일반화하도록 도와줌).

오늘은 어떤 점에 관해서 의논하고 싶으세요?

내 : 저는 왜 그렇게 남 앞에서 발표를 하려고 하면 얼굴이 빨개지고 가슴이 두근거리는지 모르겠어요. 이 문제를 해결하고 싶어요.

상 : 지난번에도 말씀하셔서 대충은 알겠는데, 어떤 상황에서 그렇게

힘드신지 좀더 구체적으로 말씀해 주시겠어요?
내 : 교회에서 남 앞에서 말을 하려고 하면 힘들어요.
상 : 좀더 구체적으로 말씀을 해주시겠어요?
내 : 한번은 제가 공중기도를 해야 하는데, 저는 정말 기도하다가 죽는 줄 알았어요. 가슴이 떨리고 다리도 후들후들거리고요.
상 : 그 당시에 어떤 느낌이 들었지요?
내 : 실수하면 어쩌나 하는 생각에 겁이 났고 긴장도 되었어요.
상 : 공중기도를 하게 되면 실수할까 봐 두렵고 힘들다는 말씀인데, 기도할 당시 또 스쳐간 생각이 무엇이었습니까?
내 : 남들이 제 기도를 듣고서 감동을 받지 않으면 어떡하나? 또는 다른 사람들이 보기에 너무 길다고 하지 않을까? 혹은 너무 짧다고 하면 어쩌나? 등등이지요.
상 : 그런 생각을 하면 몹시 긴장하게 되지요. 그런데 인숙 씨는 기도하면서 기도를 들으시는 하나님께보다는 사람들에게 초점을 두셨군요.
내 : 지금 생각하니까 그렇군요. 저는 항상 남이 저를 어떻게 생각할까 하고 염려해서, 공중기도할 때는 물론이고 어디서나 사람들의 시선을 많이 의식하게 돼요.
상 : (이 상황에서는 인지적인 접근으로 내담자의 왜곡된 사고를 정리해서 알려주고 같이 검토하는 방식도 있고, 또는 사회적인 불안에 대한 이유를 좀 구체적으로 설명하고 직접 개입하는 방식도 있는데, 내담자와의 치료관계가 확고하다는 생각이 들어서 좀더 적극적인 개입을 하기로 했다.)
인숙 씨와 같이 자신이 하고 있는 일에 대해서 남이 어떻게 생각할까 지나치게 반응하는 사람들은 수행 불안의 문제가 있어요. 이러한 사람들은 항상 불안하고 다른 사람이 어떤 관점에서 자신의 행동을 평가하는지에 민감하기 때문에 감정의 기복이 심하지요. 그런데 인숙 씨는 왜 그렇게 사람들의 평가에 민감하게 반응

하는가요?

내 : 저는 어려서부터 다른 사람한테서 항상 인정받아야 한다고 생각하고 자랐어요. 그래서 누군가가 저를 인정하지 않으면 불안해요. 그래서 다른 사람에게 인정을 받으려고 열심히 노력하는데 정말 힘들어요. 주위 사람들을 챙겨주는 것도 이제 지치고 힘들어요. 제가 노력하는 만큼 다른 사람들도 별로 반갑게 생각하지 않는 것 같아요.

상 : 다른 사람들에게서 인정을 못 받으면 불안하다고 말했는데, 인정을 못 받으면 무슨 일이 일어날 것 같아요?

내 : 사실 따지고 보면 별것도 아닌데, 큰일이라도 날 줄 알았죠.

상 : 어떤 일인데요?

내 : 사람들이 저를 나무랄 것 같고 피할 것 같아요.

상 : 실제로 그런 일이 일어났나요?

내 : 제가 다른 사람들의 속을 들여다볼 수 있는 것은 아니니까 알 수 없지만 사람들이 저를 피하거나 무시하지는 않았어요.

상 : 사람들한테 인정을 못 받으면 사람들이 인숙 씨를 피할 줄 알았는데 사실이 아니네요. 그러면 인정받지 못하고 거절당했던 두려운 사건이 생각나는 것이 있습니까?

내 : 언니들과 함께 자랐기 때문에 어머니에게 인정과 관심을 못 받으면 어쩌나 하는 두려움이 있었어요.

상 : 그 기억을 좀더 말씀해 주시겠어요?

내 : 어렸을 때 저는 성적이 좋지 않았고 언니는 공부를 잘했어요. 그래서 어머니에게 야단을 맞고 밖에 나가서 벌을 받은 기억도 있어요. 그때는 어머니가 나를 쫓아내면 어쩌나 하는 두려움이 있었어요. 그 후로부터 어머니 눈치를 많이 보게 되었고, 사람들 눈치보는 것도 심해진 것 같아요.

상 : 어머니에게 벌받을 때 아주 두려웠을 것 같아요. 그런데 문제는 어린 시절 부모에 대한 태도, 즉 어린 시절의 세계관이 성인이 되

어서도 세상을 대처하는 태도로 연결되어 문제가 된 것 같아요. 컴퓨터 용어로 말하자면, 삶에 대한 옛날의 프로그램을 인숙 씨의 나이와 위치와 환경에 맞게 업그레이드하지 않았다는 말이죠.

내 : 선생님 말씀이 맞아요. 저는 아직도 어린 시절의 기억 속에서 살고 있나 봐요.

상 : 실례지만 인숙 씨의 심리적인 나이를 고려한다면 지금은 몇 살이나 되는 것 같습니까?

내 : 심리적인 나이요? 어렵네요. 아마 5세 정도….

상 : 그보다는 조금 많겠죠. 저의 경험에 의하면 어린이가 7-8세가 되면 부모가 자신을 거절할까 염려하며 두려움을 느끼게 되고 민감하게 반응을 하면서 부모님의 비위를 맞추려고 노력하지요.

내 : 그럼, 저는 아직까지도 미숙하네요.

상 : 지금 저는 인숙 씨를 평가하거나 비하하려는 의도는 없습니다. 단지 우리는 살아오면서 삶에 대한 세계관을 자신의 위치에 맞게 조정하거나 수정하지 않은 채 살아오고 있는 경우가 많다는 것을 지적하고 싶은 것이죠.

내 : 그러면 어떻게 해야 하죠?

상 : 어떻게 하시고 싶으세요?(질문을 되돌려줌)

내 : 성인답게 살아야지요. 그런데 그것을 잘 모르겠어요.

상 : 성인답게 산다는 것이 무엇을 의미하죠?

내 : 남의 눈치를 덜 보는 것이지요.

상 : 어떻게 하면 남의 눈치를 덜 볼 수 있을 것 같습니까?

내 : (한참 생각하다가) 제 주관대로 사는 것이지요.

상 : 인숙 씨의 주관은 무엇인데요?

내 : 그것을 잘 모르겠어요.

상 : 인숙 씨는 자신을 아직도 어린이로 과소 평가하고 있는 듯한 느낌이 들어요. 이제는 가정이 있으며, 부모님이 인정하지 않더라도 성인으로서 부모님과 생각이 다를 수 있다고 자신의 의견을

밝힐 수 있잖아요?
내 : 그러니까 성인의 관점에서 세상을 보라는 것이지요?
상 : 네, 맞아요. 인숙 씨는 더 이상 어린애가 아니에요. 40대 주부이고, 자녀를 두었고, 무슨 일이 있으면 자신을 보호할 수 있는 능력이 있는 사람이지요.
내 : 저는 자신을 잊고 살아 왔나봐요. 이제 좀 자신감이 생기네요. 제가 하고 싶은 대로 살고 싶어요. 남의 눈치를 살피는 데서 해방되고 싶어요.
상 : 그렇게 하기 위해서는 인숙 씨가 해야 할 작업이 있어요. 사람들은 스스로 자신에게 계속해서 보내는 메시지가 있어요. 인숙 씨의 경우에는 :

- 모든 사람에게 인정을 받아야 한다. 그렇지 않으면 큰일난다.
- 다른 사람들의 비위를 맞추어야 한다. 그렇지 않으면 거절당한다, 등이거든요. 이러한 내적인 메시지를 바꾸어 주어야 돼요.

예를 들면:

- 사람들이 나를 인정해 주면 좋지만 인정 해주지 않아도 살아갈 수 있다.
- 모든 사람에게 인정받는 것은 불가능하다.

상 : 위와 같은 메시지를 아침마다 거울을 보면서 반복하시면 도움이 될 거예요.

(중략 : 내담자의 내적인 메시지를 수정하는 작업을 실시하고 다음 한 주간 과제로 주었다. 즉 남편에게 좀더 적극적으로 자신을 표현할 것, 자신의 내적인 대화 내용을 수정해 줄 것 등.)

- 기독교인들을 상담하다 보면 교인들의 눈치를 보며 혼자서 고민하는 문제가 아주 많이 나온다. 기독교의 교리는 남의 눈치보다는 자신의 양심과 주관에 따라서 행동하고 그것에 대한 책임을 지는 것이다.

- 나를 포함해서 남의 눈치를 많이 보는 우리들의 모습을 보면서 예수님은 과연 어떻게 하셨을까 하고 상상해 보았다. 예수님은 사람의 인정보다는 하나님의 인정과 영광을 구하셨기에 언행이 일치하고 표리가 동일하셨다.

제4회 상담

상 : 지난 주에는 상담한 후에 과제를 드렸는데 얼마나 노력했습니까?
내 : 아침마다 거울을 보면서 자신에게 말을 많이 하려고 노력했어요. 기분이 좋아졌고, 아직은 멀었지만 이제 남의 시선을 덜 의식하려고 노력하고 있어요.
상 : 하루아침에 고쳐질 수는 없지만 계속 노력하시면 차츰 나아질 거예요. 오늘은 기분이 어떠세요?
내 : 좀더 좋아요.
상 : 척도로 보면 기분이 어느 정도인 것 같습니까?
내 : 70 정도예요.
상 : 인숙 씨가 원하는 기분은 어느 정도입니까?
내 : 80 정도이지요.
상 : 70에서 80 정도로 향상하기 위해서는 어떤 문제가 해결되어야 할까요?
내 : 아직도 사람 앞에 서면 자신감이 없고 남을 의식하게 되는데 이 문제만 해결되면 기분이 많이 나아질 거예요. 다른 사람들에 비해 자존감이 낮은 것 같아요.
상 : 구체적으로 말씀해 주시겠어요?

내 : 저의 집에서도 언니 동생은 자기 주장을 잘 하는 편인데 저는 저의 주장을 하기가 어렵고, 또 자신 있게 내세울 만한 것도 없어요.

상 : 그런 생각 때문에 힘들었을 것 같은데요. 본인이 보기에 자신의 장점은 무엇이라고 생각하나요?

내 : 남에게 친절하고 관대하며, 남을 보살피는 것을 잘해요. 그런데 왜 저는 자신감이 없는지 모르겠어요.

상 : 왜 그런 것 같아요?

내 : 어렸을 때부터 저는 제가 실수하는 것을 받아들이기 어려웠어요.

상 : 구체적으로 어떤 실수를 말하나요?

내 : 큰 실수는 말할 것도 없고 조그마한 실수도 용납하기 어렵죠. 가령 쓰레기를 제 때 내놓지 않았다던가, 전기세를 기일 안에 내는 것을 잊어버리는 것 등 사소한 것들이에요.

상 : 다른 사람이 그런 실수를 범했을 때와 자신이 범했을 때의 태도는 어떻게 다르나요?

내 : 무슨 말씀하려고 하시는지 짐작이 가요. 남들이 그런 실수를 하면 "누구나 실수하니까 다음에 잘하면 돼"라고 하지만 제가 실수하면 "너 같은 바보가 또 어디 있겠니?" 하면서 자신을 비난하지요. 그럴 때는 기분이 가라앉고 힘들어져요.

상 : 인숙 씨의 이야기를 들어보면 반복되는 주제가 있어요. 즉 "나는 완벽해야 한다" "나는 실수를 하면 남들에게 거절을 당한다" "남에게 인정을 받기 위해서는 남의 눈치를 봐야 한다" 등이거든요. 그런데 한 가지 질문이 있어요(내담자의 신앙과 심리적인 문제를 통합하기 위한 시도를 함).

상 : 인숙 씨는 사람들의 눈치를 많이 본다고 했고 그 점을 인정하셨어요. 그러면 신앙에서 남의 눈치를 많이 보는 것에 대해 어떤 도움을 받을 수 있을까요?

내 : 무슨 말씀이죠? (한참 생각하다가) 저는 이 점에 관해서 저의 신

앙과 관련지어 생각을 안 해봤거든요.
상 : 오늘은 인숙 씨의 심리적인 문제에 자신의 신앙이 어떻게 연결될 수 있는지 고려해 봐도 괜찮겠어요?
내 : 네, 좋아요. 저도 그러고 싶어요.
상 : 자신의 신앙이 어떻게 도움이 되고 있습니까?
내 : 어떤 면에서요?
상 : 하나님은 인숙 씨가 조그마한 실수를 했을 때 어떻게 인숙 씨를 대하실 것 같습니까?
내 : 그야 물론 용서해 주시고 다음에 잘하라고 하시겠죠?
상 : 그것을 머리로는 아는데 가슴으로도 느끼시나요?
내 : 글쎄요. 가슴으로 와 닿지 않으니까 괴롭지요.
상 : 구체적으로 말하면 하나님은 인숙 씨를 관대하게 용서하시지만 자신은 용서를 못한다는 말인데요. 그러면 하나님이 인숙 씨를 대하는 태도와 인숙 씨가 자신을 대하는 태도가 다르네요.
내 : 저는 그렇게까지 깊게 생각하지는 않았어요. 그런데 오늘 선생님 말씀을 듣고 보니 그 말이 맞군요. 교회에서는 그렇게 배웠지만 생활 속에서는 실천을 못하고 있었어요.
상 : 이 점은 인숙 씨뿐만 아니라 저를 포함해서 많은 사람들이 믿음을 생활화한다는 것이 어렵기 때문에 공통적으로 고민하는 문제이지요. 그러면 인숙 씨는 자기가 자신을 용서하고 관대하게 대하는 것이 선택 사항이라고 생각하세요? 아니면 의무 사항이라고 생각하세요?
내 : 그 점도 심각하게 생각해본 적이 없어요. 예수님이 우리의 죄를 용서하시려고 십자가에서 대가를 치렀기에 우리는 그 공로로 인해 우리의 허물을 보고 정죄할 권리가 없지요.
상 : 바로 그 점이에요. 우리는 우리가 잘못하고 실수했을 때 스스로를 정죄할 권리가 없어요. 이러한 원리를 인숙 씨가 실수한 상황에 적용한다면 어떻게 해야 합니까?

내 : 제 스스로 자신을 관대하게 대해야겠지요.
상 : 그렇게 하기 위해서는 자신의 내적인 메시지와 자기와의 대화 내용을 어떻게 바꾸어야 할 것 같아요?
내 : 그것을 구체적으로 잘 모르겠어요.
상 : 우리는 지난 시간에도 비슷한 문제로 논의한 적이 있어요. 인간은 자신에 대한 생각이 감정이나 행동에 영향을 주기 때문에, 자신의 감정이나 행동을 바꾸기 위해서는 내적인 자기 대화의 내용을 바꾸어야 하지요. 어떻게 바꿀 수 있을 것 같아요?
내 : (한참 생각한 후에) "내가 실수해도 하나님은 나를 용서해 주시니 괜찮다"라고 하면 될까요?
상 : 아주 좋아요. 그럼 거기에 조금만 더 추가해 보도록 합시다. "내가 실수를 했을 때 하나님께서 나를 대하는 태도로 나를 대하자. 실수에서 교훈을 배우고 다음에는 개선하도록 더욱더 노력하자." 이 시간에 자신이 실수했다고 상상해 보고 자신을 향해 방금 말씀드린 것을 눈을 감고 반복해 보시겠어요?
내 : (눈을 감고 반복한다)
상 : 기분이 어때요?
내 : 이전보다 나아졌어요. 이제는 실수했다고 저를 원망하고 저주하지는 않을 것 같아요.
상 : 바로 이 점이 우리가 예수를 믿는 혜택이고 특권이게요. 실수했을 때 자신을 정죄하지 않고 격려해 주고 또다시 일어나는 것 말이에요.
내 : 그 말씀을 들으니 용기가 나요. 그런데 저의 낮은 자존감은 어떻게 회복하나요?
상 : 인숙 씨가 잘 따라오며 변화하는 모습을 보니 저도 아주 반가워요. 이번에는 인숙 씨가 조금 전에 한 것과 같은 요령으로 자존감을 향상시키기 위한 방법을 생각해 보세요. 자존감이란 자기가 자신에 대해 주관적으로 가치가 있다고 느끼는 마음이에요. 힌트

를 드린다면 이것을 하나님의 관점에서 보면 어떻게 될까요?

내 : 성경에 보면 우리가 천하보다 귀하다고 했으니 하나님의 관점에서 보면 제가 천하보다 귀한 존재이니까 저는 가치 있는 존재이지요.

상 : 아주 좋아요. 인숙 씨하고 상담하게 되면 날마다 달라지는 모습을 보게 되어서 저도 놀랄 때가 많아요.

내 : 선생님이 칭찬하니까 쑥스러워요.

상 : 아직도 인숙 씨는 남의 칭찬을 자연스럽게 받아들이지 못하고 있어요.

내 : 제가 또 실수했군요. 칭찬해 주셔서 고마워요.

상 : 내가 내 자신을 볼 때는 무가치하고 형편없을지라도 우리를 궁극적으로 판단하시고 평가하시는 분은 예수님이십니다. 그분이 우리 한 사람 한 사람을 가치 있다고 하시니까 인숙 씨나 저는 진정으로 가치 있는 존재예요. 바로 여기에서 기독교인들은 강한 자존감을 느낄 수 있지요.

내 : (얼굴 표정이 기쁘고 자신 있게 바뀌면서) 오늘은 정말 기분이 좋네요. 이렇게 예수님을 믿으면 신나게 믿을 수 있을 것 같아요.

상 : 맞아요, 이렇게 주님을 믿는 것이 진짜로 신나게 믿는 것이지요.

(중략 : 이후의 상담은 낮은 자존감을 신앙 안에서 근본적으로 해결할 수 있는 방법에 관해서 더 논의했고 집에 가서도 자신에게 긍정적인 하나님의 메시지를 보내는 연습을 하도록 과제를 부여함.)

- 나의 상담 경험에 의하면 많은 기독교인들이 자존감이 낮았다. 자존감과 겸손은 다른 차원인데, 겸손과 자기 비하를 혼동하고 있는 경우가 많았다. 또한 어떤 사람들은 자신을 비하하거나, 지나치게 겸손한 척하면서 거만한 태도를 보이기도 했다.

- 성직자들 역시 자존감이 많이 낮았다. 자존감이 낮은 사람들은 남의 말을 왜곡하기 쉽고, 쉽게 화를 잘 내고, 감정 기복이 심하고, 인간관계에서 지나치게 권위적이거나 오해를 잘하는 경향이 있다.

제5회 상담

상담자 : 오늘 기분은 어떻습니까?
내 : 좀 우울해요.
상 : 무슨 일이 있었나요?
내 : 글쎄요. 제 자신에게 화가 나고 우울하기도 해요.
상 : 얼굴 표정도 우울해 보이네요. 지금 느끼는 우울감을 1에서 100까지로 표현하면 얼마나 될까요? 100이 자살할 정도로 아주 우울한 정도이고 1이 날아 갈 듯이 기쁜 상태라면 말이에요.
내 : 약 50 정도요.
상 : 50 정도면 지난 주보다는 떨어졌지만 그래도 견딜 만한 수준은 되는 것 같은데요. 본인은 어느 정도까지 향상되기를 바라나요? 그리고 그렇게 되기 위해서는 무엇을 할 수 있을까요?
내 : 약 20-30 정도로 내리고 싶고요. 자신감에 대한 문제를 다루었으면 해요.
상 : 구체적으로 말씀을 좀 해주세요.
내 : 지난 주 교회에서 같이 봉사하는 친구에 대해서 많이 화가 났어요. 화라기보다는 질투심이 많이 생겼어요. 가만히 보면 저는 대체로 저보다 다른 사람이 좀 낫다는 생각이 들면 괜히 질투와 시기심이 일어나는 것 같아요.
상 : 질투란 대체로 나와 상대방을 비교해서 상대방이 나보다 더 낫다는 생각이 들면 상대방에게 원인을 돌리면서 부정적인 감정을 가지는 것인데, 인숙 씨도 그런 느낌이 드나요?
내 : 맞아요, 선생님. 남과 비교한다고 지적하셨는데 저는 저 자신을

남과 계속해서 비교하는 것 같아요. 그래서 남들이 저보다 좀 낫다고 생각하면 시기를 느끼고 피하려는 경향이 있어요. 반대로 남들이 저보다 못났다고 생각되면 그들을 무시하려는 경향이 있고요.

상 : 대체로 남과 자신을 비교하면 어떤 상황에서든지 마음이 불안하고 편치 못하지요. 그런데 언제부터 자신을 남과 비교하는 습관을 가졌던 것 같습니까?

내 : 지금 생각하면 아마도 어린 시절부터 그런 것 같아요.

상 : 어린 시절에 남과 비교하고서 질투심을 느낀 사건 중 기억나는 것이 있어요?

내 : 어렸을 때 언니와 많이 비교했던 것 같아요. 언니는 저보다 예쁘고 공부도 잘해서 엄마한테 인정을 많이 받았지만 저는 언니에 비해서 모든 것이 뒤떨어졌어요(눈시울이 붉어진다). 그래서 정말 힘들었어요.

상 : 그때의 일을 생각하면 지금도 감정이 북받쳐 올라오는 것 같은데 무척 힘들었을 것 같아요. 그때 일을 좀더 자세히 말씀해 주시겠어요?

내 : 그러니까 저는 항상 우리 집에서 제일 못나서 인정을 받지 못했기 때문에 경쟁을 해야만 살아날 수 있다는 느낌을 가졌던 것 같아요.

상 : 어린 시절에 자신과 언니가 구체적으로 비교되어서 화가 나거나 힘들었던 일 중 생각나는 것이 있습니까?

내 : (한참을 망설이다가) 예, 초등학교 시절인데요. 제 성적이 안 좋았는데 어머니가 "너는 왜 맨날 그 모양이냐, 너 때문에 창피해서 정말 못살겠다"고 하면서 핀잔을 준 기억이 나요.

상 : 그래서요?

내 : 쥐구멍이라도 있었으면 들어가고 싶었어요. "나는 왜 이 모양일까?"라고 생각했지요. 집을 나가고 싶은 충동을 느꼈지만 행동으

로 옮기지는 못했어요.
상 : 어머니의 핀잔 때문에 상처를 받았군요.
내 : 아주 큰 상처였어요. 어머니는 지금까지 모르고 계실 거예요.
상 : 그러면 지금까지 그 상처 난 마음을 어떻게 처리해 오셨나요?
내 : 지금까지 아무에게도 이런 말을 할 수 없었어요. 자존심도 상하고요. 교회와 주변에서는 어머니를 존경하고 있는데 어머니에게 나쁜 말은 삼가는 것이 좋잖아요.
상 : 가슴에 상처를 간직하면서도 어머니를 보호하려고 하셨군요.
내 : 그랬나요?
상 : 한편으로는 어머니를 보호하고, 또 다른 한편으로는 어머니에게서 상처를 받고, 그리고 또 인정받고 싶어하는 마음도 있고… 어머니에 대한 감정이 참 복잡하군요(감정을 요약 정리해 줌).
내 : 그런 것 같아요. 저는 지금까지 어머니에 대한 부정적인 감정만 있는 줄 알았는데, 다른 감정도 있네요. 내 스스로 어머니를 보호하려고 했다는 것은 좀 의외예요.
상 : 인숙 씨는 어머니를 배려하는 점에서는 착하고 좋은 분인 것 같아요.

(중략)

상 : 인숙 씨 이야기는 대체로 남과 비교해서 질투심이 난다고 했지만 실제로는 "남에게 인정을 받아야 한다. 그렇지 않으면 불안하고 힘들다"는 생각이 중심에 있었던 것 같군요. 이 시점에서 인숙 씨가 믿어온 하나님과의 관계는 어떻게 정리될 수 있을 것 같습니까?
내 : 어떤 면에서요?
상 : 인숙 씨가 믿어온 신앙과 하나님과의 관계가 이러한 상황에서 어떤 도움이 될 수 있을까요?(내담자의 문제를 충분히 인식하고 논

의한 다음, 신앙과 연결시키는 작업을 시도함)

내 : 물론 하나님에게서 인정받는 것이 사람 앞에서 인정을 받는 것보다 중요하다고 생각하지만 실제 삶 속에서는 잘 안 되는 것 같아요.

상 : 기독교적인 관점에서 보면 인숙 씨의 삶의 뿌리는 하나님에게 있는 것이 아니고 사람의 인정에 있는 것 같아요. 그러니까 사람들에게서 인정을 받는다고 생각하면 기쁘지만 인정을 못 받는다고 생각하면 불안하고 우울하고, 감정의 기복이 심하게 되지요. 인숙 씨는 어떻게 생각하세요?

내 : 저는 지금까지 하나님을 믿으면서 내 자신의 삶의 뿌리가 하나님께 있었다고 생각했는데, 지금 선생님의 말씀을 듣고 보니 그런 것 같네요. 조금 충격을 받았어요.

상 : 하나님은 진리 그 자체이므로, 우리의 삶이 하나님 안에 있을 때는 불안하거나 우울하지 않지만, 사람들의 인정을 받으려고 애쓰는 삶을 살게 되면 평안한 삶을 살아 갈 수 없게 됩니다. 우리의 감정은 우리의 삶이 잘못되었을 때 그것을 고치라는 경고 장치라고 할 수 있습니다. 인숙 씨의 삶에서 느끼는 불안과 우울함이 인숙 씨의 삶에 대한 현주소를 잘 말해 주는 것 같습니다.

내 : 그런 것들에 대해서는 미처 생각하지 못했어요. 저는 지금까지 하나님을 잘 믿고 남에게도 모범이 된다고 생각했어요. 또한 교회에서나 제가 속한 여전도회에서도 저를 그렇게 알고 존중하고 있지요. 그런데 혼자 있으면 항상 불안하고 남을 의식하게 되고 교회에서도 저보다 똑똑한 사람이 있으면 경쟁심과 질투심을 느꼈어요.

상 : 성경적인 해석을 하자면, 인숙 씨의 삶은 '모래 위에 지은 집'이라고 얘기할 수 있어요(정죄하는 느낌을 주지 않으려고 억양을 약간 낮추고 천천히 말했음). 그러니까 인숙 씨의 삶에 풍랑과 파도가 닥칠 때마다 그 근본이 흔들리는 것 같아요. 이제 예수님이

라는 바위 위에 집을 지어야 한다고 생각하지 않나요?
내 : (침묵하면서 자신의 삶을 반성하는 태도로) 선생님 말씀이 맞아요. 그런데 어떻게 해야 반석 위에 집을 짓게 되는 것일까요?
상 : (질문을 되돌려 주면서) 인숙 씨의 생각은 어떤데요?
내 : 하나님이 인정을 해주시니까 괜찮다고 생각하고 믿지만 어떤 때는 그런 말들이 생각날 때도 있고, 잊어버리기도 하고, 아무튼 잘 안 돼요. 머리로는 이해하겠는데….
상 : 맞아요, 머리로 하나님의 수용하심을 이해하는 것과 가슴으로 이해하는 것과는 차이가 있어요. 하나님은 인숙 씨를 향해서 "나는 너의 허물을 다 알지만 괜찮아. 그러니 이제 너도 너를 향해서 괜찮다고 하거라"고 말씀하실 거예요. 이번 주에는 이것을 과제로 드리고 싶어요. 거울을 보실 때마다 "하나님이 너를 보고 '괜찮아' 하시니까 나는 괜찮은 사람이야!"라는 말을 여러 번 반복해 보세요. 그러면 좀더 자신감이 생길 거예요.

(중략 : 내담자가 계속해서 하나님의 은혜와 수용에 대한 메시지를 듣고 그것을 자신에게 반복하도록 도와주었다.)

- 우리는 예수를 믿으면 마음의 평안을 얻는다고 하는데, 실제로 현장에서 보면 예수를 믿어도 마음에 평안이 없는 경우가 많다. 또한 예수를 믿고 자신이 나아질 것이라는 기대는 있는데, 현실은 그렇게 되지 않으니까, 오히려 예수를 믿으면서도 모순을 경험하는 신도들이 많은 실정이다.

- 예수를 믿어도 마음에 평안을 얻지 못할 때, 신자들이 자신의 문제를 솔직하게 꺼내놓고 이야기를 할 대상이 없다. 교회에서 이런 이야기를 꺼내면 믿음이 없다고 지탄을 받고 교회의 직분을 맡는데 지장이 있기 때문이다.

- 나는 기독교인들의 신앙과 인격 성숙을 위해서 많은 기독교 상담자들이 시급히 필요하며 그들의 역할이 매우 중요하다는 것을 절감한다.

이후 상담은 요약

제6회 상담

논의 사항
내담자의 자기 주장 훈련을 실시했다. 부부 대화 기법을 상담 중에 구체적으로 가르쳐 주었고, 다음의 사항들을 다루었다.

- 남편의 언어 폭력에 대해서 자기 주장하기.
- 교회에서 다른 교인들과의 인간관계를 개선하기 위한 훈련.
- 자신의 삶을 돌아보고 자신을 위해서 시간과 에너지를 투자할 것에 관해서 의논함 : 원하는 옷도 사고, 외출도 시도함.
- 자신을 영적으로 돌아보고 성숙할 수 있도록 도와줌.

제7회 상담

상담의 효과를 잘 유지하고 있었으므로 내담자와 자녀들과의 관계를 다루었다.
- 청소년들을 어떻게 이해할 것인가?
- 청소년들을 위한 정서적인 보살핌.
- 청소년들과의 대화법에 관해서 다루었음.

남편과의 관계는 남편에게 자주 정서적인 지지를 표시한 후에 진전이 되었고, 가족 외식이나 부부만의 시간을 갖도록 해서 부부관계를 개선하는 데 노력하였음.

- 기독교의 근본 교리 중의 하나는 우리가 율법 아래 살면 심판이 있고 정죄를 받지만, 예수님 안에 살면 하나님의 은혜와 사랑고 격려가 있다는 것이다. 그러나 실제로 기독교인 가정을 상담하면서 느낀 점은 구원을 받았다고 하면서도 아직도 율법의 요구 아래서 살고 있는 기독교인 가정이 너무나 많으며, 상대방의 잘못이나 실수를 보고 비판하고 정죄하는 언어 폭력과 신체 폭력이 많다는 것이다. 이러한 일들은 하루 속히 시정되어야 한다

제8회 상담

상담이 순조롭게 진행되었고, 자신의 상태가 좋아지자 다른 내담자를 추천해 주었다. 남이 도움을 요청할 때 거절하지 못하는 문제, 자신의 의견을 적절하게 주장하는 문제 등을 다루었다. 또한 성경의 원리대로 분노를 초기에 파악하고 다루는 방법도 토론했다. 내담자의 상태는 많이 호전되었고 합의하에 상담의 종결 방향을 설정했다. 그래서 2주 간격으로 상담을 실시해서 모든 일이 순조롭게 되면 한달 후에 종료하기로 합의하였다.

제9회와 10회 상담

상담이 순조롭게 진행되어 약속대로 종결하였다. 특별히 새로운 주제는 없었고, 지금까지의 상담에서 나온 주제들이 다각도로 반복되는 점을 지적하고, 상담의 효과를 일반화한 후 앞으로 예상되는 어려움을 사전에 예방할 수 있는 대책도 세웠다. 성경구절을 제시해서 어려운 상황에서 대처할 수 있도록 하고 아쉬움 속에서 상담을 종결하였다.

| 각주 |

감사의 말

1. 7장의 일부는 캐서린과 내가 함께 쓴 다음의 논문에서 발췌한 것이다. "Forgiveness: More than a Therapeutic Technique," *Journal of Psychology and Christianity*(In press).
2. 1장의 일부는 짐과 내가 함께 쓴 다음의 논문에서 발췌한 것이다. "Psychology, Theology, and Spirituality: Challenges for Spiritually Sensitive Counseling," *Christian Counseling Today*(winter 1996).

1장 상담에서의 종교

1. Stephen Quackenbos, Gayle Privette, and Bonnel Klenz, "Psychotherapy: Sacred or Secular?" *Journal of Counseling and Development* 63(1985): 290-293.
2. Mark R. McMinn, "Religious Values, Sexist Language, and Perceptions of a Therapist," *Journal of Psychology and Christianity* 10(1991): 132-136.
3. Stanton L. Jones, "A Constructive Relationship for Religion with the Science and Profession of Psychology: Perhaps the Boldest Model Yet," *American Psychologist* 49(1994): 134-199.
4. Albert Ellis, *The Case against Religion: A Psychotherapist's View*(New York: Institute for Rational Living, 1971).
5. 무신론자들의 증거와 대조되는 연구 논문들로는 다음의 것들이 있다. Allen E. Bergin "Religiosity and Mental Health: A Critical Reevaluation and Meta-analysis," *Professional Psychology: Research and Practice* 14(1983): 170-184; Allen E. Bergin "Values and Religious Issues in Psychotherapy and Mental Health," *American Psychologist* 46(1991): 364-403; Allen E. Bergin, Randy D.

Stinchfield, Thomas A. Gaskin, Kevin S. Masters, and Clyde E. Sullivan, "Religious Life-Styles and Mental Health: An Exploratory Study," *Journal of Consulting and Clinical Psychology* 35(1988): 91-98; Michael J. Donahue, "Intrinsic and Extrinsic Religiousness: Review and Meta-analysis," *Journal of Personality and Social Psychology* 48(1985): 400-409. Evidence of caution can be found in Albert Ellis, *The Case against Religiosity* (New York: Institute for Rational Living, 1983); Albert Ellis, "Do I Really Hold that Religiousness Is Irrational and Equivalent to Emotional Disturbance?" *American Psychologist* 47(1992): 428-429; Albert Ellis, "My Current Views of Rational-Emotive Therapy(RET) and Religiousness," *Journal of Rational-Emotive & Cognitive-Behavior Therapy* 10(1992): 37-40.

6. Albert Ellis, "The Advantages and Disadvantages of Self-Help Therapy Materials." *Professional Psychology: Research and Practice* 24(1993): 336.
7. 포스트모더니즘을 비평한 글은 다음의 논문이 있다. M. Brewster Smith, "Selfhood at Rist: Postmodern Perils and the Perils of postmodernism," *American Psychologist* 49(1994): 405-411.
8. Ronald Rapee and David Barlow, "Panic Disorder: Cognitive-behavioral Treatment," *Psychiatric Annals* 18(1998): 473-477.
9. Task Force on Promotion and Dissemination of Psychological Procedures, "Training in and Dissemination of Empirically Validated Psychological Treatments: Report and Recommendations," *The Clinical Psychologist* 48(1995): 3-23.
10. Everett L. Worthington, Jr., "A Blueprint for Intradisciplinary Integration," *Journal of Psychology and Theology* 22(1994): 79-86.
11. Gary R. Collins, "Moving through the Jungle: A Decade of Integration," *Journal of Psychology and Theology* 11(1983): 5.
12. Worthington, Jr., "Blueprint," *Journal of Psychology and Theology* 22(1994): 80.
13. Dallas Willard, *The Spirit of the Disciplines*(San Francisco: HarperCollins, 1988), 18.
14. Gary R. Collins,: "The Puzzle of Popular Spirituality," *Christian Counseling Today*(winter 1994):10-14.
15. Mark R. McMinn and James C. Wilhoit, "Psychology, Theology, and Spirituality: Challenges for Spiritually Sensitive Counseling," *Christian Counseling Today*, (fall 1995).
16. Michael J. Lambert and Allen E. Bergin, "The Effectiveness of Psychotherapy,"

Handbook of Psychotherapy and Behavior Change, 4th ed., ed. Allen E. Bergin and Sol L. Garfield (New York: Wiley, 1994), 143-189; Mary Lee Smith, G. V. Glass, and R. L. Miller, The Benefits of Psychotherapy(Baltimore: Johns Hopkins Press, 1980).
17. Jerome D. Frank, "Therapeutic Factors in Psychotherapy," American Journal of Psychotherapy 25(1971): 350-361.
18. Susan C. Whiston and Thomas L. Sexton, "An Overview of Psychotherapy Outcome Research: Implications for Practice," Professional Psychology 24(1993): 43-51.
19. McMinn, "Religious Values," Journal of Psychology and Christianity: 132-136.
20. Allen E. Bergin, "Psychotherapy and Religious Values," Journal of Consulting and Clinical Psychology 48(1980): 95-105; Timothy A. Kelly and Hans H. Strupp, "Patient and Therapist Values in Psychotherapy: Perceived Changes, Assimilation, Similarity, and Outcome," Journal of Consulting and Clinical Psychology 60(1992): 34-40; Frank I. Martinez, "Therapist-client Convergence and Similarity of Religious Values: Their Effect on Client Improvement," Journal of Psychology and Christianity 10(1991): 137-143; Dominic O. Vachon and Albert A. Agresti, "A Training Proposal to Help Mental Health Professionals Clarify and Manage Implicit Values in the Counseling Process," Professional Psychology: Research and Practice 23(1992): 509-514; Everett L. Worthington, Jr., ed., Psychotherapy and Religious Values (Grand Rapids: Baker, 1993).
21. Dominic O. Vachon and Albert A. Agresti, "A Training Proposal to Help Mental Health Professionals Clarify and Manage Implicit Values in the Counseling Process," Professional Psychology: Research and Practice 23(1992): 509.
22. Richard J. Foster, Celebration of Discipline: The Path to Spiritual Growth(San Francisco: HarperCollins, 1988); Willard, Disciplines.
23. Gary W. Moon, Judy W. Bailey, John C. Kwasny, and Dale E. Willis, "Training in the Use of Christian Disciplines as Counseling Techniques within Christian Graduate Training Programs," Psychotherapy and Religious Values, ed. Everett L. Worthington, Jr.(Grand Rapids: Baker, 1993), 191-203
24. Ibid., 200.
25. Ibid., 201.
26. Samuel A. Adams, "Spiritual Well-being, Religiosity, and Demographic Variables as Predictors of the Use of Christian Counseling Techniques." Poster

presented at the annual meetings of the American Psychological Association. Los Angeles: August 1994.
27. Eugene H. Peterson, *A Long Obedience in the same Direction: Discipleship in an Instant society*(Downers Grove, Ill.: InterVarsity Press, 1980).
28. Stanton L. Jones and Richard E. Butman, *Modern Psychotherapies: A Comprehensive Christian Appraisal*(Downers Grove, Ill.: InterVarsity Press, 1991).
29. Raymond A. DiGiuseppe, Mitchell W. Robin, and Wendy Dryden, "On the Compatibility of Rational-Emotive Therapy and Judeo-Christian Philosophy: A Focus on Clinical Strategies," *Journal of Cognitive Psychotherapy: An International Quarterly* 4 (1990): 355-368; Paul Hauck, *Reason in Pastoral Counseling* (Philadelphia: Westminster, 1972); Paul Hauck, "Religious and RET: Friends or Foes?" *Clinical Applications of Rational-Emotive Therapy*, ed. Albert Ellis and M. E. Bernard (New York: Plenum Press, 1985), 237-255; W. Brad Johnson, "Rational-Emotive Therapy and Religiousness: A Review," *Journal of Ratioanl-Emotive & Cognitive-Behavioral Therapy* 10(1992): 21-35; W. Brad Johnson, "Christian Rational-Emotive Therapy: A Treatment Protocol," *Journal of Psychology and Christianity* 12(1993): 254-261; W. Brad Johnson and Charles R. Ridley, "Brief Christian and Non-Christian Rational-Emotive Therapy with Depressed Christian Clients: An Exploratory Study," *Counseling and Values* 36(1992): 220-229; Constance Lawrence, "Rational-Emotive Therapy and the Religious Client," *Journal of Rational-Emotive Therapy* 5(1987): 13-20; Constance Lawrence and Charles H. Huber, "Strange Bedfellows?: Rational-Emotive Therapy and Pastoral Counseling," *The Personnel and Guidance Journal* 61(1982): 210-212; John Powell, *Fully Human, Fully Alive*(Niles, Ill.: Argus, 1976); Sandra D. M. Warnock, "Rational-Emotive Therapy and the Christian Clients," *Journal of Rational-Emotive & Cognitive-Behavior Therapy* 7(1989): 263-274.
30. Constance Lawrence and Charles H. Huber, "Strange Bedfellows?: Rational-Emotive Therapy and Pastoral Counseling," *The Personnel and Guidance Journal* 61(1982): 210.
31. Mark R. McMinn, "RET, Constructivism, and Christianity: A Hermeneutic for Christian Cognitive Therapy," *Journal of Psychology and Christianity* 13(1994): 342-355.
32. Thomas A. Harris, I'm OK-You're OK: *A Practical Guide to Transactional Analysis*(New York: Harper & Row, 1967).

33. Ellis, *The Case against Religion*, 3; see also Albert Ellis and Eugene Schoenfeld, "Divine Intervention and the Treatment of Chemical Dependency," *Journal of Substance Abuse* 2(1990): 459-468.
34. Everett L. Worthington, Jr., Philip D. Dupont, James T. Berry, and Loretta A. Duncan, "Christian Therapists and Clients' Perceptions of Religious Psychotherapy in Private and Agency Settings," *Journal of Psychology and Theology* 16(1988): 282-293.
35. Ibid., 292.
36. Robert A. Ball, and Rodney K. Goodyear, "Self-reported Professional Practices of Christian Psychotherapists," *Psychotherapy and Religious Values*, ed. Everett L. Worthington, Jr.(Grand Rapids: Baker, 1993), 171-182.
37. W. Brad Johnson, "Outcome Research and Religious Psychotherapies: Where Are We and Where Are We Going?" *Journal of Psychology and Theology* 21(1993): 297-308.
38. W. Brad Johnson, Ronald DeVries, Charles R. Ridley, Donald Pettorini, and Deland R. Peterson, "The Comparative Efficacy of Christian and Secular Rational-Emotive Therapy with Christian Clients," *Journal of Psychology and Theology* 22(1994): 130-140; W. Brad Johnson and Charles R. Ridley, "Brief Christian and Non-Christian Rational-Emotive Therapy with Depressed Christian Clients: An Exploratory Study," *Counseling and Values* 36(1992): 220-229; David Richard Pecheur and Keith J. Edwards, "A Comparison of Secular and Religious Versions of Cognitive Therapy with Depressed Christian College Students," *Journal of Psychology and Theology* 12(1984) 45-54.
39. L. Rebecca Propst. "The Comparative Efficacy of Religious and Non-religious Imagery for the Treatment of Mild Depression in Religious Individuals," *Cognitive Therapy and Research* 4(1980): 167-178; L. Rebecca Propst, Richard Ostrom, Philip Watkins, Terri Dean, and David Mashburn, "Comparative Efficacy of Religious and Nonreligious Cognitive-behavioral Therapy for the Treatment of Clinical Depression in Religious Individuals," *Journal of Consulting and Clinical Psychology* 60(1992): 94-103.
40. L. Rebecca Propst, Richard Ostrom, Philip Watkins, Terri Dean, and David Mashburn, "Comparative Efficacy of Religious and Nonreligious Cognitive-behavioral Therapy for the Treatment of Clinical Depression in Religious Individuals," *Journal of Consulting and Clinical Psychology* 60(1992): 94-103.
41. Daniel. R. Somberg, Gerald L. Stone, and Charles D. Claiborn, "Informed Consent: Therapists' Beliefs and Practices," *Professional Psychology:

Research and Practice 24(1993): 153-159; Therese Sullivan, William Martin, Jr., and Mitchel M. Handelsman, "Practical Benefits of an Informed-consent Procedure: An Empirical Investigation," *Professional Psychology: Research and Practice* 24(1993):160-163.
42. Everett L. Worthington, Jr., "Religious Counseling: A Review of Published Empirical Research," *Journal of Counseling and Development* 64(1986): 421-431.
43. Enrico E. Jones and Steven M. Pulos, "Comparing the Process in Psychodynamic and Cognitive-behavioral Therapies," *Journal of Consulting and Clinical Psychology* 61(1993): 306-316; Whiston and Sexton, "An Overview of Psychotherapy Outcome Research," *Professional Psychology,* 43-51.
44. Propst et al., "Comparative Efficacy of Religious and Nonreligious Cognitive-behavioral Therapy," *Journal of Consulting and Clinical Psychology,* 94-103.
45. Ibid.
46. Ibid.
47. Propst, "The Comparative Efficacy of Religious and Non-religious Imagery," *Cognitive Therapy and Research,* 167-178; Propst et al., Comparative Efficacy of Religious and Nonreligious Cognitive-behavioral Therapy," *Journal of Consulting and Clinical Psychology,* 94-103.

2장 심리적, 영적 건강을 위한 첫걸음

1. Jerome D. Frank, "Psychotherapy: The Restoration of Morale," *American Journal of Psychiatry* 131(1974): 271-274; David E. Orlinksy, Klaus Grawe, and Barbara K. Parks, "Process and Outcome in Psychotherapy-Noch Einmal," *Handbook of Psychotherapy and Behavior Change*(4th ed.), ed. Allen E. Bergin and Sol L. Garfield(New York: Wiley, 1994), 270-376.
2. Mark R. McMinn, *Cognitive Therapy Techniques in Christian Counseling*(Waco, Tex.: Word).
3. Enrico E. Jones and Steven M. Pulos, "Comparing the Process in Psychodynamic and Cognitive-behavioral Therapies," *Journal of Consulting and Clinical Psychology* 61(1993): 306-316.
4. Aaron T. Beck, Arthur Freeman, and Associates, *Cognitive Therapy of Personality Disorders*(New York: Guilford, 1990); Richard C. Bedrosian and George D. Bozicas, *Treating Family of Origin Problems: A Cognitive*

Approach(New York: Guilford, 1994); Jeffrey E. Young, *Cognitive Therapy for Personality Disorders: A Schema-focused Approach*, rev. ed(Sarasota, FL: Professional Resource Press, 1994).
5. Erik H. Erikson, *Childhood and Society*(New York: Norton, 1963).
6. Ibid.
7. Timothy Beougher and Lyle Dorsett, eds., *Accounts of a Campus Revival: Wheaton College 1995*(Wheaton, Ill : Harold Shaw, 1995).
8. Marsha M. Linehan, *Cognitive-behavioral Treatment of Borderline Personality Disorder*(New York: Guilford, 1993).
9. Michael J. Lambert, "Psychotherapy Outcome Research: Implications for Integrative and Eclectic Therapists," *Handbook of Psychotherapy Integration*, ed. John C. Norcross and Marvin R. Goldfried (New York: Basic Books, 1992), 94-129; Kenneth S. Pope, Janet L. Sonne and Jean Holroyd, *Sexual Feelings in Psychotherapy*(Washington, D. C. : American Psychological Association, 1993).
10. Gordon Allport, *Pattern and Growth in Personality*(New York: Holt, Rinehart and Winston, 1961); Carl G. Jung, "On the Psychology of the Unconscious,' *Two Essays on Analytical Psychology* (Princeton, N. J.: Princeton University Press, 1972), 3-119; Harry S. Sullivan, *Conceptions of Modern Psychiatry*(New York: Norton, 1953).
11. Albert Bandura, "Self-efficacy Mechanism in human Agency," *American Psychologist* 37 (1982): 122-147.
12. Mark R. McMinn, "RET, Cognitive Therapy," *Journal of Psychology and Christianity* 13 (1994): 342-355.
13. William P. Henry, Hans H. Strupp, Thomas E. Schacht, and Louise Gaston, "Psychodynamic Approaches," *Handbook of Psychotherapy and Behavior Change*, 4th ed., ed. Allen E. Bergin and Sol L. Garfield(New York: Wiley, 1994), 467-508.
14. Jay E. Adams, *The Christian Counselor's Manual*(Grand Rapids: Baker, 1973).
15. 이것에 관한 흥미로운 토론을 원한다면 다음의 글을 참그하라. David G. Myers and Malcolm A. Jeeves, *Psychology through the Eye of Faith*(San Francisco: Harper & Row, 1987), 129-136.
16. 매슬로우는 제도화된 종교를 비판하였다. 다른 많은 심리학자들이 그랬던 것처럼 그 역시 기독교 신앙의 핵심을 잘못 이해하였다. Abraham H. Maslow, *Religions, Values, and Peak-Experiences*(New York: The Viking Press, 1964).
17. Richard J. Foster, *Celebration of Discipline: The Path to Spiritual Growth*(San Francisco: HarperCollins, 1988), 32.

18. Benedict of Nursia, "Excerpts from *The Rule,*" in *Devotion Classics,* ed. Richard J. Foster and James Bryan Smith(San Francisco: HarperCollins, 1993), 178-183.
19. Mark R. McMinn, "Religious Values and Client-therapist Matching in Psychotherapy," *Journal of Psychology and Theology* 12(1984): 24-33.
20. Hans H. Strupp, "The Psychotherapist's Skills Revisited," *Clinical Psychology* 2(1995): 70.
21. Kenneth S. Pope and J. C. Bouhoutsos, *Sexual Intimacy between Therapists and Patients*(New York: Praeger, 1986).
22. American Psychological Association, "Ethical Principles of Psychologists and Code of Conduct," *American Psychologist* 47(1992): 1605.
23. Charles R. Carlson, Panayiota E. Bacaseta, and Dexter A Simantona, "A Controlled Evaluation of Devotional Meditation and Progressive Relaxation," *Journal of Psychology and Theology* 16(1988): 362-368.

3장 기도

1. Margaret M. Poloma and George H. Gallup, Jr., *Varieties of Prayer: A Survey Report*(Philadelphia: Trinity Press International, 1991), 26.
2. Michael E. McCullough, "Prayer and Health: Conceptual Issues, Research Review, and Research Agenda," *Journal of Psychology and Theology* 23(1995): 15-29.
3. Ralph W. Hood, Jr., Ronald J. Morris, and P. J. Watson, "Religious Orientation and Prayer Experience," *Psychological Reports* 60(1987): 1201-1202.
4. Robert A. Ball and Rodney K. Goodyear, "Self-reported Professional Practices of Christian Psychotherapists," *Psychotherapy and Religious Values,* ed. Everett L. Worthington, Jr.(Grand Rapids: Baker, 1993), 171-182; Marc Galanter, David Larson, and Elizabeth Rubenstone, "Christian Psychiatry: The Impact of Evangelical Belief on Clinical Practice," *American Journal of Psychiatry* 148(1991): 90-95.
5. Frederic C. Craigie and Siang-Yang Tan, "Changing Resistant Assumptions in Christian Cognitive-behavioral Therapy," *Journal of Psychology and Theology* 17(1989): 93-100. 그리고 다음을 보라. Marc Galanter, David Larson, and Elizabeth Rubenstone, "Christian Psychiatry: The Impact of Evangelical Belief on Clinical Practice," *American Journal of Psychiatry* 148 (1991): 90-95.

6. Shawn W. Hales, Randall Sorenson, Joan Jones, and John Coe, "Psychotherapists and the Religious Disciplines: Personal Beliefs and Professional Practice," paper presented at the conference of the Christian Association for Psychological Studies, Virginia Beach, April 1995.
7. Craigie and Tan, "Changing Resistant Assumptions," *Journal of Psychology and Theology* 98.
8. Sylvia Fleming Crocker, "Prayer as a Model of Communication," *Pastoral Psychology* 33(1984): 83.
9. Harold G. Koenig, Lucille B. Bearon, and Richard Dayringer, "Physician Perspectives on the Role of Religion in the Physician-Older Patient Relationship," *The Journal of Family Practice* 28(1989): 441-448.
10. Craigie and Tan, "Changing Resistant Assumptions," *Journal of Psychology and Theology* 98.
11. 상담에 있어서 묵상에 관한 자료는 다음을 보라. Joseph D. Driskill, "Meditation as a Therapeutic Technique," *Pastoral Psychology* 38(1989): 83-103.
12. Charles R. Carlson, Panayiota E. Bacaseta, and Dexter A Simantona, "A Controlled Evaluation of Devotional Meditation and Progressive Relaxation,' *Journal of Psychology and Theology* 16(1988): 362-368.
13. L. Rebecca Propst, "The Comparative Efficacy of Religious and Non-religious Imagery for the Treatment of Mild Depression in Religious Individuals,' *Cognitive Therapy and Research* 4(1980): 167-178.
14. Susanne Schneider and Robert Kastenbaum, "Patterns and Meanings of Prayer in Hospice Caregivers: An Exploratory Study," *Death Studies* 17(1993): 471-485.
15. John R. Finney and H. Newton Malony, "An Empirical Study of Contemplative Prayer as an Adjunct to Psychotherapy," *Journal of Psychology and Theology* 13(1985): 284-290.
16. Hales et al., "Psychotherapists and the Religious Disciplines."
17. J. C. Lambert, "Prayer," *The International Standard Bible Encyclopedia*, ed. James Orr, John L. Nuelsen, Edgar Y. Mullins, Morris O. Evans, and Melvin Grove Kyle(Grand Rapids: Eerdmans, 1956), 2430.
18. Millard J. Erickson, *Christian Theology*(Grand Rapids: Baker, 1985), 405-406.
19. Ibid., 406.
20. Richard J. Foster, *Celebration of Discipline: The Path to Spiritual Growth*(San Francisco: HarperCollins, 1988), 33.
21. David A. Seamands, *Healing of Memories*(Wheaton, Ill.: Victor Books, 1985)

and Agnes Sanford, *The Healing Light* (New York: Ballantine Books, 1972).
22. Richard J. Foster, *Prayer: Finding the Heart's True Home*(San Francisco: HarperCollins, 1992).
23. Carlson et al., "A Controlled Evaluation of Devotional Meditation," *Journal of Psychology and Theology*, 362-368.
24. 과도하게 비평한 자료를 보려면 다음을 참고하라. Dave Hunt and T. A. McMahon, *The Seduction of Christianity*(Eugene, Ore.: Harvest House, 1985).
25. Foster, *Prayer*, 1.
26. Foster, *Celebration of Discipline*, 33.
27. Ole Hallesby(translated by Clarence J. Carlsen), *Prayer*(Minneapolis: Augsburg, 1931), 12.
28. Dallas Willard, *The Spirit of the Disciplines*(San Francisco: HarperCollins, 1988), 186.
29. Bill Hybels, *Too Busy Not to Pray: Slowing Down to Be with God*(Downers Grove, Ill.: InterVarsity Press, 1988).
30. Hallesby, *Prayer*, 17.
31. Hybels, *Too Busy Not to Pray*: 기도 훈련에 대해 좀더 알고 싶으면 다음을 참고하라. Anthony Bloom, *Beginning to Pray*(New York: Paulist Press, 1970).
32. Hales et al., "Psychotherapists and the Religious Disciplines."
33. Carlson et al., "A Controlled Evaluation of Devotional Meditation," *Journal of Psychology and Theology*, 362-368.
34. Dave Hunt and T. A. McMahon, *The Seduction of Christianity*(Eugene, Ore.: Harvest House, 1985).
35. Propst, "The Comparative Efficacy of Religious and Non-religious Imagery," *Cognitive Therapy and Research*, 167-178. 또한 다음을 참고하라. Mark R. McMinn, *Cognitive Therapy Techniques in Christian Counseling*(Waco, Tex.: Word, 1991), 126-127.
36. Hales et al., "Psychotherapists and the Religious Disciplines."
37. Marc Galanter, David Larson, and Elizabeth Rubenstone, "Christian Psychiatry: The Impact of Evangelical Belief on Clinical Practice," *American Journal of Psychiatry* 148(1991): 90-95.
38. Crocker, "Prayer," *Pastoral Psychology*, 83-92.
39. Hallesby, *Prayer*, 17.
40. Gary W. Moon, "Spiritual Directors, Christian Counselors: Where Do They Overlap?" *Christian Counseling Today*(winter 1994), 29-33.
41. Foster, *Prayer*, 34.

42. Gary W. Moon, Judy W. Bailey, John C. Kwasny, and Dale E. Willis, "Training in the Use of Christian Disciplines as Counseling Techniques within Christian Graduate Training Programs," *Psychotherapy and Religious Values*, ed. Everett L. Worthington, Jr.,(Grand Rapids Baker, 1993), 191-203.
43. Kenneth S. Pope and J. C. Bouhoutsos, *Sexual Intimacy between Therapists and Patients*(New York: Praeger, 1986), 38-43.
44. AAMFT Code of Ethics(Washington, D. C.: American Association of Marriage and Family Therapy, 1991),4.
45. Code of Ethics of the National Association of Social Workers(Washington, D. C.: National Association of Social Workers, 1993), 3.
46. "Ethics Principles of Psychologists and Code of Conduct," *American Psychologist* 47 (1992): 1601.
47. Ethical Standards(Alexandria, Va.: American Counseling Association, 1988), 1.
48. Foster, *Celebration of Discipline* and Foster, *Prayer*.
49. Willard, *Disciplines*.
50. Don Postema, *Space for God: The Study and Practice of Prayer and Spirituality* (Grand Rapids: CRC Publications. 1983).
51. Hallesby, *Prayer*.
52. '상담에서 종교적 가치' 를 중요하게 여기는 글로는 다음의 것이 있다. Stanton L. Jones, "A Constructive Relationship for Religion with the Science and Profession of Psychology: Perhaps the Boldest Model Yet," *American Psychologist* 49(1994): 184-199. '상담에서 자기 결정' 이라는 주제로 토론하기 원한다면 다음의 글을 참고하라. Paul C. Vitz, *Psychology as Religion: The Cult of Self-Worship*(Grand Rapids: Eerdmans, 1977).
53. Allen E. Bergin, "Values and Religious Issues in Psychotherapy and Mental Health," *American Psychologist* 46(1991): 394-403.
54. Moon et al., "Use of Christian Disciplines," *Psychotherapy and Religious Values*, 191-203.
55. "Ethical Principles," 1600

4장 성경

1. Jerry Gladson and Charles Plott, "Unholy Wedlock? The Peril and Promise of Applying Psychology to the Bible," *Journal of Psychology and Christianity* 10(1991): 54-64.

2. Gary R. Collins, *The Biblical Basis of Christian Counseling for People Helpers*(Colorado Springs, Colo.: NavPress, 1993); Gary R. Collins, *Christian Counseling: A Comprehensive Guide* (Waco, Tex.: Word, 1980); Lawrence J. Crabb, Jr., *Effective Biblical Counseling: A Model of Helping Caring Christians Become Capable Counselors*(Grand Rapids: Zondervan, 1977); Roger Hurding, *The Bible and Counselling* (London: Godder & Stoughton, 1992).
3. Daniel S. Sweeney and Garry Landreth, "Healing a Child's Spirit through Play Therapy: A Scriptural Approach to Treating Children," *Journal of Psychology and Christianity* 12(1993): 351-356.
4. Del Myra Carter, "An Integrated Approach to Pastoral Therapy," *Journal of Psychology and Theology* 14(1986): 146-154; Siang-Yang Tan, "Cognitive-Behavior Therapy: A Biblical Approach," *Journal of Psychology and Theology* 15(1987): 103-112. 합리적 정서치료에 관한 토론을 위해서는 다음의 글을 참고하라. Paul Hauck, "Religious and RET: Friends or Foes?" *Clinical Applications of Rational-Emotive Therapy,* ed. Albert Ellis and M. E. Bernard (New York: Plenum Press, 1985), 237-255; W. Brad Johnson, "Christian Rational-Emotive Therapy: A Treatment Protocol," *Journal of Psychology and Christianity* 12(1993): 254-261; Constance Lawrence and Charles H. Huber, "Strange Bedfellows?: Rational-Emotive Therapy and Pastoral Counseling," *The Personnel and Guidance Journal* 61(1982): 210-212; Sandra D. M. Warnock, "Rational-Emotive Therapy and the Christian Clients," *Journal of Rational-Emotive & Cognitive-Behavior Therapy* 7(1989): 263-274.
5. Constance Lawrence, "Rational-Emotive Therapy and the Religious Client," *Journal of Rational-Emotive Therapy* 5(1987): 19.
6. Ed Bulkley, *Why Christians Can't Trust Psychology*(Eugene, Ore.: Harvest House, 1993); Dave Hunt and T. A. McMahon, *The Seduction of Christianity*(Eugene, Ore.: Harvest House, 1985); Jay E. Adams, *Competent to Counsel*(Grand Rapids: Baker, 1970).
7. 나는 다른 데서 기독교적 치료를 위한 도구로서 합리적 정서 치료를 받아들이기 전에 합리적 정서 치료와 기독교 사이의 세계관의 차이점들을 비판적으로 평가해야 한다고 주장해 왔다. 다음을 보라. Mark R. McMinn, "RET, Constructivism, and Christianity: A Hermeneutic for Christian Cognitive Therapy," *Journal of Psychology and Christianity* 13 (1994): 342-355.
8. 상호 의존을 직면하기 위해 사용되는 성경에 대한 토론을 위해서는 다음을 보라. Richard J. Riodan and Diane Simone, "Codependent Christians: Some Issues for Church-Based Recovery Groups," *Journal of Psychology and Theology*

21(1993): 158-164; for use of Scripture in addressing sexual affairs, see J. Lee Jagers, "Putting Humpty Together Again: Reconciling the Post-Affair Marriage," *Journal of Psychology and Christianity* 8(1989): 63-72; 놀이치료에 성경을 사용하라는 내용으로는 다음을 보라. Elaine D. Stover and Mark Stover, "Biblical Storytelling as a Form of Child Therapy," *Journal of Psychology and Christianity* 13(1994): 28-36. 비합리적인 신념에 대면하기 위해 성경을 사용하라는 내용에 대해서는 다음을 보라. W. Brad Johnson, "Christian Rational-Emotive Therapy: A Treatment Protocol," *Journal of Psychology and Christianity* 12(1993): 254-261; 인지치료에서 과제물로 성경을 사용하라는 내용에 대해서는 다음을 참고하라. Mark R. McMinn, *Cognitive Therapy Techniques in Christian Counseling*(Waco, Tex.: Word).

9. Shawn W. Hales, Randall Sorenson, Joan Jones, and John Coe, "Psychotherapists and the Religious Disciplines: Personal Beliefs and Professional Practice," paper presented at the conference of the Christian Association for Psychological Studies, Virginia Beach, April 1995.
10. Robert A. Ball and Rodney K. Goodyear, "Self-reported Professional Practices of Christian Psychotherapists," *Psychotherapy and Religious Values*, ed. Everett L. Worthington Jr.(Grand Rapids: Baker, 1993), 171-182
11. Albert Ellis, "The Advantages and Disadvantages of Self-Help Therapy Materials." *Professional Psychology: Research and Practice* 24(1993): 336.
12. Eric L. Johnson, "A Place for the Bible within Psychological Science," *Journal of Psychology and Theology* 20(1992): 346-355.
13. David H. Kelsey, *The Use of Scripture in Recent Theology*(Philadelphia: Fortress Press, 1975), 1
14. Ibid.
15. Millard J. Erickson, *Christian Theology*(Grand Rapids: Baker, 1985), 30-33.
16. Ibid., 256.
17. John Calvin, "Book 1: On the Knowledge of God the Creator," *John Calvin on the Christian Faith*, ed. John T. McNeill (New York: The Liberal Arts Press, 1957), 3-41.
18. Ibid., 19
19. 해석학에 대한 유익한 입문서에 대해서는 다음을 보라. Gary R. Collins, *The Biblical Basis of Christian Counseling for People Helpers*(Colorado Springs, Colo.: NavPress, 1993), 41-59.
20. Richard J. Foster, *Celebration of Discipline: The Path to Spiritual Growth*(San Francisco: HarperCollins, 1988), 23

21. Ibid.
22. 예를 들어 다음을 보라. Thomas Merton, *Praying the Psalms*(Collegeville, Minn.: Liturgical Press, 1956).
23. Foster, *Celebration of Discipline*, 29.
24. 이것에 대해 도움이 되는 토론들을 위해서는 다음을 보라. Gary R. Collins, "The Puzzle of Popular Spirituality," *Christian Counseling Today*(winter 1994): 10-14.
25. Bonnie Horrigan, "Christiane Northrup, MD: Medical Practice as a Spiritual Journey," *Alternative Therapies in Health and Medicine* 1(1995): 64-71.
26. Stanton L. Jones, "Tentative Reflections on the Role of Scripture in Counseling," presentation made to psychology graduate students at Wheaton College, April, 1994.
27. 빌립보서 4:8-9.
28. 이 잠재적 문제들은 원래 나의 동료이자 훌륭한 친구인 스탠톤(Stanton L. Jones)의 논문인 "Tentative Reflections on the Role of Scripture in Counseling"에 소개되었고 이것은 1994년 4월 휘튼 대학에서 심리학 박사과정 학생들에게 소개되었다. 스탠톤은 또한 심리학적 성장과 영적 성장을 고려하는 기회를 포함하여, 성경을 가치 있게 봄으로써 하나님을 영화롭게 하고, 인간의 지혜보다 더 믿을 만한 자료를 신뢰하며, 계속되는 지도를 위하여 성경을 살필 것을 내담자에게 고무시키는, 상담에서 성경의 사용에 대한 몇 가지 도움이 되는 양상들을 토론하였다.
29. Gary W. Moon, Judy W. Bailey, John C. Kwasny, and Dale E. Willis, "Training in the Use of Christian Disciplines as Counseling Techniques within Christian Graduate Training Programs," *Psychotherapy and Religious Values*, ed. Everett L. Worthington, Jr.(Grand Rapids: Baker, 1993), 191-203.
30. Ball, and Goodyear, "Self-reported Professional Practices," *Psychotherapy and Religious Values*, 171-182.
31. 이것에 대한 세 가지 예들을 위해서는 다음을 보라. W. Brad Johnson, "Christian Rational-Emotive Therapy: A Treatment Protocol," *Journal of Psychology and Christianity* 12(1993): 254-261; Mark R. McMinn, *Cognitive Therapy Techniques in Christian Counseling*(Waco, Tex.: Word); Charles R. Barr, "Panic Disorder: 'The Fear of Feelings,'" *Journal of Psychology and Christianity* 14(1995): 112-125.
32. Louis N. Gruber, "True and False Spirituality: A Framework for Christian, Behavioral Medicine," *Journal of Psychology and Christianity* 14(1995): 140. 이탤릭체들은 그루버 박사의 것이다.
33. Dallas Willard, *The Spirit of the Disciplines*(San Francisco: HarperCollins,

1988), 176.
34. Foster, *Celebration of Discipline*, 27.
35. Willard, *Disciplines*, 177.
36. Stanley R. Graham, "Desire, Belief, and Grace: A Psychotherapeutic Paradigm," *Psychotherapy: Theory, Research, and Practice* 17(1980): 370.
37. Siang-Yang Tan, "Religious Values and Interventions in Lay Christian Counseling," *Journal of Psychology and Christianity* 10(1991): 173-182.
38. W. Brad Johnson, "Outcome Research and Religious Psychotherapies: Where Are We and Where Are We Going?" *Journal of Psychology and Theology* 21(1993): 297-308.
39. W. Brad Johnson, Ronald DeVries, Charles R. Ridley, Donald Pettorini, and Deland R. Peterson, "The Comparative Efficacy of Christian and Secular Rational-Emotive Therapy with Christian Clients," *Journal of Psychology and Theology* 22(1994): 130-140.
40. W. Brad Johnson and Charles R. Ridley, "Brief Christian and Non-Christian Rational-Emotive Therapy with Depressed Christian Clients: An Exploratory Study," *Counseling and Values* 36(1992): 220-229; David Richard Pecheur and Keith J. Edwards, "A Comparison of Secular and Religious Versions of Cognitive Therapy with Depressed Christian College Students," *Journal of Psychology and Theology* 12(1984): 45-54.
41. L. Rebecca Propst, "The Comparative Efficacy of Religious and Non-religious Imagery for the Treatment of Mild Depression in Religious Individuals," *Cognitive Therapy and Research* 4(1980): 167-178; L. Rebecca Propst, Richard Ostrom, Philip Watkins, Terri Dean, and David Mashburn, "Comparative Efficacy of Religious and Nonreligious Cognitive-behavioral Therapy for the Treatment of Clinical Depression in Religious Individuals," *Journal of Consulting and Clinical Psychology* 60(1992): 94-103.
42. Siang-Yang Tan, "Ethical Considerations in Religious Psychotherapy: Potential Pitfalls and Unique Resources," *Journal of Psychology and Theology* 22(1994): 389-394; Alan C. Tjeltveit, "The Ethics of Value Conversion in Psychotherapy: Appropriate and Inappropriate Therapist Influence on Client Values," *Clinical Psychology Review* 6(1986): 515-537.
43. David W. Holling, "Pastoral Psychotherapy: Is It Unique?" *Counseling and Values* 34 (1990): 96-102.

5장 죄

1. Richard Lederer, *Anguished English*(New York: Dell, 1987), 22.
2. Albert Ellis, "There Is No Place for the Concept of Sin in Psychotherapy," *Journal of Counseling Psychology* 7(1960): 192.
3. Jay E. Adams, *Competent to Counsel*(Grand Rapids: Baker, 1970), 29. 아담스 박사(Dr. Adams)는 기독교 상담 공동체에서 많은 비판을 받아 왔다. 비록 내가 상담에서 죄를 대면하는 것에 대한 아담스 박사의 견해에 동조하지 않는다 해도 성경적 상담에 있어서 그의 개척자적 작업을 존경한다. 현대의 성경적 상담자들은 인간 문제에 있어서 죄의 자각과 전적인 공감과 종종 그들의 작업을 비판하는 사람들에 의해 간과되는 동정의 양자를 명백히 한다. 대부분의 기독교 상담자들은 대부분의 성경적 상담자들과의 차이점을 구분하지만, 우리의 공통되는 기독교 유대는 우리가 함께 일하고, 작업과 사역에서 다른 사람을 도울 수 있는 방법들을 찾도록 초청하고 있다.
4. O. Hobart Mowrer, "Integrity Groups: Basic Principles and Objective," *The Counseling Psychologist* 3(1972): 7-32.
5. O. Hobart Mowrer, "'Sin,' the Lesser of Two Evils," *American Psychologist* 15(1960): 303.
6. James D. Smrtic, "Time to Remove Our Theoretical Blinders; Integrity Therapy May Be the Right Way," *Psychotherapy: Theory, Research, and Practice* 16(1979): 185-189; O. Hobart Mowrer and A. V. Veszelovszky, "There May Indeed Be a 'Right Way' : Response to James D. Smrtic," *Psychotherapy: Theory, Research, and Practice* 17(1980) 440-447.
7. Karl Menninger, *Whatever Become of Sin?*(New York: Hawthorne Boks, 1973).
8. 목회 심리학에 있어서 최근에 몇 개의 논문들이 나타났다. Donald Capps, "The Deadly Sins and Saving Virtues: How They Are Viewed by Clergy," *Pastoral Psychology* 40(1992): 209-233; Michael E. Cavanagh, "The Concept of Sin in Pastoral Counseling," *Pastoral Psychology* 41(1992): 81-87; Andrew D. Reisner and Peter Lawson, "Psychotherapy, Sin, and Mental Health," *Pastoral Psychology* 40(1992): 303-311.
9. 베르나르드 와이너 박사는 병든 자나 죄인으로 사람을 보는 것에 대한 다양한 의미들을 이론화했다. Bernard Weiner, "On Sin Versus Sickness: A Theory of Perceived Responsibility and Social Motivation," *American Psychologist* 48(1993): 957-965.
10. Lyn Y. Abramson, Martin E. P. Seligman, and John D. Teasdale, "Learned Helplessness in Humans: Critique and Reformulation," *Journal of Abnormal Psychology* 87(1978): 49-70.

11. Millard J. Erickson, *Christian Theology*(Grand Rapids: Baker, 1985), 578.
12. Edwin Zackrison, "A Theology of Sin, Grace, and Forgiveness," *Journal of Psychology and Christianity* 11(1992): 147-159.
13. John D. Carter의 책에는 죄의 우주적 본질에 대한 심리학적 의미들이 토론되고 있다. John D. Carter, "Psychopathology, Sin and the DSM: Convergence and Divergence," *Journal of Psychology and Theology* 22 (1994): 277-285.
14. 이것에 대한 더 복잡한 논의들을 위해서는 다음을 보라. Mark R. McMinn and Gordon N. McMinn, "Complete Yet Inadequate: The Role of Learned Helplessness and Self-Attribution from the Writings of Paul," *Journal of Psychology and Theology* 11(1983): 303-310.
15. 이 요구들이 경험적 연구에 의해서 지지되고 있는 것은 아니라는 것이 주목되어야 한다. Allen E. Bergin "Values and Religious Issues in Psychotherapy and Mental Health," *American Psychologist* 46(1991): 394-403.
16. Richard J. Foster, *Celebration of Discipline: The Path to Spiritual Growth*(San Francisco: HarperCollins, 1988), 4-5.
17. 이것은 토마스 아 켐피스에 의해 쓰여졌거나 편집된 고전 「그리스도를 본받아」에서 인용한 것이다. 그것은 많은 다른 중건한 고전들과 함께(185페이지에) 포함되어 있다. Richard J. Foster and James Bryan Smith(eds.), *Devotional Classics*(San Francisco: HarperCollins, 1993).
18. Thomas Merton, *Life and Holiness*(New York: Herder and Herder, 1963), 65
19. 이것은 야고보서 4장 8절의 병행구이다.
20. Augustine, "The Confessions of St. Augustine," *The Treasury of Christian Spiritual Classics*(Nashville: Thomas Nelson, 1994), 1-156. Quotation from page 13.
21. Foster, *Celebration of Discipline*, 6.
22. 미국기독교상담학회 회원들은 한 연구에서 내담자들의 약 35퍼센트가 죄를 대면하고 있다고 보고했다. 1995년 4월 버지니아 비치에서 열린 미국기독교상담학회 회의에 제출된 연구를 보라. Shawn W. Hales, Randall Sorenson, Joan Jones, and John Coe, "Psychotherapists and the Religious Disciplines: Personal Beliefs and Professional Practice." 다른 연구에서 미국기독교상담학회 멤버들은 직면을 드물게 사용했다. 보고된 영적 기법들의 단지 1퍼센트만이 직면을 포함하고 있었다. Robert A. Ball and Rodney K. Goodyear, "Self-reported Professional Practices of Christian Psychotherapists," *Psychotherapy and Religious Values*, ed. Everett L. Worthington, Jr.(Grand Rapids: Baker, 1993), 171-182.
23. David K. Clark, "Interpreting the Biblical Words for the Self," *Journal of Psychology and Theology* 18(1990): 309-317.

24. C. S. Lewis, *Mere Christianity* (New York: Macmillan, 1952), 167.
25. 이 구분에 대해 도움이 되는 논의들을 위해서는 다음을 보라. the writings from *Theologia Germanica,* include in Richard J. Foster and James Bryan Smith (eds.), *Devotional Classics*(San Francisco: HarperCollins, 1993), 147-153.
26. 미국심리치료협회, *Diagnostic and Statistical Manual of Mental Disorders,* 4th. ed.(Washington, D. C.: American Psychiatric Association, 1994), 629-673.
27. Mark R. McMinn and Nathaniel G. Wade, "Beliefs about the Prevalence of Dissociative Identity Disorder, Sexual Abuse, and Ritual Abuse among Religious and Non-religious Therapists," *Professional Psychology: Research and Practice* 26(1995): 257-261.
28. A. W. Tozer, *The Pursuit of God*(Camp Hill, Penn: Christian Publications, 1993), 111.
29. Weiner, "On Sin Versus Sickness," *American Psychologist,* 957-965.
30. Blaise *Pascal, Pens es* (New York: Viking Penguin, 1966 translation), 77.
31. Benedict of Nursia, "Excerpts from *The Rule,"* in *Devotion Classics,* ed. Richard J. Foster and James Bryan Smith(San Francisco: HarperCollins, 1993), 180.
32. Foster, *Celebration of Discipline,* 55.
33. Dallas Willard, *The Spirit of the Disciplines*(San Francisco: HarperCollins, 1988), 166.
34. 이 제안은 또한 리차드 포스터에게서 온 것이다. Richard J. Foster and James Bryan Smith(eds.), *Devotional Classics*(San Francisco: HarperCollins, 1993), 182. 포스터는 "종종 그것을 위해 기도하라, 그리고 그것을 당신의 마음에 부드럽게 놓으라"고 결론짓는다.
35. Kenneth L. Woodward, "What Ever Happened to Sin?" *Newsweek*(6 February, 1995): 23.
36. 보라. 예를 들어, Albert Ellis, *The Case against Religion: A Psychotherapist's View* (New York: Institute for Rational Living, 1971). 유사하게 지그문트 프로이드는 종교를 신경증으로 설명했다.
37. Allen E. Bergin, "Religiosity and Mental Health: A Critical Reevaluation and Meta-analysis," *Professional Psychology: Research and Practice* 14 (1983): 170-184; Allen E. Bergin, "Values and Religious Issues in Psychotherapy and Mental Health," *American Psychologist* 46(1991): 394-403.
38. Andrew D. Reisner and Peter Lawson, "Psychotherapy, Sin, and Mental Health," *Pastoral Psychology* 40(1992): 303-311.
39. Allen E. Bergin, "Values and Religious Issues in Psychotherapy and Mental

Health," *American Psychologist* 46(1991): 394-403.
40. 나는 이것을 다른 곳에서 더 상세하게 논의하고 있다. Mark R. McMinn, "RET, Constructivism, and Christianity: A Hermeneutic for Christian Cognitive Therapy," *Journal of Psychology and Christianity* 13(1994): 342-355.
41. 나는 혼자 그런 모델의 필요를 제안하는 것은 아니다. 예를 들면, Will Friesen and Al Dueck, "Whatever Happened to Law?" *Journal of Psychology and Christianity* 7(1988): 13-22.
42. Reisner and Lawson, "Psychotherapy, Sin, and Mental Health," *Pastoral Psychology* 40(1992): 303-311.

6장 고백

1. Kenneth L. Woodward, "What Ever Happened to Sin?" *Newsweek*(6 February, 1995): 23.
2. Sharon Hymer, *Confessions in Psychotherapy* (New York: Gardener Press, 1988), 2-3.
3. Bernard Weiner, Sandra Graham, Oli Peter and Mary Zmuidinas, "Public Confession and Forgiveness," *Journal of Personality* 59(1991): 281-312.
4. James W. Pennebaker, Cheryl F. Hughes, and Robin C. O' Heeron, "The Psychophysiology of Confession: Linking Inhibitory and Psychosomatic Processes," *Journal of Personality and Social Psychology* 52(1987): 781-793.
5. James W. Pennebaker, Cheryl F. Hughes, and Robin C. O' Heeron, "Confiding in Others and Illness Rate Among Spouses of Suicide and Accidental Death Victims," *Journal of Abnormal Psychology* 93(1984): 473-476.
6. 로마 가톨릭 고백과 비교하는 심리치료 논문을 위해서는 다음을 보라. Valerie Worthen, "Psychotherapy and Catholic confession," *Journal of Religion and Health* 13(1974): 275-284.
7. Elizabeth Todd, "The Value of Confession and Forgiveness according to Jung," *Journal of Religion and Health* 24(1985): 42.
8. Worthen, "Psychotherapy and Catholic confession," *Journal of Religion and Health*, 283.
9. Richard C. Erickson, "Morality and the Practice of Psychotherapy," *Pastoral Psychology* 43(1994): 81-91.
10. Allen E. Bergin, "Psychotherapy and Religious Values," *Journal of Consulting and Clinical Psychology* 48(1980): 95-105.

11. Ibid., 100.
12. Ibid.
13. 모든 심리학자들이 베르긴의 유신론적 가치들과 임상실험적-인간주의적 가치들 사이의 양분을 인정했다는 것은 아니라는 점이 주목되어야 한다. Albert Ellis, "Psychotherapy and Atheistic Values: A Response to A. E. Bergin's 'Psychotherapy and Religious Values,'" *Journal of Consulting and Clinical Psychology* 48 (1980): 635-639; Gary B. Walls, "Values and Psychotherapy: A Comment on 'Psychotherapy and Religious Values,'" *Journal of Consulting and Clinical Psychology* 48(1980): 640-641.
14. 이 부분은 Katheryn Rhoads Meek, Jeanne S. Albright, and Mark R. McMinn, "Religious Orientation, Guilt, Confession, and Forgiveness," *Journal of Psychology and Theology*, (fall 1995)에 압축되어 있다.
15. Albert Ellis, "There Is No Place for the Concept of Sin in Psychotherapy," *Journal of Counseling Psychology* 7(1960): 188-192.
16. O. Hobart Mowrer and A. V. Veszelovszky, "There May Indeed Be a 'Right Way': Response to James D. Smrtic," *Psychotherapy: Theory, Research, and Practice* 17(1980) 440-447; June Price Tangney, "Moral Affect: The Good, the Bad, and the Ugly," *Journal of Personality and Social Psychology* 61(1991): 598-607.
17. P. Scott Richards, "Religious Devoutness in College Students: Relations with Emotional Adjustment and Psychological Separation from Parents," *Journal of Counseling Psychology* 38(1991): 189-196.
18. Richard Gramzow and June Price Tangney, "Proneness to Shame and the Narcissistic Personality," *Personality and Social Psychology Bulletin* 18(1992):369-376; June Price Tangney, "Moral Affect: The Good, the Bad, and the Ugly," *Journal of Personality and Social Psychology* 61(1991): 598-607; June Price Tangney, Patricia E. Wagner, and Richard Gramzow, "Proneness to Shame, Proneness to Guilt, and Psychopathology," *Journal of Abnormal Psychology* 103(1992): 469-478.
19. June Price Tangney, Patricia Wagner, Carey Fletcher, and Richard Gramzow, "Shamed into Anger? The Relation of Shame and Guilt to Anger and Self-Reported Aggression," *Journal of Personality and Social Psychology* 62(1992): 669-675.
20. 이 연구는 다른 곳에 더 상세하게 보고되어 있다. Meek, Albright, and McMinn, "Religious Orientation," *Journal of Psychology and Theology*, (fall 1995).
21. S. Bruce Narramore, *No Condemnation*(Grand Rapids: Zondervan, 1984).

22. Richards, "Religious Devoutness in College Students," *Journal of Counseling Psychology*, 194.
23. Janice Lindsay-Hartz, "Contrasting Experiences of Shame and Guilt," *American Behavioral Scientist* 27(1984): 689-704.
24. David Belgum, *Guilt: Where Psychology and Religion Meet*(Englewood Cliffs, N. J.: Prentice-Hall, 1963), 52, Italics his.
25. Ludwig Bieler, *The Works of St. Patrick*(New York: Newman Press, 1953); Augustine, "The Confessions of St. Augustine," *The Treasury of Christian Spiritual Classics*(Nashville: Thomas Nelson, 1994), 1-156.
26. John Calvin, *Institutes of the Christian Religions,* ed. John T. McNeill(Philadelphia: Westminster Press 1960), 670.
27. From *Great Catechism.* Cited in Dietrich Bonhoeffer, *The Cost of Discipleship*(New York: Macmillan, 1959), 325.
28. 이 고해성사의 가치들은 리처드 포스터에 의해 잘 설명되었다. Richard J. Foster, a Protestant writer, in *Celebration of Discipline: The Path of Spiritual Grough*(San Francisco: Harpercollins, 1988), 148.
29. 이어지는 특별한 고백의 모델들을 포함한 이 두 가지 고백의 관점들은 제이콥스에 의해 논의되어 있다. H. E. Jacobs, "Confession," *The International Standard Bible Encyclopedia,* ed James Orr et al.,(Grand Rapids: Eerdmans, 1956), 699-700.
30. From *Letters to Malcolm.* Cited in Richard J. Foster, *Prayer: Finding the Heart's True Home*(San Francisco: HarperCollins, 1992), 43.
31. Jeremy Taylor "Excerpts from The Rule and Exercises of Holy Living," *Devotional Classics,* ed. Richard J. Foster and James Bryan smith,(San Francisco: Harpercollins, 1993), 269.
32. Dallas Willard, *The Spirit of the Disciplines*(San Francisco: HaperCollins, 1988), 186.
33. Saint John of the Cross, "Excerpts from *The Dark Night of the Soul*," *Devotional Classics,* ed. Richard J. Foster and James Bryan Smith,(San Francisco: HaperCollins, 1993), 35.
34. Ibid., 34.
35. Ibid.
36. Foster, *Celebration of Discipline,* 144.
37. Bonhoeffer, *Discipleship,* 325.
38. Hymer, *Confessions,* 174.
39. Willard, *Disciplines,* 188.

40. Augustine, "The Confessions of St. Augustine," *The Treasury of Christian Spiritual Classics*(Nashville: Thomas Nelson, 1994), 54.
41. 이 직업적 발전의 형태들에 대한 더 철저한 논의를 위해서는 다음을 보라. Mark R. McMinn and Katheryn Rhoads Meek, "Training Programs," *Ethics and the Christian Mental Health Professional*, ed. Randolph Saunders(Downers Grove, Ill.: InterVarsity Press 1996).
42. Shawn W. Hales, Randall Sorenson, Joan Jones, and John Coe, "Psychotherapists and the Religious Disciplines: Personal Beliefs and Professional Practice," paper presented at the conference of the Christian Association for Psychological Studies, Virginia Beach, April 1995.
43. Gary W. Moon, Judy W. Bailey, John C. Kwasny, and Dale E. Willis, "Training in the Use of Christian Disciplines as Counseling Techniques within Christian Graduate Training Programs," *Psychotherapy and Religious Value*, ed. Everett L. Worthington, Jr. (Grand Rapids: Baker, 1993), 191-203.
44. 이 그룹들은 임상적 감독에 덧붙여서 학생들이 그들의 훈련장에서 획득한 것이다.
45. Thomas á Kempis, "The Imitation of Christ," *The Treasury of Christian Spiritual Classics*(Nashville: Thomas Nelson, 1994), 433-554. Quote from page 444.
46. Hymer, *Confessions*, 5-7.
47. 구체적인 행위들에 대한 심리학자들의 견해들뿐만 아니라 이 원칙에 대한 논의를 위해서는 다음을 보라. Kenneth S. Pope, Barbara G. Tabachnick, and Patricia Keith-Spiegel, "Ethics of Practice: The Beliefs and Behaviors of Psychologists as Therapists," *American Psychologist* 42(1987): 993-1006.
48. 이 결과들은 다른 곳에 상세하게 보고되어 있다. Mark R. McMinn and Katheryn Rhoads Meek, "Ethics Among Christian Counselors: A Survey of Beliefs and Behaviors," *Journal of Psychology and Theology*.
49. 다음을 보라. Kenneth S. Pope and Jacqueline C. Bouhoutsos, *Sexual Intimacy between Therapists & Patients*(New York: Praeger, 1986), 3-6.
50. Blaise Pascal, *Pensees*(New York: Viking Penguin, 1966 translation), 146.

7장 용서

1. 다음의 예를 보라. Ellen Bass and Laura Davis, *The Courage to Heal: A Guide for Women Survivors of Child Sexual Abuse*(New York: HarperCollins, 1992): Alice Miller, *Banished Knowledge*(New York: Doubleday, 1990).

2. 다음의 예를 보라. Donna S. Davenport, "The Functions of Anger and Forgiveness: Guidelines for Psychotherapy with Victims," *Psychotherapy* 28(1991): 140-144; John H. Hebl and Robert D. Enright, "Forgiveness as a Psychotherapeutic Goal with Elderly Females," *Psychotherapy* 30(1993): 658-667; Donald Hope, "The Healing Paradox of Forgiveness," *Psychotherapy* 24(1987): 240-244; Human Development Study Group, "Five Points on the Construct of Forgiveness within Psychotherapy," *Psychotherapy* 28(1991): 493-496; Everett L. Worthington, Jr., and Frederick A. DiBlasio, "Promoting Mutual Forgiveness within the Fractured Relationship," *Psychotherapy* 27(1990): 219-223.
3. 예를 들면 다음을 보라. Frederick A. DiBlasio and Brent B. Benda, "Practitioners, Religion, and the Use of Forgiveness in the Clinical Setting," *Journal of Psychology and Christicnity* 8 (1989): 52-60; Jared P. Pingleton, "The Role and Function of Forgiveness in the Psychotherapeutic Process," *Journal of Psychology and Theology* 17(1989): 27-35.
4. Michael E. McCullough and Everett L. Worthington, Jr., "Models of Interpersonal Forgiveness and Their Applications to Counseling," *Counseling and Values* 39(1994): 2-14; Michael E. McCullough and Everett L. Worthington, Jr., "Encouraging Clients to Forgive People Who Have Hurt Them: Review, Critique, and Research Prospectus," *Journal of Psychology and Theology* 22(1994): 3-20; Steven J. Sandage, Everett L. Worthington, Jr., and William Smith, "Seeking Forgiveness: Toward an Integration of Psychology and Theology," paper presented at the annual meetings of the Christian Association for Psychological Studies, Virginia Beach, April 1995.
5. Glenn Veenstra, "Psychological Concepts of Forgiveness," *Journal of Psychology and Christianity* 11(1992): 160-169.
6. Paul A. Mauger, Tom Freeman, Alicia G. McBride, Jacqueline Escano Perry, Dianne C. Grove, and Kathleen E. McKinney, "The Measurement of Forgiveness: Preliminary Research," *Journal of Psychology and Christianity* 11(1992): 170-180; Michael J. Subkoviak, Robert D. Enright, and Ching-Ru Wu, "Current Developments Related to Measuring Forgiveness," paper presented at the annual meetings of the American Educational Research Association, San Francisco, April 1992.
7. 많은 논문들이 있다. 예를 들어 다음을 보라. Cyde A. Bonar, "Personality Theories and Asking Forgiveness," *Journal of Psychology and Christianity* 8(1989): 45-51; Emily F. Carter, Michael E. McCullough, Steven J. Sandage, and Everett L.

Worthington, Jr., "What Happened When People Forgive? Theories, Speculations and Implications for Individual and Marital Therapy," paper presented at the meetings of the American Psychological Association, Los Angeles, August 1994; Robert D. Enright, "Piaget on the Moral Development of Forgiveness: Identity or Reciprocity?" *Human Development* 37 (1994): 63-80; John Gartner, "The Capacity to Forgive: An Object Relations Perspective," *Journal of Religion and Health* 27 (1988): 313-320; Elizabeth A. Gassin and Robert D. Enright, "The Will to Meaning in the Process of forgiveness," *Journal of Psychology and Christianity* 14(1995): 38-49; Elizabeth DesPortes Dreelin and H. Newt Malony, "Religious Functioning and Forgiveness," paper presented at the meetings of the American Psychological Association, Los Angeles, August 1994.

8. Educational Psychology Study Group, "Must a Christian Require Repentance Before Forgiving?" *Journal of Psychology and Christianity* 9(1990): 16-19; Robert D. Enright, David L. Eastin, Sandra Golden, Issidoros Sarinopoulos, and Suzanne Freeman, "Interpersonal Forgiveness within the Helping Professions: An Attempt to Resolve Differences of Opinion," *Counseling and Values* 36(1992): 84-103; Robert D. Enright and Robert L. Zell, "Problems Encountered When We Forgive One Another," *Journal of Psychology and Christianity* 8(1989): 52-60.

9. Colleen K. Benson, "Forgiveness and the Psychotherapeutic Process," *Journal of Psychology and Christianity* 11(1992): 76-81; Kenneth Cloke, "Revenge, Forgiveness, and the Magic of Mediation," *Mediation Quarterly* 11(1993): 67-78; Donna S. Davenport, "The Functions of Anger and Forgiveness: Guidelines for Psychotherapy with Victims," *Psychotherapy* 28(1991): 140-144; Frederick A. DiBlasio, "The Role of Social Workers' Religious Beliefs in Helping Family Members Forgive," *Families in Society: The Journal if Contemporary Human Services*(March, 1993): 163-170; Frederick A. DiBlasio, "Forgiveness in Psychotherapy: Comparison of Older and Younger Therapists," *Journal of Psychology and Christianity* 11(1992): 181-187; Frederick A. DiBlasio and B. Benda, "Practitioners, Religion, and the Use of Forgiveness in the Clinical Setting," *Journal of Psychology and Christianity* 10(1991): 166-172; Frederick A. DiBlasio and Judith Harris Proctor, "Therapists and the Clinical Use of Forgiveness," *The American Journal of Family Therapy* 21(1993): 175-184; John H. Hebl and Robert D. Enright, "Forgiveness as a Psychotherapeutic Goal with Elderly Females," *Psychotherapy* 30(1993): 658-667; Human Development

Study Group, "Five Points on the Construct of Forgiveness within Psychotherapy," *Psychotherapy* 28(1991): 493-496; Jared P. Pingleton, "The Role and Function of Forgiveness in the Psychotherapeutic Process," *Journal of Psychology and Theology* 17(1989): 27-35; Charlotte M. Rosenak and G. Mack Harnden, "Forgiveness in the Psychotherapeutic Process: Clinical Applications," *Journal of Psychology and Christianity* 11(1992): 188-197; Everett L. Worthington, Jr., and Frederick A. DiBlasio, "Promoting Mutual Forgiveness within the Fractured Relationship," *Psychotherapy* 27(1990): 219-223.
10. Alice Miller, *Banished Knowledge*(New York: Doubleday, 1990).
11. Bass and Davis, *The Courage to Heal*, 150.
12. Ibid.
13. Everett L. Worthington, Jr., and Frederick A. DiBlasio, "Promoting Mutual Forgiveness within the Fractured Relationship," *Psychotherapy* 27(1990): 219-220.
14. Donald Hope, "The Healing Paradox of Forgiveness," *Psychotherapy* 24(1987): 240-244.
15. Human Development Study Group, "Five Points on the Construct of Forgiveness within Psychotherapy," *Psychotherapy* 28(1991): 494.
16. Jared P. Pingleton, "The Role and Function of Forgiveness in the Psychotherapeutic Process," *Journal of Psychology and Theology* 17(1989): 32.
17. Michael E. McCullough and Everett L. Worthington, Jr., "Encouraging Clients to Forgive People Who Have Hurt Them: Review, Critique, and Research Prospectus," *Journal of Psychology and Theology* 22(1994): 3.
18. Dietrich Bonhoeffer, *The Cost of Discipleship*(New York: Macmillan, 1959), 100.
19. Jerry A. Gladson, "Higher than the Heavens: Forgiveness in the Old Testament," *Journal of Psychology and Christianity* 11(1992): 125-135; see also Madelynn Jones-Haldeman, "Implications from Selected Literary Devices for a New Testament Theology of Grace and Forgiveness," *Journal of Psychology and Christianity* 11(1992): 136-146.
20. Millard J. Erickson, *Christian Theology*(Grand Rapids: Baker, 1985), 563.
21. Lewis B. Smedes, *Forgive and Forget: Healing the Hurts We Don't Deserve* (San Francisco, Harper and Row, 1984), 104.
22. 성 프랜시스에 대한 이 문헌은 하자드의 책에서 발견할 수 있다. D. Hazard, *A Day in Your Presence: A 40-Day Journal in the Company of Francis of Assisi* (Minneapolis: Bethany House, 1992), 86.

23. Thomas á Kempis, "The Imitation of Christ," *The Treasury of Christian Spiritual Classics*(Nashville: Thomas Nelson, 1994), 447.
24. 이 전제들은 도나 S. 데이븐포트의 책에 상세하게 설명되어 있다. Donna S. Davenport, "The Functions of Anger and Forgiveness: Guidelines for Psychotherapy with Victims," *Psychotherapy* 28(1991): 141-142.
25. David Augsburger, *Caring Enough to Forgive*(Ventura, Calif.: Regal Books, 1981): 188-197.
26. 허위 용서라는 용어는 인간발달 연구 그룹에 의해 사용되고 있다. Human Development Study Group, "Five Points on the Construct of Forgiveness within Psychotherapy," *Psychotherapy* 28 (1991): 493-496.
27. 용서의 과정에 대한 유익한 논문을 위해서는 다음을 보라. Charlotte M. Rosenak and G. Mack Harnden, "Forgiveness in the Psychotherapeutic Process: Clinical Applications," *Journal of Psychology and Christianity* 11(1992): 188-197.
28. 상담자들은 용서에 대한 적절한 정의를 내리면서 함께 시작하는 것이 필요하다. 이 견해에 대한 더 많은 논의를 위해서는 다음을 보라. Human Development Study Group, "Five Points on the Construct of Forgiveness within Psychotherapy," *Psychotherapy* 28(1991): 493-494.
29. 겸손 대 굴욕에 대한 논의를 위해서는 다음을 보라. Bobby B. Cunningham, "The Will to Forgive: A Pastoral Theological View of Forgiving," *The Journal of Pastoral Care* 39(1985): 141-149.
30. 효과적인 치료의 다양한 형태들을 형성하는 공통된 요소들에 대한 몇 가지 관점들을 위해서는 다음을 보라. The articles in the spring 1995 issue of *Clinical Psychology: Science and Practice*.
31. Hope, "Healing Paradox," *Psychotherapy*, 241.
32. Bonhoeffer, *Discipleship*, 45
33. 진실한 용서에 반대되는 것으로서 변명하거나 묵과하는 행동에 대한 논의를 위해서는 다음을 보라. Veenstra, "Psychological Concepts," *Journal of Psychology and Christianity*, 161-166.
34. Gary W. Moon, Judy W. Bailey, John C. Kwasny, and Dale E. Willis, "Training in the Use of Christian Disciplines as Counseling Techniques within Christian Graduate Training Programs," *Psychotherapy and Religious Value*, ed. Everett L. Worthington, Jr.(Grand Rapids: Baker, 1993), 191-203.
35. Shawn W. Hales, Randall Sorenson, Joan Jones, and John Coe, "Psychotherapists and the Religious Disciplines: Personal Beliefs and Professional Practice," paper presented at the conference of the Christian

Association for Psychological Studies, Virginia Beach, April 1995.
36. Worthington, Jr., and DiBlasio, "Promoting Mutual Forgiveness," *Psychotherapy*, 219-223.
37. Davenport, "Functions of Anger and Forgiveness," *Psychotherapy*, 140-144; John H. Hebl and Robert D. Enright. "Forgiveness as a Psychotherapeutic Goal with Elderly Females," *Psychotherapy* 30(1993): 658-667; Hope, "Healing Paradox," *Psychotherapy*, 240-244.
38. DiBlasio and Benda, "Practitioners, Religion, and the Use of Forgiveness in the Clinical Setting," *Journal of Psychology and Christianity*, 166-172.
39. Hope, "Healing Paradox," *Psychotherapy*, 242.
40. Edwin Zackrison, "A Theology of Sin, Grace, and Forgiveness," *Journal of Psychology and Christianity* 11(1992): 157.
41. Mauger et al., "The Measurement of Forgiveness," *Journal of Psychology and Christianity*, 170-180; Michael J. Subkoviak, Robert D. Enright, and Ching-Ru Wu, "Current Developments Related to Measuring Forgiveness," paper presented at the Mid-Western Educational Research Association, Chicago, October 1992; Michael J. Subkoviak, Robert D. Enright, and Ching-Ru Wu, Elizabeth A. Gassin, Suzanne Freeman, Leanne M. Olson, and Issidoros Sarinopoulos,"Measuring Interpersonal Forgiveness," paper presented at the annual meetings of the American Educational Research Association, San Francisco, April 1992; S. H. Wade, "The Development of a Scale to Measure Forgiveness," Ph. D. diss., Fuller Theological Seminary, 1989.
42. John H. Hebl and Robert D. Enright, "Forgiveness as a Psychotherapeutic Goal with Elderly Females," *Psychotherapy* 30(1993): 658-667.
43. Benson, "Forgiveness," *Journal of Psychology and Christianity*, 79; John Gartner, "The Capacity to Forgive: An Object Relations Perspective," *Journal of Religion and Health* 27(1988): 313-320.

8장 구속

1. 나는 이 표준이 모든 치료자들의 종교적 입장에 관계없이 적당하다고 생각한다. 비록 그것이 공통된 훈련은 아니지만, 나는 불가지론적이거나 무신론적인 상담자들 또한 상담관계들을 시작하기에 앞서 그들의 종교적 가치관들을 알려야 한다고 생각한다. 심지어 비종교적인 사람들도 잠재적으로 상담 과정과 결과에 영향을 주는 종교적 가치들을 가지고 있다.

2. 이 설명은 대상관계 이론에 대한 인지치료자들의 편향을 인정하고 있다. 보라. Anthony Ryle, *Cognitive-Analytic Therapy: Active Participation in Change*(New York: Wiley, 1990), 96-118.
3. Stanley R. Graham, "Desire, Delief, and Grace: A Psychotherapeutic Paradigm," *Psychotherapy: Theory, Research, and Practice* 17(1980): 371.
4. Condensed from R. John Huber, "Psychotherapy: A Graceful Activity," *Individual Psychology* 43(1987): 439.
5. 아들러주의자의 방법과 은혜 사이의 관계는 후버의 책에 잘 설명되어 있다. Huber, "A Graceful Activity," *Individual Psychology*, 437-443.
6. 인지치료에서 취하는 변화를 보여 주는 두 탁월한 책들을 위해서는 다음을 보라. Ricahrd C. Bedrosian and George D. Bozicas, *Treating Family of Origin Problems: A Cognitive Approach*(New York: Guilford, 1994); Jeremy D. Safran and Zindel V. Segal, *Interpersonal Process in Cognitive Therapy*(New York: Baisc Books, 1990).
7. Kenneth S. Pope and Shirely Feldman-Summers, "National Survey of Psychologists' Sexual and Physical Abuse History and Their Evaluation of Training and Competence in These Areas," *Professional Psychology: Research and Practice* 23(1992): 353-361.
8. Francis J. McConnell, "Redemption," *The International Standard Bible Encyclopedia*, ed. James Orr. et al., 2541-2544.
9. 관계적 기독교 신학은 상담 훈련에 대해 의미들을 갖고 있다. James H. Olthuis, "God-With-Us: Toward a Relational Psychotherapeutic Model," *Journal of Psychology and Christianity* 13(1994): 37-49.
10. 홀덴은 그의 많은 설교들을 출판하였다. J. Stuart Holden in *Redeeming Vision* (London: Robert Scott, 1908). 이것은 87페이지에서 인용된 것이다.
11. 종교적 영향력에 대한 웨슬리의 견해들은 그레고리 스코트 클래퍼의 책에서 발견할 수 있다. Gregory Scott Clapper, "John Wesley on Religious Affections: His Views on Experience and Emotion and Their Role in the Christian Life and Theology," (Ph.D.diss., Emory University, 1985), 211.
12. Jonathan Edwards, "Excerpts from *Religious Affections,*" in *Devotional Classics*, ed. Richard J. Foster and James Bryan Smith,(San Francisco: HarperCollins, 1993), 20.
13. Richard J. Foster, *Celebration of Discipline: The Path to Spiritual Growth*(San Francisco: HarperCollins, 1988), 144.
14. Andrew Murray, *Humility*(Old Tappan, N. J.: Fleming H. Revell, 1895), 19.
15. Hendrika Vande Kemp, "Psychotherapy and Redemption: A Tribute to a

'Dying Mom,'" presented at the 98th annual convention of the American Psychological Association, Boston August 1990.
16. Terese A. Hall, "Spiritual Effects on Childhood Sexual Abuse in Adult Christian Women," *Journal of Psychology and Theology* 23(1995): 129-134.
17. 하나님이 멀리 계신 것처럼 보이는 시간 동안 어떤 영적 가치들을 보는 것은 어려운 일이지만, 역사를 통하여 믿음의 사람들은 중요한 영적 성장의 시간에 이것들을 발견하였다. 이 주제는 자주 시편에서 발견되고, 또한 6장에서 논의된 것처럼, 십자가의 성 요한의 저작들에서도 발견된다.
18. American Psychological Association, "Guidelines for Providers of Psychological Services to Ethnic, Linguistic, and Culturally Diverse Population," *American Psychologist* 48(1993): 45-48.
19. Hendrika Vande Kemp, "Psychotherapy as a Religious Process: A Historical Heritage," *Psychotherapy and the Religiously Committed Patient*, ed. E. Mark Stern(New York: Haworth Press, 1985), 135-146.
20. Dick Westley, *Redemptive Intimacy*(Mystic, Conn.: Twenty-Third Publications, 1981), quote from back cover.
21. Joel Weinberger, "Common Factors Aren't So Common: The Common Factors Dilemma," *Clinical Psychology: Science and Practice* 2(1995): 45.
22. Ibid., 61.

참고문헌

AAMFT *Code of Ethics,* Washington, D. C.: American Association of Marriage and Family Therapy, 1991.

Abramson, Lyn Y., Martin E. P. Seligman, and John D. Teasdale, "Learned Helplessness in Humans: Critique and Reformulation," *Journal of Abnormal Psychology* 87 (1978): 49-70.

Adams, Jay E. *Competent to Counsel.* Grand Rapids: Baker, 1970.

_____ The Christian Counselor's Manual. Grand Rapids: Baker. 1973.

Adams, Samuel A. "Spiritual Well-being, Religiosity, and Demographic Variables as Predictors of the Use of Christian Counseling Techniques." Poster presented at the annual meetings of the American Psychological Association. Los Angeles: August 1994.

Allport, Gordon. *Pattern and Growth in Personality.* New York: Holt, Rinehart and Winston, 1961.

American Psychiatric Association. *Diagnostic and Statistical Manual of Mental Disorders,* 4th. ed. Washington, D. C.: American Psychiatric Association, 1994.

American Psychological Association, "Ethical Principles of Psychologists and Code of Conduct," *American Psychologist* 47 (1992): 1597-1611.

_____ "Guidelines for providers of Psychological Services to Ethnic, Linguistic, and Culturally Diverse Populations," *American Psychologist* 48 (1993): 45-48.

Augsburger, David. *Caring Enough to Forgive.* Ventura, Calif.: Regal Books, 1981.

Augustine, "The Confessions of St. Augustine," In *The Treasury of Christian Spiritual Classics.* Nashville: Thomas Nelson, 1994.

Ball Robert A., and Rodney K. Goodyear, "Self-reported Professional Practices of Christian Psychotherapists," In *Psychotherapy and Religious Values,* edited

참고문헌 | 419

by Everett L. Worthington, Jr., Grand Rapids: Baker, 1993.
Bandura, Albert. "Self-efficacy Mechanism in human Agency," *American Psychologist* 37 (1982) 122-147.
Barr, Charles R. "Panic Disorder: 'The Fear of Feelings,'" *Journal of Psychology and Christianity* 14 (1995): 112-125.
Bass, Ellen and Laura Davis. *The Courage to Heal: A Guide for Women Survivors of Child Sexual Abuse.* New York: HarperCollins, 1992.
Beck, Aaron T., Arthur Freeman, & Associates, *Cognitive Therapy of Personality Disorders.* New York: Guilford, 1990.
Bedrosian, Richard C., and George D. Bozicas, *Treating Family of Origin Problems: A Cognitive Approach.* New York: Guilford, 1994.
Belgum, David. Guilt: *Where Psychology and Religion Meet.* Englewood Cliffs, N. J.: Prentice-Hall, 1963.
Benedict of Nursia, "Excerpts from The Rule," In *Devotional Classics*, edited by Richard J. Foster and James Bryan Smith. San Francisco: HarperCollins, 1993.
Benson, Colleen K. "Forgiveness and the Psychotherapeutic Process," *Journal of Psychology and Christianity* 11 (1992): 76-81.
Beougher, Timothy, and Lyle Dorsett, eds., *Accounts of a Campus Revival: Wheaton College 1995.* Wheaton, Ill.: Harold Shaw Publishers, 1995.
Bergin, Allen E. "Psychotherapy and Religious Values," *Journal of Consulting and Clinical Psychology* 48 (1980): 95-105.
_____ "Religiosity and Mental Health: A Critical Reevaluation and Meta-analysis," *Professional Psychology: Research and Practice* 14 (1983): 170-184.
_____ "Values and Religious Issues in Psychotherapy and Mental Health," *American Psychologist* 46 (1991): 394-403.
Bergin, Allen E. Randy D. Stinchfield, Thomas A. Gaskin, Kevin S. Masters, and Clyde E. Sullivan, "Religious Life-Styles and Mental Health: An Exploratory Study," *Journal of Consulting and Clinical Psychology* 35 (1988): 91-98.
Bieler, Ludwig. *The Works of St. Patrick* New York: Newman Press, 1953.
Bloom, Anthony. *Beginning to Pray.* New York: Paulist Press, 1970.
Bonar, Cyde A. "Personality Theories and Asking Forgiveness," *Journal of Psychology and Christianity* 8 (1989): 45-51.
Bonhoeffer, Dietrich. *The Cost of Discipleship.* New York: Macmillan, 1959.
Bulkley, Ed. *Why Christians Can't Trust Psychology.* Eugene, Ore.: Harvest House, 1993.

Calvin, John. "Book 1: On the Knowledge of God the Creator," In *John Calvin on the Christian Faith,* edited by John T. McNeill. New York: The Liberal Arts Press, 1957.

_____ *Institutes of the Christian Religion.* edited by John T. McNeill. Philadelphia: Westminster Press, 1960.

Capps, Donald. "The Deadly Sins and Saving Virtues: How They Are Viewed by Clergy," *Pastoral Psychology* 40 (1992): 209-233.

Carlson, Charles R., Panayiota E. Bacaseta, and Dexter A Simantona, "A Controlled Evaluation of Devotional Meditation and Progressive Relaxation," *Journal of Psychology and Theology* 16 (1988): 362-368.

Carter, Del Myra. "An Integrated Approach to Pastoral Therapy," *Journal of Psychology and Theology* 14 (1986): 146-154.

Carter, Emily F., Michael E. McCullough, Steven J. Sandage, and Everett L. Worthington, Jr., "What Happens When People Forgive? Theories, Speculations, and Implications for Individual and Marital Therapy." Paper presented at the meetings of the American Psychological Association, Los Angeles, August 1994.

Carter, John D. "Psychopathology, Sin and the DSM: Convergence and Divergence," *Journal of Psychology and Theology* 22 (1994): 277-285.

Cavanagh, Michael E. "The Concept of Sin in Pastoral Counseling," *Pastoral Psychology* 41 (1992): 81-87.

Clapper, Gregory Scott. "John Wesley on Religious Affections: His Views on Experience and Emotion and Their Role in the Christian Life and Theology," (Ph.D.diss., Emory University, 1985.

Clark, David K. "Interpreting the Biblical Words for the Self." *Journal of Psychology and Theology* 18 (1990): 309-317.

Cloke, Kenneth. "Revenge, Forgiveness, and the Magic of Mediation," *Mediation Quarterly* 11 (1993): 67-78.

Code of Ethics of the National Association of Social Workers. Washington, D. C.: National Association of Social Workers, 1993.

Collins, Gary R. *Christian Counseling: A Comprehensive Guide.* Waco, Tex.: Word, 1980.

_____ "Moving through the Jungle: A Decade of Integration," *Journal of Psychology and Theology* 11 (1983): 2-7.

_____ The Biblical Basis of Christian Counseling for people Helpers. Colorado Springs, Colo.: NavPress, 1993.

_____ "The Puzzle of Popular Spirituality," *Christian Counseling Today* (winter 1994):10-14.

Crabb, Lawrence J., Jr. *Effective Biblical Counseling: A Model of Helping Caring Christians Become Capable Counselors.* Grand Rapids: Zondervan, 1977.

Craigie, Frederic C., and Siang-Yang Tan, "Changing Resistant Assumptions in Christian Cognitive-behavioral Therapy," *Journal of Psychology and Theology* 17 (1989): 93-100.

Crocker, Sylvia Fleming. "Prayer as a Model of Communication." Pastoral Psychology 33 (1984): 83-92.

Cunningham, Bobby B. "The Will to Forgive: A Pastoral Theological View of Forgiving." *The Journal of Pastoral Care* 39 (1985): 141-149.

Davenport, Donna S. "The Functions of Anger and Forgiveness: Guidelines for Psychotherapy with Victims." *Psychotherapy* 28 (1991): 140-144.

DiBlasio, Frederick A. "Forgiveness in Psychotherapy: Comparison of Older and Younger Therapists," *Journal of Psychology and Christianity* 11 (1992): 181-187.

_____ "'The Role of Social Workers' Religious Beliefs in Helping Family Members Forgive," *Families in Society: The Journal of Contemporary Human Services* (March, 1993): 163-170.

DiBlasio Frederick A. and Brent B. Benda. "Practitioners, Religion, and the Use of Forgiveness in the Clinical Setting." *Journal of Psychology and Christianity* 10 (1991): 166-172.

DiBlasio Frederick A. and Judith Harris Proctor. "Therapists and the Clinical Use of Forgiveness." *The American Journal of Family Therapy* 21 (1993): 175-184

DiGiuseppe, Raymond A. Mitchell W. Robin, and Wendy Dryden, "On the Compatibility of Rational-Emotive Therapy and Judeo-Christian Philosophy: A Focus on Clinical Strategies." *Journal of Cognitive Psychotherapy: An International Quarterly* 4 (1990): 355-368.

Donahue, Michael J. "Intrinsic and Extrinsic Religiousness: Review and Meta-analysis." *Journal of Personality and Social Psychology* 48 (1985): 400-419.

Dreelin, Elizabeth DesPortes, and H. Newt Malony. "Religious Functioning and Forgiveness." Paper presented at the meetings of the American Psychological Association, Los Angeles, August 1994.

Driskill, Joseph D. "Meditation as a Therapeutic Technique." *Pastoral Psychology* 38 (1989): 83-103.

Educational Psychology Study Group, "Must a Christian Require Repentance before Forgiving?" *Journal of Psychology and Christianity* 9 (1990): 16-19.

Edwards, Jonathan. "Excerpts from *Religious Affections.*" In *Devotional Classics*, edited by Richard J. Foster and James Bryan Smith. San Francisco: HarperCollins, 1993.

Ellis, Albert. "There Is No Place for the Concept of Sin in Psychotherapy." Journal of Counseling Psychology 7 (1960): 188-192.

_____ The Case against Religion: A Psychotherapist's View. New York: Institute for Rational Living, 1971.

_____ "Psychotherapy and Atheistic Values: A Response to A. E. Bergin's 'Psychotherapy and Religious Values,'" *Journal of Consulting and Clinical Psychology* 48 (1980): 635-639.

_____ The case against Religiosity. New York: Institute for Rational Living, 1983

_____ "Do I Really Hold that Religiousness Is Irrational and Equivalent to Emotional Disturbance?" *American Psychologist* 47 (1992): 428-429.

_____ "My Current Views of Rational-Emotive Therapy (RET) and Religiousness." *Journal of Rational-Emotive & Cognitive-Behavior Therapy* 10 (1992): 37-40.

_____ "The Advantages and Disadvantages of Self-Help Therapy Materials." Professional Psychology: *Research and Practice* 24 (1993): 335-339.

Ellis, Albert, and Eugene Schoenfeld. "Divine Intervention and the Treatment of Chemical Dependency." Journal of Substance Abuse 2 (1990): 459-468.

Enright, Robert D. "Piaget on the Moral Development of Forgiveness: Identity or Reciprocity?" *Human Development* 37 (1994): 63-80.

Enright, Robert D., and Robert L. Zell. "Problems Encountered When We Forgive One Another." *Journal of Psychology and Christianity* 8 (1989): 52-60.

Enright, Robert D., David L. Eastin, Sandra Golden, Issidoros Sarinopoulos, and Suzanne Freeman. "Interpersonal Forgiveness within the Helping Professions: An Attempt to Resolve Differences of Opinion." *Counseling and Values* 36 (1992): 84-103.

Erickson, Millard J. Christian Theology. Grand Rapids: Baker, 1985.

Erickson, Richard C. "Morality and the Practice of Psychotherapy." *Pastoral Psychology* 43 (1994): 81-91.

Erikson, Erik H. Childhood and Society. New York: Norton, 1963.

"Ethical Principles of Psychologists and Code of Conduct." *American Psychologist* 47 (1992): 1597-1611.

Ethical Standards, Alexandria, Va,: American Counseling Association, 1988.
Finney, John R. and H. Newton Malony. "An Empirical Study of Contemplative Prayer as an Adjunct to Psychotherapy." *Journal of Psychology and Theology* 13 (1985): 284-290.
Foster, Richard J. Celebration of Discipline: The Path to Spiritual Growth. San Francisco: HarperCollins, 1988.
_____ Prayer: Finding the Heart's True Home. San Francisco: HarperCollins, 1992.
Foster, Richard J., and James Bryan Smith, eds. *Devotional Classics,* (San Francisco: HarperCollins, 1993.
Frank, Jerome D. "Therapeutic Factors in Psychotherapy." *American Journal of Psychotherapy* 25 (1971): 350-361.
_____ "Psychotherapy: The Restoration of Morale." *American Journal of Psychiatry* 131 (1974): 271-274.
Friesen, Will, and Al Dueck, "Whatever Happened to Law?" *Journal of Psychology and Christianity* 7 (1988): 13-22.
Galanter, Marc, David Larson, and Elizabeth Rubenstone, "Christian Psychiatry: The Impact of Evangelical Belief on Clinical Practice." *American Journal of Psychiatry* 148 (1991): 90-95.
Gartner, John, "The Capacity to Forgive: An Object Relations Perspective." *Journal of Religion and Health* 27 (1988): 313-320.
Gassin, Elizabeth A., and Robert D. Enright, "The Will to Meaning in the Process of forgiveness." *Journal of Psychology and Christianity* 14 (1995): 38-49.
Gladson, Jerry A. "Higher than the Heavens: Forgiveness in the Old Testament." Journal of Psychology and Christianity 11 (1992): 125-135.
Gladson, Jerry, and Charles Plott. "Unholy Wedlock? The Peril and Promise of Applying Psychology to the Bible." *Journal of Psychology and Christianity* 10 (1991): 54-64.
Graham, Stanley R. "Desire, Belief, and Grace: A Psychotherapeutic Paradigm." *Psychotherapy: Theory, Research and Practice* 17 (1980): 370-371.
Gramzow, Richard, and June Price Tangney, "Proneness to Shame and the Narcissistic Personality." *Personality and Social Psychology Bulletin* 18 (1992):369-376.
Gruber, Louis N. "True and False Spirituality: A Framework for Christian, Behavioral Medicine.' *Journal of Psychology and Christianity* 14 (1995): 133-140.

Hales, Shawn W., Randall Sorenson, Joan Jones, and John Coe. "Psychotherapists and the Religious Disciplines: Personal Beliefs and Professional Practice." Paper presented at the conference of the Christian Association for Psychological Studies, Virginia Beach, April 1995.

Hall, Terese A. "Spiritual Effects of Childhood Sexual Abuse in Adult Christian Women." *Journal of Psychology and Theology* 23 (1995): 129-134.

Hallesby, Ole (translated by Clarence J. Carlsen), Prayer. Minneapolis: Augsburg, 1931.

Harris, Thomas A. *I'm OK-You're OK: A Practical Guide to Transactional Analysis.* New York: Harper & Row, 1967

Hauck, Paul, *Reason in Pastoral Counseling.* Philadelphia: Westminster, 1972.

_____ "Religious and RET: Friends or Foes?" In *Clinical Applications of Rational-Emotive Therapy,* edited by Albert Ellis and M. E. Bernard. New York: Plenum Press, 1985.

Hazard, D. *A Day in Your Presence: A 40-Day Journey in the Company of Francis of Assisi.* Minneapolis: Bethany House, 1992.

Hebl, John H., and Robert D. Enright, "Forgiveness as a Psychotherapeutic Goal with Elderly Females." *Psychotherapy* 30 (1993): 658-667.

Henry, William P., Hans H. Strupp, Thomas E. Schacht, and Louise Gaston. "Psychodynamic Approaches," In *Handbook of Psychotherapy and Behavior Change,* 4th ed., edited by Allen E. Bergin and Sol L. Garfield. New York: Wiley, 1994.

Holden, J. Stuart. *Redeeming Vision.* London: Robert Scott, 1908.

Holling, David W. "Pastoral Psychotherapy: Is It Unique?" *Counseling and Values* 34 (1990): 96-102.

Hood, Ralph W. Jr., Ronald J. Morris, and P. J. Watson, "Religious Orientation and Prayer Experience," *Psychological Reports* 60 (1987): 1201-1202.

Hope, Donald. "The Healing Paradox of Forgiveness," *Psychotherapy* 24 (1987): 240-244.

Horrigan, Bonnie. "Christiane Northrup, MD: Medical Practice as a Spiritual Journey," *Alternative Therapies in Health and Medicine* 1 (1995): 64-71.

Huber, R. John. "Psychotherapy: A Graceful Activity." *Individual Psychology* 43 (1987): 437-443.

Human Development Study Group, "Five Points on the Construct of Forgiveness within Psychotherapy." *Psychotherapy* 28 (1991): 493-496.

Hunt, Dave, and T. A. McMahon, *The Seduction of Christianity.* Eugene, Ore.:

Harvest House, 1985.
Hurding, Roger. The Bible and Counselling. London: Hodder & Stoughton, 1992.
Hybels, Bill. *Too Busy Not to Pray: Slowing Down to Be with God.* Downers Grove, Ill.: InterVarsity Press, 1988.
Hymer, Sharon. *Confessions in Psychotherapy.* New York: Gardener Press, 1988.
Jacobs, H. E. "Confession," In *The International Standard Bible Encyclopedia,* edited by James Orr, John L. Nuelsen, Edgar Y. Mullins, Morris O. Evans, and Melvin Grove Kyle. Grand Rapids: Eerdmans, 1956.
Jagers, J. Lee. "Putting Humpty Together Again: Reconciling the Post-Affair Marriage." *Journal of Psychology and Christianity* 8 (1989): 63-72.
John of the Cross, "Excerpts from *The Dark Night of the Soul,"* In *Devotional Classics,* edited by Richard J. Foster and James Bryan Smith. San Francisco: HaperCollins, 1993.
Johnson, Eric L. "A Place for the Bible within Psychological Science." *Journal of Psychology and Theology* 20 (1992): 346-355.
Johnson, W. Brad. "Rational-Emotive Therapy and Religiousness: A Review." *Journal of Ratioanl-Emotive & Cognitive-Behavioral Therapy* 10 (1992): 21-35.
_____ "Christian Rational-Emotive Therapy: A Treatment Protocol," *Journal of Psychology and Christianity* 12 (1993): 254-261.
_____ "Outcome Research and Religious Psychotherapies: Where Are We and Where Are We Going?" *Journal of Psychology and Theology* 21 (1993): 297-308.
Johnson, W. Brad, and Charles R. Ridley, "Brief Christian and Non-Christian Rational-Emotive Therapy with Depressed Christian Clients: An Exploratory Study," *Counseling and Values* 36 (1992): 220-229.
Johnson, W. Brad, Ronald DeVries, Charles R. Ridley, Donald Pettorini, and Deland R. Peterson, "The Comparative Efficacy of Christian and Secular Rational-Emotive Therapy with Christian Clients." *Journal of Psychology and Theology* 22 (1994): 130-140.
Jones, Enrico E., and Steven M. Pulos, "Comparing the Process in Psychodynamic and Cognitive-behavioral Therapies." *Journal of Consulting and Clinical Psychology* 61 (1993): 306-316.
Jones, Stanton L. "A Constructive Relationship for Religion with the Science and Profession of Psychology: Perhaps the Boldest Model Yet." *American Psychologist* 49 (1994): 184-199.

_____. "Tentative Reflections on the Role of Scripture in Counseling." Presentation made to psychology graduate students at Wheaton College, April, 1994.

Jones, Stanton L., and Richard E. Butman. *Modern Psychotherapies: A Comprehensive Christian Appraisal*. Downers Grove Ill.: InterVarsity Press, 1991.

Jones-Haldeman, Madelynn "Implications from Selected Literary Devices for a New Testament Theology of Grace and Forgiveness." *Journal of Psychology and Christianity* 11 (1992): 136-146.

Jung, Carl G. "On the Psychology of the Unconscious." In *Two Essays on Analytical Psychology*. Princeton, N. J.: Princeton University Press, 1972.

Kelly, Timothy A., and Hans H. Strupp. "Patient and Therapist Values in Psychotherapy: Perceived Changes, Assimilation, Similarity, and Outcome." *Journal of Consulting and Clinical Psychology* 60 (1992): 34-40.

Kelsey, David H. *The Use of Scripture in Recent Theology*. Philadelphia: Fortress Press, 1975.

á Kempis, Thomas. "The Imitation of Christ." In *The Treasury of Christian Spiritual Classics*. Nashville: Thomas Nelson, 1994.

Koenig, Harold G., Lucille B. Bearon, and Richard Dayringer. "Physician Perspectives on the Role of Religion in the Physician-Older Patient Relationship." *The Journal of Family Practice* 28 (1989): 441-448.

Lambert, J. C. "Prayer." In *The International Standard Bible Encyclopedia*, edited by James Orr, John L. Nuelsen, Edgar Y. Mullins, Morris O. Evans, and Melvin Grove Kyle. Grand Rapids: Eerdmans, 1956.

Lambert, Michael J. "Psychotherapy Outcome Research: Implications for Integrative and Eclectic Therapists." In *Handbook of Psychotherapy Integration*, edired by John C. Norcross and Marvin R. Goldfried. New York: Basic Books, 1992.

Lambert, Michael J., and Allen E. Bergin, "The Effectiveness of Psychotherapy," In *Handbook of Psychotherapy and Behavior Change* (4th ed.), edited by Allen E. Bergin and Sol L. Garfield. New York: Wiley, 1986.

Lawrence, Constance. "Rational-Emotive Therapy and the Religious Client." *Journal of Rational-Emotive Therapy* 5 (1987): 13-20.

Lawrence, Constance, and Charles H. Huber. "Strange Bedfellows?: Rational-Emotive Therapy and Pastoral Counseling." *The Personnel and Guidance Journal* 61 (1982): 210-212.

Lederer, Richard. *Anguished English*. New York: Dell, 1987.

Lewis, C. S. *Mere Christianity.* New York: Macmillan, 1952.
Lindsay-Hartz, Janice. "Contrasting Experiences of Shame and Guilt." *American Behavioral Scientist* 27 (1984): 689-704.
Linehan, Marsha M., *Cognitive-behavioral Treatment of Borderline Personality Disorder.* New York: Guilford, 1993.
Martinez, Frank I. "Therapist-client Convergence and Similarity of Religious Values: Their Effect on Client Improvement." *Journal of Psychology and Christianity* 10 (1991) 137-143.
Maslow, Abraham H. *Religions, Values, and Peak-Experiences.* New York: The Viking Press, 1964.
Mauger, Paul A., Tom Freeman, Alicia G. McBride, Jacqueline Escano Perry, Dianne C. Grove, and Kathleen E. McKinney. "The Measurement of Forgiveness: Preliminary Research." *Journal of Psychology and Christianity* 11 (1992): 170-180.
McConnell, Francis J. "Redemption." In *The International Standard Bible Encyclopedia,* edited by James Orr, John L. Nuelsen, Edgar Y. Mullins, Morris O. Evans, and Melvin Grove Kyle. Grand Rapids: Eerdmans, 1956.
McCullough, Michael E. "Prayer and Health: Conceptual Issues, Research Review, and Research Agenda." *Journal of Psychology and Theology* 23 (1995): 15-29.
McCullough, Michael E., and Everett L. Worthington, Jr., "Models of Interpersonal Forgiveness and Their Applications to Counseling." *Counseling and Values* 39 (1994): 2-14.
_____ "Encouraging Clients to Forgive People Who Have Hurt Them: Review, Critique, and Research Prospectus." *Journal of Psychology and Theology* 22 (1994): 3-20.
McMinn, Mark R. "Religious Values and Client-therapist Matching in Psychotherapy." *Journal of Psychology and Theology* 12 (1984): 24-33.
_____ "Religious Values, Sexist Language, and Perceptions of a Therapist.' *Journal of Psychology and Christianity* 10 (1991): 132-136.
_____ Cognitive Therapy Techniques in Christian Counseling. Waco, Tex : Word.
_____ "RET, Constructivism, and Christianity: A Hermeneutic for Christian Cognitive Therapy." *Journal of Psychology and Christianity* 13 (1994): 342-355.
McMinn, Mark R., and Gordon N. McMinn. "Complete Yet Inadequate: The Role

of Learned Helplessness and Self-Attribution from the Writings of Paul." *Journal of Psychology and Theology* 11 (1983): 303-310.

McMinn, Mark R., and Katheryn Rhoads Meek, "Training Programs." In *Ethics and the Christian Mental Health Professional,* edited by Randolph Saunders. Downers Grove, Ill.: InterVarsity Press.

_____ "Ethics Among Christian Counselors: A Survey of Beliefs and Behaviors." *Journal of Psychology and Theology.*

McMinn, Mark R. and Nathaniel G. Wade. "Beliefs about the Prevalence of Dissociative Identity Disorder, Sexual Abuse, and Ritual Abuse among Religious and Non-religious Therapists." *Professional Psychology: Research and Practice* 26 (1995): 257-261.

McMinn, Mark R., and James C. Wilhoit, "Psychology, Theology, and Spirituality: Challenges for Spiritually Sensitive Counseling." *Christian Counseling Today,* (winter 1996).

Meek, Katheryn Rhoads, Jeanne S. Albright, and Mark R. McMinn. "Religious Orientation, Guilt, Confession, and Forgiveness." *Journal of Psychology and Theology,* (fall 1995).

Meek, Katheryn Rhoads, and Mark R. McMinn, "Forgiveness: More than a Therapeutic Technique." *Journal of Psychology and Christianity* (in press).

Menninger, Karl. *Whatever Become of Sin?* New York: Hawthorne Books, 1973.

Merton, Thomas. *Praying the Psalms.* Collegeville, Minn.: Liturgical Press, 1956.

_____ *Life and Holiness.* New York: Herder and Herder, 1963.

Miller, Alice. *Banished Knowledge.* New York: Doubleday, 1990.

Moon, Gary W. "Spiritual Directors, Christian Counselors: Where Do They Overlap?" *Christian Counseling Today* (winter 1994), 29-33.

Moon, Gary W., Judy W. Bailey, John C. Kwasny, and Dale E. Willis. "Training in the Use of Christian Disciplines as Counseling Techniques within Christian Graduate Training Programs." In *Psychotherapy and Religious Values,* edited by Everett L. Worthington, Jr. Grand Rapids: Baker, 1993.

Mowrer, O. Hobart. "Sin,' the Lesser of Two Evils." *American Psychologist* 15 (1960): 301-304.

_____ "Integrity Groups: Basic Principles and Objective." The Counseling Psychologist 3 (1972): 7-32.

Mowrer, O. Hobart, and A. V. Veszelovszky. "There May Indeed Be a 'Right Way' : Response to James D. Smrtic." *Psychotherapy: Theory, Research, and Practice* 17 (1980): 440-447.

Murray, Andrew. *Humility*. Old Tappan, N. J.: Fleming H. Revell, 1895.
Myers, David G., and Malcolm A. Jeeves. *Psychology through the Eyes of Faith*. San Francisco: Harper & Row, 1987.
Narramore, S. Bruce. *No Condemnation*. Grand Rapids: Zondervan, 1984.
Olthuis, James H. "God-With-Us: Toward a Relational Psychotherapeutic Model." *Journal of Psychology and Christianity* 13 (1994): 37-49.
Orlinksy, David E. Klaus Grawe, and Barbara K. Parks. "Process and Outcome in Psychotherapy-Noch Einmal." In Handbook of Psychotherapy and Behavior Change, 4th ed., edited Allen E. Bergin and Sol L. Garfield. New York: Wiley, 1994, 270-376.
Pascal, Blaise. Pensees. New York: Viking Penguin, 1966 translation
Pecheur, David Richard, and Keith J. Edwards. "A Comparison of Secular and Religious Versions of Cognitive Therapy with Depressed Christian College Students." *Journal of Psychology and Theology* 12 (1984): 45-54.
Pennebaker, James W. Cheryl F. Hughes, and Robin C. O' Heeron. "The Psychophysiology of Confession: Linking Inhibitory and Psychosomatic Processes." *Journal of Personality and Social Psychology* 52 (1987): 781-793.
Peterson, Eugene H. *A Long Obedience in the same Direction: Discipleship in an Instant society*. Downers Grove, Ill.: InterVarsity Press, 1980.
Pingleton, Jared P. "The Role and Function of Forgiveness in the Psychotherapeutic Process." *Journal of Psychology and Christianity* 17 (1989): 27-35.
Poloma, Margaret M., and George H. Gallup, Jr. *Varieties of Prayer: A Survey Report*. Philadelphia: Trinity Press International, 1991.
Pope, Kenneth S., and Jacqueline C. Bouhoutsos. *Sexual Intimacy between Therapists and Patients*. New York: Praeger, 1986.
Pope, Kenneth S., and Barbara G. Tabachnick, and Patricia Keith-Spiegel. "Ethics of Practice: The Beliefs and Behaviors of Psychologists as Therapists " *American Psychologist* 42 (1987) 993-1006.
Pope, Kenneth S., and Shirely Feldman-Summers. "National Survey of Psychologists' Sexual and Physical Abuse History and Their Evaluation of Training and Competence in These Areas." *Professional Psychology: Research and Practice* 23 (1992): 353-361.
Pope, Kenneth S., Janet L. Sonne and Jean Holroyd. *Sexual Feelings in Psychotherapy*. Washington, D. C.: American Psychological Association, 1993.
Postema, Don. *Space for God: The Study and Practice of Prayer and Spirituality*. Grand Rapids: CRC Publications, 1983.

Powell, John. *Fully Human, Fully Alive*. Niles, Ill.: Argus, 1976.
Propst. L. Rebecca. "The Comparative Efficacy of Religious and Non-religious Imagery for the Treatment of Mild Depression in Religious Individuals." *Cognitive Therapy and Research* 4 (1980): 167-178.
Propst, L. Rebecca, Richard Ostrom, Philip Watkins, Terri Dean, and David Mashburn. "Comparative Efficacy of Religious and Nonreligious Cognitive-behavioral Therapy for the Treatment of Clinical Depression in Religious Individuals." *Journal of Consulting and Clinical Psychology* 60 (1992): 94-103.
Quackenbos, Stephen, Gayle Privette, and Bonnel Klentz. "Psychotherapy: Sacred or Secular?" *Journal of Consulting and Development* 63 (1985): 290-293.
Rapee, Ronald, and David Barlow. "Panic Disorder: Cognitive-behavioral Treatment." *Psychiatric Annals* 18 (1998): 473-477.
Richards, P. Scott. "Religious Devoutness in College Students: Relations with Emotional Adjustment and Psychological Separation from Parents." *Journal of Counseling Psychology* 38 (1991): 189-196.
Riodan, Richard J., and Diane Simone. "Codependent Christians: Some Issues for Church-Based Recovery Groups." *Journal of Psychology and Theology* 21 (1993): 158-164.
Rosenak, Charlotte M., and G. Mack Harnden. " Forgiveness in the Psychotherapeutic Process: Clinical Applications." *Journal of Psychology and Christianity* 11 (1992): 188-197.
Ryle, Anthony. *Cognitive-Analytic Therapy: Active Participation in Change*. New York: Wiley, 1990.
Safran, Jeremy D., and Zindel V. Segal. *Interpersonal Process in Cognitive Therapy*. New York: Basic Books, 1990.
Sandage, Steven J., Everett L. Worthington, Jr., and William Smith. "Seeking Forgiveness: Toward an Integration of Psychology and Theology." Paper presented at the annual meetings of the Christian Association for Psychological Studies, Virginia Beach, April 1995.
Sanford, Agnes. *The Healing Light*. New York: Ballantine Books, 1972.
Schneider, Susanne, and Robert Kastenbaum. "Patterns and Meanings of Prayer in Hospice Caregivers: An Exploratory Study." *Death Studies* 17 (1993): 471-485.
Seamands, David A. *Healing of Memories*. Wheaton, Ill.: Victor Books, 1985.

Smedes, Lewis B. *Forgive and Forget: Healing the Hurts We Don't Deserve.* San Francisco, Harper and Row, 1984.

Smith, M. Brewster. "Selfhood at Risk: Postmodern Perils and the Perils of postmodernism." *American Psychologist* 49 (1994): 405-411.

Smith, Mary Lee, G. V. Glass, and F. L. Miller. *The Benefits of Psychotherapy.* Baltimore: Johns Hopkins Press, 1980.

Smrtic, James D. "Time to Remove Our Theoretical Blinders; Integrity Therapy May Be the Right Way." *Psychotherapy: Theory, Research, and Practice* 16 (1979): 185-189.

Somberg, Daniel R., Gerald L. Stone, and Charles D. Claiborn. "Informed Consent: Therapists' Beliefs and Practices." *Professional Psychology: Research and Practice* 24 (1993): 153-159.

Stover, Elaine D., and Mark Stover. "Biblical Storytelling as a Form of Child Therapy." *Journal of Psychology and Christianity* 13 (1994): 28-36.

Strupp, Hans H. "The Psychotherapist's Skills Revisited." *Clinical Psychology* 2 (1995): 70-74.

Subkoviak, Michael J., Robert D. Enright, and Ching-Ru Wu, Elizabeth A. Gassin, Suzanne Freeman, Leanne M. Olson, and Issidoros Sarinopoulos. "Measuring Interpersonal Forgiveness." Paper presented at the annual meetings of the American Educational Research Association, San Francisco, April 1992.

Subkoviak, Michael J., Robert D. Enright, and Ching-Ru Wu. "Current Developments Related to Measuring Forgiveness." Paper presented at the annual meetings of the Mid-Western Educational Research Association, Chicargo, October 1992.

Sullivan, Harry S. *Conceptions of Modern Psychiatry.* New York: Norton, 1953.

Sullivan, Therese, William Martin, Jr., and Mitchel M. Handelsman. "Practical Benefits of an Informed-consent Procedure: An Empirical Investigation." *Professional Psychology: Research and Practice* 24 (1993):160-163.

Sweeney, Daniel S., and Garry Landreth. "Healing a Child's Spirit through Play Therapy: A Scriptural Approach to Treating Children." *Journal of Psychology and Christianity* 12 (1993): 351-356.

Tan, Siang-Yang. "Cognitive-Behavior Therapy: A Biblical Approach." *Journal of Psychology and Theology* 15 (1987): 103-112.

_____. "Religious Values and Interventions in Lay Christian Counseling." *Journal of Psychology and Christianity* 10 (1991): 173-182.

_____. "Ethical Considerations in Religious Psychotherapy: Potential Pitfalls and

Unique Resources." *Journal of Psychology and Theology* 22 (1994): 389-394.
Tangney, June Price. "Moral Affect: The Good, the Bad, and the Ugly." *Journal of Personality and Social Psychology* 61 (1991): 598-607.
Tangney, June Price, Patricia Wagner, Carey Fletcher, and Richard Gramzow. "Shamed into Anger? The Relation of Shame and Guilt to Anger and Self-Reported Aggression." *Journal of Personality and Social Psychology* 62 (1992): 669-675.
Tangney, June Price. Patricia E. Wagner, and Richard Gramzow. "Proneness to Shame, Proneness to Guilt, and Psychopathology." *Journal of Abnormal Psychology 103* (1992): 469-478.
Task Force on Promotion and Dissemination of Psychological Procedures. "Training in and Dissemination of Empirically Validated Psychological Treatments: Report and Recommendations." *The Clinical Psychologist* 48 (1995): 3-23.
Theologia Germanica. In Devotional Classics, edited by Richard J. Foster and James Bryan Smith. San Francisco: HarperCollins, 1993 147-153.
Tjeltveit, Alan C. "The Ethics of Value Conversion in Psychotherapy: Appropriate and Inappropriate Therapist Influence on Client Values." *Clinical Psychology Review* 6 (1986): 515-537.
Todd, Elizabeth. "The Value of Confession and Forgiveness according to Jung." *Journal of Religion and Health* 24 (1985): 39-48.
Tozer, A. W. *The Pursuit of God.* Camp Hill, Penn: Christian Publications, 1993.
Vachon, Dominic O., and Albert A. Agresti. "A Training Proposal to Help Mental Health Professionals Clarify and Manage Implicit Values in the Counseling Process." *Professional Psychology: Research and Practice* 23 (1992): 509-514.
Vande Kemp, Hendrika. "Psychotherapy as a Religious Process: A Historical Heritage." In *Psychotherapy and the Religiously Committed Patient,* edited by E. Mark Stern. New York: Haworth Press, 1985.
_____ "Psychotherapy and Redemption: A Tribute to a 'Dying Mom.'" Presented at the 98th annual convention of the American Psychological Association, Boston. August 1990.
Veenstra, Glenn. "Psychological Concepts of Forgiveness." *Journal of Psychology and Christianity* 11 (1992): 160-169.
Vitz, Paul C. *Psychology as Religion: The Cult of Self-Worship.* Grand Rapids: Eerdmans, 1977.
Wade, S. H. "The Development of a Scale to Measure Forgiveness." Ph. D. diss.,

Fuller Theological Seminary, 1989.
Walls, Gary B. "Val Values and Psychotherapy: A Comment on Psychotherapy and Religious Values. *Journal of Consulting and Clinical Psychology* 48 (1980): 640-641.
Warnock, Sandra D. M. "Rational-Emotive Therapy and the Christian Clients." *Journal of Rational-Emotive & Cognitive-Behavior Therapy* 7 (1989): 263-274.
Weinberger, Joel. "Common Factors Aren'Øt So Common: The Common Factors Dilemma." *Clinical Psychology: Science and Practice* 2 (1995): 45-69.
Weiner, Bernard. "On Sin Versus Sickness: A Theory of Perceived Responsibility and Social Motivation." *American Psychologist* 48 (1993): 957-965.
Weiner, Bernard, Sandra Graham, Oli Peter, and Mary Zmuidinas. "Public Confession and Forgiveness." *Journal of Personality* 59 (1991): 281-312.
Westley, Dick. *Redemptive Intimacy*. Mystic, Conn.: Twenty-Third Publications, 1981.
Whiston Susan C., and Thomas L. Sexton. "An Overview of Psychotherapy Outcome Research: Implications for Practice." *Professional Psychology* 24 (1993): 43-51.
Willard, Dallas. *The Spirit of the Disciplines*. San Francisco: HarperCollins, 1988.
Woodward, Kenneth L. "What Ever Happened to Sin?" *Newsweek* (6 February, 1995): 23.
Worthen, Valerie. "Psychotherapy and Catholic confession." *Journal of Religion and Health* 13 (1974): 275-284.
Worthington, Everett L. Jr. "Religious Counseling: A Review of Published Empirical Research," *Journal of Counseling and Development* 64 (1986): 421-431.
_____ ed. *Psychotherapy and Religious Values*. Grand Rapids: Baker, 1993.
_____ "A Blueprint for Intradisciplinary Integration," *Journal of Psychology and Theology* 22 (1994): 79-86.
Worthington, Everett L. Jr., Philip D. Dupont, James T. Berry, and Loretta A. Duncan. "Christian Therapists and Clients Perceptions of Religious Psychotherapy in Private and Agency Settings." *Journal of Psychology and Theology* 16 (1988): 282-293.
Worthington, Everett L. Jr., and Frederick A. DiBlasio. "Promoting Mutual Forgiveness within the Fractured Relationship." *Psychotherapy* 27 (1990): 219-223.
Young, Jeffrey E. *Cognitive Therapy for Personality Disorders: A Schema-focused*

Approach, rev. ed. Sarasota, Fla.: Professional Resource Press, 1994.

Zackrison, Edwin. "A Theology of Sin, Grace, and Forgiveness." *Journal of Psychology and Christianity* 11 (1992): 147-159.